U1013034

高等院校应用型专业心理学系列教材

健康心理学

HEALTH PSYCHOLOGY

主 编 冯正直 戴 琴

扫描二维码，获取本书教学资源

西南大学出版社
SWUP 国家一级出版社 全国百佳图书出版单位

图书在版编目(CIP)数据

健康心理学 / 冯正直，戴琴主编. —重庆 ：西南师范大学出版社，2014.12
ISBN 978-7-5621-7231-4

Ⅰ. ①健… Ⅱ. ①冯… ②戴… Ⅲ. ①健康心理学 Ⅳ. ①R395.1

中国版本图书馆 CIP 数据核字(2014)第 292550 号

健康心理学

JIANKANG XINLIXUE

冯正直　戴　琴　主编

责任编辑：任志林　郑持军
封面设计：尚品视觉 周　娟　钟　琛
排　　版：杜霖森
出版发行：西南大学出版社（原西南师范大学出版社）
地址：重庆市北碚区天生路 1 号
邮编：400715　市场营销部电话：023-68868624
http：//www.xdcbs.com
经　　销：新华书店
印　　刷：重庆紫石东南印务有限公司
开　　本：787mm×1092mm　1/16
印　　张：20.75
字　　数：430 千字
版　　次：2015 年 1 月　第 1 版
印　　次：2024 年 3 月　第 6 次印刷
书　　号：ISBN 978-7-5621-7231-4

定　　价：59.00 元

前　言

人类对自身健康和疾病的关注与人类文明史一样久远。生命科学的进步使传统临床医学转变为以现代生物学知识和实验方法为基础的生物医学。21 世纪的今天，重大集成创新科学技术的不断涌现，科学交叉融合又进一步发展，生命科学、心理科学和社会科学的融合孕育着重大的科学突破，为人类健康领域带来重大变革，其中一门新兴的交叉学科——健康心理学诞生了。它试图从生物—心理—社会等方面来解释健康与疾病的本质，强调心理学与预防医学的交叉，回答是什么原因引起疾病，如何预防和治疗疾病，如何保持和促进健康。

健康心理学作为一门学科，形成于 20 世纪 70 年代后期。1973 年，美国心理学协会（APA）首先发出了倡议，鼓励心理学家研究心理与健康之间的关系。1976 年，美国心理学协会讨论了心理学在增进健康、预防疾病中的作用，在给国家相关部门的报告中指出“如果在心理学科中没有健康心理学专业，那么就很难全面探索行为变量与疾病易感性及预防的关系，也就很难对疾病有全面的认识和重大的发现。”1978 年 8 月，美国心理学协会成立了健康心理学分会，即第 38 分会，标志着健康心理学学科的正式诞生。1982 年，该分会的学术期刊《健康心理学杂志》创刊。目前，美国越来越多的心理学家开始进入健康领域，几乎所有医学院校都开设了健康心理学课程，大约有 3500 名心理学、医学、教育学的科学工作者专门从事健康心理学的科研、教学和临床工作。虽然我国健康心理学思想源远流长，但是健康心理学在我国目前仍处于早期形成阶段。值得庆幸的是，1993 年，由中国科协主管、中国心理卫生协会主办的《健康心理学杂志》创刊，现更名为《中国健康心理学杂志》，标志着中国健康心理学学科进入科学发展阶段。

全书共有十一章，从三个方面进行构建：一是与健康相关的概念、理论；二是健康的促进与保持，特别突出影响健康的因素；三是常见疾病的预防与治疗。在写作过程中，我们要求概念清楚明白，科学准确，层层深入；理论的来龙去脉要清晰，既有历史的来源，又有前沿的展望，既有优点的描述，又有不足的分析，在每章的开头要有本章提要，在最后要提出新的问题与思考供学生扩展学习；在剖析健康与疾病的原因时，我们要求由点到面，从史到今，从具体的案例中提出促进和保持健康的对策，对策针对表现与原因，以方法、程序、规范的方式来叙述，使读者感到可操作且具有有效性；同时我们要求注重应用性和前沿性，采用“生活中的心理学”

及“扩展阅读”等板块，吸收健康与心理相应的最新研究成果，尽力保证阐述心理因素在健康与疾病转归中的作用机制，为有志于从事健康心理学研究工作的学生提供一些有益的视界，而且更加强调心理学相关技术在健康促进和疾病预防中的具体操作和临床应用，注重培养学生的实际操作技能，增强学生识别、分析和解决实际问题的能力。

本书是团队集体智慧的结晶，是我们大家兢兢业业工作的体现，在此深表感谢。各章具体写作情况如下：第一、二章 冯正直，第三、四章 戴琴，第五章 夏凡，第六章 王立菲，第七章 光裕，第八章 张睿，第九章 贺英，第十章 揭彬，第十一章 刘波涛。感谢西南大学心理学部黄希庭教授、张大均教授、张庆林教授、陈旭教授、郭成教授、余林教授、陈红教授，第四军医大学医学心理系苗丹民教授，第二军医大学医学心理系严进教授等给予我们的指导和支持！感谢西南师范大学出版社的大力支持！

虽然如此，本书中难免有不妥甚至错误之处，真诚期待学界前辈、同行专家、同学们以及广大读者不吝赐教，提出宝贵意见。

冯正直

2013 年 9 月于第三军医大学

目 录

第一章　绪论

21世纪的今天，你翻看任何一份报纸，几乎都有健康栏目，你打开电视，都能看到诸如《养生堂》《饮食与健康》《百岁堂》等关于健康的节目。你会发现：人们一阵子开始吃黑颜色的食物，一阵子放弃晨练改为黄昏练，一阵子疯狂减肥，一阵子挤出时间去上一堂瑜伽课，一阵子到深山学道教强身……如何去理解这些现象呢？针对不同的个体，哪些是适合我们自己的呢？对这些问题的回答就会涉及一门新兴的交叉学科——健康心理学。

通过本章的学习，我们应该了解到中西方健康心理学的发展历史，理解健康心理学的产生背景、研究目标与任务，掌握什么是健康心理学以及健康心理学研究的主要内容和方法。

第一节　什么是健康心理学

健康心理学(health psychology)是20世纪80年代发展起来的一门心理学分支学科,它致力于运用心理学的理论与方法,探讨和解决心理因素在促进和维持人们健康、预防和治疗躯体疾病中的作用特点和规律。因此,在某种程度上,健康心理学是心理学与预防医学交叉的产物。具体地说,健康心理学就是回答三个问题:(1)是什么原因引起疾病?(2)如何预防和治疗疾病?(3)如何保持和促进健康?例如,一个健康心理学研究者对这样的问题很感兴趣:既然人们知道过量饮酒会增加患高血压和中风的风险,可为什么还要继续过量饮酒呢?有什么方法可以预防过量饮酒和治疗酒精依赖的患者?如何形成健康的饮酒习惯?

一、健康心理学的研究目标与任务

越来越多的人意识到,心理和社会因素在健康和疾病康复中起着重要的作用。科学研究不断取得新的进展,但还需要心理学工作者积极地参与,才能使健康心理学领域日新月异。

(一)描述

描述(description)就是对心理行为与健康或疾病的关系进行客观地陈述,即只求事实的真实性,而不涉及健康或疾病发生的心理行为原因。例如,如果要从定性的角度来描述一位冠心病病人的性格特征,我们可以向这位病人提问:“你是一个什么性格特征的人?你对人对事的处理方式是什么?你在冠心病发作时有哪些心理和行为反应?”根据对冠心病病人回答的分析,我们就可以对这位冠心病病人的性格特征进行定性的描述。如果要从定量的角度加以描述,可以让这位冠心病病人根据自己的实际情况完成《艾森克人格问卷》《A型行为问卷》,经统计分析就可以对这位冠心病病人的性格特征做出定量描述。无论定性描述还是定量描述都必须依据客观事实。

(二)解释

解释(explanation)就是研究、分析心理现象与健康或者疾病相互作用的因果关系。例如,为什么A型行为的人易患冠心病。目前,有学者将A型行为者的时间紧迫感、竞争和敌意这三个因素与冠心病放在一起进行研究,结果发现对环境和其他人保持敌视态度的A型行为者发生冠心病的危险性增加,而适应并享受、热爱生活的A型行为者的危险性并不增加。同时,有学者从A型行为中至少发现了两个因素:一个是参与—投入因素，另一个是刻意追求性因素。参与—投入行为者对自己的情绪和所知觉到的能力，采取积极态度，并能恰当表达；面临应激时较多地使用针对问题的应对策略。刻意追求者在处理自己的情绪时，常有不适感，而且其情绪也常倾向于通过躯体症状表达出来，这表明刻意追求性因素与冠心病有密切关系。很明显，现在就肯定A型行为是冠心病发生的原因，为时尚早，因为它们可能是多因一果，或者几个因素互为因果。

(三)预测

预测(prediction)就是根据现有的影响健康或疾病发生、发展的心理社会因素的研究资料，去估计疾病发生的可能性。例如，根据对冠心病病人定性和定量的研究，发现相当多(超过80%)的冠心病病人的A型行为问卷得分高过大多数正常人；同时又有研究发现：A型行为的人患冠心病发生的比例大大高于其他型行为的人，所以我们可以推测，A型行为是冠心病的危险因素，具有A型行为的人可能会患冠心病。心理学的研究表明：根据描述性研究去预测疾病的发生，有一定的局限性。但是，如果明确了某一心理现象与健康或者疾病的因果关系，那么去预测疾病发生的可能性，便是十分可靠的。

(四)改善

改善(improvement)就是根据研究结果，应用健康心理学的知识和技术，提高人类的健康水平，预防和治疗心身疾病。例如，根据对A型行为与冠心病发生的研究，我们可以提出降低冠心病发生的建议。减少敌意是降低患冠心病危险的方法，同时还有三项要点：①个体必须停止对他人动机的不信任；②个体必须寻找某些方法减少各种愤怒情绪表达的次数；③个体必须学会对别人友爱和体贴。研究表明：采用这条建议三项要点的A型行为者，冠心病的发生显著减少。

二、健康心理学的研究内容

健康心理学的研究内容是目标和任务的具体化，就在健康心理学学会成立之初，第一任学会主席约瑟夫・玛塔拉佐(Joseph Matarazzo)就对其有了明确的界定。

(一)心理因素在人类疾病、健康中的作用机制和规律

健康心理学主要是关注心理、行为和社会因素在疾病发生、发展和转变中的作用，即研究是什么原因使人们产生危害健康的行为(health-compromising behaviors)，这些不良行为是如何得到巩固，如何影响疾病的。如是什么原因引起人们吸烟，戒烟为什么非常困难，吸烟行为在疾病的发生中有什么作用等等。

(二)保持和增进人类健康的理论和方法

增进健康的行为(health-enhancing behaviors)不是天生就有的，而是通过后天学

习获得的，那么保持和增进人类健康有什么理论，有什么方法，这是健康心理学研究的另一焦点内容。如不同年龄的人们如何科学有效地锻炼，什么食物有利身体健康和疾病康复，如何让儿童养成良好的健康习惯等等。

（三）防治疾病，保持心理健康的措施

心理健康是身体健康的保护性因素，如何才能使人们心理健康？改变认知，调控情绪，完善人格等等；同时，帮助人们在戒烟、减肥、管理压力等的过程中，保持心理健康，并采取科学有效的方法；帮助已患病者调整心理状态，适应其疾病并遵守复杂的治疗方案。

（四）提出公众健康政策，建立健康保障体系

在科学研究的基础上，向健康卫生主管部门提出如何促进人们形成健康行为的政策，建立完善的研究健康卫生机构和卫生保障体系，为政府机关改进服务、提高服务成效提供建议。

总之，健康心理学十分强调健康和疾病的心理原因，突出健康的促进和维护，分析和促进健康服务体系和健康政策形成和建立，倡导积极的健康行为，使人们达到最佳健康水平。

复习巩固

1.什么是健康心理学？

2.健康心理学的任务是什么？

3.健康心理学的研究内容有哪些？

第二节　健康心理学的发展历史

健康心理学与心理学的发展一样，正如艾宾浩斯（Hermann Ebbinghaus，1850～1909）所说："心理学有一个漫长的过去，却只有短暂的历史。"关于健康与心理之间互相作用的问题，在人类科学还处于极端落后的远古时代就已经开始被探索，人们认为，当大脑有不合常理的想法（邪魔侵入体内），人就会生病，为此，人们就千方百计要把邪魔驱出体外。为了让这些邪魔离开人体，就必须对患者实施一种环钻手术。所谓的手术，其实是用粗糙的石器在患者的头骨上钻孔，直到把头骨钻穿。到了中世纪，治疗疾病常常采用鞭打病人身体的方法来驱除邪魔。后来，这种治疗形式被去教堂忏悔、去圣庙祈祷等形式所取代。这样一来，使得疾病的治疗带有浓厚的宗教色彩，医生也带有牧师、心理医生的职能。文艺复兴时期以来，医学和医疗技术取得了长足的发展，这使得医学工作者能在实验室找到病原体（如细菌），在显微镜下看到患有不同疾病的人所表现出来的组织器官的病理变化，因此人们越来越重视躯体性因素却忽略了心理因素，这是生物医学模式阶段。随着疾病构成变化（疾病谱、死因谱变化）、人口结构变化、社会心理因素变化、环境因素变化、卫生需求变化和健康概念变化，我们不仅要把病人当作躯体有病来看待，而且要把病人当作有思想、有情感的社会人来看待；不仅要治疗患者的躯体疾病，而且要学会治疗心理病、社会病。在把医学与社会学、心理学、自然规律等紧密结合，积极主动地调动人们防治疾病的能力的过程中，健康心理学得以产生和发展。

一、古代健康心理学思想

（一）中国古代的健康心理学思想

中国古代的健康心理学思想的代表著作有《周易》《黄帝内经》等。公元前1100年，我国最古老的经典《周易》问世，它提出了八卦的对立统一观、物质的相生相克观。此后，《黄帝内经》（含《素问》和《灵枢》两部分）出现，它集中体现了朴素唯物论思想和辩证法。

1.形神合一、心身统一

在古代把人的心理活动称为"心"或"神"。"心者，君主之官，神明出焉"（出自《素问・灵兰秘》）；"神乎神，耳不闻，目明心开而志先，慧然独悟，口弗能言，俱视独见，适若昏，昭然独明，若风吹云，故曰神"（出自《素问・八正神明论篇》）。神的活动是经"五神"和"五志"来表现的。所谓"五神"即神、魄、魂、意、志，发属于五脏（"五脏所藏：心藏神、肺藏魄、肝藏魂、脾藏意、肾藏志"《素问・宣明五气篇》)。人有五脏化五气,以生喜、怒、悲、忧、恐(出自《素问・阴阳应象大论》)。此阶段思想认为,心在志为喜,肝在志为怒,脾在志为思,肺在志为忧,肾在志为恐。又从五志发展成喜、怒、悲、思、忧、恐、惊七情之说。这些论述说明了人的心理活动和其躯体的生理活动密切相关,甚至将各种情绪与各个内脏功能一一对应起来。这种"神形相即",即心身统一的思想,贯穿于中国的医学哲学思想中。

2.内伤七情、外感六淫

在疾病的发生和症状的表现上可以看到:在强烈、持久的情绪波动下可以引起躯体疾病,如"悲哀忧愁则心动,心动则五脏六腑皆摇"(《灵枢・口问篇》);"怒伤肝……喜伤心……思伤脾……忧伤肺……恐伤肾"(《素问・阴阳应象大论篇》);"余知百病皆生于气也,怒则气上,喜则气缓,悲则气消,恐则气下……惊则气乱……思则气结"(《素问・举痛论篇》)。躯体生病时也出现相应的心理反应,如"肝气虚则恐,实则怒……心气虚则悲,实者笑不休"(《灵枢・本神篇》),严重者则产生精神症状,如"阳明之厥,则癫疾欲走呼,腹满不得卧,面赤而热,妄见而妄言"(《素问・厥论篇》)。

3.辨证论治、因人而异

在治疗疾病时,中国古代很重视心理治疗的作用。治疗时要对病人指出疾病的危害性,以引起其对治疗的重视。告诉病人疾病是可以治好的,使其与医生配合治疗,并告以具体的措施和调养方法,解除其苦恼的消极心情。如"人之情,莫不恶死而乐生,告之以其败,语之以其善,导之以其所便,开之以其所苦,虽有无道之人,恶有不听者乎"(《灵枢・师传篇》)。此外,在治疗过程中密切关注病人的心理状态,例如在行针时,"……新怒勿刺,已刺勿怒……大惊大恐,必定其气乃刺之"。(《灵枢・终始篇》)"……用针之要,无忘其神"(《灵枢・官能篇》)。

4.精神摄生、修身养性

"防患于未然"是古代中国医学一贯强调的观点,从而形成了一套具有中国特色的、行之有效的摄生方法。精神摄生,修身养性是其中一个重要的内容,指出人如清心寡欲,精神保护得好,就不会生病。如"夫上古圣人之教下也,下皆为之,虚邪贼风,避之有时,恬淡虚无,真气从之,精神内守,病安从来?"(《素问・上古天真论篇》)。如果知道养生之道,在日常生活、饮食、劳动中都定时定量,保持一定规律,就能使身体和精神都充实,延年益寿。

(二)西方古代健康心理学思想

1.神灵时代——语言暗示和开导治病

这一历史阶段属远古时代,其历史特点为:生产力水平极低;人类极端迷信,相信万物都有灵;没有任何科学。这时人们不了解疾病的原因,也无任何治疗疾病的方法。人们认为健康是神的保佑,疾病是鬼魔作怪或神灵对自己罪恶的惩罚,巫医便得以兴起,巫术遂成为治疗疾病的方法。科学史家丹皮尔说:"医巫同源……巫术一方面直接导致迷信;另一方面又导致科学的发展。"巫医的语言暗示和开导,跳神驱鬼的行为表演,稳定了病人的情绪,也驱散了病人的恐惧,这可看作心理治疗的作用,也是健康心理学发展的萌芽。这一时代相当于神灵医学模式时代。

2.自然哲学时代——治病先知人

这一时代相当于自然哲学医学模式时代。约从公元前 1100 年(《周易》产生时)起到 1879 年止。这一历史阶段的特点为:生产力仍低下;已有了科学的萌芽;学术界正式开始研究心与身的关系,并紧密地将哲学的精神与物质的关系结合起来研究,在朴素的唯物论自然哲学研究中发展了健康心理学。代表著作有《体液学说》,代表人物为西方医学之父希波克拉底和盖伦。希波克拉底的医学思想体系是朴素的唯物论思想,已脱离了神灵思想。如,他的体液学说即认为人的气质(心理)是有物质基础的,而不是神灵所施。他认为人有四种体液,它们在人体内的不同组成比例便形成了人的四种气质或性格。进而他又将气质与疾病相联系,认为四种体液混合均匀、平衡便健康,反之便产生疾病。他明确提出心理在治病中的重要性,要"治病先知人"。他还提出治病"一是语言,二是药物"。但罗马名医盖伦(Galen)通过动物解剖,发现脑、肾、心的位置和功能,认为疾病应定位于脏器的病理上,心是灵魂,主张心身是分离的。其学说对医学界影响较大。

二、健康心理学的产生

(一)健康心理学产生的背景

1.疾病构成变化(疾病谱、死因谱变化):过去严重威胁人类的单纯生物病原因素导致的急性传染病如鼠疫、霍乱、天花、黑热病、结核病等已被控制甚至消灭,社会心理多重因素作用或影响明显的恶性肿瘤、心脑血管疾病、艾滋病、免疫病、遗传病及外伤逐步成为人类的主要疾病和主要死亡原因,全世界每年有数千万人死于这些疾病,发病率呈上升趋势,从而使医学的主要研究对象从传染病和普通病转变为重大的慢性及退行性疾病。

2.人口结构变化:随着人类寿命的明显延长,老龄人口的比重不断上升,"健康的长寿"将成为社会的迫切要求,老年卫生保健将成为重大的卫生任务。随着世界性人口老龄化的日益突出,人类寿命的延长与老年人健康状况的改善有助于健全社会的、经济的和道德伦理的医疗保健体系。探讨老年性精神障碍的发生机理和预防对策,以及老年病的防治,将被提到议事日程上来。

3.社会心理因素变化：现代社会的竞争意识、被淘汰感、落伍感、失落感的增强，工作紧张、知识和技术压力、活动范围缩小、生活节奏加快、居住及交通拥挤、人际关系紧张、人为灾害频繁等种种客观压力致使身心经常处于应激状态、疲劳状态和精神空虚状态，各种健康危险因素如吸烟、吸毒、酗酒和家庭瓦解等发生频率增加，使精神性疾病、神经性疾病、衰弱症和外伤等逐渐成为棘手的医学问题。因此，社会和心理因素受到越来越大的重视。

4.环境因素变化：城乡工业化，居住城市化，大气、土壤和水等环境污染以及温室效应、臭氧层空洞、酸雨频繁、植被破坏、水土流失、生态失衡等对健康和疾病正在并已经产生严重影响，将使过敏性疾患和病毒性疾患更加流行，这些疾患使用传统疗法已不能奏效。随着太空、海洋、高原和极地的开发，特殊条件下出现的疾病防治将被提到日程上来，因此环境科学及有关因素将受到极大关注。

5.健康概念变化：尽管世界卫生组织（WHO）早已提出了身心健全与环境和谐一致的完善的健康概念，但限于以往的经济、文化、医疗水平，人们往往把健康看作是没有疾病和虚弱，而现在除了疾病防治之外，人们对无病情况下的保健需求日益增加，并追求身体、精神与社会健全完善的和谐状态。医疗并不能保证人类的健康，医学将逐步由医疗向保健和预防转变，作为这种转变的具体体现，“健康（医）学”“保健体系”和“预防体系”的建立已经在进行中。

6.卫生需求变化：温饱时期的主要要求是有医有药，防病治病，生存兼发展；小康时期的主要要求是预防保健，身体健康，以发展为主；中富时期的主要要求是身心保健，延年益寿，发展兼享受；富裕时期的主要要求是身心健全，环境和谐，以享受为主。“十二五”时期是全面建设小康社会的关键时期，是深化医药卫生体制改革、建立基本医疗卫生制度的攻坚时期。

7.对科技进步的依赖性增强：医学属于应用科学，没有技术、方法、手段的革新和应用就不可能有医学的发展提高，现代自然科学与技术科学理论方法同医学的结合使医学获得日趋细微、高效、快速、精密、简便的手段和技术，从而提高了医学研究和疾病防治的水平。当今掀起的新技术革命影响到医学的各个领域，其最鲜明的特点是大量新技术、新材料和新方法的引入，如新的医学成像技术、基因工程技术、微电子技术和计算机技术等等，对传统的医学思维方式和工作方式提出了严峻的挑战。

（二）健康心理学的形成

健康心理学作为一门学科，形成于20世纪70年代后期。1973年，美国心理学协会（APA）首先发出了倡议，鼓励心理学家研究心理与健康之间的关系。1976年，美国心理学协会讨论了心理学在增进健康、预防疾病中的作用，在给国家相关部门的报告中指出“如果在心理学科中没有健康心理学专业，那么就很难全面探索行为变量与疾病易感性及疾病预防的关系，也就很难有全面的认识和重大的发现。”1978 年 8 月，美国心理学协会成立了健康心理学分会，即第 38 分会，标志着健康心理学学科的正式诞生。1982 年，该分会的学术期刊《健康心理学杂志》创刊。目前，美国越来越多的心理学家开始进入健康领域，几乎所有医学院校均有正式的健康心理学家的职位，大约有 3500 名专门从事健康心理学的科研、教学和临床工作，他们在健康领域所作出的贡献赢得了同行的认可。

虽然我国有源远流长的健康心理学思想，但是目前我国的健康心理学研究才刚刚起步，没有自己的专业学会。值得庆幸的是，1993 年，由中国科协主管、中国心理卫生协会主办的《健康心理学杂志》创刊，现更名为《中国健康心理学杂志》。总之，健康心理学在我国仍处于早期形成阶段。

复习巩固

1.中国古代有哪些健康心理学思想?

2.试比较西方和中国古代健康心理学思想的异同。

3.简述现代健康心理学产生的背景。

第三节 健康心理学的研究方法

健康心理学研究方法是研究人类心理健康问题所采用的各种具体途径和手段，目的在于研究人群心理健康状况的发展变化规律，并探索影响健康的心理因素，从而提出保持和促进心理健康的策略和措施。健康心理学的研究方法较多，本节主要介绍现况调查、生态学研究、病例对照研究、队列研究、流行病学数学模型和实验法。

一、现况调查

现况调查(prevalence study)又称横断面调查(cross-sectional study)，是研究流行病学的最基本方法。它是通过普查或抽样调查的方法收集在某特定时间点或时间段内，某特定人群的疾病和心理健康状况的相关资料，从而描述疾病或心理健康状况在不同特征人群中的分布情况，观察相关因素与疾病之间的联系。

现况调查的目的首先可以描述调查状况的分布情况，通过具有代表性的大样本发现典型的态度或行为，如调查全国青少年肥胖现状。其次，通过现况调查可以分析疾病或健康状况与可能存在的某些因素、特征之间的联系，并且提出病因相关假设，例如探讨青少年肥胖与其人格特征、教养方式等心理社会因素的关系；神经性厌食症与认知方式是否具有显著联系等。最后，对同一批群体分别在不同的时间点进行多次调查，可以了解疾病或心理行为特征的变化趋势，为防治疾病、控制行为提供依据，例如，我国加强对社区心血管疾病防治规划，掌握了多年来社区人群心血管疾病与心理健康状况资料，依据这些资料制定了有效的心血管疾病的心理干预方案，并取得了积极的效果。

现况调查的种类主要包括普查和抽样调查。

普查(census)：为了了解某疾病或心理健康状况，在特定较短的时间内对特定范围的人群中每一个成员进行的调查或检测。例如，重庆主城区老年人(≥60 岁)的抑郁症状普查。普查的优点：调查对象的确定相对简单，仅是调查某一群体的所有成员；没有抽样误差，所获数据较为客观；能全面地发现人群中的心理健康问题，便于开展普防、普治。普查的缺点：调查对象多，调查期限短，容易出现漏查、误查；参加普查的工作人员多，掌握调查技术和检验方法的熟练程度不等，调查质量不易控制；普查费用通常较高。

抽样调查(sampling survey)：在多数的实际调查工作中，通常只调查人群中的一个有代表性的部分(统计学中称为样本)，用其估计某健康问题的总体分布规律、流行情况、危险因素等。抽样必须遵循随机化的原则，才能获得有较好代表性的样本，并通过样本信息推断总体。

流行病学调查中所使用的随机抽样方法有简单随机抽样、系统抽样、分层抽样、整群抽样和多级抽样。简单随机抽样(simple random sampling):从总体N个对象中,利用随机方法抽取n个对象,构成一个样本。每个对象被抽中的概率都应该为n/N。系统抽样(systemic sampling):按照一定顺序,每隔若干个单位抽取一个对象的抽样方法。例如,总体对象为1000人,拟抽取100人,则抽样间隔为1000/100=10。如果以随机数法确定第一个被抽到的为2号,以后每隔10人抽取一人,组成样本为2,12,22…… 系统抽样在分布上比较均匀,代表性较好,抽样误差比简单随机抽样小;但是如果群体的分布具有周期性,而抽取的间隔恰好符合该周期性,抽取样本则会产生偏倚。例如,一组男女各半的人群中,每隔10人抽取的恰恰都为女性,则发生系统抽样偏倚现象。整群抽样(cluster sampling):总体由若干同质的组群构成,抽取其中一个或若干个组群作为样本的抽样方法。整群抽样法易于组织实施,但当样本量固定时,由于样本集中分散在若干个群体里而非均匀分散在总体中,所以该方法较前两种方法抽样误差大。分层抽样(stratified sampling):先依据某种特征将总体分为若干个层次,每个层次内按照简单随机抽样的方法,最终组成样本。例如,调查某省儿童心理发展情况,可按城市、县城、农村分为三个层次,每个层次按比例确定抽样数。分层抽样可以提高总体指标估计值的精确度,每个层次的误差较小,能够保证总体中的每个层次都有个体被抽到;可以对层间进行比较分析。多级抽样(multistage sampling):在复杂的、大规模的调查中,调查个体不是一次性直接抽取到的,而是采取两阶段或多阶段抽取的方法,即先抽取大的单元,在大单元中再选取小单元,再在小单元中选取更小的单元。其中每个阶段的抽取方法可以结合前四种抽样方法,结合其优势,依据实际情况进行抽样。例如,先分层抽样,再整群抽样。

抽样调查的优点:与普查相比,抽样调查更加省时省力,又由于调查范围小,易于把工作做得细致。抽样调查的缺点:抽样调查的设计、实施与资料分析均比普查复杂;对于变异过大的情况不适用;对于发生率太低的心理健康问题也不适用。

现况调查的设计与实施:

①明确调查目的:根据研究所提的问题,明确研究目的。调查目的是探索病因或危险因素,还是描述心理疾病的分布、确定高危人群,还是为了考查预防或治疗措施的效果等。

②掌握相关背景资料:通过经验总结、向专家请教或者查阅文献资料的方式,充分掌握背景资料,了解该问题现有的知识水平,国内外研究进展,尽可能阐明该研究的科学性、创新性和可行性。

③确定调查类型:根据具体的研究目的来确定采用普查或抽样调查。

④确定研究人群:根据研究目的和实际情况选择研究对象。如果是普查,可在设计时将研究对象规定为某个区域的全部人员,或其中的一部分。如果是抽样调查,先要明确该抽样研究的总体,其次要确定采用何种抽样方法、样本量的大小等,以确保研究样本的代表性。

⑤确定样本量：不同的统计资料进行样本大小估计时需使用不同的样本量计算公式。样本量过大或过小都是不恰当的。调查对象过多，有时反而不易做到精密、迅速，甚至造成浪费；样本量太少，抽样误差大，代表性低，不易得出有统计学意义的结果。

⑥确定收集资料的方法：在现况研究中，收集资料的方法一经确定就不应变更，在整个过程中必须一致，以避免研究资料的不同质性。

⑦现况研究的资料分析：a.检查原始资料的准确性与完整性；b.对心理健康状态按已明确规定好的标准，将所有调查对象分组归类；c.将研究资料按不同的人口学特征等加以整理，进行统计比较。

二、生态学研究

生态学研究(ecological study)，又称对比研究，它是指在群体的水平上，通过描述不同人群中某因素的暴露状况与疾病或心理健康状况的频率，分析该暴露因素与心理问题之间的关系。既可以产生某种病因学假设，也可以对已知的某种病因学假设予以验证，还可以对该干预措施的效果予以评价。生态学研究着重于群体比较而不是针对个体，无法得知个体暴露与效应间的关系，但可以确切地反映群体的平均水平。

生态学研究的方法大致可以分为生态比较研究和生态趋势研究。

生态比较研究(ecological comparison study)：通过比较不同人群中某种疾病或心理健康状态与某因素的分布差异，从而探索这种差别产生的原因，找到值得深入研究的线索。

生态趋势研究(ecological trend study)：连续观察不同人群中某种因素平均暴露水平的改变与某健康问题的发生率或死亡率的变化情况，通过分析它们的变化趋势的一致性，来探索暴露因素与健康问题的联系。

生态学研究的步骤主要包括以下三点：

①确定研究人群：研究人群大小根据具体情况而定；可以是不同行政区或地理区域的全部人群，也可以是由其中不同年龄、性别、种族、职业和社会经济地位的人群所组成。确定研究人群时必须考虑到能否收集到有关研究人群疾病或心理健康状况的发生率及有关暴露的资料。

②收集资料：以群体为单位收集资料。例如，若以全市作为基本观察和分析单位，可以从各市的统计资料中得到有关人口学和社会经济方面的资料。如不同人群的年龄、性别构成，家庭平均收入，成年人受教育情况，人口密度，各民族人口所占的比例，城乡人口的比例，各种职业人口的比例等资料。在做生态趋势研究时，还应收集有关心理健康状况时间趋势的资料。

③分析资料：比较不同人群组的特征，进行生态比较研究，观察不同人群组心理健康状况与有关暴露之间的联系；亦可作生态趋势分析，观察同一人群组不同时间的特征的变化与心理健康状况的变化之间的联系。

生态学研究的优点与局限性

①生态学研究优点：a.生态学研究常可应用现有资料进行研究，因而省时省力，可以较快得到结果；b.生态学研究对原因未明的疾病或健康问题的病因学研究可提供病因线索供深入研究，这是生态学研究最显著的优点；c.对于个体的暴露剂量和程度无法测量的情况下，生态学研究是唯一可供选择的研究方法；d.如果研究因素在一个人群中暴露变异范围小，则更适合采用多组比较的生态学研究；e.生态学研究适合对人群干预措施进行评价。

②生态研究的局限性：a.生态学研究只是描述性研究，不能在特定的个体中将暴露与疾病或心理问题联系起来；b.缺乏控制可疑混杂因素的能力；c.相关资料中的暴露水平只是近似值或平均水平，而非个体的真实暴露情况，因此不能精确地评价暴露与心理健康状况的关系，甚至还可能将两者之间的联系复杂化。

三、病例对照研究

病例对照研究（case-control study）是比较患某病者与未患某病的对照者暴露于某可能危险因素的百分比差异，分析这些因素是否与该病存在联系。它是流行病学方法中最基本的、最重要的研究类型之一。

1.病例对照研究的基本原理

病例对照研究是以现在确诊的患有某特定疾病的病人作为病例，以不患有该病但具有可比性的个体作为对照，通过询问、实验室检查或复查病史，搜集既往各种可能的危险因素的暴露史，测量并比较病例组与对照组中各因素的暴露比例，经统计学检验，若两组具有显著差异，则可认为因素与疾病之间存在着统计学意义上的联系。该方法是由结果探索病因的回顾性的研究方法。

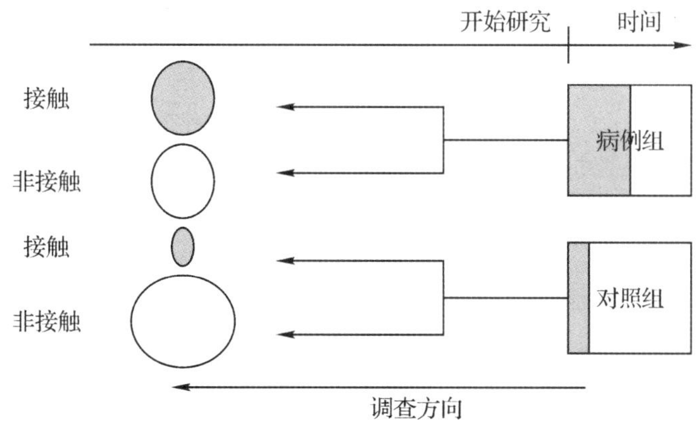

图 1-1　病例对照研究原理示意图

注：阴影区域表示接触所研究危险因素的研究对象

2.病例对照研究的类型

病例与对照不匹配：从根据研究设计所确定的病例和对照人群中，分别抽取一定量的研究对象，一般对照人数应等于或多于病例人数。

病例与对照匹配：匹配是要求对照在某些因素或特征上与病例保持一致，以排除一些干扰研究结果的影响因素。例如，把性别作为匹配因素，分析两组疾病和相关因素联系时便可排除性别在其中的作用。匹配分为个体匹配和频数匹配。个体匹配(individual matching)是指以病例和对照的个体为单位进行匹配的方法。例如，杨建红 2011 年采用个体匹配对照研究设计，以 87 例 7～17 岁共患其他精神障碍的 Tourette's 综合征(TS)患儿(TS 共病组)、87 例无共患其他精神障碍 TS 患儿(TS 无共病组)以及 87 例正常少年对照(健康对照组)为研究对象，探讨 Tourette's 综合征患儿有无共患其他精神障碍与其父母养育方式特点的关系。频数匹配(frequency matching)是指匹配的因素所占的比例在对照组和在病例组保持一致。例如，抑郁组中男女比例为 1:2，其中 18 岁以下占 1/4，则对照组男女年龄比例也应如此。

病例对照研究还发展出一些衍生类型，如：病例-队列研究(case cohort study)、单纯病例研究(case-only study)、病例-交叉研究(case crossover study)、巢式病例对照研究(nested case control study)等。

3.病例对照研究的优缺点

优点是适用于罕见疾病的研究，可以同时研究多种因素与某种疾病的联系，用于探索病因，该方法通常省时省力，费用不高，便于组织实施，通常对研究对象没有损害。

缺点是病例对照研究不适合研究人群中暴露比例很低的因素，选择研究对象时，难以避免选择性偏倚；获取既往信息时，容易发生回忆性偏倚；信息的真实性难以保证，暴露于疾病的先后常难以判断等。

四、队列研究

队列研究(cohort study)是将人群按是否暴露于某种因素或者按照不同的暴露水平或类型分为不同的亚组，随访追踪其各自的发病率或死亡率，比较不同亚组之间发病率或死亡率的差异，从而判定暴露因子与结果之间有无因果关联及关联大小的一种观察性研究方法。基本原理是在一个特定的研究对象中，根据目前或过去某个时期是否暴露于某个待研究的危险因素，或其不同的暴露水平而将研究对象分成不同的组。如暴露组和非暴露组，高剂量暴露组和低剂量暴露组等，随访观察一段时间，检查并登记各组人群的预期结果的发生情况，比较各组结果的发生率，从而评价和检验危险因素与结果的关系。

根据研究对象进入队列时间及终止观察的时间不同，可分为前瞻性队列研究、历史性队列研究和双向队列研究。

1.前瞻性队列研究(prospective cohort study)

前瞻性研究(prospective study)是观察某一组个体在某段时间内随着时间的迁移是如何变化的,或者追踪一段时间,观察两个变量之间的关系有什么变化。例如,如果我们发现敌意的发生相对在前,而其他的心脏疾病风险因素发生在后,那么就更加相信敌意是心脏疾病的风险因素,并认为心脏疾病不太可能导致敌意的发生。

健康心理学家开展了许多前瞻性研究,以探讨与某些健康因素相关的风险因素。例如,我们很可能干预某社区人群的饮食习惯,而不干预另一社区的人,过一段时间再比较这两个社区人群心脏疾病患病率差异,这就是一项实验性前瞻性研究。如果是先观测某人群他们自己选择的饮食方式,再观察心脏疾病患病率情况的变化,以确定这种饮食方式的好坏,那么就是前瞻性相关研究了。

还有一种特殊的前瞻性研究方法是纵向性研究(longitudinal study),指的是对同一群人进行长时间的观测。例如,如果我们想知道妇女早期乳腺癌的高风险因素是什么,就要对一批患有乳腺癌的青年妇女进行追踪观察,以确定哪些青年妇女最后患了乳腺癌,哪些因素与患乳腺癌有可能的关系,如饮食习惯、吸烟、饮酒等。

前瞻性队列研究的最大优点是研究者可以直接获得第一手较准确的资料。这种研究在开始时就规定了每个个体的暴露水平以及其他有关因素。其研究设计最接近于实验研究,因此其结果也最适宜做因果关系的推论。但是,如果需要观测的数目较大,则花费太大;如果某健康心理问题的潜伏期很长,则需要观察的时间很长,这些都会影响其可行性。前瞻性研究的质量主要取决于预先的选题和设计,以及实施过程中的执行情况,数据统计处理是否合理,还与研究方法、研究条件、研究设备等因素有关。

2.回顾性队列研究(retrospective cohort study)

回顾性队列研究的研究工作开始于现在,对于研究对象在过去的某个时间点根据暴露情况确定、分组、进入队列,因此研究的暴露与心理问题在研究工作开始就已经发生。从暴露到结果的方向是前瞻性的,而研究工作的性质是回顾性的,因此该研究是非即时性的(non-concurrent cohort study)。回顾性队列研究的优点是省时省力,易快速出研究结果,适合长诱导期和长潜伏期的健康心理、暴露于特殊环境的职业人群的研究。但该研究极度依赖历史相关因素的资料收集的完整性。

3.双向性队列研究(ambispective cohort study)

也称混合性队列研究,即在回顾性队列研究的基础上,继续前瞻性观察一段时间,将前瞻性队列研究与历史性队列研究结合起来的一种模式,具备了前瞻性队列研究和历史性队列研究的优点,也相对在一定程度上弥补了各自的不足。

队列研究有利于了解患病人群可以直接获得在暴露与非暴露情况下的发病率,可以直接估计疾病危险联系强度的指标;收集的资料完整可靠,样本量较大,存在的偏倚较少，结果较为稳定，假设检验的能力较强。此外，还可以了解研究对象某些特征的改变，为干预、治疗、控制新病例提供资料。但是，由于需要的样本量较大，队列研究不适合研究发病率较低的疾病；由于需要长期研究和随访，不仅费钱费时费力，而且研究对象的流失率也会比较大。

五、流行病学数学模型

流行病学数学模型（mathematical model of epidemiology）是现代流行病学对疾病认识的高级阶段，它是应用数学语言描述疾病在人群中的表现和分布形式，以模拟阐述疾病流行过程，并以实际流行过程资料对模型参数进行估计、检验、修正，理论上探讨疾病流行的发生机制和评价预防措施的效果。

1.流行病学数学模型的建立过程

建立流行病学数学模型，首先需明确建立模型的目的，必须了解疾病的发生、传播及流行过程的可能相关机制及理论，流行相关因素之间的关系。其次，建立模型主要经历四个步骤：①基于疾病的特征，设立模型的结构，确定模型结构中的主要影响因素；②确定研究对象的理论和实际中状态的转化关系，设定模型参数；③基于疾病特征假设，利用已掌握的流行病学资料、相关方法、技术手段，建立初级模型；④根据疾病实际发生、传播、流行的现场数据，用已建立的初级模型来模拟疾病结果，改变参数估计值，修订优化模型结构。

2.常用的流行病学数学模型

流行病学数学模型较多，在此简要介绍常用的两种模型：催化模型和流行病学阈模型。

催化模型（catalytic model）：流行病学利用化学中的催化效应来模拟研究传播性疾病或行为的流行过程。传播性疾病或行为在人群中流行过程特点包括：传播源与易感人群发生的有效接触，易感人群变为新的传播源；易感人群变为免疫人群是单向不可逆的或者是双向可逆的。

流行病学阈模型（epidemiological threshold model）：假定传播性疾病或行为在人群中的传播过程符合易感者（S）—感染者（I）—免疫者（R）的方式，有效接触率为 β，恢复率为 γ，则每一个感染者处于传播状态的传染期为1人，则一名传播者在其全传播期感染周围易感人数为 $\beta * 1/\gamma = \beta/\gamma$。如果 $\beta/\gamma < 1$，说明该传播源不能再流行过程中传播给一名新感染者，即流行终止；若 $\beta/\gamma * S(0) > 1$，则流行将维持，β/γ 称为发生和维持流行的阈值。

此外，流行病学数学模型的新进展中还包括了人工神经网络模型、混沌理论、高维时空动态趋势等。

六、实验研究

实验研究(experimental study)是指一种受到严格控制的研究方法,研究者预先提出一种因果关系尝试性假设,然后通过实验操作,改变一个或多个变量的变化来评估它对一个或多个变量产生的效应,以期建立变量之间的因果关系。因为在研究中施加了人为的干预因素,因此也常被称为干预性研究(intervention study)。实验流行病学研究是健康心理学研究的主要方法之一。

(一)实验研究的基本特点

1.属于前瞻性研究:实验研究必须是干预在前,效应在后,所以是前瞻性研究。

2.随机分组:严格的实验研究应基本采用随机方法把研究对象分配到实验组或对照组,以控制研究中的偏倚和混杂。

3.具有均衡可比的对照组:实验研究中的对象应均来自同一总体的样本人群,其基本特征、自然暴露和预后因素应相似。不能随机分组或不能设立同期对照组的实验称为"准实验"研究。

4.有干预措施:根本区别于观察性研究。

(二)实验研究的设计分类

1.组间设计、组内设计与混合设计:按照被试的分配方式可分为此三类。组间设计中每个被试只接受一种处理;组内设计中每个被试接受所有的实验处理;混合设计中每个被试先按照组间变量分组,然后接受实验中的部分处理。

2.单因素设计与多因素设计:按照实验中自变量的数目可分此两类。单因素设计实验中只有一个自变量,被试接受该自变量不同水平的实验处理;多因素设计实验中涉及两个或两个以上的自变量,需要了解各自变量的主效应和交互作用。

3.随机化设计与区组设计:按照控制额外变异的不同进行的分类。随机化设计通过随机分配被试给各个实验处理,以期实现各处理中的被试之间无统计差异;随机化区组设计尽量将同一类被试放在同一区组内,实现局部"同质"。

(三)实验研究的优缺点

1.主要优点

随机抽样,随机分组,平行比较能够较好地控制研究中的偏倚和混杂。

属于前瞻性研究,自变量、因变量和测量方法都事先确定,研究中可以观测到实验前、实验过程和效应发生的全过程,因果论证强度高。

有助于了解健康问题的自然史,并且可以获得一种干预与多种结果的关系。

2.主要缺点

①实验性研究要求研究对象有很好的依从性，但实际工作中有时很难做到。

②受干预措施适用范围的约束，所选择的研究对象代表性不够，会不同程度地影响实验结果推论到总体。

③观察时间长的研究容易失访。

扩展阅读

健康心理学研究技术的新宠——光遗传技术

目前，健康心理学研究方法已经不再局限于传统的流行病学调查，通过行为数据推断行为与健康心理的关系。随着认知神经科学的飞速发展，由此诞生的新型技术开始用于健康心理学的研究中，能够更加方便有效深入地探讨健康与疾病的机制问题。

光遗传学(optogenetics)正是在此浪潮中产生的，它通过光控方法选择性地打开了某种生物的一类细胞。目前该技术可以推广到所有类型的神经细胞，比如用于大脑的嗅觉、视觉、听觉等神经环路的基础研究中。在健康心理学方面，以光遗传技术在成瘾性研究中的运用为例，目前有研究通过光选择性开启物质成瘾大鼠前额叶的某些神经细胞，能够有效降低大鼠主动寻找成瘾物质的行为，为今后人类成瘾戒断的新方法提供了珍贵的实验依据。另外，光遗传学还涉及运动障碍、睡眠障碍、帕金森症、情感障碍的动物模型研究，为今后用于脑功能失调的治疗提供了方法。它开辟了一个新的令人激动的研究领域。

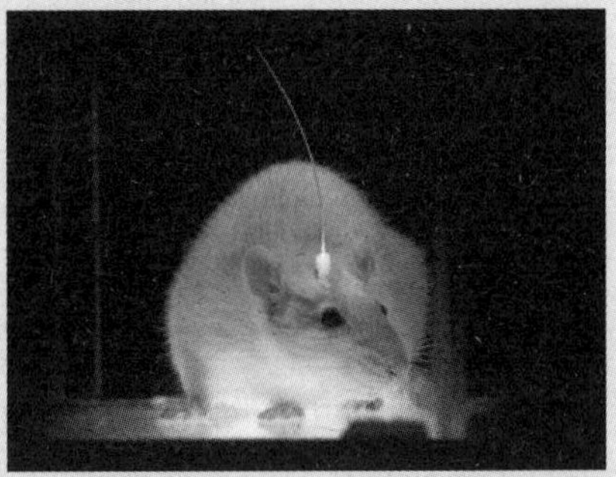

图 1-2　光纤植入大鼠脑内

复习巩固

1.什么是病例对照研究？

2.简述流行病学调查中所使用的随机抽样方法。

3.简述生态学研究的优点与局限性。

第四节　健康与健康状况评估

一、健康及其标准

健康是指一个人在身体、精神和社会适应等方面都处于良好的状态。传统的健康观是“无病即健康”。世界卫生组织（Word Health Organization，WHO）于 1948 年将健康（health）定义为：“不仅是没有疾病或缺陷，还是一种在生理、心理和社会功能上保持完好的状态。”这一定义成为健康心理学家在日后建立健康概念的核心部分。因此，现代人的健康内容包括：躯体健康、心理健康、心灵健康、社会健康、智力健康、道德健康、环境健康等，健康是个体在心理和社会功能方面的一种平衡状态，而不只是没有生病。根据健康的定义，健康包括身体状态、心理状态、社会功能状态、角色功能和总体健康感受五个维度。

（1）身体状态是反映个体体能和活力的状态，一般要求躯体结构功能正常，具有完成基本生活活动的能力。主要包括四个方面：自我照顾能力（如吃饭、穿衣、洗澡等）、躯体活动能力（如弯腰、行走等）、身体活动范围的大小、体力活动能力。

（2）心理状态是指个体正确认识自己并及时调整自己以适应外界环境变化的一种心理活动，主要包括情感过程和认知功能。情感过程是指个体对外界事物感知时所产生的正性或者负性的情绪体验（如高兴、喜悦、恐惧、焦虑等）。认知功能包括进行如注意、记忆、思维、想象等基本心理活动的能力。

（3）社会功能状态是指个体能够从事各种社会活动，履行承担社会责任和义务的能力。具体表现为个体应该具有适当数量和质量的社会人际关系网络，通过社会网络可以获得物质和精神支持。

（4）角色功能是指个人完成一般角色活动的能力。如在工作中完成作为员工的角色；上学期间当好学生的角色；在家中为人父母，为人子女的角色等。

（5）总体健康感受是指个体对自身健康状况的总体评价和期望，主要表现在三个方面：①对当前健康状态的体验：指个体对当前健康状态和生活状况的总体判断，综合反映个体健康意识、生活态度和人生价值等。②对未来健康的期望：指个体根据现在情况判断自己未来一段时间内的健康变化，体现对未来生活的期望、信心和选择。

③主观幸福感:指个体对自身全部生活的综合感觉状态,产生于自发的精神愉悦感和活力感,反映了个体对自身健康水平的总体判断。

二、健康状况测评

健康状况测评是健康心理学的重要研究方面。通过对健康概念进行分解、量化,运用健康测评工具或其他医学检测手段,收集研究对象的相关资料,以描述健康状况和分布特征。主要包括个案法、观察法、诊断性交谈和心理评估。

(一)健康测量工具

健康测量在世界卫生组织(WHO)提出的健康概念的基础上,主要关注与健康相关的生命质量(health-related quality of life,HRQOL)。测量需要解决的主要问题是与心理相关的。测量健康水平应该考虑质量和数量两个维度,医疗保健系统在传统上主要关注生命质量,死亡率是主要指标。

健康评估的工具主要有健康危险评估(health risk appraisal,HRA)、健康登记评估回顾(health enrollment assessment review,HEAR)、促进健康生活方式简表(health promoting lifestyle profile,HPLP)、行为危险因素监测系统(behavioral risk factors surveillance system,BRFSS)、医学结果研究36(medical outcomes study,MOS36)、康宁评估成套测验(wellness evaluation battery,WEB)等。

其中,健康危险评估(health risk appraisal,HRA)常用84项生活方式问卷,包括三类独立成分,分别来自美国疾病控制中心编制的冠心病死亡危险因素调查表、饮酒问卷以及应激评估量表;促进健康生活方式简表(health promoting lifestyle profile,HPLP)是根据健康促进模式编制的,包括48个项目,6个分量表,分别为自我实现、锻炼、健康责任、应激管理、人际支持和营养;医学结果研究36(medical outcomes study,MOS36)用于评估个体对项目的反应,涉及生理、心理、角色功能、一般健康和满意度。

(二)生命质量评估工具

生命质量的评估主要以主观健康评价方法和各种形式的量表为手段,目前在健康心理学、临床研究、医学社会心理学中发挥了重要的作用。生命质量测验涉及一般健康状况、生理功能、情绪、认知能力等项目。其中,Ware编制的医学结果研究简表(medical outcomes study short form,SF-36)共36个项目,是目前应用最为广泛的生命质量测验，包括生理功能、社会角色、疼痛、情绪和心理健康五个分维度。Brook编制的欧洲生命质量量表(EuroQol)，评估个体动机、自理、日常活动、痛苦和焦虑、抑郁。

目前，许多研究都倾向于将生活质量作为结果的评价指标，然而这些研究存在一些问题。例如，不同研究使用不同生命质量的评定方法，因此较难推广；不同生命质量的评价结果相互矛盾，使得结论不一致；一些生命质量评价结果与发病率和死亡率资料矛盾，因此效度还存在一定问题。

复习巩固

1.请简述世界卫生组织对"健康"的定义。

2.请简述"总体健康感受"所指内容。

3.请简述健康测评工具和生命质量评估工具。

要点小结

1.健康心理学是20世纪70年代发展起来的一门心理学分支学科，它致力于运用心理学的理论与方法，探讨和解决心理因素在促进和维持人们健康、预防和治疗躯体疾病中的作用特点和规律。

2.健康心理学的研究目标与任务是描述心理行为与健康或疾病的关系，研究、分析心理现象与健康或者疾病相互作用的因果关系，根据现有的影响健康或疾病发生、发展的心理社会因素的研究资料，去估计疾病发生的可能性，根据研究结果，应用健康心理学的知识和技术，提高人类的健康水平，预防和治疗心身疾病。

3.随着疾病构成变化(疾病谱、死因谱变化)、人口结构变化、社会心理因素变化、环境因素变化、卫生需求变化和健康概念变化，我们不仅要把病人当作躯体有病来看待，而且要把病人当作有思想、有情感的社会人来看待；不仅要治疗患者的躯体疾病，而且要学会治疗心理病、社会病，把医学与社会学、心理学、自然规律等紧密结合起来，积极主动地调动人们防治疾病的能力。基于此健康心理学得以产生和发展。

4.常用的健康心理学研究方法及其优缺点

	现况调查	生态学研究	病例对照研究	队列研究	实验研究
主要类型	普查 抽样调查(简单随机抽样、系统抽样、分层抽样、整群抽样、多级抽样)	生态比较研究 生态趋势研究	病例与对照匹配 病例与对照不匹配	前瞻性队列研究 回顾性队列研究 双向队列研究	组间设计 组内设计 混合设计
主要优点	普查: 1.调查某一群体的所有成员,在确定调查对象上较简单 2.无抽样误差,所获数据较客观 3.能全面地发现人群中的心理健康问题 抽样调查: 抽样调查较普查更加省时省力,调查范围小,易于工作做得细致	1.常可应用常规资料或现成资料,省时省力,得到结果快 2.研究原因未明的病因学可提供病因线索供深入研究 3.若无法测量个体的暴露剂量和程度,是唯一可选的方法	1.适用于罕见疾病的研究 2.可同时研究多种因素与某种疾病的联系 3.省时省力,费用不高,便于组织实施 4.通常对研究对象没有损害	1.可以直接获得暴露与非暴露组的发病率,以直接估计反应疾病危险联系强度的指标 2.收集的资料完整可靠,存在的偏倚较少 3.样本量较大,结果较为稳定 4.了解记录研究对象某些特征的改变	1.能够较好地控制研究中偏倚和混杂 2.因果论证强度高 3.有助于了解健康问题的自然史
主要缺点	普查: 1.调查对象多,调查期限短,容易漏查、误查 2.工作人员多,掌握调查技术和检验方法的熟练程度不等,质量不易控制 3.费用较高 抽样调查: 1.其设计、实施与资料分析均比普查复杂 2.对于变异过大的情况不适用 3.对于发生率太低的心理健康问题也不适用	1.不能在特定的个体中将暴露与心理问题相联系 2.缺乏控制混杂因素的能力 3.资料中的暴露水平非真实暴露情况值,不能精确评价暴露与心理健康的关系	1.适合研究人群中暴露比例很低的因素 2.易出现选择性偏倚和回忆性偏倚 3.信息的真实性难以保证	1.不适合发病率较低的疾病病因研究 2.由于需要长期研究和随访,费时费力,花费高 3.研究对象的流失率会比较大	1.研究对象要有很好的依从性,但有时很难做到 2.若研究对象代表性不够,会影响实验结果推论 3.观察时间长的研究容易失访

关键术语

健康心理学　描述　解释　预测　改善　抽样调查　现况调查　简单随机抽样　系统抽样　整群抽样　分层抽样　多级抽样　生态学研究　病例对照研究　队列研究　流行病学数学模型　前瞻性研究　回顾性研究　实验研究　健康　健康相关生命质量　健康危险评估

复习题

1.健康心理学是(　　)

A.一门心理学分支学科

B.探讨和解决心理因素在促进和维持人们健康、预防和治疗躯体疾病中的作用特点和规律

C.心理学与预防医学交叉的产物

D.都不是

2.健康心理学就是回答三个问题(　　)

A.是什么原因引起疾病　　B.如何预防和治疗疾病

C.如何保持和促进健康　　D.如何形成健康的饮酒习惯

3.健康心理学的任务包括(　　)

A.描述　　B.解释　　C.预测　　D.改善

4.中国古代健康心理学思想包括(　　)

A.心为灵魂、心身分离　　B.内伤七情、外感六淫

C.辨证论治、因人而异　　D.精神摄生、修身养性

5.“心理学有一个漫长的过去,却只有短暂的历史。”源于哪位心理学家(　　)

A.冯特　　B.艾宾浩斯　　C.赫尔姆霍茨　　D.巴甫洛夫

6.下列哪一种指标常用来说明疾病的严重程度(　　)

A.发病率　　B.死亡率　　C.患病率　　D.病死率

7.下列哪一条是病例对照研究的优点(　　)

A.可同时研究一种可疑因素与多种疾病的联系

B.适用于常见病的病因研究

C.样本小,省人力、物力,获得结果快

D.偏倚少,结果可靠

8.病例对照研究是(　　)

A.由因推果　　B.由果推因

C.了解因和果在某个时间点的分布情况　　D.两者都是

9.临床试验中采用双盲法是为了控制(　　)

A.选择偏倚　　B.信息偏倚　　C.观察偏倚　　D.混杂偏倚

10.研究某种药物对某病的治疗效果时,试验对象应该是(　　)

A.严重型病人　　B.男女人数必须相等

C.患病人群中有代表性的样本　　D 典型症状的病人

11.哪种流行病学研究中,研究人员控制着研究因素(　　)

A.实验性研究　　B.个案调查　　C.现况调查　　D.病例对照调查

12.健康心理学研究中,证明假设最可靠的方法是(　　)

A.病例对照研究　　B.现况研究　　C.队列研究　　D.实验研究

13.以下哪一项不属于健康的评价维度(　　)

A.心理状态　　B.角色功能　　C.社会功能状态　　D.情绪调节能力

14.以下不是健康状况测评方法的是(　　)

A.实验性研究　　B.观察法　　C.诊断性交谈　　D.心理评估

15.以下哪一项不属于健康测量工具(　　)

A.HEAR　　B.HRA　　C.SF-36　　D.WEB

第二章 健康心理学的主要理论

心理健康的外在表现主要是人的行为，健康的行为可能反映健康的心理，不健康的行为可能反映心理的偏差。因此，这一章主要掌握健康行为的形成、变化和教育理论，理解进行健康行为教育的标准，进而了解健康行为形成、发展的生理心理机制。

随着对疾病和致死原因的进一步认识，健康行为越来越受到医学和心理学家的重视，仅仅用生物医学理论已经不能很好解释健康和疾病的关系。因此，健康心理学理论吸收了多种心理学观点。吸收学习理论突出了强化和模仿，吸收社会认知理论突出了认知和态度，吸收阶段理论突出变化与提高，吸收教育理论突出了信念和干预，吸收生物学理论突出了健康与生物发展的关系等等。本章将一一做介绍。

第一节 行为形成理论

1912年，美国心理学家华生(J.B.Watson，1878—1958)反对冯特把意识作为心理学的研究对象，提出了心理学的研究对象应该是人和动物的行为，这一观点后来传播到整个心理学领域。1913年，华生发表了《行为主义者所认为的心理学》一文，该文被认为是行为主义心理学正式诞生的宣言，华生被认为是行为主义心理学的创始人。他对心理学家用来探讨意识状态的内省技术表现出强烈的不满，也批评精神分析理论对人类行为所做的复杂性和模糊性解释。他认为，人的一切行为都是通过学习建立的条件反射的结果，人的异常行为、神经病人的症状也都是习得的。他以一个婴儿的实验，说明了恐惧症行为的学习过程。华生还提出刺激(S)→反应(R)的公式。斯金纳(B.F.Skinner，1904—1990)是继华生后一位重要的行为主义心理学家，他与华生断然否认遗传因素会影响个体行为的观点不同，斯金纳认为遗传和个人生活经历对行为都有影响，但他更注重后者。将刺激(S)→反应(R)的公式修改为S→O(机体)→R公式，即刺激通过机体产生行为。俄国生理心理学家巴甫洛夫(Ivan Pavlov，1849—1936)、美国心理学家桑代克(E.L.Thorndike，1874—1949)和班杜拉(A.Bandura)等用不同的实验法贡献和发展了行为学习理论(learning theories of behavior)。其中，经典条件反射、操作条件反射和社会学习(观察学习)理论具有代表性。

一、经典性条件反射理论

(一)主要内容

巴甫洛夫创立了经典性条件反射理论。巴甫洛夫用狗做实验(实验装置如图2-1，实验过程见图2-2)，当狗吃食物时，会引起唾液分泌，这是无条件反射。如果给狗以铃声，则不会引起狗的唾液分泌。但是，如果给狗以铃声时即喂以食物，这样结合多次之后，每当铃声一响，虽然食物并未出现，狗也会分泌唾液，这时，原来与唾液分泌无关的刺激物——铃声，变成了引起唾液分泌这种无条件反射的无条件刺激物——食物的信号，转化为信号刺激物，引起唾液分泌，这就是条件反射原理。但是，如果形成的条件反射不予强化和保持的话，就会产生条件反射的消退现象。巴甫洛夫的条件反射理论，可以解释人的很多行为。人的日常生活极其复杂多变，但人可以随机应变，首先就在于人因为条件反射而处于一种自动化了的或半自动化了的状态。但是，如果这种条件反射产生负面作用的话，就会引起强迫症状，焦虑或不安发作，或许也会形成某种弊病。不良习惯、辍学或恐惧多由此形成。对于在无意识中的条件反射所形成的不良弊病、恶习或心理障碍、心理问题，在治疗和咨询时可以使用反条件刺激予以清除和击退。行为主义关于条件刺激的强化、条件反射的消退、奖励、惩罚、反馈、模仿、替代强化等概念和原理，为行为主义心理疗法开拓了广阔的前景。

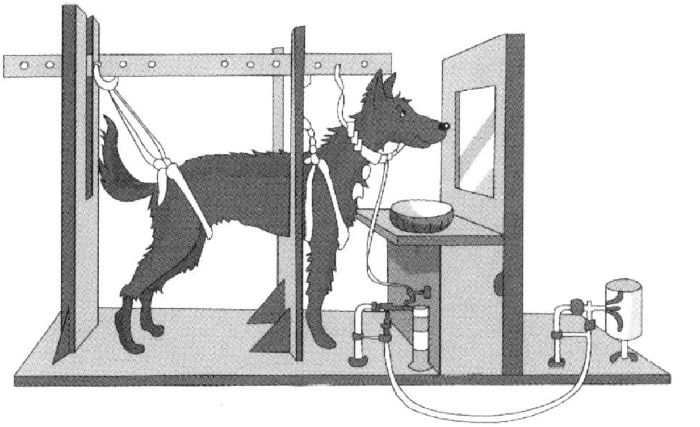

图 2-1　巴甫洛夫关于条件作用研究的实验装置

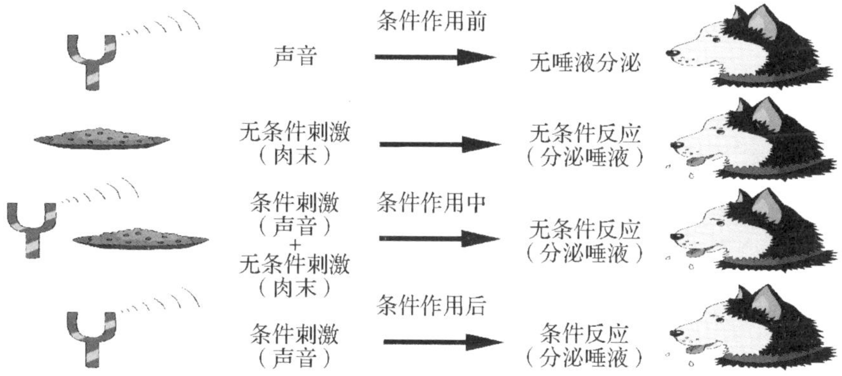

图 2-2　巴甫洛夫经典条件反射实验示意图

（二）对不健康行为的解释

根据经典性条件反射理论，人脑内的神经通路有两种：一种是先天遗传的神经通路，形成非条件反射；另一种是通过后天的学习而形成的暂时联系性神经通路，产生条件反射。每个人经历、教育不同，暂时联系性神经通路或多或少都会有较大差别。所以，人的一切行为，正常的、异常的都是条件反射建立的结果。通过强化、泛化、分化等形成新的行为，通过消退而使原有行为消失。因此，各种神经症都是病理性条件反射形成的结果。原本为中性的无关刺激由于总是与特定的无条件刺激同时发生，使人受到一定的刺激，那么这中性的无关刺激就可能在人的意识中持续产生强烈的反应。这种反应可能被带到其他类似的情境中去，从而可能导致异常心理和行为的产生。

如小孩被狗咬过时（非条件刺激），伴随疼痛产生了一系列非条件的惊恐反应如喊叫、心慌、气喘、脸红、出汗、头晕等。以后当小孩再次看见狗或者听到狗叫但未被咬(条件刺激),也会通过暂时联系产生和非条件反应类似的条件反应。一方面,当条件刺激泛化后,甚至会发展为动物恐惧性神经症。另一方面,当只给条件刺激,而不给非条件刺激,即不强化便会使已建立的恐惧性条件反射逐渐消退,从而治愈恐惧症。如让小孩接触或抱不会咬人的玩具动物,如果恐惧减轻或者消失,进而接触或抱不会咬人的动物,久之如小孩接触到动物而不感到恐惧,动物恐惧症就痊愈了,这就是系统脱敏法。

二、操作性条件反射理论

(一)主要内容

斯金纳的操作性条件反射是指强化生物的自发活动而形成的条件反射。斯金纳认为条件作用分为两种:一种是应答性条件反射,即巴甫洛夫的经典条件反射;另一种是操作性条件反射。前者是由一种可以观察到的刺激引发的,而后者则是没有外部刺激的情境中自发产生的;前者是一个刺激—反应过程,而后者则是一个反应—刺激过程。斯金纳认为操作性条件反射比经典条件反射更能解释个体的学习过程。

斯金纳利用自己制作的"斯金纳箱"对动物进行了一系列操作条件反射的实验。在斯金纳箱(图 2-3)内放一只处于饥饿状态的老鼠,老鼠在箱内乱窜时,偶尔按压了一下能掀动食物的横杆而获得了食物,强化了几次之后,条件作用就很快形成了。踩杆反应是对环境"操作",因此称其为"操作条件反射"。对人类而言,操作性条件反射的强化过程是个体学习的主要机制,人类可以用语言声音或手势代替具体的强化物。

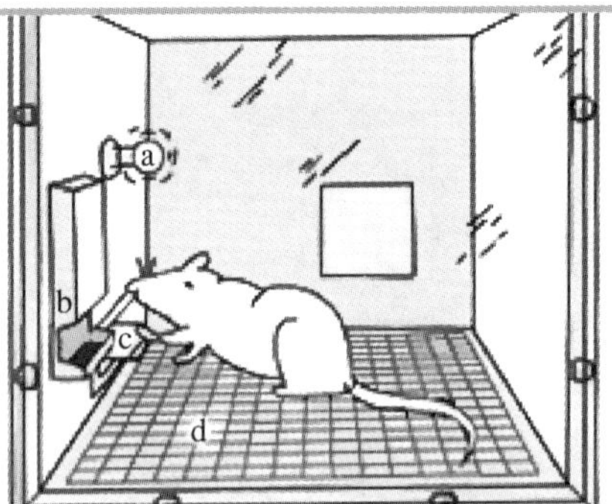

(a) 灯　(b) 食物槽
(c) 杠杆或木板　(d) 电烙格

图 2-3　斯金纳箱

操作条件反射理论运用于行为治疗,只要治疗者对期望的某种行为予以奖励,这种行为就会获得强化,反之就会消退。若施以惩罚,则会加快消退的速度。

(二)对不健康行为的解释

根据操作性条件反射理论,人的不良行为(吸烟、酗酒、吸毒)、神经症等可看作病理性操作条件反射形成的结果。主要包括两个方面。首先,负强化或者不良强化是不良行为产生的途径。强化是指通过控制某种行为产生的后果来增加此种行为重复出现的可能性。根据行为结果出现的不同可将强化分为正强化和负强化两种。正强化是指行为出现后,给予个体某些事物作为后果来增加该行为再次出现的可能性。负强化是指行为出现后,从环境中去掉某些事物作为后果来增加行为重现的可能性。当一些能使个体充分满足并产生愉快情绪的行为得不到充分的正强化或因种种缘由无意或有意地使一些不良行为得到了充分的强化,那么个体在这种强化结果的刺激下,会在情绪、行为上表现出各种异常。操作性条件反射可以解释多种精神障碍。例如,卢因森认为抑郁症是先前具有的报偿系统被取消的结果,而塞里格曼则在动物的习得性无助实验基础上,推断抑郁产生于个体无法回避环境中的负性刺激。

只要操作引起强化的刺激物的性质(正性或负性)或者条件,就可改变人的行为。通过消退、惩罚(负性)可使人们的不良行为或心理疾患得到矫正。如吸烟者在其想象或接触香烟时给以惩罚,则可逐渐纠正其吸烟行为,这即是厌恶疗法。

其次,控制不当和惩罚过度都可引发行为失调。控制是人类社会的本质属性。个体对于企图控制自己行为的力量可能以暴力的形式反击,或者以极度消极的方式来逃避这种使自己不愉快的限制和惩罚。当一个人接受控制或惩罚时会遇到各式各样的刺激,这些刺激会引起个体恐惧、焦虑、抑郁、愤怒之类的情绪,在控制不当、惩罚过度时尤其如此。通过条件反射,个体如果在日常生活中在类似的情境中遇到类似的刺激,就会引发相似的情绪发应。

三、社会学习理论

(一)主要内容

20 世纪 70 年代,研究者发现在对恐惧及其他情绪反应进行行为主义的解释时存在困难。例如一些恐惧反应难以找到其直接的条件刺激物,个体对实际上未遭遇过的刺激产生恐惧,许多恐惧反应会泛化到和最初的条件刺激物在物理特征上没有关联性的事物上去,例如对甲壳虫的恐惧泛化到汽车和甲壳虫乐队等。因而研究者越来越多地开始关注认知过程在行为发生中的作用。这一时期发展出来的有影响力的理论是班杜拉的社会学习理论。该理论特别强调榜样的示范作用,认为人的大量行为是通过对榜样的学习而获得的,不一定都要通过尝试错误学习和进行反复强化。和建立条件反射一样,榜样学习也是人类的一种社会学习的基本方法,其过程分为四个步骤:(1)注意:榜样的特征引起学习者的注意,可以是有意识的,也可以是无意识的。(2)记忆:将榜样特征、内容保持在记忆中以便必要时再现。在保持过程中应不断再现榜样的表象。(3)认同:学习者将榜样的特征纳入自己的行为之中并赋予自身人格的特征。(4)定型:当模仿的行为得到外部或自我的不断强化之后，习得行为相对稳定建立起来并保持一定的形态。班杜拉榜样学习理论过程见图 2-4。

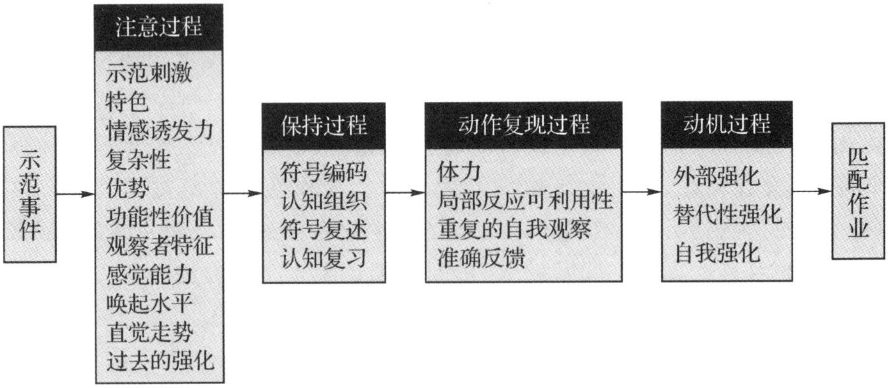

图 2-4 班杜拉榜样学习理论过程

(二)对不健康行为的解释

社会学习理论认为，人的一些心理疾患是通过对不良行为的观察和模仿而习得的。如小孩害怕狗咬可能是看到他人在被狗咬时，出现喊叫、心慌、气喘、脸红、出汗、头晕等惊恐反应。以后小孩看见了狗或听到狗叫虽未被狗咬，也会产生类似恐惧反应。因此在治疗时，可以通过示范法让小孩观察他人不怕狗的行为(与狗愉快相处的录像)，来克服焦虑和恐惧。

行为主义理论认为可观察的行为和环境对个体行为有重要的影响，因而它认为对异常心理的治疗应该重视外部行为和环境的改善，而没必要去寻找个体内部的智力或情绪方面的问题。通过行为矫正疗法可以改变各种不良行为，促进个体对工作和生活环境的适应，协助治疗许多临床疾病，特别是心身疾病。多年来，依据各种行为学习理论建立的行为治疗方法已成为国内外心理治疗师的重要方法。

复习巩固

1.简述经典性条件反射理论。
2.简述操作性条件反射理论。
3.简述社会学习理论。

第二节 行为变化理论

一、健康行为连续变化理论

健康行为连续变化理论又称行为分阶段改变理论(the transtheoretical model and stages of change, TTM)是由普罗查斯卡(Prochaska)于 20 世纪 80 年代初在其开展的戒烟项目中提出。这个理论整合了若干个行为干预的主要理论的原则和方法,用于解释行为变化的阶段规律,故称为跨理论模型或者交叉理论模型。创立之初是为了减少吸烟这种非健康行为,随后该模型被逐渐用来尝试理解诸如控制体重、乳腺检查及锻炼等一些健康行为,除了该模型的研究初衷至今仍没有改变以外,其在锻炼领域的应用一直最为广泛和深入。

(一)主要观点

行为分阶段改变理论提出的依据是:①单一的理论无法解释行为干预的复杂性,应整合各种理论来进行行为干预;②行为改变并非一次就能成功,需跨越一系列阶段;③行为变化阶段既是稳定的又是可以改变的;④没有计划的干预,人们会停留在早期的行为阶段;⑤大多数高危险人群处于不准备改变的行为阶段;⑥有效的行为改变应该是一个渐进的过程;⑦针对行为变化的特殊阶段应用适合该阶段行为改变的特殊原则和方法;⑧慢性行为模式是生物、社会和自我控制结合形成的。阶段匹配干预要重视自我控制。

其中行为分阶段改变理论核心部分是行为变化阶段、行为改变过程和模型的假设,决策均衡和自我效能是行为分阶段改变理论的强化部分。决策平衡(decisional balance)指个体对行为改变的利弊的权衡,包括利益和费用。如果前者大于后者就对行为改变有正强化的作用。自我效能由两部分构成。一是信心,指人们处理高危情境而不返回到不健康行为的情境特异性信心。二是诱惑力,指当人们在困难的情境中渴望从事某种特殊行为的程度。三种最常见的诱惑情境是:负性情绪、阳性社交场合和欲望渴求。自我效能主要在于行为改变的后阶段。

根据行为分阶段改变理论,行为变化不是一次性事件,而是由 5 个不同阶段构成的过程。

(1)前意向阶段(pre-contemplation):在这一阶段,人们没有改变行为的意向,通常测量时间是未来 6 个月。

(2)意向阶段(contemplation):打算改变行为,但却一直无任何行动和准备行为的迹象,通常测量是在未来 6 个月。这时候他们会意识到改变行为的益处,同时也会意识到改变行为的代价。利益和代价的均衡常使人们处于极度矛盾中，导致他们在很长时间内停留在这一阶段。

(3)准备阶段(preparation)：处于这一阶段的人倾向于在近期采取行动(通常测量指在未来30天)，并逐渐付诸一些行为步骤。

(4)行动阶段(action)：处于这一阶段的人在过去的6个月内已做出行为改变。

(5)维持阶段(maintenance)：处于这一阶段的人保持已改变的状态在6个月以上。

在改变行为的过程中有一系列步骤和方法，可以帮助人们从不同的行为变化阶段过渡。

(1)意识提高(conscious raising)：包括进一步了解不良行为及对其结果的感知，消除不良行为的意义和对有关问题的认识，发现和学习改变行为的新思路和办法等。通常通过健康咨询、媒体宣传等方法达到目的。

(2)痛苦减轻(dramatic relief)：行为改变初期往往会出现负性情绪，减轻负性情绪有利于行为矫正。通常采取心理剧、角色扮演、团体咨询、医学等方法。

(3)自我再评价(self-reevaluation)：从认知和情感方面评估有某种不良习惯和无某种不良习惯自我形象的差异。认识到不良行为改变对于一个优秀的人是重要的。通常使用自我认识、健康角色模式技术等个别咨询或团体咨询的方式达到个体改变行为的目的。

(4)环境再评价(environmental reevaluation)：从认知和情感方面评估有某些习惯对社会环境的影响，如吸烟对他人的影响。也包括人们的行为对他人所起到的正性或负性的角色示范的感知。同情训练和家庭干预是常用的方法。

(5)自我决意(self-liberation)：人们改变行为的信念和与改变行为的许诺。行为改变的许诺是行为改变过程中相当重要的一个环节。为了实现许诺，选择重要的日子、当众许诺很有益。

(6)关系帮助(helping relationships)：为行为的改变寻求和使用社会支持。愿意提供帮助的家人、同伴、朋友等社会支持常常是有效的关系。

(7)抗条件化作用(counter-conditioning)：学习用健康的行为替代不健康的行为。研究表明放松法、厌恶法、系统脱敏法、强化法等策略都有助于健康行为的建立。

(8)权变管理(contingency management)：通过控制行为的后果的方式来改变这一行为发生的可能性与频度的过程。常用的权变管理方式有：正性强化、负性强化、惩罚、反应代价和消退。权变管理实施前，先要对病人的问题进行透彻的行为分析，确定基线和问题得以维持的强化因素等，而后选择适当的强化物，同当事人一起指定行为协议，规定双方应当做的和相应的奖罚条款。

(9)刺激控制(stimulus control)：通过控制某个特定的前提或者某个刺激群体中的一个刺激的出现，使行为发生的可能性增加。回避、环境再造、自我帮助小组都可避免不良行为的出现。

(10)社会改变(social liberation):社会规范向着有利于使所有人健康行为变化的方向发展。宣传鼓动、合适的政策等能增加健康促动的机会,特别是对那些社会底层人群。禁烟区设立、安全套的易得性等能用于帮助所有的人改变行为。

若要对某一具有不健康行为的群体进行行为改变,首先要分析变化阶段分布,即处于前意向阶段、意向阶段、准备阶段、行动阶段、维持阶段的人群比例。再分析行为改变的利益和代价,即了解个体行为改变的益处和代价。同时要认识行为变化阶段和改变过程的关系。

研究显示,在行为变化的早期阶段应使用认知、情感和评价,而在行为变化的晚期阶段应使用行为许诺、条件化、权变管理和环境控制等策略(Prochaska et al,1992)。具体而言,在第1、2阶段,使用意识提高、痛苦减轻、自我再评价、环境再评价方法;在第3阶段使用自我决意方法;在第4、5阶段使用关系帮助、抗条件化作用、权变管理、刺激控制、社会改变等方法。变化阶段和改变过程的关系如下:

表2-1 行为变化阶段

	改变过程										
变化阶段	前意向阶段	意识提高	痛苦减轻	自我再评价	环境再评价						
	意向阶段	意识提高	痛苦减轻	自我再评价	环境再评价						
	准备阶段					自我决意					
	行动阶段						关系帮助	抗条件化作用	权变管理	刺激控制	社会改变
	维持阶段						关系帮助	抗条件化作用	权变管理	刺激控制	社会改变

(二)行为分阶段改变理论在心理健康促进中的作用

行为分阶段改变理论有合理的理论建构和实际支持,它是一个动态的综合的行为改变理论模型。这个模型变传统的一次性行为事件干预模式为分阶段干预模式,根据行为改变者的需求提供有针对性的行为支持技术,已成为健康教育、临床医学和社区行为干预广泛应用的有效策略和方法。然而,在应用中应该注意其他理论变量的作用,如知觉危险性、主体规范等,应考虑到这些变量是否相关于行为阶段及对在不同阶段行为改变的进程的影响。这个理论在个体层面上描述、解释和预测行为的改变是很好的,但是在面对群体时有不少问题需考虑。行为分阶段改变理论像其他理论模型一样,只能从某一角度来阐明行为改变的规律,不可能解决行为干预的所有问题。

自1992年Marcus和她的同事首次以阶段变化模型为基础进行了吸烟行为干预研究以来,该理论在其他领域,如锻炼行为、饮食行为、癌症预防、避孕行为、献血、口腔保健等得到了运用。研究者还将该理论与其他理论，如健康信念模型等的因素结合起来进行研究，取得了一系列成果。目前以定量研究为主要趋势。国内对行为分阶段改变理论模型的应用以锻炼行为研究为主，涉及调查性、干预性、验证性研究等多种方法，但是仍存在一些问题，如相关研究尚未完整考虑该模型中的所有构成因素，测量工具的使用尚不规范，缺乏必要的信效度检验等。

二、自我效能理论

自我效能是美国心理学家班杜拉（Bandura，1986）在社会学习理论中提出的一个核心概念。它是指个体对自己能否在一定水平上完成某一活动所具有的能力判断、信念或主体自我把握与感受。也有人把它界定为，是个体在面临某一活动任务时的胜任感，及其自信、自尊等方面的感受（Schultz，1990）。传统的行为主义理论一直忽视人的主体意识对人的行为的作用，在行为主义看来，人是没有自我的。虽然，班杜拉的社会学习理论从学术传统上讲，是来自行为主义的，但他与传统行为主义的根本区别在于，重视人的主体因素的作用。1977 年，班杜拉发表了《自我效能——改变行为的统一理论倾向》，提出了自我效能是过去一直被忽视的一个重要因素。1997 年，班杜拉将多年来的研究，撰写成一本专著《自我效能——控制的运用》，系统地总结了自我效能的理论与应用，进一步阐述了自我效能在个体和团体潜能开发中的地位和作用，尤其是在调节人们心理健康和成就行为等方面发挥的重要作用。

（一）主要观点

班杜拉认为，人的行为是由环境、个人的认知和其他内部因素、行为三者交互作用所决定的。其中，人的思想和信念对行为起着关键性的作用，而在这些信念中，他又强调自我效能的影响。班杜拉认为，自我效能是个体对自己在组织、执行行动，达到目标的过程中的能力的判断和信念。自我效能是个体自身潜能的最有影响力的主宰，它在人们做出选择决定时，发挥了核心作用：激发个体为达到目标所付出的持久的努力、鼓励个体勇于面对各种挑战、不怕困难和失败，力图实现成就目标。为什么具有同样智力和技能的人在同一任务环境中，会有不同的行为表现？其原因就在于他们具有不同的自我效能。

1.自我效能对健康的影响

总体而言，自我效能可以通过以下途径对健康产生影响：

（1）自我效能影响到人的生存状态。生活的态度是充满信心、积极乐观还是悲观厌世，必然影响健康状况。长期过度的压力会对健康产生危害。自我效能决定着人对压力的处理方式，进而影响健康。高自我效能的人对环境中的威胁的控制力有信心，能坦然地面对和积极处理生活中的各种问题；而低自我效能的人一遇到困难就会自我怀疑，表现出消极悲观的情绪。当面临危险情境时，自我效能高的人能够沉着应对，而自我效能低的人则往往惊慌失措，采取逃避等消极的应对方式。Mchael Newlin 在 1990 年的一项关于儿童的自我效能和沮丧的研究发现，儿童的情绪困扰与自我效能感密切相关。研究者对意大利罗马的 282 名六年级小学生进行了两年的纵向研究，得到的结论是：高学业成功者的沮丧水平较低，问题行为越多的孩子其沮丧水平越高，更重要的是，学业和社会的自我效能感低的孩子，表现出的沮丧水平较高。

(2)自我效能决定着人们的行为选择。自我效能感强的人往往把健康结果的成败归因于自我因素，认为个人对自己的健康负有责任，个人有能力改变自己的健康状态，这样的认知有利于提高个体通过自己努力来保持和促进健康的动机和技能。

(3)自我效能决定人们对健康目标的追求。自我效能通过动机过程对个体发生作用，除了影响人的归因方式、控制点知觉之外，自我效能还会影响到个体在健康相关活动过程中的努力程度，以及个体在面临困难、障碍、挫折、失败时对活动的持久力和忍耐力。自我效能感越强的个体所选择的健康目标就越高，这就能调动他们的积极性，达到较高的成就水平。同时自我效能也决定人们在实现健康目标中的付出和行为持久性。

(4)自我效能影响着人们的健康行为。一方面对于很多有利于健康的习惯，如锻炼等，人们行为选择的前提是相信他们有能力实施，并且有赖于自我效能使之持之以恒。众多的研究证实，自我效能显著贡献于坚持锻炼的持久性。有人综述了美国杂志发表的 32 篇文章，发现自我效能与食物中蔬菜的摄入有显著联系。另一方面对于那些健康危险行为，有些人自我效能感低和缺乏应对技能，不能成功地处理生活中的各种压力，他们就会借助于吸烟和酗酒等方式来缓解压力。自我效能往往是这些行为的预测因素。有研究表明，个体自我效能感高的人戒烟容易成功，而且相对不容易反复。

2.自我效能的来源

人的自我效能从何而来？班杜拉认为，个体的自我效能可以从四个方面获得：

(1)成功的经验。成功经验是获得自我效能的最重要、最基本的途径。而反复失败则会削弱自我效能。新的成败经验对自我效能的影响往往取决于先前已经形成的自我效能的性质和强度。如果个体通过多次成功已经建立了高自我效能，那么，偶尔的失败不会对其自我效能产生多大的影响。在这种情况下，个体更倾向于从努力程度、环境条件、应对策略等方面寻找失败的原因。这种思维方式又能激发个体的动机水平，并通过加倍的努力克服困难以取得成功。

(2)替代性经验。这是指通过观察其他人的行为而产生的自我效能。替代性经验的特点是：第一，这种信息源的结果要比成功经验的结果弱，但当人们对自己的能力不确定或者先前的经验不多的时候，替代性经验还是很有效的。第二，对一个人的生活有显著影响的榜样示范，将会有效地培养他的自我效能感。与其他人的社会比较，也是个体的一种替代性经验。在这些社会比较中，同辈的榜样示范能够更加有力地促进发展个体的自我效能。第三，观察学习中的交互作用影响，使得个体对不同榜样的影响力的评价变得复杂。例如,一个榜样的失败,对与其能力相近的观察者的自我效能来说,无疑有很多负面影响。但是,如果观察者认为自己的能力超过榜样时,榜样的失败对他的影响就不会很大。再如病人,根据其他病情相似患者的现身说法或示范,患者会劝导自己,如果他人能行,自己也同样有能力恢复健康。相反,失败的经历(特别是自我效能未建立起来之前)和看到他人虽经高度努力却仍然失败,就会降低自我效能。

(3)言语劝导。言语方式在提高自我效能的作用上不如成功经验积累有效,但它可以传递健康信息和各种应对策略信息,纠正患者的歪曲认识,指导个体重视应对策略的应用和积极经验的积累。言语方式还可以通过调节人际关系等加强成功经验积累的作用。

(4)生理状态。诸如像焦虑、压力、唤起、疲劳和情绪状态都能提供自我效能的信息。因为个体有能力改变自己的思想和自我信念,而且他们的生理状态也会有力地影响其自我效能。例如,当人们处于害怕和悲观消沉时,这些消极的情感反应会进一步降低他们的自我效能感。强烈的情绪反应,将会对结果成败的预期提供暗示。

3.增强自我效能的健康教育策略

自我效能可以成功地预测很多不良行为的干预效果,如自我效能高的人能够有效地抵制戒烟过程中的情境诱惑,戒烟易于成功。针对增强自我效能健康教育的途径和方法有:

(1)给予激励。激励就是鼓励人们做出抉择并行动。改变健康状态和行为对于每一个人来说无疑是一种挑战。健康教育工作者应学会用有效的态度和取悦他人的方法说服他人,相信他们有能力改变现状。所持的态度应是热情而真诚,结合成功的事例进行开导和鼓励,介绍自信、自我增强的方法,最新的研究成果等均为有益之举。例如,告诉恢复期的心脏病患者掌握运动负荷量不断增加的踏车运动可提高患者的躯体活动能力。个人的躯体运动的自我效能越高,他们恢复得越快,日常活动也越有活力。

(2)运用积极反馈提高患者的自我效能。对个体在健康行为改变上的每一个微小进步及时地反馈给个人,这样可使个体产生成就感,促使他们积极地积累个人经验,从而有利于自我效能的发展。同时,告知个体行为改变的成绩证明了他们的能力,这种能力的反馈证明有助于提高自我效能。这些都可促使个体在较长时间内成功地保持健康习惯。

(3)加强社会支持系统。个体行为改变不仅是个人的事,更应该放入社会影响网络中考虑。有力的社会支持系统是个体长期的力量源泉。如在劝患者戒掉烟酒等不良嗜好时,同时与家庭其他人员做好沟通,增加家庭成员对此事的关注程度。如果要帮助自我怀疑者取得成功,让他们坚持这一高自我效能观点:成功是可以实现的。这可以帮助他们在面临挫折时保持应对努力。指导个体将不幸看作是偶然事件,用建设性的思维方式代替其自我弱化的思维。社会支持如家庭成员和亲近同事的关怀和及时提醒纠正,是自我怀疑者行为改变过程中不可缺少的因素,可以在长时间内促进自我怀疑者改变行为和思维方式。再如,医护人员如果对患者愈后有较高的期待,对患者更加关注,提供给患者更多的情绪支持和进步反馈。这一过程往往能提高患者的自我效能,有利于患者在身体耐力和疾病管理上的改善。

(4)行为学方法。行为学方法包括了目标设置、行为契约、替代经验、监控和强化、负性情绪处理等。

①目标设置:目标设置要有总目标设置并将总目标分解为若干个易于实现的和可以逐步提高的小目标,以使人们不断有成功的体验,有利于增加自我效能,有利于下一步目标的实施和完成。

②行为契约:这一策略可以使人们明确目标,强化适应性行为。

③替代经验:通过观察他人成功的经验,获得示范,能够促进自我效能的不断发展。

④监控和强化:适时知觉行为的结果和不断地给予鼓励可减少完成治疗目标的焦虑,增强自我效能感。

⑤负性情绪处理:不良行为是长期不断强化而形成的,一旦这种条件反射形成,往往会有一些负性情绪出现。负性情绪也往往是问题反复的诱因。一系列生理、心理和情绪反应与自我效能往往互为因果,会影响人们的行为表现,控制和减缓这些症状有利于增强自我效能感。

(二)自我效能理论对心理健康促进的作用

近 20 年来,自我效能理论广泛地用于人类行为的研究,包括人的心理健康和临床,如用于解决恐惧、压力过大、情绪低落、社会技能障碍、吸烟、毒瘾,甚至疾病控制等。班杜拉在《自我效能——控制的运用》中专章论述了自我效能的健康功能,其中谈到自我效能对人应付压力的作用。他指出,压力是由个人对自己生活的控制能力来调节的。如果个体不能控制面临的压力、自我效能感低,将影响个体的神经生理系统的功能,如内分泌系统的功能失调、儿茶酚胺分泌增多、免疫功能降低等等。班杜拉进行了广泛的生化实验,发现自我效能不仅影响自主神经系统的唤醒水平,而且还影响到儿茶酚胺的分泌水平和内源性类鸦片物的释放水平。这些生化物质作为神经递质,均参与免疫系统的功能调节活动。自我效能不足,则会引起这些物质生化水平的明显提高,从而降低免疫功能。

复习巩固

1.简述行为分阶段改变理论(TTM)的依据。

2.简述 TTM 的不同阶段构成的过程

3.简述增强自我效能的健康教育策略。

第三节　健康教育理论

一、知—信—行理论

健康信念模式是最早运用于个体健康行为解释和预测的理论模型，产生于20世纪50年代，由罗森斯托克(Rosenstock)提出并由Becker和Maiman加以修订。最初是运用该模式解释个体不愿意参加各种疾病预防方案的原因，如个体为什么不愿意参加社区组织的肝炎早期检测和治疗等。之后它被广泛地运用于各种短、长期健康危险行为的预测和改变，如吸烟行为、不良进食行为以及性病的预防和干预。

知—信—行(knowledge—attitude，belief—practice，KABP或KAP)是知识、态度，信念、行为的简称。这一理论认为知识和信息有利于建立正确的态度与信念，进而改变健康相关行为。也就是说只有当人们了解了有关的健康知识，建立起积极的、正确的态度与信念，才有可能主动地形成有益于健康的行为，转变危害健康的行为。例如吸烟行为，许多吸烟者具有有关尼古丁影响健康的知识，可是没有进行积极思考，对自己吸烟影响自己和别人的健康没有责任感，没有形成相关信念也就不可能改变吸烟行为。因此，态度与信念的转变是改变行为的关键。

(一)主要观点

1.知—信—行理论模型如图2-5：

环境刺激输入 → 知识 → 信念 → 行为 → 健康促进

图2-5　知—信—行理论模式

人们从接受信息到改变行为之间要有一个主动参与的过程，也就是信念形成。而要对知识进行积极思考，对自己的职责有强烈的责任感，才有可能形成信念，采取积极的态度进而改变行为。如预防艾滋病的教育，教育者通过多种方法和途径将艾滋病的全球蔓延趋势、严重性、传播途径和预防方法等知识传授给人们，人们接受知识后，通过思考，加强了对保护自己和他人健康的责任感，形成信念。在强烈的信念支配下，大多数人能摒弃各种不良性行为，并确信只要杜绝传播艾滋病的行为，人类一定能战胜艾滋病。预防艾滋病的健康行为模式就此逐渐建立。

2.促进态度与信念改变的方法

信息由谁提供，怎样提供的信息才会对态度与信念改变有影响，以下列举常用的方法。

(1)增加信息的权威性。如预防艾滋病的信息传播，由著名传染病专家来传播信息要比政治家或航空航天专家等传播有效得多。

(2)利用信息接受者身边的事例。癌症长期生存者的现身说法常常能让初被诊断为癌症的病人形成“我也可能战胜癌魔”的信念，并积极配合治疗和进行康复锻炼。

(3)提供双向信息，并注意强化希望让他人接受的信息。传播的信息可以是单向的，即单一面信息；也可以是双向信息，即有正面的信息和反面的信息。但传播信息应加强有利于传播者希望提供的信息。Hovland 研究发现，双向信息的论证对个体态度的影响大于单面论证，特别是在对方不赞同传播者意见时最为明显。

(4)注意提供信息的初始效应。如果传播者提供的资料有正反两面的信息，并企图让正面信息发生影响时，应该注意资料提供的时间和顺序，即先提供正面的信息，以利于正面信息产生“初始效应”。

(5)利用凯尔曼提出的“服从、同化、内化”态度改变的阶段理论，对严重危害社会的行为(如吸毒)可依法采取强制手段，促使其态度的改变。在戒毒所，其戒毒是被迫服从，而非心甘情愿(“服从”)；一段时间后他自觉自愿地服从帮助，并和其他戒毒伙伴快乐相处(“同化”)；再以后，他从内心深处接受“吸毒有害”的信念，彻底改变态度，成为改变行为的内在动力(“内化”)。

(二)知—信—行理论在心理健康促进中的作用

该理论简单直观，在提出之初受到大众欢迎，但是在实际应用上解释力并不理想，例如研究者发现对青少年的戒毒教育和毒品使用之间并无明显关联，再如吸烟有害健康的知识和吸烟行为之间的关系也不大。关于该理论的失败主要原因是态度和行为的不一致，其中主要问题是知识到信念之间的不协调，而非直接的线性关系。而信念改变并非健康教育一个方面可以解决，还包括家庭、社会等众多因素。因此目前在西方健康教育当中已经较少使用，而国内使用者仍较众多。为了提高该理论的解释力，必须考虑建立更复杂的多因素模型。

二、健康信念理论

健康信念(health belief model，HBM)理论最早由罗森斯托克(Rosenstock，1970)提出，贝克(Becker)及其同事对其加以修订发展，旨在介绍预防性健康行为，以及急性和慢性病人对治疗的行为反应。该理论根源是用社会心理学方法来研究健康相关行为，由操作条件反射理论和认知理论综合而成，并在预防医学领域中最早得到应用和发展。操作条件反射理论认为，行为的后果决定其发生的频率；认知理论则强调个体的主观心理过程，即期望、思维、推理、信念等对行为的主导作用。二者合起来用于解释个体对健康行为的认知和后果对该行为发生的作用机制。

健康信念是人们接受劝导、改变不良行为、采纳健康促进行为的关键。其核心概念是威胁知觉和行为评估，前者依赖于对疾病易感性和严重性的认识，后者包括健康行为的有效性，即评估行为的安全性、健康性等(Sheeran & Abraham，1996)。

(一)主要观点

1.健康信念理论模式如图 2-6：

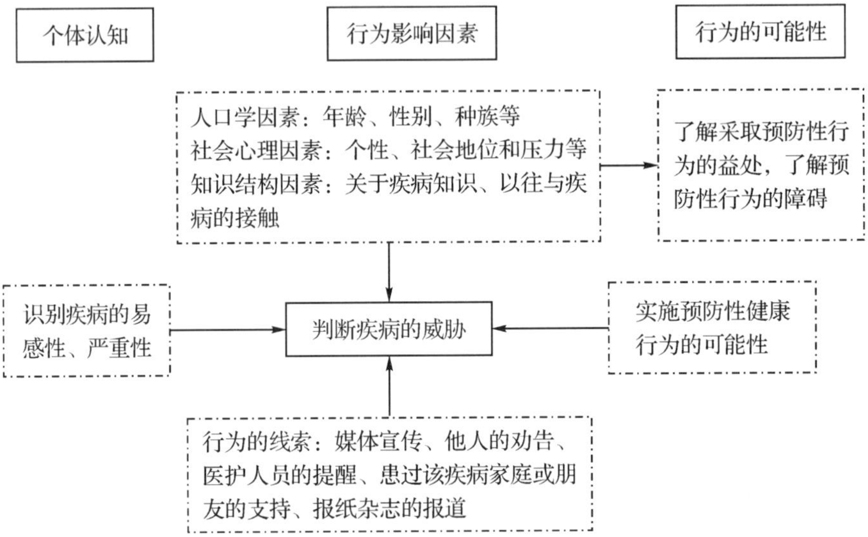

图 2-6　健康信念理论模式

从上图可知，这个模式分为三个主要部分：

(1)个体对健康的感知包括对疾病易感性和严重性的认识，对健康重要性的认识，对健康含义的理解，对健康状况的理解，对自我在健康中的作用的理解，对健康促进行为有利性的理解，以及对促进健康行为障碍的认识和理解。

(2)修正因素包括个体的人口学特征、社会心理因素、行为的提示，以及个人的疾病知识和经历等。

(3)采取行动的可能性包括促进健康行为的可能性，准备行动的证据。

2.影响个体健康信念形成的因素

(1)威胁知觉的易感性和严重性。威胁知觉的易感性是指人们对自己感染某种疾病的概率的个人评估。它包括人们对医生诊断的信任程度以及自身曾患过某种疾病并已恢复后，再次患病的可能性。如一些人认为“吸烟致肺癌要到六七十岁才发生，且不是所有吸烟的人都会患，我是不可能患的”，这就是威胁知觉的易感性低的表现。威胁知觉的严重性是指对疾病后果的主观评价以及引起的相关情感上的变化。

(2)对行为效果的期望。对行为效果的期望主要是指知觉到的益处和知觉到的障碍。知觉到的益处是指意识到自己用在摒弃危害健康行为的代价(如时间、负担等)确实能换取到的预防效果,也就是行为的有效性。当人们确实觉得有效时,才会采取行为,并有明确的行为方式和路线。

(3)知觉到的障碍。是指人们对特定的健康危险行为潜在的负面影响的主观感觉,或采取某种行为可能遇到的客观存在或自己心理上的障碍的主观感觉,是一种无意识的成本—效益分析结果。人们在考虑行为益处的同时,往往也在判断假若采取该行为是否会带来某种危险、不愉快、不方便,花费过多金钱和时间等。例如,一个依赖网络的青少年是否有决心改变自己的行为,会考虑“我改变了行为可能有什么益处?如得到父母的关爱,得到老师的肯定等等”,这就是知觉到的益处;同时,也会思考“我改变了行为可能失去什么?如失去网友,失去玩游戏的快乐等等”,这就是知觉到的障碍。

(4)产生行为后的效益。美国心理学家罗森斯托克指出:“知觉到的易感性和严重性,确为行为提供了能量和力量;但只有让人们知觉到效益,并能先了解所有困难再决心克服之,才算是真正找到了行为的道路。”

(5)自我效能。自我效能是个体对自己完成某个行为并达到预期结果的自信程度,是决定个体能否产生行为动机和产生行为的一个重要因素。缺乏运动是导致肥胖和一些疾病的原因之一,一些人知觉到缺乏运动对健康的威胁,也意识到加强锻炼的益处,并且付出的代价也不多,可还是维持原状,缺少运动,究其原因是对自己能否坚持锻炼的信心不足。因此,提高改变行为的自我效能感是重要的环节之一。可以寻找其他可借助的力量,如家庭成员和团体帮助等。

要使人们从接受转化到改变行为是一个非常复杂的过程:信息传播→觉察信息→引起兴趣→感到需要→认真思考→相信信息→产生动机→尝试行为态度坚决→动力定型→行为确立。其中关键的主要有两个步骤:信念的确立和态度的改变。知、信、行三者间不存在因果关系,但有必然性。在信念确立以后,如果没有坚决转变态度的前提,实现行为转变的目标照样会招致失败。所以,在实践中要使40%的人发生行为转变,就要有60%的人持积极的态度参与改变行为实践,这样就要有80%的人相信这种实践对其健康是有益的,要达到这个目标就要使90%以上的人具有改变这种行为所必须具备的知识。

(二)健康信念理论在心理健康促进中的作用

在过去的几十年间,健康信念模式广泛地运用于个体健康行为改变以及是否愿意参加健康体检的预测上。研究表明,控制饮食、安全性行为、接种疫苗、定期做牙科检查以及有规律地进行体育锻炼等,都与个体对健康相关问题的易感性知觉有关,也与他们对问题严重性和他们对预防行为的收益代价比的知觉和信念有关。对 24 个以该模式为基础的实证研究进行的元分析发现，感知到的行为转变的障碍和疾病的易感性是解释行为改变的最重要因素。例如，一项运用该理论预测男同性恋、女同性恋和双性恋年轻人是否参与 HIV 检测的研究发现，参加 HIV 检测可能带来的障碍以及个体对 AIDS 易感性的感知是参加 HIV 检测的两个重要预测因素。

但是也有一些研究报告了相反的结果，比如詹兹和贝克尔(Janz&Becker，1984)发现，健康行为意向与严重性的知觉程度呈反相关关系。

尽管如此，这一模型仍然被广泛用于高血压检查、宫颈癌检查、锻炼行为、戒烟戒酒以及饮食控制等健康相关行为的预测。

扩展阅读

健康信念模型的应用

——一项产后抑郁症妇女的疾病信念调查

【目的】考察产后抑郁症妇女的疾病信念，并设计相关的健康信念模型。大约 10%的产后妇女会罹患抑郁症。患者作为新生儿养育者的角色，决定了产后抑郁症与其他类型的抑郁症相比，在症状上、主观体验上、疾病感知和信念上都有所不同。目前疾病信念的研究大多数采用身体保健模型，该模型不能适应于心理保健领域。

【研究设计】访谈法收集资料的质性研究

【研究地点】英国大曼彻斯特

【方法】目前对疾病信念尚缺乏完善的量表，该研究采用质性研究方法来考察产后抑郁症妇女的疾病信念。共 11 名产后抑郁症的被试接受了半结构式访谈。然后基于扎根理论分析访谈记录，样本量可以保证理论充分性(theoretical sufficiency)。

【结果】产后抑郁症患者的疾病信念包含六个核心类目："未达到预期"、"认识到生活中的应激源"、"角色符号的冲突"、"抗抑郁症药——两害相权取其轻"、"失去时间"、"未来不确定"。

【结论和意义】患者对其患病时的困境、疾病的改善及其后果，以及未来和接受治疗进行多重评价，发现患者的叙述体现出内在矛盾和不确定感，另外要做"好母亲"的愿望与患病后自感不是一个"好母亲"之间存在着内心冲突。研究发现的主题不符合 Leventhal 的疾病信念自我调节模型中的维度。

三、合理行动理论及其扩展理论——计划行为理论

合理行动理论(theory of reasoned action, TRA)首先由 Fishbein 和 Ajzen 在 1975 年提出,合理行动理论能较好地对人们意志控制下的实际行动进行预测。当一些行为不完全在意志的控制下,该理论模型的解释力就会出现不足。例如,艾滋病预防行为在有些情境下就不完全由个人意志来控制,安全套的使用有时受到来自意志之外的因素左右,比如没有安全套或对方不愿使用等。因此,Ajzen 等人在合理行动理论原模型上引入了知觉行为控制(perceived behavior control)变量,发展成合理行动扩展理论,或称计划行为理论(the theory of planned behavior, TPB)。

(一)主要观点

这一理论假设的重要前提是人们的行为是有理性的,各种行为发生前要进行信息加工、分析和合理的思考,一系列的理由决定了人们实施行为的动机。该理论针对人的认知系统,阐明了行为信念、行为态度和主观规范之间的因果关系。

该理论中的每一个概念,Fishbein 和 Ajzen 都给出了明确的定义和测量方法。行为信念(behavioral beliefs):行为主体对目标行为结果的信念。行为结果评价(evaluations of behavioral outcomes):行为主体对行为所产生结果的评价。行为态度(attitude toward behavior):行为主体对某种行为所存在的一般而稳定的倾向或立场,由每个行为信念乘以相应的结果评价之积的总和作为间接指标。规范信念(normative beliefs):对行为主体有重要影响作用的人对其行为的期望。遵从动机(motivation to comply):行为主体服从这种期望的动机。主体规范(subjective norm):由他人的期望而使行为主体做出特定行为的倾向程度,由每个规范信念乘以相应遵从动机之积的总和作为间接指标。行为意向(behavior intention):行为趋向的意图,为做出行动之前的思想倾向和行动动机。

1.合理行动理论

假定人们的行为是有理性的,人们的各种行为的发生要进行信息加工、分析,一系列的理由决定人们实施行为的动机(如图 2-7)。

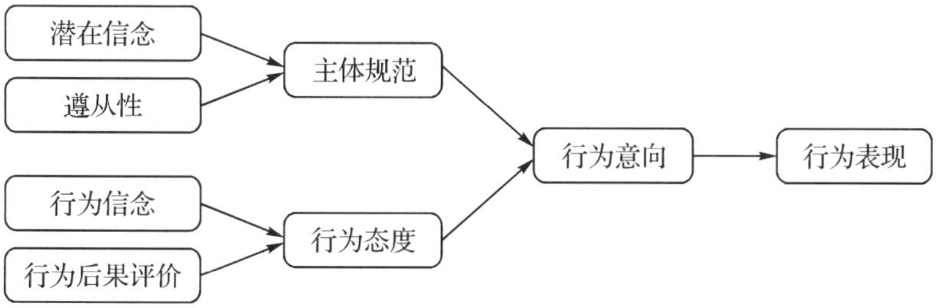

图 2-7 合理行动理论模式

以下以大学生艾滋病性危险研究为例对该理论模型中的有关变量加以说明。

行为信念：不安全的性行为会感染艾滋病：①极不可能；②很不可能；③有些不可能；④有些可能；⑤很有可能；⑥非常可能。

行为后果评价：行为预防对于避免艾滋病的发生：①没有一点用处；②有些用处；③说不上；④有一定用处；⑤有较好的作用；⑥有很好的用处。

规范信念：你的好朋友或与你亲密的其他人认为你在性活动中：①根本不用采取安全措施；②不用采取安全措施；③是否采取安全措施无所谓；④可以采取一些安全措施；⑤应该重视采取安全措施；⑥应该非常重视采取安全措施。

遵从动机：你对他们意见的态度：①根本不想采纳；②很不想采纳；③不太想采纳；④想采纳；⑤很想采纳；⑥非常想采纳。

行为意向使用两个题目来测量：①在未来一年中，你是否打算与异性有一些性活动？A.是；B.否。②如果是，你想采取的方式是：A.非性器官的身体接触；B.与性器官接触但无性交；C.戴安全套性交；D.不带安全套性交。

2.计划行为理论

该理论是在合理行动理论基础上引入了知觉行为控制变量，包括控制信念（control belief），即对行为控制可能性的知觉以及知觉力（perception power），即对行为控制难易的知觉。显然，将控制力作为一个变量，可以增加模型对习惯性行为或自动性行为的解释力。感知行为控制与行为态度和主体规范共同决定行为意向，同时，感知行为控制力可直接作用于行为。

仍以艾滋病性危险研究为例对知觉行为控制变量加以说明。控制信念：你认为你采取安全性行为：①极不可能；②很不可能；③有些不可能；④有些可能；⑤很有可能；⑥非常可能。知觉力：做到安全性行为：①非常容易；②很容易；③容易；④较困难；⑤很困难；⑥非常困难。计划行为理论模式如图 2-8。

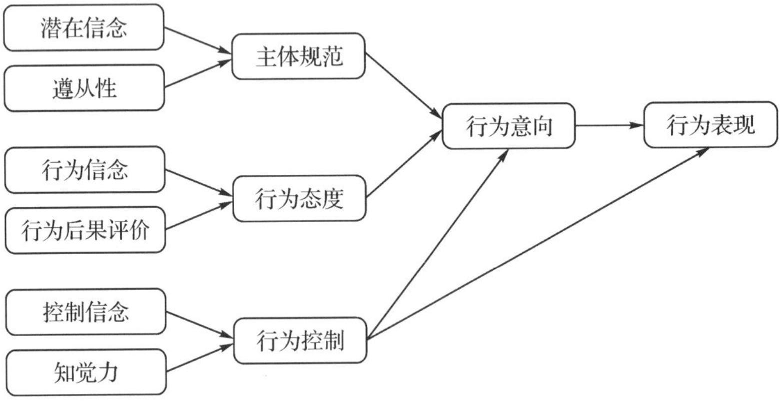

图 2-8　计划行为理论模式

（二）合理行动理论及计划行为理论在心理健康促进中的作用

对过去二十几年基于此理论的实证研究进行的元分析发现，行为态度、主体规范和感知到的行为控制对行为意图的预测率保持在40%～50%之间；同时，行为意图和感知到的行为控制对健康行为改变的贡献率为20%～40%。而在控制了行为意图的作用后，感知到的行为控制仍然对行为产生积极且重要的影响。迄今为止，该理论成功地预测佩戴汽车安全带、吸烟、饮酒、使用安全套、定期体检、使用牙线和自我检查乳腺等健康行为的发生。

复习巩固

1.简述知—信—行理论的主要观点。

2.简述促进态度与信念改变的方法。

3.简述合理行动理论。

第四节　心理生物学理论

长期以来，不少生理学家和心理学家利用生物学理论和方法探索心身相互关系的规律和生理机制，逐渐形成了健康心理学的心理生物学方向。现代分子生物学的发展促使心身关系的研究深入到分子、细胞、系统和整体各个层次上的研究，而且充分考虑到环境和社会因素的影响。心理生理学说的理论基础是坎农（W.B.Cannon，1871—1945）的情绪生理学说、巴甫洛夫的条件反射和高级神经活动类型学说及塞里（Selye）的应激理论。后经沃尔夫（Wolf）和霍尔姆斯（Holmes）在前人的研究成果上形成了心身疾病的心理生理学说。其核心观点是心理因素以生理活动为中介对疾病和健康产生影响，其中神经系统、内分泌系统和免疫系统是最主要的生理中介。

一、应激理论

应激（stress）概念的提出和心理应激（psychological stress）理论是随着人们对疾病的本质认识不断发展的。自 20 世纪 30 年代以来，由关注应激刺激源或者应激反应，到现在关注应激过程和应激系统，应激研究已经从疾病扩展到健康，从医学心理学转向健康心理学。应激的概念正在进入预防和康复医学的领域。

（一）主要观点

1936 年由加拿大著名的生理学家汉斯·塞里（Hans Selye）发现，给老鼠注射牛卵巢的粗制提取物，可引起肾上腺皮质增生，免疫功能受到抑制，胸腺、脾、淋巴结缩小及淋巴细胞和嗜酸性白细胞减少以及上消化道溃疡和出血等反应。注射其他组织提取液，也出现了类似结果。他将这些反应统称为“一般适应综合征”（general adaptation syndrome，GAS）。塞里认为，一般适应综合征与刺激的类型无关，而是机体通过激活下丘脑—垂体—肾上腺轴所引起的生理变化，是机体对有害刺激做出防御反应的普遍形式。

1.一般适应综合征模型

一般适应综合征被分为警觉（alarm）、抵抗（resistance）和衰竭（exhaustion）三个阶段。①警觉或动员期：机体为了应对外部刺激而唤起体内的防御能力，动员全身，表现为肾上腺分泌增加，血压升高，脉搏与呼吸加快，心、脑、肺和骨骼肌血流量增加，以及血糖升高，应激激素增加，与坎农的“战斗—逃避”行为反应模式相似。②适应或抵抗期：如持续暴露于有害刺激下，机体以对应激源的适应为特征，通过提高体内的结构和机能水平以增强对应激源的抵抗程度，表现为体重恢复正常，肾上腺皮质变小，淋巴结恢复正常和激素水平保持恒定。③衰竭期：如果持续处于严重的有害刺激之下，应激源不能消除，机体抵抗力下降而转入衰竭阶段。机体的适应能力是有限的，当较高的皮质醇水平对循环、消化、免疫和身体其他系统产生显著效应时，将出现休克、消化溃疡和对感染抵抗力的下降。这些征象一旦不可逆转，将最终造成死亡。因此，应激是机体在受到各种内外环境因素刺激时所出现的非特异性全身性反应。

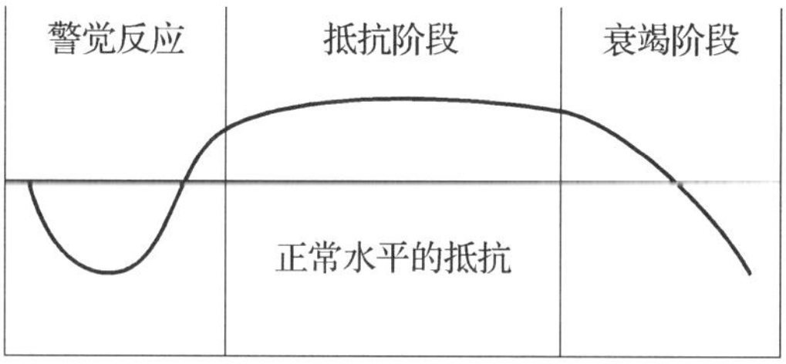

图 2-9　塞里的对抗应激的身体唤起与能力变化的一般适应综合征模型

塞里的应激理论可以归纳为以下几点：①有机体有一种先天的自我调节能力，以保持体内的平衡状态。这种保持内部平衡的过程就是稳态；②应激是一种非特异性全身性反应。这种反应是防御性的和自我保护性的；③这种非特异性全身性反应是一个过程，并具有阶段性特点；④这种反应持续时间过长，会导致个体衰竭和死亡；⑤塞里的研究仅限于动物实验，对动物的观察也只是对动物生理指标的观察，因此被称为生理应激，所以该理论的最大弱点在于它没有包含对人类来说至关重要的心理因素。

扩展阅读

W.B.Cannon

坎农的"战斗—逃避"行为反应模式

1925 年，坎农(cannon)首先使用"应激"一词来描述个体在实验条件下暴露于寒冷、缺氧和失血中出现的"战斗—逃跑反应"(fight-flight reaction)，并认为"搏斗—逃跑反应"是一种"紧急反应"，是自主神经调节机体内环境的结果，其核心是交感—肾上腺髓质系统的激活适应新环境并保持"内稳态"的过程。"内稳态"是指由于个体体内存在着明显的、复杂的缓冲系统和反馈机制，在交感神经系统发生障碍时，体内产生的一种促使个体恢复稳定状态的持续性倾向。

2.应激认知评价理论

应激的中介机制(mediating mechanism)是指机体将传入信息(应激源或环境需求)转变为输出信息(应激反应)的内在加工过程,是中间环节。它主要包括心理中介机制和生理中介机制。生理中介机制主要是生物性中介因素,包括身体素质、生理状态、遗传特性和自然环境等。它们要么造成个体器官的脆弱倾向,要么提供潜在的致病因素。心理中介机制主要是心理社会性中介因素,其影响因素有认知、应对、人格和社会支持等。

认知评价(cognitive appraisal)是指个体对自己所遇到的应激源的性质、程度和可能的危害情况以及自己可动用的应对应激源的资源。对应激源和资源的认知评价直接影响个体的应对活动和心身反应,因而是应激源造成个体应激反应的关键因素。

拉泽鲁斯(Lazarus)将个体对生活事件的认知评价过程分为三步:初级评价(primary appraisal)、次级评价(secondary appraisal)和认知性再评价(cognitive reappraisal)。初级评价是个体在某一事件发生时立即通过认知活动判断其是否对自己有威胁。一旦得到有关系的判断,个体立即会对事件是否可以改变(即对个人的能力)做出估计,这就是次级评价。伴随着次级评价,个体会同时进行相应的应对活动:如果次级评价事件是可以改变的,那么个体常常应用针对问题的应对;如果次级评价应激源是不可改变的,那么个体往往采用针对情绪的应对。再评价是在初级和次级两步评价的基础上,对现实情境做出再度认知评价,判断这种潜在的应激源的性质及其是否具有现实意义。认知性再评价的结果是应激或者是无应激反应。对事件刺激的察觉可分为威胁、危害、丧失、挑战,其中挑战最富有积极意义。还有的将评价结果区分为“积极应激”(eustress)与“不良应激”(distress),前者可以适当提高皮层唤醒水平、集中注意,调动积极情绪和理性思维,正确使用应对防御机制;而后者则过度唤醒大脑,导致焦虑、注意分散、自我意识模糊、情绪反应过度或低下、思维非理性、应对策略运用不当等。

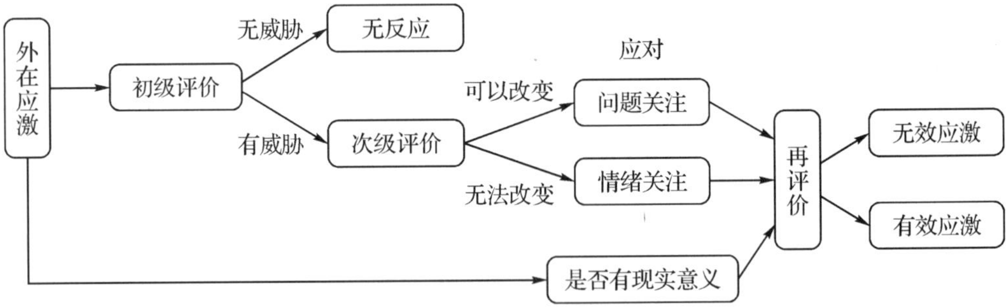

图 2-10　认知评价模型

目前特别强调研究认知评价与应激的不同情绪反应的关系,这比过去对应激反应的弹性或伸缩性的压力——张力物理性质的理解,更符合人性与心理学规律。了解在认知作用下应激引起的情绪反应的特性，其意义更大。如埃利斯（Ellis）的非理性信念、弗里德曼（Friedman）及罗森曼（Roseman）的 A/B 型行为类型，以及马特乌斯（Matthews）从 A 型行为类型分离出的“敌意”及“愤怒”两个因子，以及抗应激的“坚强人格”（hardy personality）等许多研究都与个体的认知性评价密切相关。

对应激源的认知评估在于明确个体与其所处环境的关系。综合各种研究结果，评价过程包括以下决定性因素：①与个体直观的利害关系；②利害关系的大小；③与个体价值观的联系（引起羞愧愤怒等不同性质的情绪反应）；④对应激源形成的原因进行归因，属于可控性或不可控性的；⑤个体能否应对；⑥预期应激事件的发展倾向。

扩展阅读

认知评价的重要性

拉扎勒斯（Lazarus）因研究心理压力、应对和适应以及认知、情绪和动机之间的关系而闻名。他提出，认知评价在应激的应对过程中起着重要作用。为了证明这一观点，拉扎勒斯做了一系列的经典研究。他让人们去看宣传锯木工人工作安全而有着许多恐怖事件的影片。其中有一位工人被锯子锯断手指，还有一位工人操作圆锯不当，而使木片飞出造成其同事的死亡。这种情况应该是客观的事件，他使人或多或少感觉到压力。他指出，人们产生的压力与其如何看待此一经验有关。有一群先经过指导的观众在观看影片时易采取一种比较理性的态度，而未经过指导的观众则会产生心跳加快的感觉。相较之下，先经过指导的观众会将这些产生压力的情况视为正常，所以不会像一般人一样那么怕见血，而会采取比较客观的近乎医学的观点来看待这些意外。

3.心理应激的认知评价过程

认知因素在应激过程中的作用是认知评价研究中的重要内容，因为对生活事件的认知评价直接影响个体的应对活动和心身反应，因而认知评价是生活事件到应激反应的关键中间因素之一。认知评价也是决定个体对环境刺激或预感到的威胁是否产生防御性反应的关键。人生会遇到无数的应激事件，只有那些与人发生利害关系的刺激物，或者虽然即使没有直接利害关系但能引起人的兴趣的事件，才能引起心理应激反应。而有些事物对于人而言属于中性或无关紧要的，之所以能引起某些人的心理应激反应，是由于人们对其做出错误的认知评价和判断的缘故。此外，人们对应激源的态度直接影响认知评价的结果。例如，对待消极的生活事件，若采取积极主动的态度去认知评价，可能会避免心理应激反应的发生。塞里（Selye）将个体对应激的认知评价分为两种：一种是积极的应激，它可以增强个体的自信心，提高个体的防御能力；另一种是消极的应激，它可以减弱个体的应对能力，降低躯体机能系统的反应能力，耗费机体的能量储备。

二、心理神经免疫学理论

心理神经免疫学理论（psychoneuroimmunology，PNI）是指中枢神经系统、内分泌系统和免疫系统之间存在复杂的相互关系，神经、内分泌和免疫系统是相关的双向网络，细胞因子是信息交流的重要物质，它对丘脑—垂体—肾上腺素系统（HPA 轴）的调节在丘脑下部、垂体和肾上腺三个水平起作用。很多研究证明，外周的细胞因子能通过血脑屏障作用于中枢神经系统。HPA 轴的激活和糖皮质激素的增多通过负反馈机制抑制由细胞因子引发的免疫炎症反应。

不良的心理因素已被证明可以抑制机体的免疫机能。国外研究发现权力欲望及支配别人的欲望强烈的人，其自然杀伤细胞（NK）活性比友爱欲望强烈的人低。一般来讲心理因素可以通过影响中枢神经系统的功能，再促使神经—内分泌系统释放神经递质和激素，通过影响免疫细胞上的受体影响免疫机能。其中糖皮质激素和一些肽类神经递质在此过程起着关键的作用。

此外，在应激和其他一些心理因素影响下，机体还会产生免疫抑制因子对免疫系统产生抑制作用。研究发现不同性质的应激源可引发不同的免疫反应。以大鼠为研究对象发现不可逃避的电击可抑制免疫反应，而可逃避的电击则不能。另外的一项研究表明，被咬伤的大鼠不一定表现为免疫功能的改变，但是被击败的大鼠表现为免疫功能的改变。研究者现已在几乎所有的免疫细胞上发现神经递质和激素的受体，反过来，大多数神经递质和激素的受体都已在免疫细胞上发现。现在一般认为，心理因素可以通过影响中枢神经系统的功能，再促使神经—内分泌系统释放神经递质和激素，通过影响免疫细胞上的受体影响免疫机能。而糖皮质激素和一些肽类神经递质在此过程起着关键的作用。值得注意的是，一些免疫物质也可以反过来影响神经——内分泌系统的活动。

总之，心身关系涉及从宏观的社会文化因素到微观的个体生理心理因素等过程，用单一的一种生物学过程难以解释。目前，许多心理生物学家强调整体和系统的研究方式，其研究视野由宏观的社会因素转移到个体不同的心理过程，到各系统各器官直至分子细胞水平的躯体功能活动。这种较系统全面的研究符合新的医学模式。目前的心理社会应激研究就体现了这种研究模式，涉及社会生活事件（质和量）、个人应对、个性、社会支持、各系统各器官心理生理反应等一系列因素的系统作用。

复习巩固

1.简述一般适应综合征模型(GAS)

2.简述应激认知评价理论。

3.简述心理神经免疫学理论。

要点小结

1.行为主义理论认为,人的一切行为都是通过学习建立条件反射的结果,人的不健康行为、神经病人的症状都是习得的。

2.行为分阶段改变理论是一个动态的综合的行为改变理论模型。这个模型变传统的一次性行为事件干预模式为分阶段干预模式,根据行为改变者的需求提供有针对性的行为支持技术,已成为健康教育、医学临床和社区行为干预广泛应用的有效策略和方法。

3.知—信—行理论认为:知识和信息有利于建立正确的态度与信念,进而改变健康相关行为。也就是说只有当人们了解了有关的健康知识,建立起积极的、正确的态度与信念,才有可能主动地形成有益于健康的行为,转变危害健康的行为。

4.心身疾病的心理生理学说是指心理因素以生理活动为中介对疾病和健康产生影响,其中神经系统、内分泌系统和免疫系统是最主要的生理中介。

关键术语

经典条件反射	操作条件反射	模仿学习理论	合理行动理论
健康行为连续变化理论	自我效能理论	知—信—行理论	健康信念理论
应激理论	应激中介机制	心理神经免疫理论	J.B.Watson
B.F.Skinner	Ivan Pavlov	A.Bandura	W.B.Cannon

复习题

1.1913年,(　　)发表了《行为主义者所认为的心理学》一文,该文被认为是行为主义心理学正式诞生的宣言。

A.华生　　B.巴甫洛夫　　C.斯金纳　　D.班杜拉

2.狗的唾液条件反射证明了(　　)的经典性条件反射理论。

A.华生　　B.巴甫洛夫　　C.斯金纳　　D.班杜拉

3.把行为分成应答性条件反射和操作性条件反射的是(　　)。

A.华生　　B.巴甫洛夫　　C.斯金纳　　D.班杜拉

4.社会学习理论是(　　)提出的。

A.华生　　B.巴甫洛夫　　C.斯金纳　　D.班杜拉

5.在巴甫洛夫的实验中,铃声是(　　)。

A.中性刺激　　B.无条件刺激　　C.条件刺激　　D.无关刺激

6.在巴甫洛夫的实验中,食物是(　　)。

A.中性刺激　　B.无条件刺激　　C.条件刺激　　D.无关刺激

7.对于人类而言,(　　)的强化过程是个体学习的主要机制。

A.无条件反射　　B.应答性条件反射　　C.操作性条件反射　　D.条件反射

8.通过观察别人而进行学习的是(　　)。

A.动作再现过程　　B.强化学习　　C.参与性学习　　D.替代性学习

9.通过控制某个特定的前提或者某个刺激群体中的一个刺激出现,使行为发生的可能性增加的是(　　)。

A.刺激控制　　B.正强化　　C.负强化　　D.惩罚

10.以下不属于一般适应综合征阶段的是(　　)。

A.警觉　　B.保持　　C.抵抗　　D.衰竭

第三章　应激与健康

压力、紧张、创伤、无助……这是现今生活的鬼魅，无论你是家缠万贯还是一贫如洗，无论你在不惑之年还是风华正茂，无论你是身居高位还是庸常平凡，无论你是学识渊博还是目不识丁，无论你是成就斐然还是碌碌无为，都避免不了生活中的压力……那么我们应该如何面对生活中的各种压力和应激呢？本章将为你揭晓答案。

第一节　应激概述

一、应激的定义

“应激”一词的原意是指一个系统在外力作用下，竭尽全力对抗时的超负荷过程，塞里(Selye)将这个词引入到生物和医学领域，并根据对其本质认识的发展而不断对它进行修正、补充和扩大。当前，在医学心理学领域中，应激的含义可概括为三大类：

1.应激是一种刺激物。这是把人类的应激与物理学上的定义等同起来。即金属能承受一定量的“应力”(stress)。当应力超过其阈值或“屈服点”时就引起永久性损害。人也具有承受应激的限度，超过它也会产生不良后果。

2.应激是一种察觉到的威胁。这是拉杂鲁斯(1976)综合了“刺激与反应”两种学说的要点而提出的。这种说法，可以解释对应激性刺激(应激源)做出反应的个体差异，该理论认为，个体对情境的察觉和评估是关键因素。他指出，应激发生于个体处在无法应对或调节的需求之时。它的发生并不伴随特定的刺激或特定的反应，而发生于个体察觉或评估一种有威胁的情境之时。这种评估来自对环境需求的情境以及个体处理这些需求的能力(或应对机制，coping mechanism)的评价。

3.应激是一种反应。应激是对不良刺激或应激情境的反应。这是由塞里(1956)的定义发展而来。他认为应激是一种机体对环境需求的反应，是机体固有的具有保护性和适应性功能的防御反应，从而提出了包含三个反应阶段(警戒期、阻抗期、衰竭期)的一般适应综合征学说。

综上所述，应激(stress)是机体“察觉”各种内外环境因素及社会、心理刺激时所出现的全身性非特异性适应反应，又称为应激反应。应激是在出乎意料的紧迫与危险情况下引起的高速而高度紧张的情绪状态，心理应激是个体面临或觉察到环境变化对自身有威胁或挑战时做出的心理适应和应对的过程。

二、应激源的种类

应激源是指经个体认知评价后可以引起心理、生理反应的环境刺激或情绪。可分为四类：

1.生理性应激源(physiological stress)

生理性应激源指直接作用于躯体的物理化学与生物刺激物，是塞里早年提出的生理应激源，包括高温、寒冷、噪音、电磁辐射、震动等物理化学刺激。最初只是把这些刺激物看作是引起生理反应的因素，现在则认为其可导致生理及心理反应。

2.心理性应激源(psychological stress)

心理性应激源是指各种心理因素导致应激反应的情况，包括人际关系冲突、个体的强烈需求或过高期望、性格缺陷、过度紧张、能力不足、认知障碍或情绪反应等。

3.社会性应激源(social stress)

社会性应激源可以概括为两大类：

(1)人口学指标：包括经济条件、职业、婚姻、年龄、受教育水平等差异，这些因素往往会成为影响个体行为的基本因素，对人有重要影响。

(2)社会变动性与社会地位的不合适：包括世代间的变动(亲代与子代的社会环境变异)，上述社会学指标的变迁，个人的社会化程度、社会交往、生活、工作的变化，重大的社会政治、经济的变动等。

4.文化性应激源(cultural stress)

文化性应激源是指因评议、风俗、习惯、生活方式、宗教信仰等引起应激的刺激或情境。如迁居异国他乡，语言环境改变等“文化性迁移”。

应该看到，生活中一些不良的事件常常会成为个体的应激源，其实一些明显看起来正性的事情如果个体没有做好充分的心理准备也会成为应激源，如范进中举。

生活的心理学

范进中举

这个故事是《儒林外史》中极为精彩的篇章之一。主人公范进是个士人，他一直生活在穷困之中，又一直不停地应试，考了二十多次，到五十四岁才中了个秀才。该文写他接着参加乡试又中了举人一事，文中运用夸张的手法生动地描绘了他那喜极而疯的形象，深刻地揭露了封建社会科举制度的弊端。这也是不良心理应激反应的典型例子。

三、应激对健康的影响

(一)应激时机体的功能代谢变化

1.中枢神经系统

应激时糖、脂肪和蛋白质代谢的变化是应激反应的调控中心，机体会出现兴奋、紧张、专注程度升高、焦虑、害怕、抑郁、厌食等症状。

2.心血管系统

交感—肾上腺髓质系统兴奋会使心率加快、脉搏增强、外周总阻力升高、血液重分布，有利于提高血输出量、提高血压、保证心脑骨骼肌的血液供应，但这种反应也使皮肤、内脏产生缺血缺氧。

3.消化系统

主要表现为食欲降低、消化功能减退，但也出现进食增加的病例。应激时交感—肾上腺髓质系统兴奋，胃肠缺血是胃肠黏膜糜烂、溃疡、出血的基本原因。

4.免疫系统

应激时机体的免疫系统活跃，大多数时候功能增强，但是持久而过强的应激会造成机体免疫功能的紊乱。

5.泌尿生殖系统

表现为肾血管收缩，肾小球滤过率降低，出现尿量减少等现象。应激对生殖功能产生不利影响，如过强应激源作用后妇女出现的月经紊乱、哺乳期妇女的泌乳停止等现象。

6.血液系统

急性应激时，出现外周血中白细胞数目增多、部分凝血因子浓度升高等，表现出抗感染能力和凝血能力增强，对机体起保护作用。慢性应激时，病人可出现贫血，血清铁降低，似缺铁性贫血，但与之不同，补铁治疗无效。

可见，适度应激可增进机体机能，对机体起有益作用，可以使机体保持旺盛的生命活力、处于新鲜的状态；但是过度应激却会损害机体机能，降低机体灵敏度、反应度以及对危险的躲避能力而把机体置于危险当中，极易导致生病或崩溃。

扩展阅读

如何应对精神创伤

对于身体疾病，一旦一个人患上某种特别的疾病，它通常是以抗体形式进行生理编码，以建立对未来发生疾病的免疫力。同样，对于创伤，极端消极的经历将在幸存者的既定世界中留下心理印记，从而一定程度上确保对抗以后精神创伤的免疫力。最近由一位了不起的幸存者转述给我的一段经历是心理已做好准备的表现，因为她讲述了一个早期创伤如何使她建立起对抗今后极端创伤事件的钢铁意志。现在她 40 多岁，这位幸存者给我讲述了在她和她先生都 30 多岁的时候，她的先生因脑肿瘤离她而去，她被压垮了。她感到极度焦虑、抑郁和脆弱，虽然如此，她依旧坚持做好每天的事务，竭尽全力照顾她的两个孩子。然后另一个大灾难降临了——她家房屋被烧得面目全非，几乎所有的物质财产都被破坏了。她告诉我这突如其来的大火，对她心理上造成的影响是多么的小，以至于她的朋友和亲戚都被她表现出来的镇定和坚强所震撼。她解释道，在她丈夫去世后她终于明白了生活中什么才是最重要的，她知道怎么样去欣赏、感激一切美好的事物。

（二）应激与疾病

1.应激性溃疡

由应激引起的消化道溃疡，称为应激性溃疡。主要发生在胃和十二指肠黏膜，表现为黏膜缺损、多发糜烂，或表现为单个或多个溃疡。机制：黏膜缺血缺氧，胃腔内氢离子的逆向弥散，其他如酸中毒、胆汁反流等。

2.应激与心血管疾病

原发性高血压、冠心病、心律失常与应激密切相关。

心律失常与情绪应激有着密切的关系。在心血管急性事件中，心理情绪应激已被认为是一个“扳机”，成为触发急性心肌梗死、心源性猝死的重要诱因。

应激时，交感—肾上腺髓质系统兴奋、下丘脑—垂体—肾上腺皮质激素轴激活，参与高血压的发病过程；糖皮质激素持续升高可使胆固醇升高，也可使平滑肌细胞内钠水潴留，使平滑肌细胞对升高因素更敏感。

3.其他应激性疾病

应激时，可出现自身免疫病和免疫抑制，慢性应激作用于儿童可致呆小状态如心因性侏儒等。

复习巩固

1.简述应激的概念。

2.简述应激源的种类。

第二节 生活事件

一、生活事件的定义

霍尔姆斯(T.H.Holmes)和瑞赫(R.H.Rohe)认为生活事件是造成人们生活上的变化,并要求对其进行适应和应付的生活情境和事件。

在李心天编著的《医学心理学》(2002)一书中,生活事件指“人们在日常生活中遇到的各种各样的社会生活的变动,是测量应激和心理健康的重要指标”。

我国学者李月在《大学生生活事件与焦虑情绪的相关研究》中指出:生活事件是指个体在社会生活过程中所经历的各种变动,包括正性(积极)和负性(消极)两种,具体表现为生活中遇到的事件。正性生活事件可以使个体的情绪情感产生愉快体验,促进其情绪向积极方面发展。负性生活事件可以使个体产生不安、消沉、焦虑等情绪情感体验,致使个体的情绪向消极方面发展。

图 3-1 生活事件

综上所述,这些定义的共同点是:生活事件足以使绝大多数人改变其熟悉的生活方式。笔者更倾向于我国学者李月的观点,即生活事件是指个体在社会生活过程中所经历的各种变动,包括正性(积极)和负性(消极)事件两种。

按照对个体的影响,生活事件可以分为两大类:应激性生活事件和日常生活困扰。应激性生活事件(stressful life events)是指生活中的重大变故,如地震、突发公共卫生事件等,应激性生活事件的特点:不可预期、突然发生、强度巨大、影响深远,包括即时影响——心理危机(psychological crisis)和余波效应——创伤后应激障碍(post-traumatic stress disorder,PTSD)。日常生活困扰(hassles of daily life)是指日常频繁的困扰、挫折和苦恼,又称微应激源(micro stressor),如人际冲突、学习压力、工作压力等。日常生活困扰的特点包括日常烦恼、强度较弱、作用频繁、具有累加效应。

二、生活事件与应激

由于生活事件的发生与生活环境及生活的各个方面密切相关，因此在人的一生中，不同时期其生活事件的特点各不相同，从出生到死亡各个生命阶段人的应激能力和防御方式不断发生变化，不同时期应激性生活事件对人的身心健康的影响也有其独特的特点。

1.母孕期

生命从一个精子和一个卵子成功地结合为一个受精卵开始。尽管遗传因素是导致婴儿出生缺陷的重要因素，但生存环境也是导致婴儿出生缺陷的主要原因之一，这包括母亲的生存环境、身体健康状况、营养状况以及母亲的情绪。生活事件常给母亲造成精神创伤，使其产生焦虑、紧张、恐怖、忧郁情绪，这种不良情绪不利于胎儿的发育和生长。蒙塔古在对德国畸形婴儿的一个长期研究的分析中，为我们提供了一个重要而间接的证据：在希特勒上台之前，5 个医院里的婴儿畸形率为 0.07%，在战争爆发前为 1.7%，在大战中为 2.3%，而战争结束后不久则达到 6.5%。因此，母亲经历重大生活事件或精神创伤对胎儿的影响，主要表现为婴儿的出生缺陷和适应困难。

2.婴幼儿

强烈的爱和对生存环境学习的需求，既是婴幼儿健康成长的必不可少的条件，也是婴幼儿心理健康和大脑生理结构发育的关键。因此，对于婴幼儿来说，最大的不幸是爱和教育的剥夺。而且婴幼儿对眼前的世界一无所知，几乎没有防御能力，因此这一时期的孩子如果遭遇到明显的生活事件，特别是爱和教育的剥夺，其身心健康方面所受到的损伤将是强烈而无法弥补的。在缺乏爱的环境中成长起来的孩子往往缺乏爱心，自私、孤僻，人际关系的社会适应能力较差。美国学者丹尼士曾从孤儿院挑选了 40 名婴儿，对他们进行隔离哺育实验。他将这些婴儿分别关在严格控制的隔离的笼子里喂养，完全剥夺其社会交往。几年后，因受到社会强烈的谴责，丹尼士的实验被迫终止，但这 40 名婴儿全都成了智力低下儿。由于他们的生理机构（大脑）在出生后得不到家庭和社会环境的良性影响，缺乏周围人的爱，尽管后来社会各界多方资助，花了许多精力加以挽救，也无济于事。这就是早期爱和教育的剥夺对婴儿所造成的严重后果。

3.儿童期

儿童期常见的生活事件主要来自家庭，如单亲家庭、家庭破裂、父母不和、家庭暴力、父母疾病、父母死亡，以及父母对儿童的虐待，性骚扰等。由于这一时期的孩子已对生存环境和社会有所认识，其认知结构和防御方式都处在不断发展和不断完善之中，应激防御能力和分辨是非的能力较差，所以儿童期遭遇不幸的生活事件时，其应激反应比较简单单一，如恐惧、紧张、焦虑、忧虑，甚至出现一些严重的情绪和行为障碍等。这一痛苦的体验和经历往往会通过“同化”和“异化”作用整合于其正在发展的认知结构之中，在其幼小的心灵中留下一个阴影。有研究表明，大多数患有精神障碍、多重人格、反社会人格和边缘状态的成人以及犯有谋杀罪的青少年，在童年期都曾受到虐待和惊吓；那些经历施暴于孩子的父母，自己也曾是父母的受害者；那些经历父亲或母亲自杀死亡的孩子，在其遭遇创伤性生活事件时，也往往选择自杀作为应对的方式。这一精神创伤具有反复再现性记忆和行为再现等特点，所以童年期的生活事件和精神创伤对儿童及其今后一生的不良影响是非常久远的。因此，儿童期的应激性生活事件和精神创伤可引起一系列的情绪和行为问题，所产生的影响可持续多年，有时可转变为成年期的各种行为障碍，与精神疾病的发生也密切相关。

4.青年期

青年期是一个人的生长发育、认知结构和防御方式趋于成熟和稳定的阶段，同时也是面临升学就业、恋爱婚姻、社会适应等诸多主题的阶段。这一阶段的主要负性生活事件，是升学失败、就业困难、恋爱受挫、家庭矛盾、家庭破裂等。尽管青年人的认知结构和防御方式趋于成熟，但由于其社会经验少，生活阅历浅，个性的稳定性相对较差，遇事常不能够沉着冷静，容易偏激，所以青年人一旦遭遇生活事件，哪怕不是很强烈的生活事件，其所产生的应激反应也往往出人意料。翁正等人对山东城乡社区自杀死亡发生率的一个前瞻性资料显示，在15～30岁这一年龄阶段的自杀死亡者中，因家庭纠纷而自杀的占63%，因失恋而自杀的占20%。近年来，在国内几所名牌大学每年入校的新生中，特别是来自偏远贫穷的农村的学生，因目睹繁华的都市生活心理失去平衡、适应困难而导致自杀者亦时见报道。另外，有资料显示，在每年高考成绩公布这一时期，香港青年人自杀的发生率明显上升。

5.中年期

中年人大多遇事沉着冷静，自我约束和自我控制能力较强，处理问题的方法和措施相对来说比较恰当得体，是一生中最有建树、最能施展自己才能和发挥自己潜力的时期。中年是一个人的认知结构、个性特点、防御方式相对稳定和成熟的时期，同时也是事业有成、社会阅历丰富、家庭结构和家庭生活方式得以完善和巩固的阶段。这一时期的生活事件主要表现在与同事、领导之间的矛盾和纠纷，家庭负担过重，父母的赡养、疾病、死亡，子女的升学、就业、恋爱、婚姻、离家，自身或配偶的躯体疾病甚至配偶的死亡等。马格里(Magni)等将55名心肌梗死的住院病人在发病前几个月的生活事件，与55名年龄、性别、婚姻状况及社会阶层相匹配的患有急腹症的住院病人相比较，结果是心肌梗死病人发生的生活事件较对照组多，而且对个体产生负性作用的事件明显较高。另外，有关生活事件和抑郁情绪与癌症之间的关系的研究，生活事件与饮食障碍和健康之间的关系的研究，也得出了类似的结果。由于中年人的应激水平和防御能力相对较强，所以应激性生活事件对中年人的情绪和行为的影响似乎比青年人要轻，但他们往往将这种沉重的不幸和痛苦深深地埋藏在自己的心里，强行压抑自己的悲伤，控制自己的偏激行为。这种长期的情绪压抑，常常会以种种精神或躯体疾病的形式表现出来。

由此看来，尽管中年人对生活事件有较强的应激和防御能力，但生活事件和精神创伤对其身心健康所产生的危害并未得到有效的扼制。

6.老年期

老年期是人生的结束阶段，往往由忙碌的上班生活转为相对清闲的退休生活，导致诸多不适应。美国著名心理学家罗杰斯在关于生活圈的座谈会上谈了他的退休生活，评述了各种生活危机：妻子多年重病在身，他需要学习新的角色，还需要对别人进行心理治疗。他说："我们常说到或设想到老年是闲适安逸的时期，对我自己来说我发现这是骗人的。当我兴奋时我变得非常傲慢，当我忧虑时却又深深地感到烦恼。精神上的创伤似乎更明显，痛苦也更强烈，时而落泪如雨，时而欣喜若狂。我相信在感情上我变得更加脆弱了。"随着年龄的老化，老年人面临着对退休生活的适应、感知和认知的衰退、疾病缠身、无用感和孤独感的困扰和朋友、同事、甚至配偶的相继死亡等众多生活事件的精神创伤。

有研究表明，在西方国家，随着年龄的增加，老年人自杀的发生率相应增加，老年人自杀是西方社会中一个比较普遍的问题。尽管由于老年人历经生活的磨炼，阅历丰富，心理承受能力较强，但他们的反应能力、体力素质和对新环境的适应学习能力较差，所以应激性生活事件对老年人的打击是沉重而强烈的，这种悲哀和痛苦往往触及其内心的深处。

三、生活事件与健康

（一）生活事件对健康的影响

寻求变化、追求新奇是人的一种基本心理特性，生活变化可以避免人在生活中那种单调、乏味的感觉，激励人们投入行动，以适应新生活、新环境。由此可见，适宜的变化或刺激对人来说如同休息和安静一样重要。然而，如果生活变化过大、过多、过快和持续过久，就会加重人的心理负荷，超过人的心理承受能力，使人们心理上难以适应，引起严重的心理应激，甚至损害健康。研究表明，生活事件是造成心理应激并进而损害健康的主要应激源。

学者们对有关生活事件与疾病之间的关系进行了研究。陈红敏、赵雷、刘立新选取 468 名北京市高校大学生为被试，调查并探讨大学生负性生活事件与心理健康的关系。结果表明:负性生活事件与心理健康各维度都显著相关,说明负性生活事件给大学生带来的负性感受越多,心理健康状况越不好。生活事件各因子中,学习压力、人际关系对大学生心理健康的影响分列第一、二位。李建明、张小远采用症状自评量表(SCL-90)和自编生活事件量表,以某所军医大学 4786 名在校生为调查对象开展研究。两研究者在《军队医科大学学员生活事件对心理健康的影响》中指出,军队医科大学学员生活事件对心理健康的影响程度从重至轻依次是学习问题、适应问题、人际关系问题以及挫败事件。魏义梅、张剑采用青少年生活事件量表(ASLEC)、认知情绪调节量表(CERQ)和自评抑郁量表(SDS),选取吉林省长春市四所高校 900 名大学生进行调查分析。结果表明:生活事件对抑郁有直接的影响,即大学生面临的生活事件越多,大学生的抑郁程度越高。认知情绪调节在生活事件和抑郁二者之间起中介作用。当大学生经历负性生活事件后,较少地运用消极认知应对策略,而较多地运用积极认知应对策略,则会有效地改善大学生的抑郁。可见,国内学者的相关研究得出的结论较为一致:生活事件与心理健康具有显著相关性。其中,学习压力、人际关系两因素对不同学业层次的学生都有显著影响,但产生影响的程度不同。这可能与研究者选用的量表不同有关,也可能与不同学业阶段学生特点不同有关。

美国华盛顿大学医院精神病学家赫尔姆斯(Holmes)等对 5000 多人进行社会调查,把人类社会生活中遭受到的生活危机(life crisis)归纳并划分等级,编制了一张生活事件心理应激评定表。评定表列出了 43 种生活变化事件,并以生活变化单位(life change units,LCU)为指标加以评分。他们在一组研究中发现 LCU 与 10 年内的重大健康变化有关。生活变故的人群中,37%有重大的健康变化;有重大生活变故者中,70%呈现重大健康变化。赫尔姆斯等提出,LCU 一年累计超过 300,则预示今后两年内将有重大的病患;后来又进一步提出,若一年 LCU 不超过 150,来年可能是平安;LCU 为 150~300,则有 50%的可能性来年患病;LCU 超过 300,来年患病的可能性达 70%。1976 年他们报道,心脏病猝死、心肌梗死、结核病、白血病、糖尿病、多发性硬化等与 LCU 升高有明显关系。一般变为伴发心理上丧失感(feeling of loss)的心理刺激,对健康的危害最大。这种丧失感可以是具体的事或物,例如亲人死亡等;也可以是抽象的丧失感,例如工作的失败等。其中,尤以亲人(如配偶)丧亡的影响最大。有些研究工作者指出,丧失或亲人的丧亡能引起个体一种绝望无援(helplessness,束手无策)的情绪反应,此时个体难以从心理学和生物学上来应付环境的需求。在这一方面,已经做了许多调查研究。如,有人对新近居丧的 903 名男性做了 6 年的追踪观察,并与年龄、性别相仿的对照组进行比较。结果表明,居丧的第一年对健康的影响最大,其死亡率为对照组的 12 倍,而第二、三年的影响已不甚显著。另有研究发现,中年丧偶者与同年龄组相比,对健康的影响更为明显。有一调查还发现,不仅是配偶死亡,而且子女或其他近亲的死亡对健康也有相当大的影响,一年内的死亡率为对照组的 5 倍。当然,这种生活变故对于不同个体的影响不会是等同的。

表 3-1 社会再适应量表(social readjustment rating scale,SRRS)

序号	生活事件	压力指数	序号	生活事件	压力指数
1	配偶死亡	100	23	子女离家	29
2	离婚	73	24	吃官司	29
3	婚姻失败(分居)	65	25	个人杰出的成就	28
4	监禁	63	26	配偶开始或停止工作	26
5	家庭亲密成员死亡	63	27	学业的开始或结束	26
6	受到伤害或疾病	53	28	生活水平的改变	25
7	结婚	50	29	个人习惯上的修正	24
8	被解雇	47	30	和上司相处不好	23
9	与配偶重修旧好	45	31	工作时数或工作条件的改变	20
10	退休	45	32	搬家	20
11	家庭成员健康状况改变	44	33	转校	19
12	怀孕	40	34	娱乐的转变	19
13	性生活障碍	39	35	教堂活动的改变	19
14	家庭中新成员的增加	39	36	社交活动的改变	18
15	职务重新调整	39	37	贷款(少于 1 万美元)	17
16	收入状况的改变	38	38	睡眠习惯的改变	16
17	亲密朋友死亡	37	39	家庭联欢时人数的改变	15
18	改行	36	40	饮食习惯的改变	15
19	与配偶争吵次数改变	35	41	度假	13
20	负债超过一万	31	42	过圣诞节	12
21	贷款或契据取消	30	43	轻微犯法	11
22	工作中职责变化	29			

评分标准：

0～149 分＝没有重大问题

150～199 分＝轻微的健康风险(1/3 的可能性患病)

200～299 分＝中度的健康风险(1/2 的可能性患病)

300 分以上＝严重的健康风险(80%的可能性患病)

以上《社会再适应评定量表》仅仅是生活事件对自己影响的一个判断，这些生活事件有的马上对人产生影响，还有一些将在以后一段时间内慢慢产生影响。因此，对健康的影响一般来说是有一定规律的，但是也有一些例外。比如“家庭成员死亡”，包括突如其来的交通事故暴死与癌症久治不愈的最后死去，LCU 分数相同，但心理反应强度差别很大。在《社会再适应评定量表》中，有几种生活事件的 LCU 分数比较接近，但对机体健康的影响有很大差别，这与个人的心理素质有关。

(二)负性生活事件与疾病

1.负性生活事件与癌症

致癌的因素十分复杂,而精神因素在癌症的发生和发展上起着重要作用。现代医学发现,癌症好发于一些受到挫折后,长期处于精神压抑、焦虑、沮丧、苦闷、恐惧、悲哀等情绪紧张的人。专家发现,情绪极度沮丧的人,血液中的T淋巴细胞数量明显减少,免疫功能下降。研究还表明,当强烈的精神紧张刺激使人丧失应对能力而表现出抑郁、沮丧的情绪时,会促使皮质类固醇激素分泌过度,从而抑制了免疫系统的功能,癌症就有可能在免疫系统功能下降时形成。可见,精神心理因素并不能直接致癌,但它却往往以一种慢性的持续性的刺激来影响和降低机体的免疫力,增加癌症的发生率。这些刺激主要是通过神经生理、神经内分泌和免疫三个系统的相互联系起作用的,最后使肾上腺素皮质酮等内分泌增加,进入血液循环,从而损害人体免疫功能,导致正常细胞癌变。

京、沪等大城市的一项398例胃癌配对调查发现一个共同点,即胃癌患者都有经常生闷气的情况。从而说明不良的精神因素可以导致胃癌的发生,同时各地调查还发现性格开朗、精神健康的人不易患胃癌。医学家在一项调查中发现,81.2%的癌症病人在患病前曾遭受过负性生活事件的打击。如配偶死亡、夫妻不和、生活规律重大改变、工作学习压力大、子女管教困难、夫妻两地分居等。祖国医学也认为“七情”的过度会导致气滞血瘀而发生癌症,认为“百病皆生于气”、“万病皆源于心”。动物实验也证明,在连续精神刺激下,动物体内可长出肿瘤。可以这样说,心情糟糕、情绪紧张、抑郁、悲观的人是癌魔的青睐者。为了预防癌症的发生,我们不仅要防止各种致癌因素,还应当保持一种良好的心态和稳定的情绪,保证身心健康。

2.负性生活事件与自杀

虽然国外的研究表明城市人口的自杀率远高于乡村,但在北京心理危机研究与干预中心和中国疾病预防控制中心共同完成的《全国性心理解剖研究》中,中国自杀者的特征被概括为:84%生活在乡村,35%从来没有上过学,62%服用农药或鼠药死亡,55%遇到过与其有血缘关系的人或者相识的熟人的自杀行为,63%有精神障碍,25%有过自杀未遂史,仅7%看过精神心理专家。这一研究给出的结论:中国自杀死亡者的特征与西方国家有相当大的不同。

在中国,自杀的危险因素相互之间有协同效应,抑郁程度高、有自杀未遂史、负性生活事件产生的急性应激强度和慢性心理压力大以及生活在一个家人或熟人曾有自杀行为的环境中,是中国主要的危险因素,但自杀仅发生在这些因素中的几个同时存在时。

因其量表设计的精细，这一研究找出了中国“独立的自杀危险因素”，按其重要性由大到小排列分别为：死前两周抑郁严重程度，有自杀未遂史，死亡当时急性诱发生活事件导致的急性应激强度大，死前一个月的生命质量，死前一年负性生活事件产生慢性心理压力，死前两天有急性生活事件，有血缘关系的人有过自杀行为，朋友或熟人有过自杀行为。美国QPR预防自杀培训所主任昆尼特(Paul Quinnette)博士向记者评价这份报告时称：“这一研究在量表设计中对抑郁程度及负性生活事件进行了精细划分，非常有创造性，同时能使我们观察到中国自杀者的细节。”对这8个有统计学意义的自杀的预测变量，研究给出的结论是：自杀的危险性随着危险因素的数目增多而显著增加，暴露上述1个危险因素或不暴露的没有一人死于自杀，而暴露2～3个者30%、暴露4～5个者85%、暴露6个以上者96%死于自杀。这一结论从某种层面上为关注并预防自杀者提供了重要判断依据。

复习巩固

1.简述生活事件的定义。
2.简述生活事件的分类。
3.简述LCU的含义及意义。

第三节 中介机制

刺激转变为反应需要有中介机制(mediating mechanism),包括生理中介与心理中介两种。

一、生理中介

目前,对"观念的"心理社会因素如何转变为"物质的"生理反应的关键部位及详细机制尚未完全明了。但是,心身中介机制指应激的生理反应以神经解剖学为基础,最终可涉及机体各系统及器官;涉及神经系统、内分泌系统和免疫系统。但三个中介途径实际是一个整体,为便于理解而做以下分析。

1.心理—神经中介机制

该机制主要通过交感神经—肾上腺髓质轴调节。当机体处在急性应激状态时,应激刺激被中枢神经接收、加工和整合,后者将冲动传递到下丘脑,使交感神经—肾上腺髓质轴被激活,释放大量儿茶酚胺,引起肾上腺素和去甲肾上腺素大量分泌,引发中枢兴奋性增高,导致心理、躯体、内脏等功能改变,即所谓非特应系统功能增高,而与之相对应的营养系统功能降低。结果,网状结构的兴奋增强了心理上的警觉性和敏感性;骨髓肌系统的兴奋导致躯体张力增强;交感神经的激活,会引起一系列内脏生理变化,如心率、心肌收缩力和心排血量增加,血压升高,瞳孔扩大,汗腺分泌增多,血液重新分配,脾脏缩小,皮肤和内脏血流量减少,心、脑和肌肉获得充足的血液,分解代谢加速,肝糖原分解,血糖升高,脂类分解加强,血中游离脂肪酸增多等,为机体适应和应对应激源提供充足的功能和能量准备。必须指出,如果应激源刺激过强或时间太久,也可造成副交感神经活动相对增强或紊乱,从而表现为心率变缓、心排血量和血压下降、血糖降低、造成眩晕或休克等。

2.心理—神经—内分泌中介机制

该中介途径通过下丘脑—腺垂体—靶腺轴进行调节。腺垂体被认为是人体内最重要的内分泌腺,而肾上腺是腺垂体的重要靶腺之一。研究发现,当人在飞行跳伞、阵地作战、预期手术、参加考试等应激情况下,上述两轴系统即肾上腺皮质和肾上腺髓质被激活。

3.心理—神经—免疫中介机制

此为最新认识的应激中介机制,即确认应激对机体免疫功能的显著影响。一般认为,短暂、不强烈的应激不影响或略增强免疫功能,如维斯(Weiss)等观察到轻微应激对免疫应答呈抑制趋向；中等度应激可增强免疫应答；高强度应激则显著抑制细胞免疫功能。但长期较强烈应激可损害下丘脑，导致皮质激素分泌过多、机体内环境严重紊乱，从而导致胸腺和淋巴组织退化或萎缩，抗体反应抑制，巨噬细胞活动能力下降，嗜酸粒细胞减少和阻滞中性粒细胞向炎症部位移动等一系列变化，最终导致机体免疫功能抑制等，降低机体对抗感染、变态反应和自身免疫的能力。现有研究揭示，免疫系统并非功能自主的独立体，而是在应激反应过程中，与中枢神经系统进行双向性调节。巴特罗普(Bartrop，1977)对澳大利亚某次火车失事遇难者配偶的研究显示，被试在丧偶第五周的淋巴细胞功能抑制十分显著，仅为对照组的 1/10，又如瑞利(Riley，1975)把同样接种可致乳房肿瘤病毒的两组小鼠分别放入有强烈应激的拥挤环境、无应激刺激的环境，结果显示，其肿瘤发生率前者为 92%，后者仅为 7%。

二、心理中介

1.认知评价(cognitive evaluation)

认知评价是指个体从自己的角度对遇到的应激源的性质、程度和可能的危害情况做出估计，同时也估计面临应激源时个体可动用的应对应激源的资源。对应激源和资源的认知评价直接影响个体的应对活动和心身反应，因而是应激源是否会造成个体应激反应的关键因素。

福克曼(Folkman)和拉杂鲁斯(Lazarus，1984)将个体对生活事件的认知评价过程分为两步：初级评价和次级评价。初级评价是个体在某一事件发生时立即判断其是否与自己有利害关系。一旦得到有关系的判断，个体立即会对事件是否可以改变，即对个人的能力做出估计，这就是次级评价。伴随着次级评价，个体会同时进行相应的应对活动：如果次级评价事件是可以改变的，常常应用针对问题的应对；如果次级评价应激源不可改变，则采用针对情绪的应对。许多研究证明，对事件的认知评价在生活事件与应激反应之间确实起到了决定性的作用。

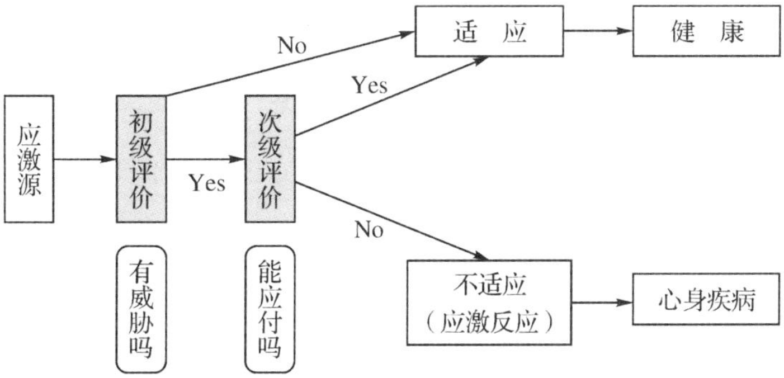

图 3-2　认知评价与应激

由于认知评价在应激过程中的重要作用，使得认知因素在疾病发生发展中的意义已越来越被肯定。近年来已有许多心理病因学的研究工作证明，个体的认知特征与某些心理疾病、心身疾病甚至躯体疾病的发生、发展和康复有密切的关系。人在认识客观事物时，其认知的结果并非完全反映客观现实，人们产生的认知结论常常与自己的认知特征相关，所谓"仁者见仁，智者见智"就是这个道理。某一事件可能被某人认为是应激性的，而对别人并非如此；同一个体可能在某时认为某事件是应激性的，而在另一时候却不这样认为。当环境发生变化时，个体的主动注意与知觉选择密切相关，而个体既往建构的认知模式、当时的情绪状态、对变化的期望或对不完整信息猜测的填补等均影响个体对客观事件的客观评价。此外，个体的人格特征、价值观、宗教信仰、健康状态和既往经历均会影响对应激源的评价。社会支持一定程度上可以改变个体的认知过程，而生活事件本身的属性与认知评价关系密切。

2.人格特征(personality character)

根据20世纪及21世纪的研究，研究者们从健康的角度总结出与应激、健康相关的四种人格维度，分别是A型、B型、C型和D型人格，这些人格类型与健康的关系见表3-2。

表3-2　人格与应激

	A型人格	B型人格	C型人格	D型人格
人格特点	易激起的敌意 时间紧迫性 竞争性	安宁松弛 抱负适度 合作顺从	性格内向 情绪抑郁 过分敏感 害怕困难 屈从权威、害怕竞争	消极情感(NA) 社交抑制(SI)
与健康关系	冠心病易感人格 易患冠心病、高血压等心血管疾病	应激耐受人格	癌症易感人格	易患偏头痛、抑郁、冠心病、心源性猝死、癌症等
对应激的评价	放大、应激源不可控	可知、可控	放大、应激源不可控	放大、应激源不可控

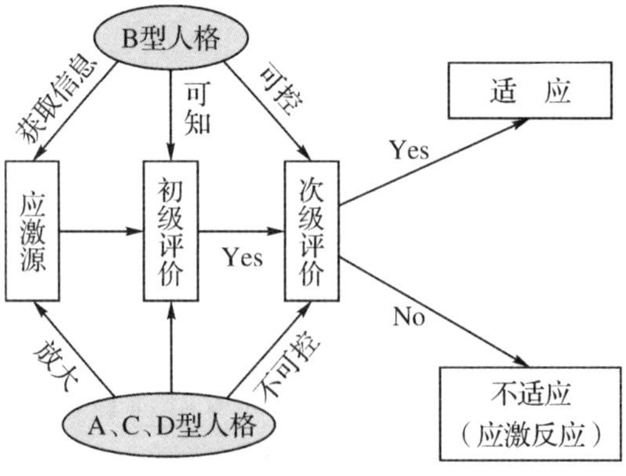

图3-3　人格与应激

3.社会支持(social support)

社会支持(social support)的概念于20世纪70年代初由精神病学文献中引入,研究者认为,良好的社会支持有利于身心健康,社会支持一方面对压力状态下的个体提供保护,即对压力起缓冲作用,另一方面对维持一般的良好情绪体验具有重要意义。

特别在进行压力的研究中,社会支持在维持身心健康和预防疾病方面的作用引起了越来越多的研究者的兴趣。而在有关工作压力的许多研究中,社会支持和控制(control)一起被认为是两个最重要的应对策略(coping strategies)。

分析有关研究可知,社会支持对于个体身心健康的作用形式有至少如下两种不同的过程模式:

①社会支持的作用主要发生在处于压力状态下的个体身上,这叫作缓冲效应模型(buffering effect model)。即社会支持的作用是针对这种压力性事件的,社会支持缓冲了压力事件对个体的影响,使压力状态下的个体免遭伤害。

我们可以做这样的假定,当个体感知到来自情景的威胁或出现某种过高的要求而又无法做出适当的反应时压力就产生了,正如塞里所说,这种情景就是个体知觉到做出反应是必要的却又无法做出恰当的反应。压力知觉特有的效应包括生理反应唤起和行为适应。

在从压力源到反应症状之间的因果链上,社会支持在两个环节上扮演着缓冲的角色:

社会支持影响着个体对潜在的压力性事件的知觉评价。即个体知觉到他人能够提供应付情景所引起的反应要求的资源,从而没有把潜在的压力源评价为压力事件。

在压力知觉之后,足够的社会支持能够导致压力再评价、抑制不良反应或产生有利的调整性反应,从而降低甚至消除压力反应症状;或者直接影响生理过程。从而达到了缓冲的效果。例如,通过提供解决问题的方法,降低问题的重要程度,镇定神经内分泌系统;或者提供健康的行为方式等使人减少压力知觉后的反应。

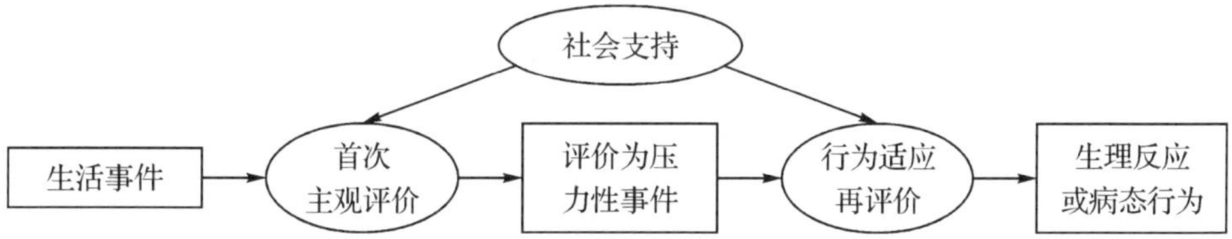

图3-4　社会支持与应激

②另一个模型是一定的社会关系资源始终具有一种潜在的维护个体身心良好状态的作用,而不论个体是否处于压力状态下,即社会支持的作用是稳定的、持续存在的。因为这一结论来自于研究的统计结果,即统计过程中只出现了社会支持对个体身心反应症状作用的主效应,而未出现社会支持与不良生活事件之间的交互作用,所以称之为主效应模型(main effect model)。

融入一种社会网络可以帮助个体避免许多负面的体验，如经济上和法律上的问题等，这些负面的体验都有导致心理或生理上出现问题的可能。一般来说，拥有一个大的社会关系网络能够经常给人提供积极的体验和稳定的来自沟通的社会性回报行为，这种社会性支持与一个人整体的精神状态相关。这种意义上的支持按照社会学的定义就是"经常性的社会互动"（regularized social interaction）或者"社会角色嵌入（embeddedness）"；从心理学角度来说就是社会互动（social interaction），社会融入（social integration），关系性回报（relational reward），或者地位支持（status support）。

4.应对方式（coping strategy）

（1）常见应对方式

应对方式又称应对策略，是个体在应激期间处理应激情境、保持心理平衡的一种手段。

应对方式种类很多，常见的分类方式有：

1）从应对的主体角度分类应对方式可分为个体的心理活动（如再评价）、行为操作（如回避）和躯体变化（如放松）。

2）从应对是否有利于缓冲应激的作用，从而对健康产生有利或者不利的影响分类有积极应对和消极应对。

3）从应对的指向性分类看，有的应对策略是针对事件或问题的，有的则是针对个体的情绪反应的，前者称为问题指向性应对（problem-focused coping），后者称为情绪指向性应对（emotion-focused coping）。问题指向性应对是指直接指向应激源的应对方式，包括事先应对和寻求社会支持。情绪指向性应对是指通过改变个体对"应激事件"的反应，即改变或减轻不良情绪的应对方式，包括宣泄、放松、信教等方式。

①事先应对：是指学会可以在未来应激情景中应用的技巧。主要指获得信息、建立计划并行动和自我监控。由于应激的产生，部分是因为环境需求（或挑战）与个体应对能力的不均衡而产生的。因此增加人们的应对能力可以减轻应激反应。

②寻求社会支持：社会支持可以有效地降低或减轻应激强度，使应激事件更易忍受。社会支持主要有3种主要形式：a.给予信息及指导。当个体遭遇应激时，应激刺激可破坏其认知功能，使其难以对"应激"事件做出恰当的判断。社会支持网络可以提供对付应激事件的信息并进行问题解决的具体指导。b.给予关怀与支持。研究指出，当应激事件不可避免时，提供情感上和物质上的支持和帮助可以使应激更易于忍受，这类支持有助于个体保持自尊。c.提供鼓励与保证。告知当事人任何严重的事情都可以随着时间的流逝而消失，也都可以寻找到相对可行的解决办法。只要努力和自信，完全可以控制应激，生活可恢复到基本正常的状态。

（2）应对方式理论

通常，根据应对方式的内部构成，可以从三个方面来理解应对方式，即素质观点、情境观点及两者融合的综合性观点。

1)素质观点源于自我精神分析模式，假定人们在处理冲突时比较恒定地偏爱某种独特的心理防御机制和情绪调节方式。这一理论是一种潜意识的认知机制，其主要功能是心理防御(歪曲现实)和情绪调节(减轻紧张)。过去，研究者一般采用精神分析法来了解个人的心理防御机制，当今非精神分析研究者更多地采用访谈、人格测验、素质性应对测验等方式来评估个体的素质性应对策略。例如，在访谈中询问来访者在面对应激情境时常做些什么；在进行素质性应对测验时，常要求受试者回答如何应付困难或应激情境。

2)情境观点也称情境性应对，此观点最早来自于 Lazarus 等的应激认知评价模式(Folkman，1992)。Lazarus 等认为应对方式是对特殊的应激情境的一种反应，而不是一种稳定的人格特征，对潜在威胁的认知评价是生活中应激源与个人应对反应的中间环节，随着个人和环境的需要及其认知评价的变化而不断变化。Feifel 和 Strack 他们(1989)曾设计 5 个冲突性情境：难以做出决定、在竞争性环境中失败、挫折、与权威冲突、与同事意见不一致。要求被试回答真实的应对方法。另一些研究者要求被试描述如何真实地处理特殊的应激事件或重要的问题。与精神分析的素质性应对不同，对情境性应对的评估采用思维和行动的指标，即要求来访者(或病人)报告其实际采用的应付情境应激的方法。

3)综合性观点是基于近年来一些新的理论认为上述两种观点在描述应对过程中可以互为补充而产生的。素质观点涉及个体通常偏好的应对方式，以此改变应激性情境对个体的影响(Epstein，Meter，1989)；而情境观点强调个体如何应对特殊环境中的应激性事件，反映了个体处于应激时的应对努力状况(FolKman，1992)。鉴于此，Moos 等人于 1993 年将这两种应对概念融为一体，提出了应对的综合概念，强调两种观点的共同点均是个体在与变化多端的应激性因素相互作用中所做出的应对努力。此概念包括 5 个部分：①环境系统，包括环境需求，如健康观念的改变和可利用的社会资源，如社会支持；②个人系统，包括性别、年龄、所处的社会阶层和人格特征，如自信心等；③生活危机与个人变化，指个人生活的重大变化，如生病、失业等；④个人的认知评价和应对反应，指个人对其变化的察觉、认知评价，然后做出相应的认知和行为努力；⑤健康与康宁，指经过各种努力，克服了危机，适应了环境与自身的变化，使身心健康维持在最佳水平。综合概念中所有通路都是双向的，反映了在每个部分之间都存在互动作用。

(3)心理防御机制

心理防御机制是自我受到超我、本我和外部世界的压力时，自我发展出的一种机能，即用一定方式调解、缓和冲突对自身的威胁，使现实允许，超我接受，本我满足。既要使现实能够允许，又要使超我能够接受，也要使本我有满足感，这样一种机能就是心理防御机制。成熟的心理防御机制能够使人保持健康，而不成熟的心理防御机制可能影响人际关系或损害个体的健康。生活中我们该建立起健康的心理防御机制，创造出自己美好的生活。

我们可以把防御机制的类型分为五大类。

①逃避机制。这是一种消极性的防御，以逃避性和消极性的方法去减轻自己在挫折或冲突时感受到的痛苦。这就像鸵鸟把头埋在沙堆里，当作看不见一样。这类防御机制有以下四种形式：

压抑(repression)。压抑是各种防御机制中最基本的方法。此机制是指个体将一些自我所不能接受或具有威胁性、痛苦的经验及冲动，在不知不觉中从个体的意识中排除并抑制到潜意识里去，是一种动机性的遗忘(motivated forgetting)，个体在面对不愉快的情绪时，不知不觉有目的地遗忘(purposeful forgetting)，与因时间久而自然忘却(natural forgetting)的情形不一样。例如，我们常说，“我真希望没这回事”，“我不要再想它了”，或者在日常生活中，有时我们做梦、不小心说溜了嘴或偶然有失态的行为表现，都是这种压抑的结果。

否定(denial)。否定是一种比较原始而简单的防御机制，其方法是借着扭曲个体在创伤情境下的想法、情感及感觉来逃避心理上的痛苦，或将不愉快的事件“否定”，当作它根本没有发生，来获取心理上暂时的安慰。“否定”与“压抑”极为相似。唯“否定”不是有目的地忘却，而是把不愉快的事情加以“否定”。譬如，许多人面对绝症或亲人的死亡，就常会本能地说“这不是真的”，用“否定”来逃避巨大的伤痛。其他如“眼不见为净”、“掩耳盗铃”，都是“否定”作用的表现。

退化(regression)。退化是指个体在遭遇挫折时，表现出其年龄所不应有的幼稚行为反应，是一种反成熟的倒退现象。例如，已养成良好生活习惯的儿童，因母亲生了弟妹或家中突遭变故，而表现出尿床、吸吮拇指、好哭、极端依赖等婴幼儿时期的行为。

潜抑(Latent inhibition)。在弗洛伊德精神分析中描述为心理防御机制的一种表现，是指个体把意识中对立的或不能接受的冲动、欲望、想法、情感或痛苦经历，不知不觉地压制到潜意识中去，以至于当事人不能察觉或回忆，以避免痛苦。

②自骗机制。此类防御机制含有自欺欺人的成分，也是一种消极性的行为反应。它含有反向作用，走向另一极端，邪派的会扮成极正派的，去瞒过自己和别人。以下我们详细阐明，明白了，可以协助我们了解自己或他人行为的背后动机。

反向(reaction formation)。当个体的欲望和动机，不为自己的意识或社会所接受时，唯恐自己会表现出，便将其压抑至潜意识，并再以相反的行为表现在外显行为上称为反向。换言之，使用反向者，其所表现的外在行为，与其内在的动机是相反的。例如，一位继母根本不喜欢丈夫前妻所生之子，但恐遭人非议，乃以过分溺爱、放纵方式来表示自己很爱他。反向行为，如使用适当，可帮助个体在生活中的适应；但如过度使用，不断压抑自己心中的欲望或动机，且以相反的行为表现出来，轻者不敢面对自己而活得很辛苦、很孤独，过度使用则将给自己带来严重心理困扰。在很多精神病患者身上，常可见到此种防御机制被过度使用。

合理化(rationalization)。合理化又称文饰作用，是个体无意识地用似乎合理的解释来为难以接受的情感、行为、动机辩护，以使其可以接受。这个理论有很著名的两个案例：一个是酸葡萄心理—丑化失败的动机，一个是甜柠檬心理—美化被满足的动机。

一般，“合理化”可分为三种方式：

a.酸葡萄(sour grapes)心理是指当自己所追求的东西因自己能力不够而无法取得时，就加以贬抑和打击。此机制引申自《伊索寓言》里的一段故事：从前，有一只狐狸走进葡萄园中，看到架上长满了成熟了的葡萄，它想吃，但因架子太高，跳了数次都摘不到而无法吃到葡萄，它就说那些葡萄是酸的，它不想吃了。其实葡萄是甜的，它因吃不到，就说葡萄是酸的。在日常生活中像这样的例子很多，例如，一个体育能力差的学生，说只有四肢发达的人，才会喜欢体育；容貌平平的女子特别爱说“自古红颜多薄命”，“红颜是祸水”；追不到女朋友的男孩说“这种女人品德不端、水性杨花，嫁给我，我都不要”。

b.“甜柠檬”(sweet lemon)心理与“酸葡萄”心理则相反。“甜柠檬”心理是指企图说服自己和别人，自己所做成的或拥有的已是最佳的抉择。上述《伊索寓言》里所说的那只狐狸，后来走到柠檬树旁，因肚子饿了，就摘柠檬充饥，而且边吃边说柠檬是甜的，其实柠檬味道是酸涩的。引申到我们生活中所发生的一些不如意的事，有时我们也会像这只狐狸一样，努力去强调事情美好的一面，以减少内心的失望和痛苦。这种“塞翁失马，焉知非福”、“知足常乐”的心态，有时适当地运用，能帮助我们接受现实，但这种方法，如过分使用，会妨碍我们去追求生活的步伐。

c.推诿(projection)也是一种自御机制，是指将个人的缺点或失败归咎于其他理由，找人承担其过错，个人心灵就会趋于平静。例如，学生考试失败，不愿承认是自己准备不足，而说老师教得不好、老师评卷不公或说考题超出范围；又譬如，战败的将军不愿承认战败是因自己策略运用错误，而说是“天亡我也，非战之过”。

仪式与抵消(ritual and undoing)。无论人有意或无意犯错，都会感到不安，尤其是当事情牵连他人，令他人无辜受到伤害和损失时，的确会很内疚和自责，倘若我们用象征式的事情和行动来尝试抵消已经发生的不愉快事件，以减轻心理上的负疚感，这种方式，称为仪式与抵消。例如，摔坏了东西，我们会说：“岁岁平安(碎碎平安)”以象征坏事变好事；又如，一位工作繁忙无暇陪孩子的父亲，提供孩子最好的物质来消除心中愧疚感，并且以这个行动来证明他是照顾孩子的，都是采用“仪式与抵消”的防御机制。

隔离(isolation)。所谓“隔离”是把部分的事实从意识境界中加以分离，不让自己意识到，以免引起精神上的不愉快。最常被隔离的是与事实相关的个人感觉部分，因为此种感觉易引起焦虑与不安。如，人死了，不说死掉而用“仙逝”、“长眠”、“归天”或“去苏州卖鸭蛋”，个体在感觉上就不会因“死”而悲伤或有不祥之感。“隔离”是把“观念”与“感觉”分开，很多精神病患者常有此现象。

理想化(idealization)。在理想化过程中,当事人往往对某些人或某些事与物作了过高的评价。这种高估的态度,很容易将事实的真相扭曲化和美化,以致脱离了现实。例如,方老师常常在朋友面前称赞自己的女朋友盈盈如何貌若天仙,以致大家都渴望早日可以见见他口中的美人。在上周日大伙儿一同去旅行时,方老师陪着一位又矮又瘦,相貌极为平凡的女士出现了。当他热烈地向众人介绍那女士就是盈盈时,每个人都失望了。在这个事件中,方老师是将自己的女朋友理想化了。

分裂(split)。有些人在生活中的行为表现,时常有矛盾与不协调的情况。且有时在同一时期,在不同的环境或生活范畴,会有相反的行为出现。在心理分析中,我们可以说他们是将意识割裂为二,在采用分裂防御机制。例如,富甲一方的田先生不但是一位社会知名的慈善家,他的妻子和三位早已成材的儿女也常常在朋友面前称赞他是一位难得的慈父,品德情操都令他们景仰。但是,在他的工作中,他对自己的下属却十分苛刻、冷酷无情,为此人人都批评他是刻薄成家的。至于在商场上,他更是投机取巧,唯利是图,也绝无道义可言。田先生并非虚伪,只是他在生活中采取了分裂防御机制。

③攻击机制

人心里产生不愉快,但又不能向对象直接发泄,便会利用转移作用,向其他对象以直接或间接的攻击方式发泄,或把自己的不是转嫁到别人身上,并判定是他人的错。这类防御机制有两种方式:转移和投射。

转移(displacement)。转移是指原先对某些对象的情感、欲望或态度,因某种原因(如不合社会规范或具有危险性或不为自我意识所允许等)无法向其对象直接表现,而把它转移到一个较安全、较为大家所接受的对象身上,以减轻自己心理上的焦虑。例如,有位被上司责备的先生回家后因情绪不佳,就借题发挥骂了太太一顿,而做太太的莫名其妙挨了丈夫骂,心里不愉快,刚好小孩在旁边吵,就顺手给了他一巴掌,儿子平白无故挨了巴掌,满腔怒火地走开,正好遇上家中小黑狗向他走来,就顺势踢了小黑狗一脚,这些都是转移的例子。

投射(projection)。精神分析学者认为投射是个体自我对抗超我时,为减轻内心罪恶感所使用的一种防御方式。所谓"投射"是指把自己的性格、态度、动机或欲望"投射"到别人身上。有一首词"我见青山多妩媚,料青山、见我应如是",及庄子与惠施"临渊羡鱼"的故事,都是投射的例子。

④代替机制

代替性防御机制是用另一样事物去代替自己的缺陷,以减轻缺陷的痛苦。这种代替物有时是一种幻想,因为现实上得不到实体的满足,他便以幻想在想象的世界中得到满足,有时用另一种物件去补偿他因缺陷而受到的挫折。这类防御机制分幻想型和补偿型两种。

幻想(fantasy)。当人无法处理现实生活中的困难,或是无法忍受一些情绪的困扰时,将自己暂时离开现实,在虚幻的世界中得到内心的平静和达到在现实生活中无法经历的满足,称为幻想。与常说的"白日梦"相似,例如,幻想可以是一种使生活愉快的活动(很多文学、艺术创作都源自幻想中),可能有破坏性的力量(当幻想取代了实际的行动时)。幻想可以说是一种思维上的退化。因为在幻想世界中,可以不必按照现实原则(reality principle)与逻辑思维来处理问题。可依个体的需求,天马行空、自行编撰,如安徒生童话中的《卖火柴的小女孩》。

补偿(compensation)。当个体因本身生理或心理上的缺陷致使目的不能达成时,改以其他方式来弥补这些缺陷,以减轻其焦虑,建立其自尊心,称为补偿。就作用而言,补偿可分为消极性的补偿与积极性的补偿。所谓消极性的补偿,是指个体所使用来弥补缺陷的方法,没有为个体本身带来帮助,有时甚或带来更大的伤害。例如,一个事业失败的人,整日沉溺于酒精中而无法自拔。另一种积极性的补偿,运用得当,会带给我们人生一些好的转变。所谓积极性的补偿是指以合宜的方法来弥补其缺陷。例如,一个相貌平庸的女学生,致力于学问上的追求,而赢得别人的重视。除了上述两种补偿,还有一种补偿方式,称为"过度补偿"(over compensation),指个人否认其失败或某一方面的缺点不可克服性而加倍努力,企图予以克服,结果反而超过了一般正常的程度。例如,有一个在学校被人嘲笑为"男人婆"的女老师,为了向别人证明,她是个有"女人味"的女人,就大量地购买各种名牌化妆品、名牌服饰,把自己打扮得花枝招展,每天换套新衣服,一反往昔衬衫、牛仔裤的打扮,她的行为就属于过度补偿。

⑤建设机制

防御机制中较好的一类,是向好的方面去做补偿,是属于建设性的,它可分为认同和升华两种类型。

认同(identification)。"认同"意指个体对比自己地位或成就高的人的认同,以消除个体在现实生活中因无法获得成功或满足时,而产生的挫折所带来的焦虑。就定义来说,认同可借由心理上分享他人的成功,为个人带来不易得到的满足或增强个人的自信。例如,一位物理系学生留了胡子,是因为他十分仰慕系中一位名教授,而该教授的"注册商标"就是他很有性格的胡子,此学生以留胡子的方式向教授认同。

升华(sublimation)。升华是一种很有建设性的心理作用,也是维护心理健康的必需品,如果没有它将一些本能冲动或生活挫折中的不满怨愤转化为有益世人的行动,这世界将增加许多不幸的人。升华一词是弗洛伊德最早使用的,他认为将一些本能的行动如饥饿、性欲或攻击的内驱力转移到一些自己或社会所接纳的范围时,就是"升华"。例如,一位喜欢玩火的小男孩,长大后立志成为一名消防队员;有打人冲动的人,借锻炼拳击或摔跤等方式来克制冲动;喜欢骂人,以成为评论家来满足自己。上述例子都是一种升华作用。

测一测

说明：以下列出的是，当你在生活中遭受挫折打击，或遇到困难时可能采取的态度和做法。请你仔细阅读每一项，然后在右边选择回答，A：不采取；B：偶尔采取；C：有时采取；D：经常采取。请在最适合你本人情况的数字上打钩。

遇到挫折打击时可能采取的态度和方法	A(0)	B(1)	C(2)	D(3)
1.通过工作学习或一些其他活动解脱				
2.与人交谈，倾诉内心烦恼				
3.尽量看到事物好的一面				
4.改变自己的想法，重新发现生活中什么是重要的				
5.不把问题看得太严重				
6.坚持自己的立场，为自己想得到的斗争				
7.找出几种不同的解决问题的方法				
8.向亲戚朋友或同学寻求建议				
9.改变原来的一些做法或自己的一些问题				
10.借鉴他人处理类似困难情景的办法				
11.寻求业余爱好，积极参加文体活动				
12.尽量克制自己的失望、悔恨、悲伤和愤怒				
13.试图休息或休假，暂时把问题(烦恼)抛开				
14.通过吸烟、喝酒、服药和吃东西来解除烦恼				
15.认为时间会改变现状，唯一要做的便是等待				
16.试图忘记整个事情				
17.依靠别人解决问题				
18.接受现实，因为没有其他办法				
19.幻想可能会发生某种奇迹来改变现状				
20.自己安慰自己				

结果解释：

积极应对维度由条目1～12组成，重点反映了积极应对的特点，如“尽量看到事物好的一面”和“找出几种不同的解决问题的方法”等；消极应对维度由条目13～20组成，重点反映了消极应对的特点，如“通过吸烟喝酒来解除烦恼”和“幻想可能会发生某种奇迹来改变现状”。

复习巩固

1.简述心理中介的主要方面。

2.简述心理防御机制的分类。

3.请简述社会支持的两个机制模型。

第四节　应激应对

应对(coping)是指面对威胁性的应激源时，需要运用各种适当的心理行为策略，通过努力、行动，克服困难、解决问题来消除或缓解自己的紧张状态。应对可以从认知、情绪、行为三个方面进行。

一、认知应对

(一)纠正不合理认知

认知的缺陷很容易引起一系列心理健康问题，理性情绪疗法和贝克认知疗法都系统地阐述过现实中常见的不良认知及其特征。不良认知的典型特征可概括为以下几个方面：

1.绝对化的要求

这是一种极端式的认知方式，也是不合理信念中最常见的一种。它是指人们从自己的意愿出发，对某一事物持有必定怎样的不合理想法，常常带有“必须”和“应该”的特点。这种“必须”和“应该”又表现为三个方面：

一是“我必须”、“我应该”。如“我必须每件事都成功”、“我必须使每个人都喜欢我”、“我必须是最优秀的”、“我绝对不能输”等等。这些都是人们对自己提出的难以实现的目标，是过于追求完美和苛求自己的表现。所以，持有这种不合理信念的人很容易产生失败感和挫折感，导致失落、自责或忧郁等情绪。因为人们不可能事事成功、时时如愿，人们也不总是一帆风顺或是最优秀的，也不可能得到所有人的赞赏。理性的认知是努力做好每一件事，不过于追求完美，也不过于重视他人的评价，一切都保持一个适当的度。

二是“你(他)必须”、“你(他)应该”。比如“你必须对我诚实”、“大家都必须听从我的安排”、“你应该成为最优秀的人”、“他必须受到惩罚”等等。这些都是人们对他人提出的绝对化要求，是苛求他人、控制他人的表现，也是以自我中心和高傲自大的一种倾向。每个人都有自己的喜好和主见，都有自己的优点和不足，我们没有理由去苛求、左右他人必须怎样，有时也只能是希望或建议而已。

三是“事情必须”、“事情应该”。如认为“学校或家庭环境必须符合我的要求”、“那件事应该是明天做的”、“已经计划好的事情是无法改变的”等等。其实，许多事情都可能存在回旋余地，不能看得太绝对。有些事情不是由我们某一个人所决定的，尤其是在社会的大环境中，要通过调整自我去积极适应。

2.过分概括化

这是一种以偏概全、以一概十的片面思维方式，是一种“理智上的法西斯主义”。它指个体根据一件或很少几件事情就武断地得出关于个人能力或价值的普遍性结论，并将其应用到其他情境之中。

这种思维方式主要表现在两个方面：

一是个体对自身的片面认识和评价。有的人往往以自己做的某一件事或某几件事的后果来评价自己整个人，断定自身的价值，其结果常会导致自负或自卑等消极心理，产生相应的不良行为。如，稍有成就，就认为自己“很了不起，最聪明、最能干”；偶遭失败便认为自己“没用，什么也干不成，是个废物、窝囊货”；某个人对自己不友好或者几次与人打交道受挫，就觉得自己“人缘最差，缺乏人际交往能力，乃至具有人际交往障碍”等等。

图 3-5　盲人摸象

二是对他人的片面认识与评价。例如，当别人稍有过失或不合自己的意愿时就愤怒地认为其“一无是处”，从而导致一味地指责等。

3.糟糕至极

这种不合理信念认为一件不如意的事情发生了，必定会非常可怕、非常糟糕、非常不幸，将事情想象为“灭顶之灾”、“大难临头”，从而消极地预测未来而不考虑其他可能的结果。这种糟糕至极或灾难化的想法是对自己的消极暗示，更会加重自己的焦虑，并且也常常会使个体由于对失败和挫折的过度恐惧、焦虑而产生自暴自弃、悲观消沉乃至轻生等行为。如考试前，有的同学会想“到时候我会很紧张的”，“我会彻底失败的，那我就一切都完了”等等。

“塞翁失马，焉知非福”。在同一件事情上，幸与不幸是彼此相随的，没有任何一件事情可以定义为百分之百的糟糕透了。且对于任何一件事情来说，也可能还有更糟糕的情形发生，我们的不幸与他人的遭遇相比或许只是“小巫见大巫”罢了，又何必妄自菲薄呢？若我们只看到暂时的结果、突发的因素部分，而忽视事件的全部，就会得出极其片面的认识。此外，挫折是客观存在的，随时随地都可能发生。尽管我们渴望一帆风顺，但总会出现事与愿违的情形。所以，勇敢地接受现实，在可能的情况下去尽力改变不如意的状况；在不可能时，则要学会适应这种状况，并坚强地生活下去。在遭受挫折时，只要敢于面对而不是逃避，勇于坚持而不是放弃，我们就会取得成功。这正是心理健康教育要传达给学生的合理认知。有这样几句话说得好："绝望往往是希望的开始，危机的尽头往往是转机，山穷水尽的地方终会柳暗花明。"

4.两极性思维

这是一种极端的直线性思维。这种认知方式往往把事情看成是非黑即白、非此即彼；要么全对、要么全错。常常以全或无的方式思考问题，其间没有任何的过渡和余地，没有弹性和弯曲，如"我总是失败"、"所有人都总是跟我作对"、"我总是最棒的"等等。这种"都"、"总是"、"没人"或"所有"的两极性思维方式常常会导致个体对自己、他人及周围事物过低或过高的评价，导致过度自负或自卑。事实上，任何事物都没有绝对的完美，也没有绝对的坏。我们要学会辩证思考。

5.选择性提取

仅考虑个别细节或部分而不顾及其他信息，便草率地对某种事物做出片面的结论和判断。自卑的同学只选择性地提取和关注有关自己的消极、失败的信息，忽视自己的优势和特长，对自己做出片面的评价，从而得出一个支持其抑郁或焦虑的结论。相反，一个高傲自大的人，总是夸大自己的优点而缩小自己的不足，从而一味地自我陶醉。

6.人格化

这类认知歪曲是指个体把那些与自己无关的事件看作是与自己相联系的，是具有人格意义的，并且把所有过错都归因于自己。持有这种认知歪曲的人在遇到挫折或失败时不能看到客观因素，而是一味地归咎于自己的能力和责任，最终导致自卑或抑郁。

7.乱贴标签

即在错误判断和归纳的基础上给自己做出一个"专业化"的结论，这种乱贴标签会进一步强化自己的消极观点。例如，"我是不讨人喜欢的，我有人际交往障碍。"如此对自己贴标签，就可能会导致个体对自己个性、能力、品质等方面的错误认知和评价，从而进一步引发其他不良情绪和行为。

测一测

合理情绪疗法之父、美国心理学家艾利斯总结了关于不合理认知 11 条，请对照一下，你的认知中有哪些是属于不合理的。

1.在自己的生活环境中,每个人都绝对需要得到其他重要人物的喜爱与赞扬。如果把这当作是绝对需要的话,就是一个不合理信念了。因为它是不可能实现的。假如一个人相信这个信念,就会花很多的心思与时间去取悦他人,以求得对自己的赞赏。这样不但会使人丧失自己,使自己没有足够的时间去追求其他快乐,也会使人丧失安全感(如时时担心能否被别人接纳或接纳的程度如何等),结果只能令自己感到失望、受挫、沮丧。

2.一个人必须能力十足,在各方面至少在某方面有才能、有成就,这样才是有价值的。如果要求自己十全十美,或过分要求自己在某一方面有成就,为自己制定不能达到的目标,只能让自己永远当个失败者,在自己导演的悲剧中独自悲伤。

3.有些人是坏的、卑劣的、邪恶的,他们应该受到严厉的谴责与惩罚。但是,对犯错误的人,要做的是接纳、帮助他,使之不再犯错误,而不能因此否定他的价值,对其采取极端的排斥与歧视态度。

4.事不如意是糟糕可怕的灾难。一个有理性的人应该正视不如意的事,寻求改善之法;即使无力改变,也要善于从困境中学习。

5.人的不快乐是外在因素引起的,人不能控制自己的痛苦与困惑。外在事物并不能伤害我们,倒是我们自己对这些事物的信念与态度让我们自己受到了伤害。

6.对可能(或不一定)发生的危险与可怕的事情,应该牢牢记在心头,随时想到它会发生。考虑危险事物发生的可能性,计划如何避免,或思虑不幸事件一旦发生如何补救,不失为明智之举。但过分忧虑,反而会扰乱一个人的正常生活,使生活变得沉重而缺乏生气。

7.对于困难与责任,逃避比面对要容易得多。艾里斯认为,逃避困难与责任,固然可以得到暂时的解脱,但问题并没有解决,而且会因贻误时机而使问题变得越来越难以解决。

8.一个人应该依赖他人,而且依赖一个比自己更强的人。在生活中,任何人都是具有独特价值的个体,在大多数时候,他需要独立面对生活中的种种问题,所以,独立自主能力的发展对一个人的成长至关重要。

9.一个人过去的经历是影响他目前行为的决定因素,而且这种影响是永远不可改变的。因为人是可以改变的,只要我们客观地分析过去对现在可能存在的限制,善用自己的能力和机会,就可突破这种限制,使自己的现在与未来充满希望与生机。

10.一个人应该关心别人的困难与情绪困扰,并为此感到不安与难过。关心别人是一种美德,但我们无须为别人的困难与不安感到难过,需要的是帮助他们面对困难与情绪困扰,并使其早日走出阴影。

11.碰到的每个问题都应该有一个正确而完美的解决办法,如果找不到这种完美的解决办法,那是莫大的不幸,真是糟糕透顶。世界上有些事物根本就没有答案,凡事都要追求完美的解决是不可能的。完美主义只能使自己自寻烦恼。

(二)建立健康认知

用健康认知替代不合理认知是减轻应激反应促进适应的有效方式。健康认知具有以下特点：

1.客观合理,不自欺

事情没有绝对的黑与白。任何事情都没有绝对的对和错,因此对人的行为、态度、动机等要做一个绝对的正确与错误的决定几乎是不可能的。我们只能在具体的条件下相对客观地对事件做出自己的评判。

健康的认知能够客观地认识周围世界,看到事件的本来面目,而不是自欺欺人,求得暂时心安。

2.积极乐观,不消极悲观

积极的认知评价可以给人以力量并提高个体识别与作业的能力,消极的认知评价则使人产生颓废、无助等负性情绪,降低个体行为能力。

健康的认知能以积极乐观的态度认识世界,从而使人获得更多愉快的情绪,在应激面前表现出惊人的勇气和自信。

生活中的心理学

顽强的约翰·库提斯

图 3-6　约翰·库提斯

约翰·库提斯,1969 年 8 月 14 日出生于澳大利亚,天生双腿自然残废,17 岁因同学用小刀将毫无知觉的腿切得血肉模糊,伤口感染,被迫切去下半身。后来成为世界第一激励大师的约翰·库提斯,他的故事将会给你启发,他的决心将会给你挑战,他的生活历练将会改变你。

• 他天生严重残疾
• 但他以拒绝死亡来挑战医学观念
• 他没腿
• 也不依靠轮椅生活
• 却形成了世界级的自尊、自信和自立
• 他拒绝向现实低头
• 反而选择坚强地活下去
• 这就是世界著名的激励演讲家约翰·库缇斯

约翰·库提斯大事记

1969 年 出生在澳大利亚

1988 年 9 月 用自己打工赚的钱买了人生中第一辆车

1992～1994 年 连续三年获得澳大利亚残疾人乒乓球冠军，世界排名十三

1994 年 接受南非总统曼德拉的接见

1996 年 开始学习举重，最佳比赛成绩 125kg

1999 年 患癌症

2000 年 5 月 癌症痊愈

2000 年 澳大利亚体育机构奖学金

2000 年 全国健康举重比赛第二名

2000 年 获得板球、橄榄球二级教练证书

2001 年至今 全世界巡回演讲

3.独立，不依赖

健康的认知具有独立性，能超越外在无关因素。相反，不健康的认知常常受无关因素干扰。

4.灵活，不僵化

健康的认知具有灵活性，在不断地与新人、新事和新思想结交时，他的基本感受和观念会不断更新。

这需要克服思维固着与习惯定势，需要举一反三、触类旁通，提高自己的能力。

生活中的心理学

从前，山上的古庙里有一个小和尚被派去山下打油，老和尚让他一滴油都不许洒出来，于是，小和尚紧张地端着油碗，但他越紧张，油洒出去的越多。回到寺庙里，另一个老和尚又让小和尚去打油，并告诉他多观察沿途风景，回来汇报。

小和尚只得再去一趟，但他没想到，这次虽然左顾右盼地看风景，油却是一点也没有洒出来。

"心理问题往往有这么一个特点，就是越注意它，它似乎就越严重。你就如小和尚买油，第一次买油，小和尚越是担心摔跤，结果油洒得越多。第二次买油，在老和尚的建议下，转移注意力，欣赏沿途的景致、观察过往的游人，结果一滴油都没有洒。"

其实有些道理是相通的，当生活中有很多不快，让你难以开怀的时候，你也可以放下执着，转移一下注意力，让心看到另一种风景，一切烦恼就会烟消云散。生活本是丰富多彩的，除了工作、学习、赚钱、求名，还有许许多多美好的东西值得我们去享受：可口的饭菜，温馨的家庭生活，蓝天白云，花红草绿，飞溅的瀑布，浩瀚的大海、雪山与草原，大自然的形形色色，包括遥远的星系，久远的化石……

(三)认知重评

认知重评(cognitive reappraisal)是认知改变的一种，指的是改变对情绪事件的理解，改变对情绪事件个人意义的认识。认知重评有两种具体的调节方式：评价忽视和评价重视。评价忽视属于减弱型调节方式，表现为个体以忽视、回避和减弱等方式，对情境中可能诱发情绪的刺激进行评价，尽可能不去感受情境可能引起的情绪。而评价重视则属于增强型调节方式，表现为个体通过提升对可能引起情绪的情境的评价，从而增强情境与个人之间的关联性。认知重评试图以更加积极的方式理解使人产生挫折、生气、厌恶等负性情绪事件，或对情绪事件进行合理化。

认知重评的习惯性使用与积极的心理社会性结果联系在一起。例如，认知重评的习惯性使用并不会导致有限认知资源的损失，个体的人际关系将更为良好，并报告更高水平的幸福感。同样，习惯性使用重评策略与潜在的危险性行为(如由吸烟以及酗酒引起的斗殴)之间存在负相关。究其原因，有研究者认为，由于诸如愤怒等消极情绪存在很强的认知成分，因此如果个体能在认知上重构消极情绪刺激的意义，则更有可能下调消极情绪强度，导致积极的心理社会性结果，使个体对应激的适应水平更高、程度更彻底。

认知重评对情绪体验、行为表达和生理反应有影响。目前，大部分有关认知重评领域的研究在消极情绪刺激的情境条件下展开。例如，有研究表明，认知重评降低了厌恶情绪的体验和行为表达，但对心血管和皮肤电系统的交感神经激活没有产生明显的影响。对认知重评的个体差异研究也发现，在愤怒情境下，与认知重评程度较低的被试相比，对情绪性刺激认知重评程度较高的被试在情绪体验和心血管反应上更具有适应性。这些被试报告了更少的消极情绪(如愤怒)和更多的积极情绪，并在生理反应上显示出更好的心排血量、心血管收缩以及更小的总外周阻力。这就表明，即使在高强度的消极情绪(如愤怒)情境下，使用认知重评策略的被试仍能成功地下调消极情绪。

想一想

某天，你与同事面对面走过，自己对他微笑，他却面无表情地过去了，你会怎么想呢？

实际情况1：他是高度近视，平时都戴隐形眼镜，今天出门匆忙忘记戴了，所以他的眼睛看不清，此种情况下你会怎么想呢？

实际情况2：他刚接到电话得知自己的父亲或母亲病重，对他来说犹如晴天霹雳，所以看见你的时候他魂不守舍、精神恍惚，全然没有注意到你从对面走过来，这种情况你又会怎么想呢？

(四)合理归因

在对事物的认知评价中，一些学者认为持悲观归因模式者对消极事件作内部的、稳定的和一般的归因，降低了个体的自尊和自信，增加了对环境变化评价为应激源的可能性。

美国心理学家伯纳德·韦纳(B·Weiner，1974)认为，人们对行为成败原因的分析可归纳为以下六个原因：

(1)能力，根据自己情况，评估个人对该项工作是否胜任；

(2)努力，个人反省检讨在工作过程中曾否尽力而为；

(3)任务难度，凭个人经验判定该项任务的困难程度；

(4)运气，个人自认为此次各种成败是否与运气有关；

(5)身心状态，工作过程中个人当时身体及心理状况是否影响工作成效；

(6)其他因素，个人自觉此次成败因素中，除上述五项外，尚有其他事关人与事的影响因素(如别人帮助或评分不公等)。

以上六项因素作为一般人对成败归因的解释或类别，韦纳按各因素的性质，分别纳入以下三个向度之内：

(1)控制点(因素源)：指当事人自认影响其成败因素的来源，是来自个人条件(内控)，抑或来自外在环境(外控)。在此一向度上，能力、努力及身心状况三项属于内控，其他各项则属于外控。

(2)稳定性：指当事人自认影响其成败的因素，在性质上是否稳定，是否在类似情境下具有一致性。在此一向度上，六因素中能力与任务难度两项是不随情境改变的，是比较稳定的。其他各项则均为不稳定者。

(3)可控性：指当事人自认影响其成败的因素，在性质上是否由个人意愿所决定。在此一向度上，六因素中只有努力一项是可以凭个人意愿控制的，其他各项均非个人能力所为。

韦纳等人认为，我们对成功和失败的解释会对以后的行为产生重大的影响。如果把考试失败归因为缺乏能力，那么以后的考试还会期望失败；如果把考试失败归因为运气不佳，那么以后的考试就不大可能期望失败。这两种不同的归因会对生活产生重大的影响。

表 3-3　韦纳的归因理论

	暂时	稳定
内因	情绪、身心状态、努力、疲劳	智慧、能力
外因	天气、幸运、机遇	社会背景、任务难度、环境条件

二、情绪应对

(一)说一说

倾诉是一种能力。将心中的苦闷忧郁向他人诉说，他人的理解和友爱会消除个体心中的淤塞。

倾诉需要一点勇气。女性比较善于倾诉，也最容易被他人接受。当她们眼泪一流，让心中的忧愤排空，也赢得男人怜爱，博来女人同情。但身为男性，具有征服性的雄性特征，遇到天大的难事，碍于面子和强者无敌的心态，从不愿意向人袒露心声。于是有泪往心里流的男人被誉为刚毅硬汉，被塑造成英雄铁汉的形象却使他们的忧愤难以排解。

倾诉还要掌握对象和方法，不是任何人都可以作为你倾诉的对象，也不是任何场合都适合进行倾诉。在适当的场合向适当的人倾诉，才会达到倾诉的效果和目的。如，倾诉在夫妻间就是牵心的飞虹、翩翩的信使；在朋友中就是倾心的聆听、善意的规劝。当初为父母时，我们会在倾诉中体味长辈的艰辛而感慨良多；当壮志暮年时，我们会在倾诉中找回年轻时的身影而扬鞭奋蹄；当摘取成功的桂冠时，我们会倾诉成功之路上的甘苦和收获后的喜悦；当坎坷不如意时，我们会倾诉遇挫的怨尤，进而会坦然地立志而起；当在复杂的人际网络中感到疲乏时，我们会在倾诉中使身心松弛；当魂不守舍、情迷异路时，我们会在倾诉后幡然醒悟。倾诉可以是口若悬河，也可以是寥寥数语；既可信手拈来，也可深思熟虑。只要紧张的心情得到释放，倾诉也可伴我们从失败走上成功。

倾诉使我们获得安详、宁静、释放和心灵的慰藉，使我们看到一个安然的世界，孤独在倾诉中化为烟云，痛苦在风中漫天飞舞，袅袅飘散……倾诉者在倾诉中，获得了快乐和轻松的幸福。

生活中的心理学

快乐说出来变成两倍；
悲伤说出来变成一半！

(二)写一写

记录能让人抒发个人感受,有利于心理健康。有些话,即使是再好的朋友或自己的亲人,也不能完全告知,他们也不一定有耐心听你诉说和完全理解你的感受。把一些不能说与他人听的事情写下来,这既可以让我们毫不顾及地诉说情感,也可以随意地宣泄不满和抑郁。同时,也记载着所见所闻和工作笔记及一些有价值的发现。偶尔有一天,你会发现,你不再沉湎于不现实的情感,也不会再轻易产生不满和抑郁。

(三)笑一笑

《笑退病魔》的作者在四十岁的时候患了罕见疾病——脊髓炎,痛苦万分,医生告诉他此病无治。于是他租了个酒店房间,然后买了大量的喜剧电影光盘,住在酒店里每天除了观看这些光盘,就是吃饭和睡觉。半年后,去找他的主治医生复查身体,医生惊讶地发现他的病全好了。他用笑声治好了自己的病,于是写了《笑退病魔》。

每当我们大笑,体内就会分泌一种类似"止痛剂"的"内啡肽",它会让我们感到一种愉悦感,同时有止痛、镇静的功效,还可以帮助我们加强免疫系统的功能,并让我们保持乐观的情绪。

(四)哭一哭

一个人在不高兴时,得到的劝慰大多是"笑一笑"。很少有人劝其"哭一哭"。哭在人们的认知中被定格为一种对身体有害的情绪反应。然而,新近科学家们的实验与研究结论却是:哭对缓解情绪压力是有益的。

哭作为一种常见的情绪反应,对人的心理起着一种有效的保护作用。当你的精神蒙受突如其来的打击时,当你的心情抑郁不乐时,不妨痛痛快快地哭一哭。不要强忍泪水,那样会加重抑郁。强烈的负性情绪会造成心理上的高度紧张,而当这种紧张被压抑下去得不到释放时,势必成为一种积累待发的能量,引起机体植物神经系统功能的紊乱,久而久之,会造成身心健康的损害,促成某些疾病的发生与恶化。而哭泣则能提供一种释放能量、缓解心理紧张、解除情绪压力的发泄途径,从而有效地避免或减少了此类疾病的发生和发展。

(五)唱一唱

当你很伤心或者很愤怒的时候,最好放声高歌。伤心、愤怒会使人体产生很多危害物质,而唱歌恰恰能将这些物质排除,在歌唱的过程中,人的情绪也就慢慢地缓和了。唱歌也能使人性情产生变化,一个脾气暴躁的人,要是经常唱一些轻柔的歌曲,坏脾气多少会得到收敛。自卑的人,多唱激动人心的歌曲,那么自信也会一天一天找回来。

(六)叫一叫

在日常生活中，不良情绪对人的身体健康极为有害。日本北海道56岁的江成长夫先生采取的一种方法有较好的效果：大吼大叫。“现在可好了，两三天我就去海滩吼上几分钟，有时高兴了再唱上几首歌，4年下来，精神与过去大不一样了。”

(七)打一打

情绪宣泄人让个体在一个安全的地方将心里的焦虑、苦闷、愤怒等消极情绪释放出来，通过任意地击打宣泄人，为不良情绪提供一个出口，达到心理放松和减压作用。个体在可控的范围内将消极情绪宣泄出来，这是一种积极的、极为有效的压力释放方法。

图 3-7　宣泄人

三、行为应对

(一)运动技术

运动对个体有多种正面效应。运动具有调节人体紧张情绪的作用，能改善生理和心理状态，恢复体力和精力，减轻应激后的情绪反应。

不同的运动方式对机体的影响不同，因此，不同的情绪状态应该选择不同的运动方式。

1.情绪状态——焦虑

焦虑，是以反复出现的忧郁不安等为特征的一种情绪状态，还会伴有植物神经功能紊乱的情况，比如心慌、出汗、心跳加速等。在这种状态下最好做一些能够让身心舒缓，帮助我们静下来的一些运动项目，慢跑、瑜伽、游泳都是不错的选择。

2.情绪状态——紧张

对应运动：足球、篮球、排球等项目。这些项目场上形势多变，紧张激烈，只有冷静沉着地应对，才能取得优势。若能经常在这种激烈的场合中接受考验，遇事就不会过于紧张，更不会惊慌失措，从而给工作和学习带来好处。

3.情绪状态——抑郁

对应运动：快速跑、网球。抑郁常常使人感到自己整个人都被悲观和绝望的情绪淹没，此时，人的思维缓慢，固着，行动力差。过于复杂的运动项目常常使抑郁者感到难以进入状态从而更加悲观自责。所以，当你感到抑郁时，最好选择简单、易于操作、有一定强度的运动。有利于帮助你转移注意力，走出抑郁的困扰。

4.情绪状态——愤怒

对应运动：器械运动、登山、快速跑、网球。愤怒的心理就是你想要某些东西，有人阻止你去得到它。你的整个能量想要去得到什么东西，而有人在中间阻碍了那个能量，因此你无法得到你想要的东西。这个受挫的能量就变成愤怒，变成对那个破坏你去达成欲望的人生气。所以，这种能量需要宣泄。因此，愤怒的时候可以做一些消耗性的体育运动，负性的能量宣泄掉了，愤怒自然也就消失了。

（二）放松训练（relaxation training）

放松训练是指使有机体从紧张状态松弛下来的一种练习过程。放松有两层意思，一是肌肉松弛，二是消除紧张。放松训练的直接目的是使肌肉放松，最终目的是使整个机体活动水平降低，达到心理上的松弛，从而使机体保持内环境平衡与稳定。

1.呼吸放松（breathe relaxation）

我们可以先锻炼我们清楚地觉察和意识到的自己的呼吸状况。我们在躺着的时候采用的是腹式呼吸，因此可以躺下来体验下。

（1）要穿舒适宽松的衣服，保持舒适的躺姿，两脚向两边自然张开，一只手臂放在上腹，另一只手臂自然放在身体一侧。

（2）缓慢地通过鼻孔呼吸，感觉吸入的气体有点凉凉的，呼出的气息有点暖。吸气和呼气的同时，感受腹部的涨落运动。

（3）保持慢而深的呼吸动作，吸气和呼气的中间有一个短暂的停顿。

（4）几分钟过后，坐直，把一只手放在小腹，把另一只手放在胸前，注意两手在吸气和呼气中的运动，判断哪一只手活动更明显。如果放在胸部的手的运动比另一只手更明显，这意味着我们采用的更多的是胸式呼吸而非腹式的呼吸。我们要提高腹式呼吸。

可以用呼吸提示自己身上哪些部位还紧张，想象气体从那些部位流过，带走了紧张，从而达到放松的状态。

2.肌肉放松(muscle relaxation)

肌肉放松训练对于应付紧张、焦虑、不安、气愤的情绪与情境非常有用,可以帮助人们振作精神,恢复体力,消除疲劳,稳定情绪。这与中国的气功、太极拳、站桩功、坐禅等很相似,有助于全身肌肉放松,形成自我抑制状态,促进血液循环,平稳呼吸,增强个体应付紧张事件的能力。而且在方法上放松训练比气功等更为简便易行,不需要很多时间的学习。

训练程序

(1)准备工作:治疗者要帮助来访者先学会这一程序,进而自行练习。

• 找到一个舒服的姿势,这个姿势使来访者轻松、毫无紧张之感,可以靠在沙发上或躺在床上。

• 要在安静的环境中进行练习,光线不要太亮,尽量减少无关的刺激,以保证放松练习的顺利进行。

(2)放松的顺序:头部→手臂部→躯干部→腿部。

放松顺序可以自行调整。亦可对此顺序进行新的编组排列,治疗者可根据情况下达放松指令。

治疗者教来访者放松时可做两遍,第一遍治疗者边示范边带来访者做,第二遍由治疗者发指令,来访者先以舒服的姿势闭眼躺好或坐好,跟随治疗者指令进行练习。

• 头部的放松

皱起前额部肌肉,似老人额前部一样皱起;

皱起眉头;

皱起鼻子和脸颊(可咬紧牙关,使嘴角尽量向两边咧,鼓起两腮,似在极度痛苦状态下使劲一样)。

• 手臂部的放松

伸出右手,握紧拳,紧张右前臂;

伸出左手,握紧拳,紧张左前臂;

双臂伸直,两手同时握紧拳,紧张手和臂部。

• 躯干部位的放松

耸起双肩,紧张肩部肌肉;

挺起胸部,紧张胸部肌肉;

拱起背部,紧张背部肌肉;

屏住呼吸,紧张腹部肌肉。

• 腿部的放松

伸出右腿,右脚向前用力,像在蹬一堵墙,紧张右腿;

伸出左腿,左脚向前用力,像在蹬一堵墙,紧张左腿。

(3)放松的方法:国外有研究者把每一部分肌肉放松的训练过程总结为如下 5 个步骤:集中注意—肌肉紧张—保持紧张—解除紧张—肌肉松弛。

这几个步骤结合每部分肌肉的紧张—放松过程，治疗者可按下述方法给来访者以放松指示：

如手臂部的放松，治疗者可以这样发出批示："伸出你的右手，握紧拳，使劲儿握，就好像要握碎什么东西一样，注意手臂紧张感觉（集中注意和肌肉紧张）……坚持一下……再坚持一下（保持紧张）……好，放松……现在感到手臂很放松了……（解除紧张和肌肉松弛）。"

又如躯干部位的放松，指示语亦可如下述："耸起你的双肩，使肩部肌肉紧张，非常紧张，注意这种紧张的感觉……坚持一下……再坚持一下……好，放松……非常放松……"

当各部分肌肉放松都做完之后，治疗者还可继续给出指示语："现在你感到很安静、很放松……非常非常安静、非常放松……全身都放松了……（然后等来访者从 1 数到 50—事先教好对方或由治疗者掌握时间）……请睁开眼睛。"

治疗者在给出放松的指示语时，特别要注意利用自己的声调语气来创造出一个有利于来访者放松的气氛。从开始到最后，语速是逐渐变慢的，但也不能太慢，注意发出的指令要与来访者的呼吸协调一致。每部分肌肉由紧张到放松的过程都要有一定的时间间隔，为对方更好地体验紧张和放松留有适当的余地。

另外，学习后，来访者可根据在治疗中学习的放松方法回去自行练习（一般每日 1～2 次），亦可由治疗者提供录好的有指示语的磁带，据此进行练习。

3.想象放松（imagination relaxation）

选一个安静的房间，平躺在床上或坐在沙发上。

闭上双眼，想象放松每部分紧张的肌肉。

想象一个你熟悉的、令人高兴的、具有快乐联想的景致，或是校园或是公园。

仔细看着它，寻找细致之处。如果是花园，找到花坛、树林的位置，看着它们的颜色和形状，尽量准确地观察它。

此时，敞开想象的翅膀，幻想你来到一个海滩（或草原），你躺在海边，周围风平浪静，波光熠熠，一望无际，使你心旷神怡，内心充满宁静、祥和。

随着景象越来越清晰，幻想自己越来越轻柔，飘飘悠悠离开躺着的地方，融进环境之中。阳光、微风轻拂着你。你已成为景象的一部分，没有事要做，没有压力，只有宁静和轻松。

在这种状态下停留一会儿，然后想象自己慢慢地又躺回海边，景象渐渐离你而去。再躺一会儿，周圈是蓝天白云，碧涛沙滩。然后做好准备，睁开眼睛，回到现实。此时，头脑平静，全身轻松，非常舒服。

4.冥想放松（meditation relaxation）

（1）要求

①非判断性：不管有什么样的想法，不去评判他，只是体验。

②耐性：我们不必以每时每刻的运动来填充自己的生命。让事物按自己的时间展现出来。

③不要对自己下一刻会发生什么有什么期待。只是时时刻刻对自己开放。

④信任：比如说你感觉到不舒服就调整姿势，相信自己的感觉和直觉。

⑤无为：不想努力获得什么或到达什么地方。

⑥接纳：不要担心结果，只集中注意力接纳此刻发生的事情，即便出现了分心也要接纳，只要再重新把注意力集中到呼吸或那个词汇上就好了。

⑦放任：如果出现了评判想法，那么就放任这种想法并去观察这种想法。

冥想要求投入，就像运动训练。

(2)实施建议：

①要有一个空间，可以一个人安静地待着。

②确保感觉舒适、房间温暖，穿舒适的衣服，排空肠胃，餐后一个小时内不做练习。

③后背挺直，身体放松，眼睛全闭或半闭。

④呼吸通过鼻腔向下进入腹腔，确保呼吸规则、缓慢、均匀。

⑤集中注意力在一个风景、物体、单词、短语或自己的呼吸上。

⑥对外界引起分心的事情养成被动、放松的态度。

⑦有规律地进行练习，至少一周六天，坚持三个星期。

(三)践行森田疗法

1.“顺应自然”

森田认为，要达到治疗目的，说理是徒劳的。正如从道理上认识到没有鬼，但夜间走过坟地时照样感到恐惧一样，单靠理智上的理解是不行的，只有在感情上实际体验到才能有所改变。而人的感情变化有它的规律，注意越集中，情感越加强；任其自然不予理睬，反而逐渐消退；在同一感觉下习惯了，情感即变得迟钝；对患者的苦闷、烦恼情绪不加劝慰，任其发展到顶点，也就不再感到苦闷烦恼了。因此，要求患者对症状首先要承认现实，不必强求改变，要顺其自然，认识情感活动的规律，接受情感，不去压抑和排斥它，让其自生自灭，并通过自己的不断努力，培养积极健康的情感体验。

2.“为所当为”

森田疗法把与人相关的事物划分为两大类：可控制的事物和不可控制的事物。所谓可控制的事物是指个人通过自己的主观意志可以调控、改变的事物；而不可控制的事物是指个人主观意志不能决定的事物。森田疗法要求神经质症患者通过治疗，学习顺应自然的态度，不去控制不可控制之事，如人的情感；但还是注意为所当为，即控制那些可以控制之事，如人的行动。在顺应自然的态度指导下的“为所当为”，有助于陶冶神经质性格。这种陶冶并非彻底改变，而是对其性格的不同部分进行扬弃。即发扬神经质性格中的长处：认真、勤奋、富有责任感等，摒弃神经质性格中的致病之处：神经质的极端的内省及完善欲。即“为所当为”是指在顺应自然的态度指导下的行动，是对顺应自然治疗原则的充实。

由此可见，顺应自然既不是对症状的消极忍受，无所作为，也不是对症状放任自流、听之任之，而是按事物本来的规律行事，凭症状存在，不抗拒排斥，带着症状积极生活。这种原则还反映了森田疗法对意志、情感、行动和性格之间的关系的看法，即意志不能改变人的情感，但意志可以改变人的行为；通过改变人的行为来改变一个人的情感，陶冶一个人的性格。顺应自然、为所当为治疗原则的着眼点是，打破精神交互作用，消除思想矛盾，陶冶性格。

复习巩固

1.简述不合理认知的典型特点。
2.简述健康认知的特点。
3.简述放松训练的种类。

扩展阅读

约翰·纳什的故事

图 3-8　约翰·纳什

约翰·纳什(John Nash)，生于1928年6月13日。任普林斯顿大学数学系教授。1950年，约翰·纳什获得美国普林斯顿高等研究院的博士学位，他那篇仅仅27页的博士论文中有一个重要发现，这就是后来被称为“纳什均衡”的博弈理论。正当他的事业如日中天的时候，30岁的纳什得了严重的精神分裂症。他的妻子艾利西亚——麻省理工学院物理系毕业生，表现出钢铁一般的意志：她挺过了丈夫被禁闭治疗，孤立无援的日子，走过了唯一儿子同样罹患精神分裂症的震惊与哀伤……漫长的半个世纪之后，她的耐心和毅力终于创下了了不起的奇迹：和她的儿子一样，纳什教授渐渐康复，并在1994年获得诺贝尔经济学奖。

有人说，站在金字塔尖上的科学家都有一个异常孤独的大脑，纳什发疯是因为他太孤独了。但是，纳什在发疯之后却并不孤独，他的妻子、朋友和同事们没有抛弃他，而是不遗余力地帮助他，挽救他，试图把他拉出疾病的深渊。尽管纳什决心辞去麻省理工学院教授的职位，但他的同事和上司们还是设法为他保全了保险。他的同事听说他被关进了精神病医院后，给当时美国著名的精神病学专家打电话说：“为了国家利益，必须竭尽所能将纳什教授复原为那个富有创造精神的人。"越来越多的人聚集到纳什的身边，他们设立了一个资助纳什治疗的基金，并在美国数学学会发起一个募捐活动。基金的设立人写道："如果在帮助纳什返回数学领域方面有什么事情可以做，哪怕是在一个很小的范围，不仅对他，而且对数学都很有好处。"对于普林斯顿大学为他做的一切，纳什在清醒后表示，"我在这里得到庇护，因此没有变得无家可归。"守得云开见月明，妻子和朋友的关爱终于得到了回报。80 年代末的一个清晨，当普里斯顿高等研究院的戴森教授像平常一样向纳什道早安时，纳什回答说："我看见你的女儿今天又上了电视。"从来没有听到过纳什说话的戴森仍然记得当时的震惊之情，他说："我觉得最奇妙的还是这个缓慢的苏醒，渐渐地他就越来越清醒，还没有任何人曾经像他这样清醒过来。"纳什渐渐康复，从疯癫中苏醒，而他的苏醒似乎是为了迎接他生命中的一件大事：荣获诺贝尔经济学奖。

要点小结

1.应激的概念：机体"察觉"各种内外环境因素及社会、心理刺激时所出现的全身性非特异性适应反应。

2.生活事件的定义：个体在社会生活过程中所经历的各种变动，包括正性（积极）和负性（消极）事件两种。

3.应激源的种类：生理性、心理性、社会性、文化性应激源。

4.生活事件的分类：应激性生活事件和日常生活困扰。

5.LCU 的含义及意义：LCU 即生活变化单位。LCU 得分越高，来年患病的可能性越大。

6.心理中介的主要方面：认知评价、人格特征、社会支持、应对方式。

7.心理防御机制的分类：逃避机制、自骗机制、攻击机制、代替机制、建设机制。

8.社会支持的两个机制模型：缓冲效应模型和主效应模型。

9.不合理认知的典型特点：绝对化的要求、过分概括化、糟糕至极、两极性思维、选择性提取、人格化、乱贴标签。

10.健康认知的特点：客观合理，不自欺；积极乐观，不消极悲观；独立，不依赖；灵活，不僵化。

11.放松训练的种类：呼吸放松、肌肉放松、想象放松、冥想放松。

关键术语

应激　应激源　生活事件　生活变化单位　缓冲效应模型　主效应模型　应对方式　心理防御机制　认知重评　放松训练　呼吸放松　肌肉放松　想象放松　冥想放松　顺应自然　为所当为

复习题

1.人际冲突属于(　　)

A.生理性应激源　B.心理性应激源　C.社会性应激源　D.文化性应激源

2.婚姻状况改变属于(　　)

A.生理性应激源　B.心理性应激源　C.社会性应激源　D.文化性应激源

3.属于应激性生活事件的是(　　)

A.人际矛盾　B.学习压力　C.工作压力　D.地震

4.属于日常生活困扰的是(　　)

A.人际矛盾　B.地震　C.突发公共卫生事件　D.海啸

5.被称为应激耐受人格的是(　　)

A.A 型人格　B.B 型人格　C.C 型人格　D.D 型人格

6.下列不属于主要心理中介的是(　　)

A.认知评价　B.人格特征　C.社会支持　D.归因方式

7.下列属于积极心理防御机制的是(　　)

A.逃避机制　B.自骗机制　C.攻击机制　D.建设机制

8.压抑属于下列哪种心理防御机制(　　)

A.逃避机制　B.自骗机制　C.攻击机制　D.建设机制

9.酸葡萄效应属于下列哪种心理防御机制(　　)

A.逃避机制　B.自骗机制　C.攻击机制　D.建设机制

10.投射属于下列哪种心理防御机制(　　)

A.逃避机制　B.自骗机制　C.攻击机制　D.建设机制

11.升华属于下列哪种心理防御机制(　　)

A.逃避机制　B.自骗机制　C.攻击机制　D.建设机制

12.盲人摸象属于下列哪种不合理认知(　　)

A.糟糕至极　B.过分概括化　C.选择性提取　D.乱贴标签

13.下列哪项属于不合理认知(　　)

A.客观合理　B.积极乐观　C.独立不依赖　D.绝对化的要求

第四章　人格与健康

一个人的人格会影响自身的认知和行为，当人格不健全时，他的认知和行为会出现偏差，这种情况严重的话会出现错误的行为，这就不仅影响到他自身的生活也可能影响到他人的生活。一个健全的人格不仅是自身的一种幸福，也能给周围的人带来欢乐，所以说健康的人格对自身还是有着深远的影响，包括生理、心理和社会的层面。什么样的人格会影响一个人的判断能力和选择，一个健全的人格可以使他做出最适合的人生选择。健康的人格关系自身的身心健康，希望每个人都有一个健全的人格，开展我们美丽的人生！

那么如何识别并完善自己的个性、促进身心健康呢？古往今来，对人格有不同的划分方法，如艾森克提出人格的内外倾(E)、神经质(N)、精神质(P)三维度理论，希波克拉底提出人格的多血质、黏液质、胆汁质、抑郁质四维度理论。但是，人格的这些维度的划分与健康的关系都不密切，根据20世纪及21世纪的研究，研究者们从健康的角度提出四种人格维度，分别是A型、B型、C型和D型人格。本章将着重讲述这四种人格特点及其与健康的关系。

第一节　A 型人格

一、人格特点

1.A 型人格(type A personality)的人对达到预定目标有强烈愿望,有大而不切实际的抱负;他们拥有过高的抱负和雄心壮志,成功欲望强、执着、工作效率高,希望在尽量少的时间内取得尽量多的成绩。通常 A 型人格的人能够取得很大成绩。常常非常敬业,对于所取得的成绩他们总是以数量而不是以质量来评价,而且常常会对工作的数量感到不满意。

2.生活节奏快,从不闲逛;多有时间紧迫感和匆忙感。

3.说话快、走路速度较快、驾车时喜欢高速行驶和超车。

4.好胜心强,热衷于竞争,渴望在竞争中获胜;常常处于攻击状态,很喜欢挑战别人、与别人竞争,表现出有闯劲、好斗、敏捷。

5.希望得到他人的重视,期望有表现的机会。

6.有同时做几件事的习惯;习惯做艰苦紧张的工作,即便休息时也难以松弛下来。与别人相比,他们的工作时间总是更长,加班的时间更多、休息的时间更短。

7.喜欢参与有时间限制的复杂活动,并希望做得比他人好。

8.做事喜欢速战速决;言语与动作节奏快。他们对别人的慢节奏很不耐烦,当别人的话还没有说完时就帮着别人把话说完。

9.情绪易波动,容易激动和烦躁焦虑。

10.思维活跃,反应灵敏,常进行多种思维和动作。

因此,A 型人格可以归纳为三个组成成分:易激起的敌意、时间紧迫性和竞争性。

图 4-1　A 型人格的三个组成成分

A 型人格可谓利弊参半。一方面，A 型人效率高、进取心强，能充分利用时间和发挥自己的才能；另一方面，A 型人过于紧张、急躁，自我加压过大，但也正因为这样，所以他们面临比别人更大的压力，他们常常处于一种高度紧张的状态。如果长期处于高度应激状态，身体内分泌系统、神经系统、免疫系统都会受到影响。

二、与健康的关系

A 型人格更偏向于外向不稳定型。A 型人格的人大都是很优秀的人才，争强好胜，对己对人要求严格，对新事物有好奇心，尤其喜欢迎接挑战，常以出类拔萃为荣。但由于性情急躁，遇有不顺心的事爱愤怒发火，再加上对自己期望值过高，只能赢不能输，整天处于过重压力和过度紧张之中，拉满的弓弦难免有朝一日不被绷断。一旦受到挫折，就容易心理失衡，导致神经、内分泌系统功能紊乱，血压上升，心肌耗氧量也大大增加。此外，血液中的血脂蛋白成分也发生改变，血黏稠度增加，促使或加重动脉粥样硬化，极易诱发高血压和冠心病，甚至发生急性心肌梗死而危及健康和生命。

1.A 型人格与冠心病(coronary heart disease)

普遍认为，冠心病与 A 型人格的关系是极为密切的，并认为 A 型人格对于冠心病的发生和发展起了扳机作用，轻度可能导致动脉内血栓的形成，严重的甚至会出现心绞痛、心肌梗死、恶性心律失常，甚至死亡等。因此，A 型人格也被称为冠心病易感人格。

研究显示 A 型人格与冠心病的发生密切相关。A 型人格在冠心病的发病中起着扳机作用和增益效应，国内大量研究结果表明，A 型人格人群冠心病、高血压的患病率(9.76%)明显高于非 A 型人格人群(3.81%)，在老年人群中心身疾病患病率高达 78.1%。在心脏病患者中，A 型人格达 98%。尸体解剖检验证明，A 型人格的人，心脏冠状动脉硬化的，要比 B 型人格的人高 5 倍。有关专家认为，其原因是：A 型人格能激起特殊的神经内分泌机制，使血液中的血脂蛋白成分改变，血清胆固醇和甘油三脂平均浓度增加而导致冠状动脉硬化。福勒德曼(Friedman)等早在 1959 年就提出“具有 A 型人格的人群易患冠心病”的假说。美国心脏和血液研究协会在 1978 年确认 A 型人格是引起冠心病的一个独立的危险因素。国内关于 A 型人格与疾病的关系中有关冠心病的研究要多些，目前的研究主要集中在 A 型人格与冠心病的关系、诱发冠心病的发病机制、冠心病 A 型人格的护理、训练及疗效等几个方面。A 型人格中不同的因子对冠心病的发生起着不同的影响，探讨冠心病致病的 A 型人格因子成为目前研究的一个方向。研究表明(吴学勤、朱霞、罗正学，2007)，A 型人格模式在总体上与冠心病有关，细化后结果显示，A 型人格的时间匆忙感、时间紧迫感、活动速度等因子与冠心病有关，而争强好胜、成就感、竞争意识、暴躁、敌意等因子与冠心病无关。事实上，A 型人格的某些方面，如雄心勃勃、争胜好强等，并非均是负面行为，在一定范围内有激励作用，可使人动机增强而获得一定的成就，因此不能一概而论。

2.A 型人格与高血压(hypertension)

高血压(HT)的发病率在我国呈逐年增加的趋势，每年有新发生者约 300 万～400 万。原发性高血压在 21 世纪心血管病中占第一位。研究结果发现，通过对 A 型人格的矫正训练，有助于血压的控制，从而减少或避免 A 型人格对人体心脑血管系统造成的危害。

对 200 例原发性高血压患者和 200 例健康对照组进行 A 型人格调查发现(杨菊贤，2001)，A 型人格在高血压患者中占 79.5%，而健康对照组仅占 42.2%。大量研究与杨菊贤研究结果基本一致。A 型人格与血压昼夜节律改变显著相关，这可能是高血压患者靶器官损害的危险因素之一。A 型人格在原发性高血压患者中有焦虑情绪者多见，而矫正焦虑与否可对降压效果产生明显的影响(聂效云、刘梅颜、陈红等，2004)。A 型人格与高血压的患病率之间存在着密切联系，A 型人格人群高血压发病率明显高于非 A 型人格人群。研究发现，高血压组 A 型人格人数比例明显高于非 A 型人格，两组比较有统计学意义，且 A 型人格患者血浆中的去甲肾上腺素、肾上腺素水平明显高于非 A 型人格患者。

三、如何优化 A 型人格

心理学研究认为，“经常想到有许多事情要做，却没有时间去做”，这种左右为难的复杂心态，会使我们紧张、忧虑得心力交瘁，高血压、心脏病、溃疡病便会随之发生。

怎样才能解除 A 型人格者在心理上和生理上的过度紧张和压力呢?

1.合理制定目标

A 型人格者往往对成就感有着不懈的追求，心里经常喜欢与他人做比较，高于人家就高兴，矮一头便觉得内疚，不管是在什么方面，爱定位于一个高目标，心无旁骛地朝着既定的方向努力。如果没有实现心中的愿望，就会自责不安，产生焦虑、悲观、失望等不良情绪。因此，制订计划目标切忌要求过高，也不要和他人攀比。应根据自己的实际能力来衡量，或将目标定得稍低一些，留有回旋余地，以免因完不成任务而懊恼。

2.培养业余爱好

A 型人格者多为工作狂，夜以继日地埋头苦干，过度压力带来的心身疲惫，易使心血管受到伤害。经常参加体育锻炼和丰富多彩的文化娱乐活动，既可陶冶情操，超越“成就”、“事业”的束缚，又能在大乐趣、大自在之中提高肌体的承受能力，对维护心血管健康大有裨益。因此，要为自己安排好生活、工作与休息，创造一个积极有序、宽松和谐的生存环境，做到张弛有度，劳逸结合，以增加生活情调。

3.加强内心修为

A 型人格者把输赢看得比命还重要，其实是要学会逐渐磨炼自己的性格，改变脾气。如平时可常找高手下棋，或和比自己强的人竞赛，在输棋时多听一两回刺耳的话语，尽量调控好自己易激动的情绪，并自我告诫：胜不骄，败不馁，不要发火，不要动怒。这样一来二去，就像有棱角的石头被磨得圆滑，性格也就慢慢地变得随和了。当遇到来自不同方面的刺激时，能以平和心态去应对，便会感到自由畅快，自然血脉通畅。

4.建立弹性思维

无论干什么事，成功与失败都有可能发生，或进或退，应灵活机动，该放弃时要勇于放弃，不可一头撞到南墙上，碰得头破血流而悔恨不已。一旦遇到困境时，切莫急躁，应冷静地思考，或向亲朋好友请教，找出缘由，拿出办法来应付各种变化，方能化逆境为顺境、变挫折为动力，心态也就变得愉悦洒脱。

5.合理安排时间

明确工作时间的设限是为了提高工作的效率和能力，一旦表现出急躁不安的状态，应及时合理地调整工作和生活的节奏。

6.划清工作和休息的界限

一味埋头苦干不仅对身心有害，也会影响到正常的生活。休息并非浪费时间，而是一种自我调节，因而需注重劳逸结合，主动寻求放松的状态。

复习巩固

1.请简述 A 型人格的主要特点。
2.请简述 A 型人格者易患的疾病。
3.请简述 A 型人格的优化措施。

第二节 B 型人格

一、人格特点

1.安宁松弛

生活按部就班、不喜欢过于紧张的情境，总是以比较松弛、稳健的方式来处理问题和完成任务。不会加班加点、双手不颤动，经常放松地坐着谈话，把生活看成是某种享受而不是战斗。

2.抱负适度

不争强好胜，在面对很多事务时，会先认真地加以权衡，然后做出抉择，必要时，会明智地放弃。B 型人格的人在所属的领域内，可能不是最突出的，这与价值观和处世哲学有关。比较关注自己的身心状态甚于外部事物带来的得失，因此，可能对名利比较淡然。

3.合作顺从

没有强烈的支配欲、占有欲和控制欲。这些行为方式可能使其具有一种大隐于市的君子的气质。在遇到挫折时，也能很好地进行自我调节，不会产生过激的情绪反应。

二、与健康的关系

B 型人格(type B personality)在压力面前能保持冷静，极少有强烈而持久的负性情绪产生，能长期保持比较稳定的情绪状态，并拥有较好的健康水平，因此 B 型人格被称为应激耐受人格。B 型人格因压力造成的心理疾病较少，工作中感到高度紧张的情况会较少，下班后更容易得到放松，感到自己的健康影响工作效率的情况会较少。

三、如何培养 B 型人格

1.抱负适度

不切实际的目标会带来巨大的精神压力，常使人处于紧张焦虑状态，影响工作效率。

2.合作顺从

在现代社会竞争比较激烈的环境中，具有良好的合作意识、与人相处能适当顺从他人的意愿可以减轻焦虑，获得更多的社会支持。

3.安宁松弛

在快节奏生活的城市，凡事能拥有宁静的心态，以不急不缓的速度解决问题、完成任务可以缓解紧张，获得更多心灵上的平静。

4.劳逸结合

俗话说“休息是为了更好地工作”，不会休息的人也不会投入地工作，所以要“Play hard，work hard”(好好玩，认真工作)。既可以放松紧张的心情，也能有效提高工作效率，有利于保持健康的身心状态。

生活中的心理学

B型人格的典型代表——司马懿

司马懿出生于官宦之家，面对动乱不断的东汉末期，司马懿“常慨然有忧天下心”。建安六年，曹操听到他的名声后，召他到府中任职。延康元年(220年)，孙权率军西进。司马懿主张坚守二城，曹丕未依其言，命曹仁放火烧毁二城。后来孙权果然没有入侵，曹丕悔之不已。作为一流的谋士，计策未被采纳，多少会令人倍感失落和不得志。但司马懿却低调而为，并无恼怒与怨愤之言，而是尽心做好自己手头的工作，可见他的沉稳与谦逊。

图4-2　司马懿

司马懿的隐忍与从容的人格特质在军事策略上突显甚明。建安二十四年，关羽围困曹仁，水淹七军，斩杀庞德，可谓“威震华夏”。曹操为避关羽锋芒，一度准备迁都河北。司马懿和蒋济及时劝阻，并指出了孙刘联盟外亲内疏的弊端。曹操从其计，果然孙权派吕蒙袭取江陵，俘杀了关羽。司马懿的策略，突出表现他遇事冷静，从容自得的人格特质，这是他“小不忍则乱大谋”的典范。

司马懿能够得到曹氏集团的信赖和重用，一方面源自于他的非凡气度，另一方面也由于他敢作敢当，果断坚决。例如，诸葛亮四出祁山时，司马懿不负使命，以明帝的昭示平息众人对于诸葛亮“巾帼妇人之饰”羞辱的怒气。而在劝阻不成的情况下，只好任其自便。结果，追击蜀军的魏军中了埋伏，大将张郃被乱箭射死。司马懿悲伤不已，更是自责于自己的过错，并替部下承担责任。正是司马懿的宽容之心，才会虚心接受反对的声音，并勇于承认自身的错失，做到从善如流。

司马懿不求闻达，不计得失；隐忍从容，后发制人；宽容部下，勇担责任。这些特点都使他坦然面对各种逆境，并最终取得成功。

A型人格与B型人格的对比

图 4-3　A 型人格与 B 型人格的对比

碑文测试

请在以下的表中选出自己的碑文,问自己到底愿不愿这样被人悼念。

表 4-1　　**碑文测试**

A 型碑文	B 型碑文
一位成功的人在此安息	一位心怀挚爱的人在此安息
一位能人在此安息	一位智者在此安息
一位生前忙碌的人在此安息	一位与人为善者在此安息
一位令人敬畏的人在此安息	一位令人信任的人在此安息
一位有影响力的人在此安息	一位有强烈的团队精神的人在此安息
一位了不起的养家者在此安息	一位对生活充满好奇的人在此安息
安息者生前得到了他能得到的一切	安息者满意地离开了这个世界

如果别人认为对你最贴切的碑文在 A 型碑文栏内,那么你也许就需要改变了。比如,如果对你最贴切的碑文是“一位生前富有的人在此安息”,那你需要结交一些新朋友来丰富自己的生活——最好是一些和你的工作没有关系的朋友。如果你的 A 型碑文是“一位令人敬畏的人在此安息”,你需要去社区大学参加一个学习班,学习一门你以前一无所知的课程,这样人们就会因为你知道他们不知道的知识而尊敬你,而不会因为畏惧你而对你敬而远之。

不同信念

下面的内容说明了指导和推动 A 型人格者和 B 型人格者的不同的信念。如果你是 A 型个性,那你应该采纳一些 B 型的人生哲学。

A 型:我必须要比其他人干得更好。

B 型:在日常生活的各个方面我要尽量达到人们普遍认可的效率标准,如果能达到这种标准我就满意了。

A 型:只有努力才能成功,付出的努力越大,你就会越成功。

B型：我能不能成功主要取决于我的能力，那些能力比我强的人不管努力程度如何，总会比我做得更好。

A型：生活的主要意义就是为了成功而和别人竞争。

B型：合作，而不是竞争，才是确保我在生活中取得成功的长久之计。

A型：社会中的任何一个人在任何时候都要为自己的成功而承受负担。

B型：社会的凝聚力使我们彼此相连和协作。当我们为了集体的成功和生存而同心协力的时候，这种凝聚力就会减轻我们每个人身上的负担。生活的意义在于我们的所为，而不仅仅是我个人的所为。

测一测

你是A型(或B型)人格?

人格问卷

指导语：在下面各特质中，你认为哪个数字最符合你的行为特点？

1.不在意约会时间	1 2 3 4 5 6 7 8	从不迟到
2.无争强好胜心	1 2 3 4 5 6 7 8	争强好胜
3.从不感觉仓促	1 2 3 4 5 6 7 8	总是匆匆忙忙
4.一时只做一事	1 2 3 4 5 6 7 8	同时要做好多事
5.做事节奏平缓	1 2 3 4 5 6 7 8	节奏极快(吃饭，走路等)
6.表达情感	1 2 3 4 5 6 7 8	压抑情感
7.有许多爱好	1 2 3 4 5 6 7 8	除工作之外没有其他爱好

记分：

累加7个问题的总分，然后乘以3。分数高于120分，表明你是极端的A型人格。分数低于90分，表明你是极端的B型人格。

分数	人格类型
120以上	A＋
106～119	A
100～105	A－
90～99	B
90分以下	B＋

复习巩固

1.简述B型人格的主要特点。

2.简述B型人格与健康的关系。

第三节　C 型人格

一、人格特点

• 情绪抑郁：好生闷气，通常不表达任何负性情绪。

• 性格内向：待人过度友善，极力避免发生任何人际冲突。表面上是个“好好先生”，可内心却愤世嫉俗；表面上处处牺牲自己为别人着想，但内心却极不情愿。

• 过分敏感：生活中极小的事情便可使其忐忑不安，总处于焦虑、紧张的情绪状态之中。

• 害怕困难：遇到困难，起初因畏惧不尽全力去克服，拖到最后却又要做困兽之争。

• 屈从权威、害怕竞争：企图以逃避方式来达到虚假的心理平衡。

而与此相应的是一系列退缩的表现，如屈从于权势，过分自我克制，回避矛盾，姑息迁就，忍耐、谦让、宽容、依顺，为取悦他人或怕得罪人而放弃自己的需要，容易满足等。

C 型人格(type C personality)的心理特征是不善于宣泄和表达，具有严重的焦虑、抑郁情绪。尤其是竭力压抑自己本应该发泄的愤怒情绪，他会表现得过分自我克制，回避矛盾，姑息迁就。以极大的忍耐去取悦他人或怕得罪他人而委屈自己。

二、与健康的关系

善于韬光养晦的 C 型人格人群，突出表现为“息事宁人”，处事以退让、保守为主。他们往往喜欢抑制烦恼、绝望或悲痛；害怕竞争，逃避现实，企图以姑息的方法来达到虚假的和谐；这种逆来顺受、毫无怨言，内心却怨气冲天，痛苦挣扎的人，折磨久了，不仅会干扰内分泌系统功能，而且会削弱机体的免疫功能，导致细胞变异致癌细胞的生长繁殖。因此，C 型人格也称为癌症易感人格。

据统计显示，90%以上的肿瘤患者患上肿瘤与精神、情绪有直接或间接的关系。那么，为什么说精神因素与肿瘤的发病相关呢？这是因为精神因素与人体免疫功能密切相关。人体免疫系统受神经和内分泌的双重调控。精神抑郁等消极情绪作用于中枢神经系统，会引起植物神经功能和内分泌功能的失调，使机体的免疫功能受到抑制，失去清除癌变细胞的能力，促成原癌基因向癌基因转化。由于机体的平衡被打破，使细胞失去正常的状态和功能，不断变异，于是便产生了癌细胞。

三、如何优化 C 型人格

1.改变“完美主义”：不要总想着把事情做得完美，因为不可能有十全十美的结果。

2.自我肯定：尽管常遇到那些不如意的事情，但你一直是个有价值的人。

3.表达愤怒：当你感到强烈的不平和愤怒时，把它表达出来。表达的方式可以是找人倾诉，也可以写日记。用语言反映你的心情，比如“我今天受到了非常不公的待遇”等。绝不能一味地压抑、克制，折磨自己、为难自己。

图 4-4　宣泄室

4.记录心情：用“情绪温度计”每天检测自己的心情。把“心情不错”定义为“1”，把“极端愤怒”定义为“10”，中间的“2～9"从弱到强，表明自己的愤怒程度，在日记中记录下来。

5.学会转移：人是具有主观能动性的，所以，要有意识地培养锻炼自己从恶劣心境和无助无望状态中走出来的能力。

6.正确看待权威：人不能过分以自我为中心，但也不能没有独立人格。为人处事绝不能以扼杀自己的潜能为最终代价。

7.建立社会支持：建立良好的人际关系网络。当今科技迅猛发展，一个人的力量已显得微不足道，培植自己的社会支持系统就显得相当重要。这样，人才会自信，才会成熟。

具有C型人格的人，消极情绪长期积蓄，很容易造成神经功能和内分泌功能失调。最终，机体的免疫力下降，癌细胞突破免疫系统的防御形成了癌症。

在生活中注意发现事物好的一面，学会新的适应生活的行为方式，C型人格其实并不可怕。

扩展阅读

C型人格突发状况宣泄法

理性情绪法强调认知上的转变，这是一个长期调整观念的过程，而对于突发的愤怒、痛苦、委屈等情绪，可以采取一些小的方法及时疏解。负性情绪有两种疏导方式：有损宣泄与无损宣泄。采取猛抽烟、喝闷酒、报复等行为，属于于人、于己，皆无益的有损宣泄，减压效果往往不如下列无损宣泄：

No.1：乱语

找一个安静的房间，或对着一棵大树，闭上眼睛，说出一些无意义或不连贯的话。由于大脑是用语言思考的，乱语可以打破常规的表达模式，你不用考虑任何语法或内容，可以自由表达内心需要宣泄的东西，把任何不舒服的东西都扔出来。

No.2：视觉想象

人在欣赏美景时，会唤起很高的情绪愉悦水平，因此，闭上眼睛，深呼吸……纵情驰骋你丰富的想象力，越身临其境越好，抖掉先前沾满的尘埃之后，你会感受到心灵宁静的欣喜，想象你来到一个世外桃源，尽情享受着微风的吹拂，静静聆听着流水的乐音，深深吸着迷人的花香。

No.3：写告白书

如果你有写日记的好习惯，那就赶快毫无掩饰地抒发几页吧！找一张纸，把你所有的愤怒或不满挥毫纸上，然后烧掉。如果某个人特别惹你生气，你可以找来信纸，痛快淋漓地责骂对方一番，然后装进信封里，但千万不要寄出去，而是把信锁在抽屉里，等将来气消了再撕掉。

No.4：长吁短叹

焦虑时，心率和呼吸会加速，缓慢地深呼吸有助于镇静。人们常将"唉声叹气"理解为贬义，其实，它起到了深呼吸的放松作用。心情不佳时，选一处清静的地方，先通过鼻腔吸气以扩张肺部，然后，将肺内气体慢慢呼出，如此一番"长吁短叹"，效果不错。

No.5：听悲伤音乐

负性情绪久居心中时，若强求听一些欢快的音乐，终究只是强颜欢笑。你不妨放上一段很"悲惨"的音乐，随着忧郁旋律的缓缓流淌，内心的不快可能随之倾泻而出，换得一身轻松。

No.6：唠叨

约上一两个朋友，找个清净的地方，就着一盏清茶、一杯咖啡，将积压的委屈唠叨上半天，其实是一种很有效的调节方式。然而，切忌找那些唯恐天下不乱的"损友"，一定要选择可以保守秘密的朋友，最好是那种能帮你理性分析问题的人，否则只怕愈诉苦愈烦乱。

No.7：号啕大哭

现代研究发现，因感情变化而流出的眼泪，排出了体内两种神经传导物质，从而缓解了紧张情绪，可以减轻痛苦和消除忧虑。因此，痛哭是一种心理保护措施，强忍眼泪等于慢性自杀。不过，如果遇事就哭，经常悲悲泣泣，反而会体验到更严重的负性情绪。

此外，阅读、运动、怒吼、旅游等方式，都是不错的情绪宣泄途径。C型人格的人，可以根据自身的特点和喜好，选择适合自己的调节方式。但是，C型人格的人不能无视这条警报：如果负性情绪不从心里扔出来，就会从身体表达出来。

总之，C型人格虽然可能是癌症的致病因素之一，但它必须通过各种神经内分泌、免疫系统的参与才能最终发挥作用。因此，改善性格，改变你的为人处事方式和态度，就会程度不同地调节你的神经内分泌及免疫功能，提高机体抵制疾病的能力，从而降低或避免疾病的发生，还你一个健康的心态和体魄。

测一测

你是C型人格吗？

1.很难公开地表达自己的情绪，内心总是伴随着难以解脱的压力，常常心情紧张焦虑。

2.怕面对人群，尤其是怕自己受伤害，谨言慎行。

3.当做一件事没有成功时，常常自咎，懊悔不已。

4.对每一个有创新的计划都持悲观态度，极怕失败。

5.患病不肯求医，认为病是自生自灭。

6.当发觉自己有可能患病时，拒绝告诉医生。

7.当觉得自己不如别人时，极度不安，老怀疑别人捉弄自己。

8.不愉快的时候常强颜欢笑。

9.没有很密切的人际关系。

10.认命，认为无力改善现状。

11.认为生活无意义，无价值，无乐趣。

12.由于怕失败，不肯做尝试。

13.从小就认为和家人有很深的隔膜。

14.失意时靠镇静药来麻醉自己。

15.认为不把心事向人倾诉是强人的表现。

16.情绪不安时，找不到人倾诉自己的心声。

如果在以上所描述的16种性格特征中占有14项的话，那么你便属于C型人格；如果占有7～14项，那么你有转向C型人格的较大可能性；如果你占有7项以下，你是比较安全的。

复习巩固

1.简述C型人格的主要特点。

2.简述C型人格者易患的疾病。

3.简述C型人格的优化措施。

第四节　D 型人格

一、人格特点

1996 年荷兰学者德罗勒特(Denollet)在研究中指出应该采用一种人格观察法来评估高危病人,他发现有的病人康复速度慢,容易再发作,而且死亡率高。于是提出了 D 型人格概念,D 型人格又称为忧伤型人格,包括消极情感(negative affectivity,NA)和社交抑制(social inhibition,SI)两个维度。

D 型人格的人和 C 型人格的人看起来有点儿像,也有点闷,但更突出的表现是看待问题很悲观,就算是大家都开心的事情,他们也很容易看到其中的负面信息;同时又不善于在社交场合表达自己的感情,所以体验到的总是挫败感和自卑感。这种看起来有点“憋屈”的模式,就被定义为 D 型人格(type D personality),或者 D 型行为模式。

图 4-5　D 型人格的个体表现

1.消极情感

指人们长期经历消极情感,并且这种经历往往比较稳定,不受时间和情境的影响。他们比一般人更容易生气,而且不易体验到正性情感。同时,他们往往忧虑,对生活抱有悲观想法。高消极情感的人在大五人格量表(NEO-FFI)中的 N 因素和艾森克人格问卷(EPQ)的神经质维度上会得高分。

2.社交抑制

D 型人格中的社交抑制是指人们在社会交往中压抑自己对情感和行为的表达。

他们言谈举止很不自信，在交往中始终与人保持心理距离。因为他们与别人接触时感觉紧张、不安全，便会有意识地维持自我压抑的状态。高社交抑制特质的人在大五人格量表中的E因素和艾森克人格问卷的外向性维度上得低分。他们认为，世界充满了威胁，所以与人交往时极不自如，尽量逃避可能出现的危险，如别人的拒绝和尴尬。

D型人格的人性格特点关键词：担心、紧张、爱独处。

(1)在社交场合非常羞涩，不知道如何与他人交往，因此惶惶不安；

(2)对人生的看法十分悲观和沮丧；

(3)不敢主动接近他人，没有朋友；

(4)经常性的焦虑，无缘无故为某些事情忧虑；

(5)心情总是很恶劣，爱发脾气，导致情绪十分低落。

D型人格的人往往会体验到很多的不愉快、忧伤、焦虑、紧张和担心等。比如经常担心某些问题等；遇到一点烦心的事，然后就一整天想着这件事；思想上对生活中的负性刺激，如对一些不愉快的事情更为关注，并体验到更多的压力；在社会交往中，总是压抑自己表达情感，以免他人的不认可或拒绝；看上去性格孤僻，爱独处，不合群；与他人相处时，总感到紧张和不安全。

二、与健康的关系

D型人格的提出是对以往与疾病相关的A型、B型、C型人格概念的扩展，是对已有人格和心血管疾病关系研究证据的整合。大量的研究结果表明，真正对心脏病起作用的心理因素，可能不单纯是消极情感，而是慢性的心理忧伤。具有高社交抑制特点的人，心脏不良反应增多、心脏复原能力减弱、心率变化缩小，长此以往就会形成动脉粥样硬化，引发冠心病，甚至死亡。消极情感与胸痛感有关；而对于冠心病患者来说，消极情感则与其身体症状有关。与D型人格密切相关的疾病：偏头痛、抑郁、冠心病、心源性猝死、癌症等。

十几年以前，比利时心理学家德罗勒特在一项心脏病康复计划中，对300名不同类型性格的病人，进行跟踪观察，想了解焦虑、抑郁等不良情绪对各种类型性格病人的健康有多大的危害。结果，10年后，这300名病人中，D型人格的病人有27%的人已经死亡，其中大多数死于冠心病和脑卒中。而其他性格的同类病人中，只有7%的死亡率。2005年，荷兰的研究人员对刚接受过心脏支架手术的近900名冠心病人的调查发现，D型人格的病人，在接受手术后的6至9个月内，心脏病再次发作或因发作导致死亡的人数，是其他类型性格者的4倍。研究还发现，在控制了心脏病症状、不健康的行为方式(如吸烟饮酒)等危险因素以后,D型人格组病人的死亡率仍远高于对照组。他们在心肌梗死后心脏病的发病率提高6倍,患创伤后应激障碍(posttraumatic stress disorder,简称PTSD)的可能性提高4倍。这种人更容易复发心血管疾病,无法坚持治疗。而对于得过心脏病的D型人格患者来说,他们的复发率提高了4倍,得心脏骤停的危险性提高了7倍,而且更容易引发梗死等致命的或其他非致命的心脏病。在治疗过程中,他们的左心室射血分数也会大幅度下降,需要特殊的护理。这类病人多会体验到长期的心理悲痛,缺乏积极情感,自尊心不强,不满于生活现状,生活质量也会下降。另外,D型人格也是影响人们情绪和社会健康的重要因素。并且即便多年以后,D型人格患者的健康状况仍不如对照人群,他们一直抱怨自己胸痛,并长期依赖于镇静药,没有能力重返工作。

鉴于D型人格的研究刚刚兴起,现有的证据还不足以对人格—心血管疾病的作用机制做出充分的解释。从生理学血液循环方面的研究结果来看,D型人格患者的血小板功能障碍、心率变化幅度缩小、心肌突然缺血等都会导致他们心血管疾病的再次发作。而精神神经内分泌学方面的证据指出(Habra,Linden,Anderson,2003),在应激状态下,D型人格被试的交感肾上腺系统(sympathetic-adrenal-medullary system,简称SAM系统)和下丘脑—垂体—肾上腺轴(hypothalamic-pituitary-adrenal axis,简称HPA轴)发生协同激活,产生强烈的唾液皮质激素反应,这种生理方面的超强反应可能是心血管疾病的直接原因。而德罗勒特(Denollet,2000)却认为,D型人格对心血管疾病起作用的机制,在于负性情感和压抑应对起了中介作用。因为情感的抑制使个体不能成功地适应应激事件,这种情况反复出现,就会形成长期的应激状态,进而对心血管系统的正常功能造成不利影响。另外,免疫学方面的研究表明(Denollet,Conraads,Brutsaert,2003),D型人格能激活缺血性心脏病病人的前炎症细胞因子、肿瘤坏死因子(TNF)$-\alpha$及其受体,而这种受体本身正是预测慢性心脏病致死的最准确、最可靠的指标,这种慢性心理免疫系统的功能紊乱可能就是D型人格患者预后不佳的一个原因。此外,D型人格患者的其他不健康行为方式和心理因素(如自我孤立、缺乏社会支持等),可能也是致病的间接原因。

三、如何优化D型人格

改变D型人的人格,就是让他对生活抱有希望,多从积极面看问题,有问题多和朋友、家人分担,寻求帮助和支持。

1.学会乐观:停下来,仔细想一想,生活中的这些不快、焦虑是不是真的值得忧虑。

学会乐观

卖鞋故事

有个鞋商到一个岛上考察鞋子市场，他看到岛上的居民祖祖辈辈有赤脚的传统习俗，便失望地走了。不久，又有一个鞋商到了岛上，当他得知岛上居民没有穿鞋子的习惯后喜出望外，认为大有挖掘开拓的潜力。果然，经过努力，他大获成功，赚个盆满钵满。

哭婆婆

有一个老太太，整天坐在路口哭，被称为“哭婆婆”。一天，一位禅师路过此地，问其缘由。老太太告诉禅师：她有两个女儿，一个嫁给了卖伞的，一个嫁给了卖鞋的。每当天晴的时候，她就想起了卖伞的女儿，想到她的伞会卖不出去，因此伤心而哭；而每当天下雨的时候，她又想起卖鞋的女儿，想她的鞋一定不好卖，因此也伤心落泪。所以，无论天晴下雨，她总是在哭。禅师听罢，对婆婆说：下雨的时候，你要想卖伞的女儿生意好，天晴的时候你要想卖鞋的女儿卖得好，这样你自然就不会哭了。听了禅师的一番话，老太太顿悟。从此，街头便有了一个总是乐呵呵的“笑婆婆”。

两个故事启迪我们，生活中遇到问题难题需要冷静分析，要透过现象看本质，善于转变思维角度，更新观念，不要总是在死胡同里转圈，一个角度看百事，一条路走到黑。

生活需要智慧，生活充满了智慧，看似平凡的小事就可折射出智慧的光芒，只有细心的人才会把握瞬间的禅机，不断提高辨别是非得失、好坏美丑的能力，才会把人生看得明明白白，清清楚楚，真真切切。

图 4-6　倾诉

2.勇敢去做：社会交往中，不要害怕别人的拒绝，不要为此而失去与人交往的机会。

3.多交朋友：可主动改变离群独处的习惯，多培养兴趣爱好，多参加集体活动。

4.学会宣泄：学会向亲友或其他信任的人倾诉自己的情感。

5.患有冠心病的人，可特别留心一下自身是否存在D型人格的特征；可请心理专业人员诊断一下，确诊为D型人格者可接受行为疗法和心理、药物干预，治疗焦虑和抑郁情绪。这样做能一定程度地改善冠心病的预后。

D型人格的人应该多喝咖啡、多吃巧克力及蔬果类、坚果类食物。

扩展阅读

正确面对愤怒

第一步：确定自己生气后想要的状态

如果你为了得到积极的结果而选择建设性地利用自己的愤怒，首先要清楚自己生气之后想要达到的状态。

图4-7　愤怒

第二步：承认自己生气

你要抬起头来告诉对方你心里有情绪，而这种情绪就是愤怒。要做到这一点其实很简单，比如你可以说："我不认识你，但我觉得刚才发生的事情令人生气，而且我觉得你有必要知道这一点。"

第三步：对事不对人

小说《教父》中有一句经典台词："这是生意，不是个人问题。"这句话可以用在建设性的愤怒表达上。

第四步：分析问题的根源

你所有的情感都是你自身的反映。如果你因为某个员工反复迟到而生气，那你生气的根源是：你觉得你如数付给了他一天的工资，他却没有足量地为你干一天的活。

第五步：相信问题可以解决

纠正一个问题比起改变一个人来说要容易多了。而你遇到的只是一个问题，所以要保持乐观，相信你能够解决这个问题。

第六步：学会换位思考

要了解对方为什么产生某种想法、感觉或者做出某种行为，最简单的方法就是让他们告诉你。

第七步：与对方合作

要做到建设性地表达自己的愤怒，另外一个关键步骤是想办法让对方跟你合作来解决问题。你应该问："我们怎样才能找到一种对我们双方都可行的解决方法呢？"

第八步：注意语调

引起麻烦的往往不是你在生气的时候说了些什么，而是你说话的语气。如果你能保持一种礼貌的语气，你就会更容易听见对方在说些什么，而你自己的意思也能更好地传达到对方那里。

第九步：不妨暂时休息，以后接着讨论

要敢于对对方说："这个问题我们这次也只能谈到这个程度了，但我希望以后我们可以继续谈这个问题。你同意吗？"

推荐电影

《肖申克的救赎》(The Shawshank Redemption)。

图 4-8　肖申克的救赎剧照

一位年轻有为的银行家安迪被怀疑杀害了偷情的妻子和情人，被判两次终身监禁，服刑于肖申克监狱。肖申克就是一个弱肉强食、强权统治的黑狱。监狱长诺顿阴狠老辣。看守长哈利凶狠残暴，当晚就将和安迪同来的胖子打爆了头。瑞德 20 岁因命案被终身监禁于肖申克。1947 年时，他 40 岁，已经是一个监狱里的大能人，能给狱友们搞到各种监狱内禁止流通的商品：香烟、白兰地、甚至大麻。安迪的学识让他与瑞德成了朋友，他让瑞德帮他搞到了一把手锤。1949 年监狱长招募志愿人员前去劳动，安迪利用自己精通税务知识的优势帮助监狱长成功逃避了一次遗产税，令他开始对安迪刮目相看。后来他开始帮所有的狱警填报税表，后来监狱长的所得税申报也交给他处理。以后监狱长的黑钱也通过安迪一一转化为财富。随后安迪从洗衣房被调到了图书室，帮助老博斯整理图书。他想增加图书馆的经费，被监狱长拒绝后开始每周一封信寄往州府。1959 年州议员们因为无法忍受安迪每周两封信的骚扰，终于决定每年给他拨款 500 美元以及其他必要支持。安迪买来大量的书，扩展图书馆，教育狱友。很快安迪已经待了 10 年。瑞德每十年一次的第三次假释审批被拒绝了。安迪送给他一只小口琴，作为回赠，瑞德送给安迪一张玛丽莲·梦露的画报。犯偷窃罪的汤米 1965 年来到肖恩克服刑两年。一次偶然的机会，从汤米口中安迪知道了真正的凶手，他立即去找监狱长诺顿。诺顿假惺惺的同情了安迪一番，担心安迪出去后自己就没有做假账的帮手和泄露他洗黑钱的事，他害死了汤米。汤米的死让安迪明白只有越狱才能救自己。他利用小锄头在海报后的墙上挖了一个大洞，在一个风雨交加的晚上，带上监狱长的账薄和转账支票成功逃出肖申克。联邦警署马上根据安迪举报的账薄粉碎了诺顿狱长的势力。获得假释的瑞德按照与安迪的承诺找到了安迪留给他的留言，他决定出发去找安迪。在德州边境的小镇，两个好朋友终于团聚。镜头从空中升起鸟瞰远拍，他们的旁边就是那广袤的太平洋，那蓝色的大海多么的明亮，多么的深沉，多么的美丽！

复习巩固

1. 简述D型人格的主要特点。
2. 简述D型人格者易患的疾病。
3. 简述D型人格的优化措施。

要点小结

	A型人格	B型人格	C型人格	D型人格
人格特点	易激起的敌意 时间紧迫性 竞争性	安宁松弛 抱负适度 合作顺从	性格内向 情绪抑郁 过分敏感 害怕困难 屈从权威、害怕竞争	消极情感(NA) 社交抑制(SI)
与健康关系	冠心病易感人格 易患冠心病、高血压等心血管疾病	应激耐受人格	癌症易感人格	易患偏头痛、抑郁、冠心病、心源性猝死、癌症等
优化措施	合理制定目标 培养业余爱好 加强内心修为 建立弹性思维 合理安排时间 划清工作和休息的界限		改变完美主义 自我肯定 表达愤怒 记录心情 学会转移 正确看待权威 建立社会支持	学会乐观 勇敢去做 多交朋友 学会宣泄

关键术语

A型人格　易激起的敌意　时间紧迫性　竞争性　冠心病　冠心病易感人格　高血压　B型人格　应激耐受人格　A型人格问卷　C型人格　癌症易感人格　D型人格　消极情感(NA)　社交抑制(SI)

复习题

1.被称为冠心病易感人格的是(　　)

A.A型人格　　B.B型人格

C.C型人格　　D.D型人格

2.被称为癌症易感人格的是(　　)

A.A型人格　　B.B型人格

C.C型人格　　D.D型人格

3.被称为应激耐受人格的是(　　)

A.A型人格　　B.B型人格

C.C型人格　　D.D型人格

4.容易得癌症的是(　　)

A.A型+B型人格　　B.B型+C型人格

C.C型+D型人格　　D.A型+C型人格

5.容易得心血管疾病的是(　　)

A.A型+B型人格　　B.B型+C型人格

C.C型+D型人格　　D.A型+D型人格

6.易激起的敌意属于下列哪种人格(　　)

A.A型人格　　B.B型人格

C.C型人格　　D.D型人格

7.屈从权威、害怕竞争属于下列哪种人格(　　)

A.A型人格　　B.B型人格

C.C型人格　　D.D型人格

8.典型的社交抑制属于下列哪种人格(　　)

A.A型人格　　B.B型人格

C.C型人格　　D.D型人格

9.生活安宁松弛属于下列哪种人格(　　)

A.A型人格　　B.B型人格

C.C型人格　　D.D型人格

10.下列哪项属于典型的A型人格(　　)

A.典型的社交抑制　　B.易激起的敌意

C.屈从权威、害怕竞争　　D.生活安宁松弛

11.下列哪项属于典型的B型人格(　　)

A.典型的社交抑制　　B.易激起的敌意

C.屈从权威、害怕竞争　　D.生活安宁松弛

12.下列哪项属于典型的C型人格(　　)

A.典型的社交抑制　　B.易激起的敌意

C.屈从权威、害怕竞争　　D.生活安宁松弛

13.下列哪项属于典型的D型人格(　　)

A.典型的社交抑制　　B.易激起的敌意

C.屈从权威、害怕竞争　　D.生活安宁松弛

第五章　职业与健康

工作压力大、身体透支、睡不好觉、身心俱疲的你，是否曾感叹自己入错了行？

潘洁是一名初级审计员，生前在四大会计师事务所之一的普华永道工作。由于长时间的加班、熬夜、出差、连轴转，25岁便香消玉殒了。潘洁去世前在微博中不止一次透露自己“很累、很疲惫、工作很多”，引发了大家“是工作逼死潘洁”的猜想。

35岁的林医生是福州市第一医院急诊外科的医师。2012年7月8日，与朋友喝茶聊天时，突发心脏病，送医抢救无效后死亡。急诊科主任张伟透露，林医生身体一向很好，且尸检未发现有任何基础病变，属于突发心脏病猝死。医生强调，如果高强度的工作压力长期积累超出人体所能承受的范围，就容易出现心脏骤停、心肌梗死等猝死意外。

这类例子还很多。统计显示，我国每年过劳死亡的人数达60多万，越来越多的职场人士处于“亚健康”状态，职业与健康也越来越受到人们的重视。

本章将从职业选择、职业压力、职业倦怠以及职业效能感四个方面入手，分析职业当中危害健康的因素以及自我调适的方法。

第一节　职业选择与压力

一、职业选择

职业选择(occupational choice)是个体对于自己所从事职业的种类、方向的挑选和确定。它是人们进入社会生活领域的重要行为，更是人生的关键环节。良好的职业选择，有利于个体顺利进入社会劳动岗位，实现社会化，促进自身全面发展。

(一)职业选择理论

1.帕森斯的人—职匹配理论

首次提出职业选择理论的是美国波士顿大学的帕森斯教授，帕森斯“人—职匹配理论”又称帕森斯的特质因素论，该理论明确阐释了职业选择的三大要素和条件。第一，个体特性评价：性向、成就、兴趣、价值观和人格特质等。第二，职业因素分析：职业的描述、工作条件、薪水、职业所要求的特质和因素。第三，上述两个条件的平衡。帕森斯的理论内涵是在清楚认识、了解个人的主观条件和社会职业岗位需求条件基础上建立起来的。

帕森斯认为职业与人的匹配，分为两种类型。第一，条件匹配。即所需专门技术和专业知识的职业与掌握该种特殊技能和专业知识的择业者相匹配，如累、险等劳动条件差的职业，需要吃苦耐劳、体格强壮的劳动者与之匹配。第二，特长匹配。即某些职业需要具有一定的特长，如具有敏感、易动感情、不守常规、有独创性、个性强、理想主义等人格特性的人，宜于从事审美的、自我情感表达的艺术创作类型的职业。

帕森斯的特质因素论，是用于职业选择与职业指导的最经典的理论之一，至今仍然有效，并对职业生涯规划和职业心理学的发展具有重要的指导意义。

2.霍兰德的职业性向理论

这个学说是由美国著名职业指导专家霍普金斯大学教授约翰·霍兰德创立，他把千差万别的人格特征归纳为六个基本类型，同时把成千上万的职业划分为相应的六大类，每一个人格类型对应于一个职业类型，所以该理论又叫作“人格类型与职业类型理论”。

(1)社会型

共同特征：喜欢与人交往、善言谈、愿意教导别人；关心社会问题、渴望发挥自己的社会作用；寻求广泛的人际关系，比较看重社会义务和社会道德。

典型职业：从事提供信息、启迪、帮助、培训、开发或治疗等事务，如教育工作者（教师、教育行政人员），社会工作者（咨询人员、公关人员）。

（2）企业型

共同特征：追求权力、权威和物质财富，具有领导才能；喜欢竞争，敢冒风险，有野心、抱负；为人务实，习惯以利益得失、地位、金钱等来衡量做事的价值，有较强的目的性。

典型职业：要求具备经营、管理、劝服、监督和领导才能，以实现机构、政治、社会及经济目标的工作，如项目经理、销售人员、营销管理人员、政府官员、企业领导、法官、律师。

（3）常规型

共同特点：尊重权威和规章制度，喜欢按计划办事，习惯接受他人的指挥和领导；喜欢关注实际和细节情况，通常较为谨慎和保守，缺乏创造性，不喜欢冒险和竞争，富有自我牺牲精神。

典型职业：要求注意细节、精确度、有系统有条理，具有记录、归档、根据特定要求或程序组织数据和文字信息的职业，如秘书、记事员、会计、行政助理、图书馆管理员、出纳员、打字员、投资分析员。

（4）实际型

共同特点：愿意使用工具从事操作性工作，动手能力强，做事手脚灵活，动作协调；偏好具体任务，不善言辞，做事保守，较为谦虚；缺乏社交能力，通常喜欢独立做事。

典型职业：对要求具备机械方面才能、体力或从事与物件、机器、工具、运动器材、植物、动物相关的职业有兴趣，如技术性职业（计算机硬件人员、摄影师、制图员、机械装配工），技能性职业（木匠、厨师、技工、修理工、农民、一般劳动者）。

（5）调研型

共同特点：抽象思维能力强，求知欲强，肯动脑，善思考，不愿动手；喜欢独立的和富有创造性的工作，有学识才能；考虑问题理性，做事喜欢精确，喜欢逻辑分析和推理，不断探讨未知的领域。

典型职业：要求具备智力或分析能力，并将其用于观察、估测、衡量、形成理论、最终解决问题的工作，如科学研究人员、教师、工程师、电脑编程人员、医生、系统分析员。

（6）艺术型

共同特点：有创造力，渴望表现自己的个性；做事理想化，追求完美，不重实际；具有一定的艺术才能和个性，善于表达、怀旧，心态较为复杂。

典型职业：要求具备艺术修养、创造力、表达能力和直觉，并将其用于语言、行为、声音、颜色和形式的审美、思索和感受，如艺术方面（演员、导演、艺术设计师、雕刻家、建筑师、摄影家、广告制作人），音乐方面（歌唱家、作曲家、乐队指挥），文学方面（小说家、诗人、剧作家）。

然而，大多数人都并非只有一种性向。比如，一个人的性向中很可能是同时包含着社会性向、实际性向和调研性向这三种。霍兰德认为，这些性向越相似，相容性越强，则一个人在选择职业时所面临的内在冲突和犹豫就会越少。

3.舒伯的职业发展理论

著名职业生涯规划大师舒伯经过二十多年的大量实验研究，根据自己“生涯发展研究”的结果，依照年龄将每个人生阶段与职业发展配合，将生涯发展阶段划分为成长、探索、建立、维持和衰退五个阶段。

(1)成长阶段：0～14岁。

儿童通过家庭和学校中关键人物的影响并加以认同，发展自我概念。此阶段早期，需要和幻想占统治地位，随着参与社会和了解现实的增加，兴趣和能力也变得更加重要。

主要任务：发展自我概念，也就是认识自己是个什么样的人，建立对工作世界的正确态度，并了解工作的意义。

这个阶段共包括三个时期：①幻想期(4～10岁)，它以“需要”为主要考虑因素，幻想中的角色扮演很重要；②兴趣期(11～12岁)，它以“喜好”为主要考虑因素，兴趣是个体抱负与活动的主要决定因素；③能力期(13～14岁)，它以“能力”为主要考虑因素，能力逐渐具有重要作用，开始考虑自己的能力及工作要求。

(2)探索阶段：15～24岁。

探索阶段属于学习打基础阶段。通过学校学习、休闲活动和短期工作，进行自我考察、角色鉴定和职业探索。

主要任务：使职业偏好逐渐具体化、特定化并实现职业偏好；形成与事实相符的自我概念，学习开创生涯机会。

这个阶段共包括三个时期：①试探期(15～17岁)。考虑兴趣、需要、能力、价值观以及就业机会，通过幻想、讨论、课外工作等方式，尝试着选择职业，判断可能适合自己的职业领域和层次；②过渡期(18～21岁)。进入就业市场或接受职业培训，更重视现实，发展自我概念，将一般性的职业偏好转化为明确的职业倾向；③初步试验承诺期(22～24岁)。初步确定了职业选择，探索其成为终身职业的可能，并在必要时会重新选择，再次探索。

(3)建立阶段：25～44岁。

建立阶段属于选择、安置阶段。找到合适的职业领域，努力建立巩固的地位。以后发生的变化将主要是职位、工作内容的变化，而不是职业的变化。

主要任务：找到机会从事自己喜欢的职业；学习处理人际关系；巩固地位，力争提升；稳定地发展职业生涯。

这个阶段共包括两个时期：①承诺和稳定期(25～30岁)。在选择的职业上安顿下来，可能因满意程度的差别略有调整；②建立期(31～44岁)。致力于职业生涯的稳定；大多数人在此时期富有创造性，在工作中做出好的业绩，资历、辈分攀升。

(4)维持阶段:45～64 岁。

维持阶段属于专精和升迁阶段。个人不断地付出努力来获得职业生涯的发展和成就,避免产生停滞感。面对新人的挑战,全力应对;很少或不去寻求在新领域中的发展。

主要任务:接受自身的局限性,找出需要解决的新问题,开发新技能,专注于最重要的活动,维持并巩固既得的职业地位。

(5)衰退阶段:65 岁以上。

衰退阶段属于退休阶段。由于生理及心理机能日渐衰退,面对现实时个体不得不从积极参与到隐退。这一阶段往往注重发展新的角色,寻求不同方式以替代和满足需求。

主要任务:缩减工作投入,发展非职业角色,为退休做准备,做一直期望做的事。

这个阶段共包括两个时期:①衰减期(65～70 岁)。按照自身能力的下降,减缓工作节奏,转移责任,以兼职代替全职;②退休期(71 岁以后)。完全退休或转为部分时间工作、义工或休闲活动。

职业发展理论的阶段模型认为,阶段之间可能有交叉重叠,并不完全受年龄的限制,也不存在严格的界限。同时,在个人生涯的不同时期,都可以经历由这五个阶段构成的"小循环"。

(二)职业选择与人格

人格(personality),源自于希腊语 Persona,原指演员在舞台上所带的面具,类似中国京剧中的脸谱。后来心理学借用这个概念来说明在人生这个大舞台上,人们会根据社会角色的不同来转换面具,而这些面具就是人格的外在表现。但是,往往面具的后面还有一个可能与外在表现截然不同的真实的人格,它具有自我意识和自我控制能力,是区别于他人的独特而稳定的思维方式和行为风格。人格的常见特点包括害羞、热情、进取、顺从、懒惰、雄心、忠诚以及畏缩等。

人格与职业有着密切的关系,不同的职业对从业者的人格特征有不同的要求,选择与自己人格特征相符合的职业,能够最大限度地发挥个人主观能动性,取得更大的成就。所以了解自己的人格特征,有助于对职业的选择做出正确的判断。

(三)职业选择与兴趣

兴趣(interest)是指个体积极地认识、掌握某种事物,并主动参与到这种活动当中的心理倾向,这种心理倾向往往和一定的情感相联系。兴趣在人们的择业行为中起着非常重要的作用,在面临选择的时候,不妨先问问自己"我喜欢做什么""我擅长做什么"。如果一个人对某一项工作有较强的兴趣,那么,他就能够很好地发挥他的才能,并且能够长时间保持较高的效率而不感到疲倦;然而,对某一项工作没有兴趣还要硬着头皮去做的人,不仅不能够发挥自己的才能,而且更容易疲乏。

人们往往一时很难弄清自己的兴趣所在，这就需要在实践中不断地发现、了解自己能干什么、擅长什么，扬长避短，对自己的兴趣做出准确的判断。在此基础上，与相对应的职业对比，就可以找出适合自己兴趣的职业了。

（四）职业选择与能力

能力(ability)是指影响活动效率、能够使活动顺利进行所必须具备的个性心理特征。能力常被分为一般能力和特殊能力。一般能力是指在不同种类的活动中表现出来的共同能力，如观察力、思维力、记忆力、注意力、操作能力等，通常把它叫作智力，其核心是逻辑思维能力。特殊能力是指在某些特殊领域中所表现出来的能力，如色彩鉴别力、准确估计比例关系等。特殊能力建立在一般能力的基础之上，两者相互作用，构成有机整体。要顺利完成某项活动，往往需要结合多种能力，比如丰富的想象力、流畅的创造思维能力和文字表达能力，而后者对作家、艺术家则是非常重要的。

从能力的量的方面来讲，能力的个体差异表现在能力发展水平的高低，以及不同的优势能力上。在职业选择时，能力的量的因素起筛选的作用，比如从事音乐创作工作的人需要鲜明的想象力、记忆力、丰富的情感等。所以，要根据个体的能力高低和能力优势，选择适合自己，并能够发挥出自身特长的职业。

从能力的质的方面来讲，能力的差异表现在不同的人具有不同的特殊能力。任何一种职业活动都有与该种职业相吻合的一种或者多种特殊能力，比如从事音乐创作工作，除了需要鲜明的想象力、记忆力、丰富的情感这样的一般能力以外，还需要具备较强的曲调感、节奏感和听觉表象等特殊能力。

对自己的能力有一个正确客观的自我认知和评价，使各种能力在活动中有效地结合，那么个体将会最大限度地实现自己的人生理想，创造更多的社会价值。

二、职业压力的表现

职业压力(occupational stress)是指当职业要求迫使个体做出偏离常态机能的改变时所引起的压力。

引起职业压力的因素主要有：过高的抱负水平，长期高强度的工作，身体与心理的严重透支，持续的紧张状态，没有归属感，与上司、同事、下属人际关系紧张，事业与家庭不能兼顾的心理冲突，担心失业及裁员、重组等组织变革，对职业前景的忧虑等。

职业压力可分为急性职业压力和慢性职业压力。前者是突发性的职场事件或政策变化所造成的，后者则与长期累积的职场人、事、物所导致的个人工作经历耗损有关。职业压力对个体造成的影响可以表现在生理上、心理上和行为上。

1.生理上，职业压力会引起胃肠道失调、呼吸系统问题、头痛、肩颈问题、皮肤机能失调、心血管疾病，过大的职业压力，还可能引起冠心病、癌症、过劳死等。

2.心理上，职业压力会表现为焦虑、厌倦、疲惫、沮丧、不满、压抑、自我疏忽、注意力无法集中、不良情感等。当处在高强高压的环境下，还可能出现职业性精神疾病，常见的有睡眠或饮食障碍、焦虑症（如恐慌症、强迫症等）、抑郁症、适应障碍症、躯体化疾病等。

3.行为上，职业压力常常会通过一些反常的方式表现出来。如烟酒成瘾、频繁就诊、滥用药物、暴饮暴食或者厌食、无故攻击他人（言语和行为）、故意破坏他人或公共财物、偷窃、人际关系紧张、自杀或企图自杀等。

经受高度职业压力的人可能会单独或者同时出现以上的一些反应，这些比较突出的反应会给个体的生活带来或多或少的负面影响。即使一个人拥有再多的精力，如果不懂得为自己减压，就意味着其未来的职业生涯乃至生活之路将会异常坎坷。所以，及时的合理的职场减压就显得相当重要。

三、职业压力的心理调适

压力就像一根小提琴弦，没有压力，就不会产生音乐。但是如果琴弦绷得太紧，就会断掉。所以，人们需要将压力控制在适当的水平，使压力的程度能够与生活协调。

会造成职业压力的原因有很多，比如高度集权化的部门组织，严重空气污染的工作环境，高竞争、不断冲突的人际关系，有时间限制的工作要求，责任负荷过重的角色特征，对自身条件的不自信等，都是潜在的压力来源。在这些职业压力的诱因当中，有一部分是工作性质本身造成的，这是很难避免的。但是，工作环境当中的一些恶劣条件是可以通过人们努力去改善的。也就是说，职业压力是可以通过管理或者控制加以消除的，个人在工作中也可以运用一些策略对自己进行心理调适。

1.正确认识自我，调整工作期望值

心理学家多德拉认为："如果一个环境给你带来了不良症状和障碍，那么你在这个环境中就会遇到许多心理上的冲突。要解决这些症状和障碍就得去认识你身上存在的冲突。"换句话说，就是要先认清自己，然后根据主客观因素调整自己的期望。最重要的是你如何看待你自己。

假如你是一个追求完美的人，总是希望自己的工作做得十全十美，而事实上，主客观因素又总是制约着工作的结果，那么你就要正视现实，调整自己的工作期望值，修正完美主义观。为此，应客观评价自我，正确定位，为自己设定的目标要与个人学识、能力、精力相吻合。过高的目标只能使人徒增压力感、挫折感。

图 5-1　是狮子还是猫？

除了认清自己，找准自己的位置，还要学会把注意力放在自己做得好的一面，停止批评自己。学会欣赏自己的优点，做积极正面的自我评价。珍惜自己所拥有的，停止和别人做比较。

2.勇于改变自我，适应工作新挑战

(1)努力提高职业能力

具体来说，职场竞争就是个人能力的竞争。压力是在个人能力不能成功应对工作需求时产生的一种威胁。所以，不断地吸收新知识新信息、与时俱进，才能使自己应对自如。

(2)改变认知

用积极的认知和乐观的态度看待事物、分析情境，既要看到有利的一面，也要看到不利的一面。比如，工作难度大，使人感到紧张和压力，但它更能激发个人充分发挥潜能，更能体现自身的价值，是不断自我成长、不断开拓新领域的动力。否则，就只能看到“苦”“累”“难”，而产生厌倦、惧怕、焦虑的负性情绪。

(3)改变个人行为特征

比如，A型性格特征者是天生的“着急分子”，生性缺乏耐心，总想同时做几件事情，较少放松自己，因此A型性格的人要注意尝试新的行为方式，让自己生活得更轻松一些。

(4)适当地运用心理防御机制

比如“合理化”“转移”“升华”等。例如，遇到奖金分配中的不合理，当事人可以持淡泊名利的态度，悟透生活的真谛在于追求一份心灵的宁静与开心的道理，从而求得心理的平衡。

3.当干不下去时果断离开，做自己真正喜欢的工作

一个人若从事的是自己喜欢的工作，必然兴趣盎然，乐在其中，心甘情愿全身心投入，很少会因为加班而感到厌烦。他们视工作压力为挑战和刺激，充满工作的欲望，始终保持旺盛的精力和最佳的状态。

然而当一个人不喜欢甚至是讨厌自己的工作的时候，会出现态度消极、在工作上不作为、不能处理好工作中的人际关系等现象，这不仅给单位造成不好的影响，也会严重影响到自己的心理健康。

当你也被压力压得喘不过气来，当你已经无法改变现在的处境，就不要再空耗下去，果断离开是最明智的选择。

4.主动释放压力

感到压力太大，就应该主动寻找适合的途径释放。

(1)保持与朋友的经常性联系和交往。心理学研究表明，“社会支持水平会直接影

响个体的心理健康水平。社会支持水平越高，心理健康水平越高，主观幸福度越高，心理症状越少。”当受到压力威胁时，与朋友探讨压力情境，能得到认真负责的建议和真心的理解、帮助。因此，在工作单位内外拥有能够推心置腹、坦诚相待的挚友，是应付职业压力的一个有效手段。

(2)暂时“逃离”压力环境。离开使你感到压力的是非之地，到走廊、楼道或者户外去，换个环境呼吸一下新鲜空气，整理一下自己的思路。

(3)写作减压。把自己对生理、心理上的压力体验当成写作内容，持续一段时间，会让自己发现问题，变得心态积极。

(4)培养兴趣。增加自己的兴趣爱好，也是把注意力从压力当中拉出来的有效方法。做自己喜欢的能够感到放松的事情，比如唱歌、跳舞、画画等。

(5)运动减压。积极参加体育活动不仅可以增强体质，还可让身体产生内啡肽效应，愉悦神经、消除压力，让人充满活力、精力充沛、状态良好。尤其是对办公室“白领”一族，锻炼健身无疑是释放工作压力的一种有效途径。

(6)做一些工作之外的带有创造性的活动或自己感兴趣的事。如栽花、养鱼、唱卡拉 OK、跳舞或到大自然中去登山、垂钓、郊游、风浴、雨浴、日光浴等，对调节来自工作的紧张情绪、放松身心均有实实在在的作用。

5.音乐治疗法

利用音乐来减压，是有效且便捷的方式。

忧郁时：莫扎特的《b 小调第四十交响曲》、李斯特的《匈牙利狂想曲》。

急躁和渴望时：海顿的《皇家焰火音乐》、罗西尼的《威廉·退尔》。

希望明朗轻快时：巴赫的《A 大调意大利协奏曲》、施特劳斯的《蓝色的多瑙河》。

情绪极度恶劣时：《蓝色多瑙河》。

失眠时：《春江花月夜》、《平沙落雁》、《花之圆舞曲》，海顿的《小夜曲》等。

焦虑时：《塞上曲》、韩德尔的组曲《焰火音乐》、圣桑的《天鹅》等 。

消除疲劳：《一个梦》、《夏日圣地》、《抚摸》、《蓝色的爱》、《献给爱丽丝》等。

6.饮食保健法

(1)有医学研究表明，少吃盐就能使你的压力激素水平下降 30%，换句话说也就是，少吃盐能缓解从肾上腺分泌出的大部分压力。

(2)每天补充各类新鲜的谷物和豆类，可以减少你一天中的压力。

(3)在两周内，每天补充 1000 毫克的维生素 C、维生素 B_6 和其他多种矿物质，可以帮助我们减少 55%的压力。

测一测

表 5-1　心理压力量表(PSTR)

仔细考虑下列每个项目,看它究竟有多少适合你,然后将你对每一个项目的评分累加起来,然后参照表 5-2,即可判断自己的心理压力程度。

项目	频率				
	从未—0	很少—1	有时—2	经常—3	总是—4
1.我受背痛之苦					
2.我的睡眠不定,且睡不安稳					
3.我有头痛					
4.我颚部疼痛					
5.若须等候,我会不安					
6.我感到后颈疼痛					
7.我比少数人更神经紧张					
8.我很难入睡					
9.我感到脖子痛					
10.我的胃有病					
11.我对自己没有信心					
12.我对自己说话					
13.我忧虑财务问题					
14.与人见面时,我会窘迫					
15.我怕发生可怕的事					
16.白天我觉得累					
17.下午我感到喉咙痛,但并非忧郁得上感冒					
18.我心情不安,无法静坐					
19.我感到非常口干					
20.我心脏有病					
21.我觉得自己不是很有用					
22.我吸烟					
23.我独自不舒服					

续表

项目	频率				
	从未一0	很少一1	有时一2	经常一3	总是一4
24.我觉得不快乐					
25.我流汗					
26.我喝酒					
27.我很自觉					
28.我觉得自己像四分五裂似的					
29.我的眼睛又酸又累					
30.我的腿或脚抽筋					
31.我的心跳过速					
32.我怕结识人					
33.我手脚冰凉					
34.我患便秘					
35.我未经医师指示使用各种药物					
36.我发现自己很容易哭					
37.我消化不良					
38.我咬指甲					
39.我耳中有嗡嗡声					
40.我小便频繁					
41.我有胃溃疡					
42.我有皮肤方面的病					
43.我的喉咙很紧					
44.我有十二指肠溃疡病					
45.我担心我的工作					
46.我口腔溃烂					
47.我为琐事忧虑					
48.我呼吸浅促					
49.我觉得胸部紧迫					
50.我发现很难做决定					

表 5-2　心理压力量表说明

分数	PSTR 压力程度分析
98 (93 或以上)	这个分数表示你确实正以极度的压力反应伤害你自己的健康。你需要专业心理治疗师给予一些忠告，他可以帮助消减你对压力的知觉，并帮助你改良生活的品质
87 (82～92)	这个分数表示你正经历太多的压力，它正在损害你的健康，并令你的人际关系出现问题。你的行为会伤害自己，也可能会影响其他人。因此，对你来说，学习如何减除自己的压力反应是非常重要的。你可能要花很多的时间做练习，学习控制压力，也可以寻求专业的帮助
76 (71～81)	这个分数显示你的压力程度中等，可能正开始对健康不利。你可以仔细反省自己对压力如何做出反应，并学习在压力出现时，控制自己肌肉紧张，以消除生理激活反应。好老师会对你有帮助，要不然就选用适合的肌肉松弛录音带
65 (60～70)	这个分数指出你的生活中的兴奋与压力量也许是相当适中的。偶尔会有一段时间压力太多，但你也许有能力去享受压力，并且很快地回到平静状态，因此对你的健康并不会造成威胁。做一些松弛的练习仍是有益的
54 (49～59)	这个分数表示你能够控制你自己的压力反应，你是一个相当放松的人。也许你对于所遇到的各种压力，并没有将它们解释为威胁，所以你很容易与人相处，可以毫无惧怕地担任工作，也没有失去自信
43 (38～48)	这个分数表示你对所遭遇的压力很不以为然，甚至是不当一回事，好像并没有发生过一样。这对你的健康不会有什么负面的影响，但你的生活缺乏适度的兴奋，因此趣味也就有限
32 (27～37)	这个分数表示你的生活可能是相当沉闷的，即使刺激或有趣的事情发生了，你也很少做出反应。你可能要参与更多的社会活动或娱乐活动，以增加你的压力激活反应
21 (16～26)	如果你的分数只落在这个范围内，也许意味着你在生活中所经历的压力经验不够，或是你并没有正确地分析自己。你最好更主动些，在工作、社交、娱乐等活动上多寻求些刺激。做松弛练习对你没有什么用，但做一些辅导也许会有帮助

复习巩固

1.怎样做出合适的职业选择？

2.职业压力有哪些表现？

3.怎样降低职业压力？

第二节　职业倦怠与工作成瘾综合征

一、职业倦怠定义

职业倦怠(job burnout)是弗洛登伯格(Freudenberger)于1974年首次提出的，是指个体在工作重压下，对工作内容或环境失去兴趣、激情，而产生的身心疲惫与能量耗尽的感觉，这与肉体的劳累而产生的疲倦感是不同的。

职业倦怠一般包含以下三个特点，也就是说，如果个体具有这三个主要的特征，便说明其正处于职业倦怠之中。

情感衰竭：被定义为职业倦怠的核心维度，指个体情绪上及生理上的枯竭和疲惫，失去热忱而情绪极度低落的状态。也就是说，不论原先抱有多大的热忱和理想，职业倦怠的人通常都会没有活力，逃避工作，害怕面对上班的时间。

去人格化：指个体刻意在自身与工作对象间保持距离，对工作敷衍了事，对工作对象和环境采取冷漠、忽视的态度。职业倦怠的人，通常会以去人格化来处理自己的情绪，包括对自己和他人持负性看法，喜欢批评、冷嘲热讽，个人发展停滞，行为怪癖等。而工作环境中的其他人在互动中，容易受到职业倦怠者的感染，性格上产生去人格化的变化，使得职业倦怠的危害在工作环境中扩大化。

低个人成就感：指个体倾向于消极地评价自己，并伴随成就体验的下降，认为工作不仅不能发挥自身才能，而且是枯燥无味的烦琐的事情。当一个人感到有太多的障碍阻挡在他的目标前，认为狂热的投入跟什么也不做之间没有差别，从而不再抱有理想，并赞许自己降低投入的精力，保持较低的生产量。

职业倦怠容易在工作时间已经较长的环境里发生，有时也会在新的工作环境里出现。产生的原因主要有两个方面：一是个人因素，包括过于理想化的期望、过强的个人责任感、完美主义、性格与工作不符合、个人能力不足等；二是职场因素，包括缺乏奖励、考核制度不合理、缺乏明确的职责划分、角色冲突、上级领导情绪化、晋升无望、工作前景不好、工作负荷过重等。

在弗洛登伯格提出职业倦怠的概念后，很多学者从不同的角度对职业倦怠进行了描述和解释，并提出了不同的理论模型，其中三种得到了普遍认可。

(一)资源保存理论(conservation of resources theory，COR)

哈勃佛(Hobfoll)于1989年提出资源保存理论，该理论认为个体具有努力保护和获取资源的倾向，这些资源包括物品、地位、能量等，资源的流失会使人产生不安。当工作所需的资源消耗率大于补充率的时候，就会产生职业倦怠。李（Lee）和阿西佛斯（Ashforth）于1996年进一步指出，职业倦怠的影响因素可以分成需求和资源两大类，与需求相关的因素是造成情感衰竭和去人格化的主要原因，而与资源相关的因素可以用来支持个人，减缓个人成就感降低。

（二）工作要求—资源模型（job demand-resources，JD-R）

工作要求—资源模型是德米路堤（Demerouti）于2001年正式提出的，其理论基础是资源保存理论。该模型主要假设职业倦怠是由于工作要求和工作资源不平衡造成的，而且许多工作资源可以补偿工作要求过高对工作倦怠的影响。有研究结果支持了这一理论模型，工作要求和工作资源的平衡会提升员工的身体健康水平，并使其工作效率得以维持（Bakkeret，2003）。

（三）付出—回报失衡模型（effort-reward imbalance model，REI）

斯格里斯特（Siegrist）提出的付出—回报失衡模型是从职业健康角度为出发点的一个理论模型。该理论以付出与回报作为重要参数，强调工作所需要的付出与回报之间不平衡会带来身心衰竭。基于互惠的原则，个体付出努力，就期望获得回报，付出包括对员工的要求或者职责等，回报包括金钱、尊重和晋升机会等。当付出过高，而回报过低时，个体被认为处于紧张状态；反之，低付出高回报状态，则没有工作紧张的发生。当出现高付出、低回报，互惠的通路就被打断，个体自尊就会受到威胁，进而产生消极情绪，出现倦怠，更会影响到人体健康。

二、职业倦怠的表现

面对职业倦怠，我们首先可以从具体症状上判断它。经受着职业倦怠的职员一般表现出四个方面的症状：身体方面的、心理（情绪）方面的、人际方面的、工作方面的。每一方面所描述的症状都不是孤立的，而是与其他方面紧密结合、相互关联的，来看看具体的内容：

1.身体方面的表现

职业倦怠常常表现出身体慢性衰竭，包括头昏眼花、头痛、睡眠紊乱（失眠或睡眠过度）、肌肉疼痛和僵直、恶心、过敏、呼吸困难、反复得流感、消化不良、厌食、暴饮暴食、溃疡、高血压等，其中呼吸系统的疾病和头痛会持续较长时间。

2.心理（情绪）方面的表现

职业倦怠者，通常有巨大的压力感，容易产生挫折、愤怒、紧张、焦虑、神经质、恐惧、压抑、注意力难以集中、拖延、逃避、对抗、偏执、猜疑等。

大部分职业倦怠的人，在最初是不愿意承认职业倦怠的存在的，他们往往会把问题归结为“由于能力不足而导致无法改变现状”。所以常常还会伴随个人成就感降低、自责、丧失自尊心、自卑、沮丧、缺乏创造力和活力等现象。

3.人际方面的表现

出现职业倦怠后，人们在情感上对同事和工作对象疏远和冷漠，感到同事之间有太多的竞争、太多的矛盾，客户不好合作、故意刁难等。这样一来就会不愿意与同事和客户交往，把自己封闭起来，严重阻碍了人际关系的良好发展。

4.工作方面的表现

职业倦怠者丧失了工作热情和兴趣，做事敷衍，不愿承担责任，职业道德感下降。工作时没有耐心，抱怨多，对自己工作评价和工作满意度都比较低，常常迟到早退，甚至开始计划跳槽。

职业倦怠的负面影响比较多，对于个人而言，可能会降低上进的动力、影响人际关系和业绩考核，导致一些身心疾病的出现。对于组织而言，则会导致团队士气低落、互相传染消极的情绪、降低总体工作效率和削弱工作质量。

三、职业倦怠的心理调适

（一）针对情感衰竭的调适方法

1.积极的自我认识

客观评价自身价值，了解自己的优势和缺点，自检有无职业倦怠的迹象，有无做好积极的准备等。做好这一步，才能有针对地对自己进行心理调适，并尽量与周围环境保持积极的平衡，成为自身行动的主人。因此，只有从自我的阴影中摆脱出来，正确而积极地认识自己及周围环境，才能不断接受变化的刺激，主动地迎接生活的挑战，走出职业倦怠。

2.正视职业倦怠

当职业倦怠表现出来的时候，要对它有明确的认识，持接受的态度。意识到在压力和职业倦怠之下做出的反应，并不是个人能力差的表现，而是人人都可能出现的状况，是正常的心理现象。正视职业倦怠，不要过于责备自己，不要轻视自己，化消极回避为积极主动，唯有解决实际困难，才能规避负面影响。

（二）针对去人格化的调适方法

1.适当改变自己以适应环境

从自己身上找原因，寻求改变，来适应现实环境。比如，这个月的业绩没有完成，可以加加班，努力向目标靠近。改变不难，只要用心地工作，不懈怠，不把负面的情绪带进工作里来，就会大大降低职业倦怠。

2.加强沟通，及时倾诉

当需要一些实际帮助的时候，不妨求助于领导和同事；当感受到压力而产生职业倦怠的时候，不妨与家人和朋友一起讨论目前的状态，把自己心里的症结说出来，寻求中肯的建议和解决方法。此外，及时地倾吐消极的情绪，对舒缓紧张和压抑的情绪是很有必要的。

3.锻炼和放松

进行适度的、有节奏的锻炼，能够缓解职业倦怠，换来舒畅而平稳的心情。注意劳逸结合，保持足够的睡眠，将闲暇和各种娱乐活动作为工作的必要补充。适时、适当的休假，让身心恢复，也可借此机会思考，然后再重新出发。如果短期之内没有休假的机会，尝试一些放松方法，如游泳、做操、散步、洗热水澡、听音乐等也十分有效。长此以往，能够有效地降低职业倦怠感。

（三）针对低个人成就感的调适方法

1.心理暗示策略

暗示对人的心理和行为产生着很大的影响，这种心理影响表现在使人接受一定的意见、信念，并按一定的方式行动。积极的暗示可帮助自己稳定情绪、树立信心，每个人可以把自我暗示作为提高自己应付职业倦怠的策略。当面对倦怠情绪时，不要退缩、自怨自艾，而是要反复暗示自己“我一定能把这件事做好”，“工作着就是快乐的”，“与其痛苦地做，不如快乐地做”，“苦乐全在主观的心，不在客观的事”，“太阳每天都是新的，即使是阴天也是别样的美好”，“积极的生活态度比生活本身更重要”。当自己有进步时，要为自己喝彩：“我做得真不错，明天继续努力！”。

在这样的言语反复的自我暗示下，个体就会渐渐由急躁、泄气变得情绪稳定、有条不紊、信心十足。

2.挖掘工作中有意义的方面

如果能在重复、枯燥的工作中投入更多的时间和精力，挖掘“创新”的可能性，通常会让人觉得斗志昂扬、精力充沛，而不会感到辛苦和倦怠。比如，当大家都在周而复始地走流程时，你就可以想想有没有方法可以保证同样的质量但是更有效率，如果你的想法被采用，就会提高成就感和自信心。

3.适时进修，加强实力

职业倦怠很多情况下是一种“能力恐慌”，这种情况下就必须不断地为自己充电加油，以适应新的环境和迎接新的挑战。

测一测

测试你的职业倦怠

MBI-GS(Maslach burnout inventory-general survey)是职业倦怠方面最权威、最常用的量表,该量表在国内具有较好的信度和效度。

表 5-3 职业倦怠量表(MBI-GS)

请您根据自己的感受和体会,判断它们在您所在的单位或者您身上发生的频率,并在合适的数字上打√								
项目		从不	极少一年几次或更少	偶尔一个月一次或者更少	经常一个月几次	频繁每星期一次	非常频繁一星期几次	每天
情绪衰竭		(该维度的得分=所有题目的得分相加/5)						
1	工作让我感觉身心俱疲	0	1	2	3	4	5	6
2	下班的时候我感觉精疲力竭	0	1	2	3	4	5	6
3	早晨起床不得不去面对一天的工作时,我感觉非常累	0	1	2	3	4	5	6
4	整天工作对我来说确实压力很大	0	1	2	3	4	5	6
5	工作让我有快要崩溃的感觉	0	1	2	3	4	5	6
工作态度		(该维度的得分=所有题目的得分相加/4)						
1	自从开始干这份工作,我对工作越来越不感兴趣	0	1	2	3	4	5	6
2	我对工作不像以前那样热心了	0	1	2	3	4	5	6
3	我怀疑自己所做工作的意义	0	1	2	3	4	5	6
4	我对自己所做工作是否有贡献越来越不关心	0	1	2	3	4	5	6
成就感		(该维度的得分=反向计分后,所有题目的得分相加/6)						
1	我能有效地解决工作中出现的问题(反向计分)	0	1	2	3	4	5	6
2	我觉得我在为公司做有用的贡献(反向计分)	0	1	2	3	4	5	6
3	在我看来,我擅长于自己的工作(反向计分)	0	1	2	3	4	5	6
4	当完成工作上的一些事情时,我感到非常高兴(反向计分)	0	1	2	3	4	5	6
5	我完成了很多有价值的工作(反向计分)	0	1	2	3	4	5	6
6	我自信自己能有效地完成各项工作(反向计分)	0	1	2	3	4	5	6

备注:得分在30分以下,工作状态良好;得分在30～45分,存在一定程度的职业倦怠,需进行自我心理调节;得分在45～60分,建议休假,离开工作岗位一段时间进行调节;得分75分以上,建议咨询心理医生或辞职,不工作,或换个工作也许更合适。

四、工作成瘾综合征的表现及调适

(一)定义

工作成瘾综合征,学名叫病理性强迫工作,就是日常所说的“工作狂”(workaholic),目前已经把它作为一种正式界定的疾病纳入到诊断体系当中。其最核心的特征是患者明确知道自己的行为有害却无法自控以及他的行为已经严重损害自己的社会功能。

工作成瘾的机制与毒瘾相似。人体内有一个“奖励系统”,其物质基础为“脑啡肽”,又被称为“脑内吗啡”,是一种神经递质,能在短时间内令人高度兴奋。毒品就是通过这个系统提高人体“脑啡肽”的分泌,破坏人体平衡系统。而工作狂也是通过消耗“脑啡肽”,扰乱平衡系统,造成自身不断寻找方法来提高体内的“脑啡肽”含量,以致成瘾,形成迷恋工作的现象。

专家们的另一新发现是:工作狂的形成还可能与其童年时代接受的教育息息相关。实际上在工作狂中,八九成的人在孩提时代受到来自望子成龙的父母亲过分严厉的教育。在这样的家庭里,家长对孩子的期望值往往过高甚至高得“离谱”,一旦孩子稍有闪失便会遭到批评乃至重罚。长此以往,孩子心理上可能出现障碍,长大后极可能成为工作狂。

工作狂与对工作有热情者有本质区别——前者往往并不特别热爱自己的工作,很难从工作中得到快乐,他们享受的是加班加点的过程,拼命地工作以求某种心理解脱,他们在工作中可能常常强迫自己做到完美,一旦出现问题或差错便焦虑万分、羞愧难当,却又拒绝他人的帮助;而后者十分热爱自己的工作,能从工作中获得巨大乐趣,出现失误不会怨天尤人,相反,能够聪明地修正目标或改正错误。努力工作的人是热爱工作的,而工作狂只是依赖于工作,就像是工作的奴隶。努力工作的人会给自己休息时间,但工作狂不会。经有关专家考核显示,尽管前者的工作量要比后者大得多,但工作效率和质量都明显不如后者。

据专家统计,不论在西方还是在东方,工作狂的人数都在不断增加。在各单位的低、中级管理人员中尤为常见。

从以下五个症状可以判断一个人是不是工作成狂:

1.即使在家里或是参加社交活动时,一心想着工作;

2.不愿向其他人授权,很少接受别人的合作,因为他们需要一种控制感;

3.永远都把工作排在家庭与私人生活的前面,忽视生活的其他方面;

4.将生活的其他方面融入工作,休闲与工作没有界线。工作狂可能会把与朋友的私人关系转变为业务合作伙伴关系,甚至让自己的家人担任秘书等;

5."偷偷摸摸"地工作。在面对自己的工作瘾时,工作狂常常试图隐藏它,不想让别人知道。如果发现自己需要为工作而向他人撒谎时,就说明有问题了。

(二)表现

1.自我中心。自我中心是工作成瘾综合征关键的特征,因为解决问题控制了生活的所有其他方面,而解决问题是通过在工作中失去自我来实现的。于是,工作狂的生活变成了"为了工作而工作"的自我沉溺。

2.完美主义。这些上瘾的人为沉迷于达到的完美状态而奋斗。他们的眼里,错误是不能发生的,因为它与完美相抵触。这种人往往也不太容易相信别人,无论大小事都要自己一个人来完成,必然导致超时工作。所以,这些人永远都不能够放假,因为他一直会担心这项工作如果没有他会发展不好。

3.以不停地工作求得认同。工作成瘾的人都很想证明自己的能力才干,想满足自己对于荣誉、成就感的需求,强烈渴望自己被认同。

4.过分强调工作而忽略了其他。他们把生命的价值完全寄托在工作上,把工作的成就当成他们生命的支持点,很大程度上忽略了其他事物,包括个人生活。

5.对于不可控因素过度反应。工作上瘾的人经常会对无法控制的变化产生过度的反应。他们需要控制结果,对不可测或者模棱两可的状况感觉不舒服。他们通过过度计划工作及过度组织,试图消灭不可预测及可变的因素。

6.害怕失败。害怕失败比成功的欲望更能够驱动工作狂。

7.逃避生活的烦恼。工作狂并不是从小就喜欢工作,而是因为心理出现了问题。在生活中有某种苦恼、不满或自卑,为了逃避或者忘却这些令人伤神的事,从而疯狂地投入工作,好像只有在忘我工作时才能体会到自信和快感。刚刚失恋的人也很容易成为这样的工作狂。

8.没有营造起真正属于自己的生活。工作狂往往因为客观原因两地分居,家人不在身边,或者缺少与工作彻底无关只为愉悦身心的兴趣爱好,生活单调乏味,只有同事没有朋友,不得不从工作中寻找乐趣。

(三)自我调适

1.强迫自己减少工作量

当发现自己出现工作狂的某些典型症候时,要有意识地减轻工作压力、强迫自己减少工作量。具体做法是:列一份工作日程表,将自己现有的工作一一写明,然后考虑哪些可以放弃或者暂时停止，哪些可以交给他人或者与他人合作完成，最后得到一份新的工作日程。

2.享受生活的乐趣

培养一些与工作不搭界的业余爱好，丰富业余生活。工作狂应当学会如何享受“偷懒”所带来的乐趣。刚开始的时候要留意一下身边所发生的事情，例如如何使一个孩子在起步阶段提高素质，太阳是怎样越过地平线落下山头的等。看电视的时候应有意识地让自己什么也不干，学会忽视一些事情的方法。

3.忘记最喜欢的习语

例如“我之所以不停地做事，全是为了孩子、妻子以及父母生活得更好”等。在工作之前，不妨先想想工作是为了满足生活乐趣，或者因为长时间工作会使家庭关系破裂等导致的生活不幸，然后问问自己哪一种选择值得自己付出。

4.每天给自己半个小时

每天给自己半个小时作为一个小假期，在这半个小时里做简单的运动，或者只是深呼吸，一定不能因为工作的繁忙而忽略。睡前泡个澡，在水里滴一点柠檬或者薄荷可以缓解疲惫，不要把工作带到床上。

生活中的心理学

你是“睡眠骆驼”吗?

“睡眠骆驼”是指身在职场上的男女拼命工作，就算熬夜加班也在所不辞，或者是沉迷于城市丰富多彩的夜生活中无法自拔。他们在长期熬夜的同时，又利用节假日等休息时间“集中补觉”，故此现象被称为“睡眠骆驼”。

睡眠骆驼大都是城市白领阶层。他们的生活状态远非人们看到的那样美丽轻松。如果必须用两个词来描述他们的生活状态的话，没有比“紧张”和“压力”更确切的了。他们尽管工作到很晚，甚至凌晨三四点才开始睡觉，但早上九点钟照样得打扮整齐、精神抖擞地准时上班。他们常常连续工作、连续睡觉，像骆驼一样吃喝一次就熬几天。一到周末，这些睡眠骆驼坚决拔掉电话线，关掉手机，并进行连续 20 个小时以上的深度睡眠。一方面弥补本周的睡眠，另一方面也为下周“上夜班”做好精力上的准备。

对于经常失眠或睡眠不足的人来说，周末补觉的确可以起到一定的效果。但是，睡眠必须合乎生理规律，类似这样补偿睡眠的做法会造成睡眠节律的紊乱，长此以往，将会造成慢性失眠，对身体造成严重损害。

根据日本和英国专家的研究发现，过长的工作时间和睡眠不足有可能引起血压升高，心跳加快，并进一步诱发心脏病。这项研究的结论说：每周工作超过60小时的人患心脏病的概率比工作40小时以下的人高出两倍；一周内就算只有两夜平均睡眠五小时或以下的人就有可能有双倍甚至三倍患心脏病的概率。

所以，对于“睡眠骆驼”而言，一方面，平时睡眠不足会导致人体的免疫能力的下降，这样不仅不能提高工作效率，更容易导致感冒、抑郁症、糖尿病、肥胖等疾病的发生，严重者甚至有可能导致死亡。

俗话说，身体是革命的本钱，年轻的时候为理想而拼搏无可厚非，但千万不要用透支健康的代价来换明天。众多的“睡眠骆驼”们出于各种各样的原因或许暂时不可能改变这种生活状态，也做不到每天睡足8小时，那么，我们也建议每只“睡眠骆驼”都能找到适合自己生活状态的作息规律，能在有限的时间里提高自己的睡眠质量，生活得更好。

复习巩固

1.什么是职业倦怠？

2.职业倦怠的表现有哪些？

3.出现职业倦怠怎么办？

4.什么是工作成瘾综合征？

5.工作成瘾综合征的表现有哪些？

6.成了工作狂怎么办？

第三节　职业效能感

一、职业效能感定义

所谓自我效能(self-efficacy),是指个体对自我组织和实施达成特定目标所需能力的信心,它建立在个体对其行为能力的认知评估基础上,并影响个体目标的确立、行为的选择和坚持。职业自我效能(以下简称"职业效能感")是自我效能理论在职业领域中的具体应用,是个体对自身能否胜任职业的能力的信心。职业自我效能感已被证明是预测绩效的最佳指标之一。

职业效能感主要包括两个方面的内容:一是与职业内容有关的自我效能感,即个体对自身完成某一职业所规定的有关内容的能力的信心,如该职业所需教育程度,某种具体职业任务等;二是有关职业行为过程的自我效能感,即个体对自身完成有关职业行为过程,实现行为目标能力的信心等。

职业效能感主要有以下四个作用:

1.决定个体对活动的选择

职业效能水平高的人更倾向于选择富有挑战性的任务,从而使自己的潜能得到开发;相反,职业效能感低的人则更倾向于选择挑战性比较低的任务。

2.决定个体对活动的坚持程度

职业效能感水平高的人更能够勇于面对困难,具有非常强烈的自信心,相信通过自己的努力能够克服困难。比较而言,职业效能感低的人对困难常采取逃避的态度,缺乏自信,不愿尝试和坚持。

3.决定新行为的习得和已习得行为的表现

职业效能水平高的人在进行新的学习时,确信自己能很好地掌握有关知识和技能,把注意力放在应该集中的地方,并能自信地表现新习得的行为。而职业效能水平低的人在进行新的学习时,对自己能否很好掌握和运用有关知识和技能持怀疑态度,因此,不能集中注意力,不利于取得最佳的学习效果。

4.决定活动时的情绪

职业效能水平高的人充满自信,以饱满的热情投入到工作中,因而工作效率高。而职业效能感水平低的人在工作中遇到困难,便会认为自己解决不了,因此对工作产生恐惧以及焦虑,影响工作效率。

表 5-4 高自我效能感与低自我效能感对比

低自我效能感	高自我效能感
逃避、退缩	积极主动、期望值高
显示失败	注重成绩
情绪化处理问题	遇事沉着冷静
面对压力束手无策	喜欢挑战、变通
恐慌、羞涩、惧怕——需要时其智力和技能难以发挥	控制自暴自弃的想法——需要时能发挥智力和技能

二、职业效能感的影响因素

职业效能感的形成与发展是个体在综合自身和外部世界的各种信息，不断对自身职业能力进行评估和再评估的基础上做出职业效能判断的过程，影响职业效能感的形成与发展的主要信息来源以及个人内在因素主要有以下几个方面：

1.与职业活动有关的成败经验

个体亲身经历的、与职业活动有关的成败经验是其职业能力和技能的基础，也是最具有影响力的职业效能信息源。个体在与职业有关的活动中的成功经验会提高其职业自我效能感；反之，失败的经验，尤其是与该职业有关的活动中连续多次的失败经验往往会导致职业自我效能感的降低。

2.他人的替代性经验

他人的间接经验也会影响个体职业自我效能感的形成与发展。有研究发现，看到与自己相似的人在某项职业活动上的成功，能提高个体对该项职业活动的自我效能感；同样，如果发现与自己有相似能力的人在某项职业活动中尽管付出了很大的努力却遭遇失败，则会降低其在这方面的职业自我效能感。这种信息源在个体缺乏直接体验的情况下，其影响效果更为显著。

3.言语劝导

这是一种通过他人的言语劝说和自我规劝以影响个体对自己职业能力的评估的信息源。通过说服使个体的职业自我效能感增强到某个程度时，可以促使其付出艰苦的努力去获得成功，从而推进个体职业能力和职业自我效能感的形成和提高。一般而言，切合实际、有事实基础的言语劝导作用更大一些。

4.生理及情绪状态

职业自我效能感还部分依赖于个体当时对自己生理状态方面信息的评价。如果个体将自己在职业活动中所体验到的负面的生理唤醒与失败感、无法胜任感联系起来，其职业自我效能感就会降低。

5.个人的归因方式

自我效能感与归因之间存在互为因果的关系。有较高自我效能感的人倾向于将失败归因于自身的努力不足等内部可控的因素，因此，不会损害自我效能感；而低自我效能水平的人则习惯于将失败归因于个人内部不可控的因素，这样又常会进一步损害职业效能感。

6.目标设置

目标设置是衡量绩效和个人能力水平的标准。设置具有挑战性的目标对于职业效能感的发展非常有利。所谓挑战性的目标，指的是对自身有一定难度，但通过努力是可以达到的目标。设置过高的目标容易导致挫败感从而降低职业效能感，而过低的目标会导致效能感不足。

7.反馈方式

反馈方式特别是上司的反馈对个体职业自我效能感的形成和发展有显著的影响，积极的反馈方式会提高个体的职业自我效能感，而消极的反馈方式则会使职业自我效能感降低。

测一测

指导语：以下10个句子关于平时你对自己的一般看法，请根据你的实际情况（实际感受），在右边合适的□上打"√"。答案没有对错之分，对每一个句子无须多考虑。

表5-5　自我效能感量表(general self-efficacy scale,GSES)

	完全不正确	有点正确	多数正确	完全正确
1.如果我尽力去做的话，我总是能够解决问题的	□	□	□	□
2.即使别人反对我，我仍有办法取得我所要的	□	□	□	□
3.对我来说，坚持理想和达成目标是轻而易举的	□	□	□	□
4.我自信能有效地应付任何突如其来的事情	□	□	□	□
5.以我的才智，我定能应付意料之外的情况	□	□	□	□
6.如果我付出必要的努力，我一定能解决大多数的难题	□	□	□	□
7.我能冷静地面对困难，因为我信赖自己处理问题的能力	□	□	□	□
8.面对一个难题时，我通常能找到几个解决方法	□	□	□	□
9.有麻烦的时候，我通常能想到一些应付的方法	□	□	□	□
10.无论什么事在我身上发生，我都能应付自如	□	□	□	□

【项目及评定标准】

GSES 共 10 个项目，涉及个体遇到挫折或困难时的自信心。具体项目参表 5-5。

GSES 采用李克特 4 点量表形式，各项目均为 1～4 评分。对每个项目，被试根据自己的实际情况回答“完全不正确”“有点正确”“多数正确”或“完全正确”。评分时，“完全不正确”记 1 分，“有点正确”记 2 分，“多数正确”记 3 分，“完全正确”记 4 分。

【评定注意事项】

1.同其他自评量表一样，一定要让被试看明白指导语及有关问题。

2.量表由被试自行填写，可进行个别测试，也可用于团体测试。

3.一般来说，本量表适用于大、中学生群体。

4.必须答齐全部 10 题，否则无效。

【统计指标及结果分析】

GSES 为单维量表，没有分量表，因此只统计总量表分。把所有 10 个项目的得分加起来就是总的得分。分数越高说明自信心越高。

1～10 分，表明你的自信心很低，甚至有点自卑，建议经常鼓励自己，相信自己是行的，正确地对待自己的优点和缺点，学会欣赏自己。10～20 分，表明你的自信心偏低，有时候会感到信心不足，请找出自己的优点，承认它们，欣赏自己。20～30 分说明你的自信心较高。30～40 分表明你的自信心非常高，但要注意正确看待自己的缺点。

三、如何增加职业效能感

针对职业自我效能感形成与发展的过程，可以从以下两个大的方面入手：

（一）增加正面的职业效能信息

在职业效能感的各种信息来源上增加正面的自我效能信息，可以提高个人的职业效能感。主要的途径是：

1.使个体获得更多的成功经验：可以运用培训手段，提高个体实际工作能力，以增加个体工作绩效。

2.树立成功的榜样：让个体认识到自己与特定职业上有着杰出表现的人物所具有的某些特征相似性，能激发其信心和斗志，有助于职业效能感的形成和发展。

3.正面的言语劝导：给予个体正面的言语劝导，尤其是事实基础上的言语劝导，比如上级对下属、同事之间的言语鼓舞，以及个体的自我说服、自我激励都有助于激励其自信心，提高职业效能感。

4.保持良好的生理、情绪状态：通过适宜的工作环境以及降低个体工作紧张度的措施，促进积极的情绪，避免焦虑、疲倦等状态的出现。

(二)改善影响职业效能感的内外部因素

1.培养积极的归因方式:通常对行为结果的归因可从内部与外部,可控与不可控,稳定与不稳定三个维度来衡量,归结为能力、努力、运气和任务的难度四个有代表性的原因(Weiner)。有意识地消除在归因过程中自我轻视的偏见,将自己成功的经验归因于自己的能力和努力,避免将失败经验归结为自己能力的缺陷,这有助于提高其职业效能感。

2.设置合理的目标:目标具有激励作用,清晰、具体且具挑战性的目标有助于提高工作绩效,增加成功经验,从而会进一步提高职业效能感。

3.采取有效的反馈方式:无论使用语言反馈或奖罚反馈还是暗示反馈,都要注意不伤及个体自信心,这样才能调动工作的主动性,有助于获得心理上的满足并避免对自己丧失信心,进而促进个体职业效能感的提高。

4.进行社会补救:可以从改变个体的期望或信念系统入手,采取一定的补救措施,力求消除或者减弱那些存在于社会文化中对个人职业效能感造成负面影响的偏见和陋习。

扩展阅读

国内学者根据《加拿大职业分类词典》,对兴趣与各种职业做了如下分类:

兴趣类型 A:喜欢与事物打交道。愿意同具体事物打交道,而不太喜欢与人交往,默默无闻,埋头苦干。相对应的职业诸如会计、出纳、制图、建筑设计、地质勘探、机械制造、计算机操作等。

兴趣类型 B:喜欢与人接触。愿意同人交往,喜欢结交朋友,对销售、采访、公共关系、采购、传递信息一类活动感兴趣。相对应的职业如推销员、服务员、公关人员、咨询人员、记者、教师、导游、行政管理人员等。

兴趣类型 C:喜欢有规律性的工作。倾向于常规性、有规律、重复、有秩序地进行活动,习惯于在预先安排好的程序下工作。相对应的职业如图书管理员、档案管理员、邮递员、文秘、统计、打字、公务员等。

兴趣类型 D:喜欢从事帮助人的工作。乐于助人,试图改善他人状况,帮助他人排忧解难,愿意从事社会福利和助人工作。相对应的职业如福利工作、慈善事业、咨询员、医生、护士、律师、警察、保险员、科技推广人员等。

兴趣类型 E:喜欢做领导和组织工作。比较热衷于掌管一些事情,希望受人尊敬和获得声望,在活动中也常常起骨干作用。相对应的职业如政治家、企业家、企业管理干部、社会活动家、行政管理人员、学校班主任、辅导员等。

兴趣类型 F:喜欢研究人的行为。对人的行为举止和心理状态感兴趣,研究人的行为、讨论人的问题。相对应的职业如心理学、社会学、人类学、组织行为学、政治学、教育学等方面的研究、调查分析以及教学的工作。

兴趣类型 G:喜欢钻研科学技术。对分析、推理、测试等活动感兴趣,喜欢独立工作，擅长理论分析并解决问题，也喜欢通过试验获得新发现。相对应的职业如气象学、生物学、天文学、物理学、化学、工程学、地质学等研究和实验。

兴趣类型H：喜欢抽象的创造性的工作。喜欢需要想象力和创造力的工作，擅长解决抽象问题，喜欢了解周围的世界，具有探索精神，对自己的学识和才能比较自信。相对应的职业如哲学研究、社会调查、经济分析、数理研究、文学创作、科技发明、新产品的开发等。

兴趣类型I：喜欢操作机械。对运用一定技术去操作各种机械，制造新产品或完成新任务感兴趣，喜欢使用大型的马力强的先进机械。相对应的职业，如机械装卸，机器制造，建筑施工，石油、煤炭的开采，以及各种机器的驾驶员，如飞机、火车、轮船等。

兴趣类型J：喜欢从事具体的工作。愿从事制作有形产品的工作，希望能很快看到自己的劳动成果，并从完成的产品中获得满足。相对应的职业如室内装饰、园林、雕刻家、画家、手工制作、时装设计、摄影师、美容美发、烹饪、机械维修、证券经纪人等。

兴趣类型K：喜欢具有表现性，无规律的但具有挑战性的工作。相对应的职业如演员、特技人、运动员、旅行家、探险家、海员、作曲家、职业军人、警察等。

推荐电影

《Black Swan》(《黑天鹅》)简介

图 5-2 《黑天鹅》海报

娜塔丽·波特曼饰Nina，Nina是一名纽约的芭蕾舞演员。和她的同行一样，Nina这一生中的绝大多数时间和精力都奉献给了芭蕾舞，她的生活只有舞蹈以及野心勃勃的职业目标。她与母亲艾瑞卡居住在一起，艾瑞卡曾经也是一名芭蕾舞演员，她对自己的女儿施行着令人窒息的管教。

随着一场重大演出的日渐临近，Nina被困在了与另一个舞者Lily(米拉·库妮丝饰)的竞争状态中。《天鹅湖》是一部对演员要求极高的芭蕾舞剧，导演Thomas(文森特·卡塞尔饰)要求舞者既要能扮演纯洁、高尚、善良的白天鹅，还要能扮演邪恶、凶残、狡诈的黑天鹅。Nina是完美的白天鹅，而Lily却是黑天鹅的化身，渐渐的，两位舞蹈演员的竞争与对抗进入扭曲的状态，Nina开始鲁莽、不顾一切地探索起自己阴暗的一面，而这种阴暗最终将会毁掉她的生活和才华。

复习巩固

1.什么是职业效能感?
2.职业效能感有哪些表现?
3.职业效能感的作用有哪些?
4.怎样提高职业效能感?

要点小结

1.职业选择:是个体根据自身兴趣、能力以及人格特点等对于自己所从事职业的种类、方向的挑选和确定。

2.帕森斯的人—职匹配理论认为职业与人的匹配分为条件匹配和特长匹配,又称帕森斯的特质因素论,是用于职业选择与职业指导的最经典的理论之一。

3.霍兰德的职业性向理论把人格类型和职业类型分别分为相应的六大类:社会型、企业型、常规型、实际型、调研型、艺术型。

4.舒伯的职业发展理论依照年龄将每个人生阶段与职业发展配合,将生涯发展阶段划分为成长、试探、建立、保持和衰退五个阶段。

5.职业压力(occupational stress)是指当职业要求迫使个体做出偏离常态机能的改变时所引起的压力。

6.职业倦怠(job burnout)是指个体在工作重压下,对工作内容或环境失去兴趣、激情,而产生的身心疲劳与能量耗尽的感觉,这与肉体的劳累而产生的疲倦感是不同的。

7.职业倦怠的主要特征:情感衰竭、去人格化、低个人成就感。

8.资源保存理论(conservation of resources theory,COR)认为个体具有努力保护和获取资源的倾向,这些资源包括物品、地位、能量等,资源的流失会使人产生不安。当工作所需的资源消耗率大于补充率的时候,就会产生职业倦怠。

9.工作要求—资源模型(job demand-resources,JD-R)假设职业倦怠是由于工作要求和工作资源不平衡造成的,而且许多工作资源可以补偿工作要求过高对工作倦怠的影响。

10.付出—回报失衡模型(effort-reward imbalance model,REI)以付出与回报作为重要参数,强调工作所需要的付出与回报之间不平衡会带来重度衰竭。

11.工作成瘾综合征(SBTHK),就是日常所说的“工作狂”(workaholic),目前已经把它作为一种正式界定的疾病纳入到诊断体系当中去。其最核心的特征是患者明确知道自己的行为有害却无法自控以及他的行为已经严重损害自己的社会功能,而不是时间之类的标准。

12.职业效能感是自我效能理论在职业领域中的具体应用，是个体对自身能否胜任职业能力的信心。

关键术语

职业选择	帕森斯	人—职匹配理论
	霍兰德	职业性向理论
	舒伯	职业发展理论
职业压力		
职业倦怠	情感衰竭	去人格化　低个人成就感
	哈勃佛	资源保存理论
	德米路堤	工作要求—资源模型
	斯格里斯特	付出—回报失衡模型
工作成瘾综合征		
职业效能感		

复习题

1.(　　)是指个体积极地认识、掌握某种事物，并主动参与到这种活动当中的心理倾向。

A.兴趣　　B.能力　　C.人格　　D.性格

2.《加拿大职业分类词典》，对兴趣与各种职业做了(　　)种分类。

A.10　　B.11　　C.12　　D.13

3.《加拿大职业分类词典》中，与记者、导游相对应的兴趣类型是(　　)。

A.喜欢与事物打交道　　B.喜欢有规律性的工作

C.喜欢与人接触　　D.喜欢从事具体的工作

4.下列不属于职业倦怠的特点的是(　　)。

A.情感衰竭　　B.去人格化　　C.低个人成就感　　D.参加进修培训

5.病理性强迫工作又叫(　　)。

A.工作成瘾综合征　　B.强迫症　　C.工作激进　　D.病态的工作

6.自我效能感高的人会有哪种表现(　　)。

A.容易产生挫折　　B.选择更具有挑战性的任务

C.不愿承担责任　　D.迟到早退

7.人—职匹配理论是谁提出来的(　　)。

A.舒伯　　B.埃里克森　　C.帕森斯　　D.霍兰德

8.职业性向理论是谁提出来的(　　)。

A.舒伯　　B.埃里克森　　C.帕森斯　　D.霍兰德

9.职业发展理论是谁提出来的(　　)。

A.舒伯　　B.埃里克森　　C.帕森斯　　D.霍兰德

10.喜欢竞争、敢冒风险,适合从事项目经理工作的是(　　)。

A.社会型　　B.企业型　　C.常规型　　D.实际型

11.尊重权威和规章制度,喜欢按计划办事,适合从事秘书工作的是(　　)。

A.社会型　　B.企业型　　C.常规型　　D.实际型

12.愿意使用工具从事操作性工作,适合从事技术性职业的是(　　)。

A.社会型　　B.企业型　　C.常规型　　D.实际型

13.喜欢与人交往,适合从事教育工作的是(　　)。

A.社会型　　B.企业型　　C.常规型　　D.实际型

第六章 婚恋家庭与健康

爱情是两个人之间最亲密的社会关系，是生理活动和心理活动的统一。当爱情发生时，人会不知不觉地发生变化，爱让人成长。性，是本能，性的需要如同呼吸和饮食的需要一样，是生命延续的手段；性，维系着每一个家庭关系；性，使人获得愉悦和幸福；性，体现着个人和社会文明的程度。激情回落，爱情开始降温，婚姻就形成了。一种感情渐趋成熟，它来自恋情，深于恋情；它没有血缘，却因性而亲密；它让两个生命紧相连、共命运、同惦念，这就是夫妻亲情。家庭，是人生之舟停泊的港湾；家庭，是补充身心给养的驿站；家庭，是夫妻间的心理诊所；家庭，是点亮老人长寿之路的明灯。如果我们把婚姻家庭比作高楼，性就是地基，爱就是钢筋。没有地基的高楼不可能稳固，缺乏钢筋的楼房经不起震动，如何打好地基，构建好钢筋骨架，是值得每个人思考的人生课题。

第一节 恋爱及性心理

一、恋爱对健康的意义

爱情是男女双方彼此倾慕，并渴望对方成为自己终身伴侣的强烈、稳定、专一的情感。爱情是人类永恒的话题，千百年来一直为人们所关注，吸引着人们不断进行深入的探索。爱是人生正当的要求和权利。正如歌德所说："哪个青年男子不善钟情，哪个妙龄女郎不善怀春。"爱情犹如萌发的春草，不让它冒尖也要冒尖；爱情又如奔流的春水，想阻遏也阻遏不住。人应该有爱情，应该享受到爱情的幸福，应该在一生中不断得到爱情的力量。这恰如宇宙间斗转星移，大自然寒来暑往一样，是天经地义、顺情合理的。

说起对爱的追求，很多人都会想起《诗经》中的《关雎》篇：

关关雎鸠，在河之洲。窈窕淑女，君子好逑。

参差荇菜，左右采之。窈窕淑女，寤寐求之。

求之不得，寤寐思服。悠哉悠哉，辗转反侧。

大量研究指出，恋爱有助于促进身心健康。心理学家和医学家认为，爱情是双方思想感情上的和谐，是心理活动上的一种祥和，两情缱绻的幸福欢快使这种心理协调，从而使双方体内分泌出一些有益于健康的物质，如乙酰胆碱。这样不仅有益人体健康，还常创造出许多令医学自叹弗如的奇迹。著名心理学家麦克雷等人曾做过爱情与人体免疫功能间相互关系的研究，他们发现在爱一个人或一个人被爱时，人的免疫力保持在较高水平，其上呼吸道的免疫功能也得到进一步增强。这个研究成果与我国医学名著《素女经》上的"男女不和则意动，神劳而损寿"之说完全相符。西方生理学家在一份专门研究爱情和婚姻关系的报告中说："热恋中的男女，性激素分泌异常旺盛，尤其在拥抱、接吻和爱抚时，体内性激素大量分泌，特别是心中燃烧着爱情之火的女性，皮肤弹性增强，芳容更显娇柔俏美，散发出足以令男友倾倒的一股幽香。"因此，良好的恋爱关系能够给人带来良好的心境，有助于身心健康。

二、恋爱与健康

恋爱因对象不同、形式不同，对健康的影响也不一样，异性恋对健康可以起到促进的作用，与此相对的有同性恋和双性恋，它们各自对健康的影响不同。

1.同性恋(homosexuality)

同性恋的特点是性爱指向对象是同性而非异性，即在正常条件下对同性持续表现性爱倾向，包括思想、情感和性爱行为。目前，同性恋作为性体验与性行为的变种，只有在一定的条件下，特别是陷入个人或社会冲突时，才作为心理障碍处理。

有证据显示，女同性恋者是某些疾病的高危人群。当然，这些危险性并不是特殊的性取向带来的。社会偏见也会影响女同性恋接受正常的保健。研究表明，很多女同性恋者会尽量避免常规的体检，特别是妇科检查，因为她们在回答跟自己性取向有关的敏感问题时会感到尴尬，也害怕看到医生的负面反应。另有研究发现，和异性恋的个体相比，女同性恋、男同性恋出现焦虑障碍、抑郁和自杀的比例更高。

2.双性恋(bisexuality)

双性恋又称“混合型同性恋”，既爱异性又爱同性。多数双性恋时而是同性恋者，时而是异性恋者，有不同寻常的性适应能力。

有证据显示，女双性恋者更容易患乳腺癌和卵巢癌。同时她们可能更喜欢吸烟和酗酒。社会偏见也会影响女双性恋者接受正常的保健。另有研究发现，和异性恋的个体相比，双性恋出现焦虑障碍、抑郁和自杀的比例更高。和异性恋者相比，双性恋青少年更容易出现物质滥用、学业表现不良、旷课逃学、离家出走、危险性行为、抑郁和自杀等消极行为。

然而，我们也可以看到有积极的方面，许多女同性恋者、男同性恋者、双性恋者发展出了一套有效的、保持心理健康状态的应对机制。这些包括接受个体的同性恋取向，在同性恋者联盟里积极的活动参与。来自家庭和朋友对其性取向的认可和支持是同性恋者适应良好的另一关键因素。

三、恋爱受挫及心理调适

每个人都希望自己的爱情之舟能顺利地抵达婚姻的彼岸，但并不是人人都能如愿以偿。失恋是恋爱过程的中断。失恋在客观上表现为与相爱者的分离，在主观上体验到悲伤、绝望、虚无、忧郁等创伤性情感。面对恋爱的挫折，即无论是由于来自社会方面的阻力，使情侣不能发展爱情关系，还是一方的恋情得不到另一方的回报，都需正确对待，做到失恋不失志、不失德、不失态。

首先，自我调节，失恋不失志。无论什么样的失恋，对当事人来讲都不可能很快从痛苦回忆中走出来，但仅仅为爱情而生活却是不理智的。失恋，并不意味着自我价值的降低，没有任何自卑的理由，更不能淡漠对理想、对事业的追求，淡漠友谊，影响自己的学习和工作。一个有理想、有道德、有文化、有事业心的人，经过努力，一定会得到真挚的爱情，所谓“天涯何处无芳草，何愁不能遇相知”。

其次，敢于面对失恋的现实，失恋不失德。失恋是痛苦的，但不能因此失去理智，做出违背道德的事来。俗话说“强扭的瓜不甜”，应该尊重对方自由选择伴侣的权利。既然对方不爱自己，就要友好地分手，做到爱情不在友谊在，让对方在自己的生活道路上去结识新的伴侣。决不能不讲道德，蓄意败坏对方的名声，嫉妒并伤害对方乃至对方新的男朋友或女朋友。

第三，培养自信，失恋不失态。少数个体失恋后往往整天闷闷不乐，萎靡不振，有的则痛哭流涕，整日以泪洗面，更有甚者轻言生死，还有的看什么都不顺眼，甚至拿别人出气，这些做法都是很不应该的。个体应在失恋中培养自己的自制能力，不能因为失去了某一个人的爱，就感到“失去了一切”。失恋后更应有宽广的胸怀，坦然自若地面对人生中的风风雨雨，不断加强与他人的交往，增进彼此之间的友谊，以博大的情怀善待生活、珍惜友情、珍惜生命，努力锻炼自己、提高自己。

自我心理调节的方法有：

1.合理认知，积极转移

我们可以从多个角度看问题，把注意力分散到自己感兴趣的活动里，主动投身其中。把精力放在工作中、学习中、交流中，随着时间的推移，痛苦的感觉将会减退。

2.释放负能量，合理宣泄

可以向知心朋友毫无保留地倾诉自己的烦恼和苦闷，甚至大哭一场，以释放心理的负荷；或通过写一写的方式将一切烦恼写在日记本上；也可上 K 歌房唱一唱，大声唱出自己的郁闷心结。此外，还可通过吼一吼、打一打、跳一跳等方式宣泄自己的负能量。但在宣泄时需注意时间、地点、场合，否则不当的宣泄不但不能释放负能量，还会影响他人，给自己带来更多的不良影响。

3.换位思考，学会包容

与其两人别扭地强拉在一起，还不如多为对方着想，祝福对方找到真正的爱情。能做到这一点，心理便能恢复平衡，痛苦也就自然减少了。

4.寻找榜样，有效升华

爱情固然重要，但不是生活的全部，并非人生的全部意义所在。因此，生活的内容是丰富的，当失恋的痛苦来袭时，应用理智战胜痛苦，把感情、精力投入到充分实现自身价值、对事业的进取和对生活的热爱上去。人生如同一条长河，爱情不过是在人生某一阶段使人感到心旷神怡的事情之一。

生活中的心理学

名人失恋故事

贝多芬年轻时，个人生活条件艰苦，无法迎娶心爱的人。其心爱的人嫁给了别人。贝多芬为此痛苦绝望，留下遗嘱试图自杀，但他最终从音乐中找到了慰藉，创作出“第二交响乐”。之后，他与另一位女士的爱情又被毁，面对无情的打击，他决心为事业奋斗，接连创作出“第五交响曲”等一系列交响乐曲，成为伟大的“音乐主帅”。

居里夫人：年轻时的她还是玛丽小姐，家境贫寒。她到一个富有家庭去当家庭教师，她与这家的儿子陷入了热恋，当两人准备结婚时，却遭到了其家庭的极力反对，最终他们的爱情夭折了。此后，玛丽为了忘却这份刻骨痛苦，完全投身于科学事业当中，刻苦努力。她把每一分钟都投入学习和工作，这种绝对专心致志的学习，给她的科学事业奠定了坚实的基础。

诺贝尔：年轻时的诺贝尔也经历过甜蜜的爱情，然而心爱的女孩却因意外而离开人世。满怀悲痛的诺贝尔抑制住悲伤，将全部生命和精力都奉献给了科学事业，并取得了辉煌的成就。

四、性行为与健康

情与性就像一对异卵双生子，共同孕育，一起出生，但却受到人们不同的待遇。情之为物，常令人魂牵梦绕，直教人生死相许。性之为物，却通常被视为洪水猛兽、万恶之首。性本身是纯洁无瑕的，但不得不承认：不同的知识和行为，都有不同的最佳接受年龄。性是人类的一种基本需要。性行为指的是旨在满足性欲和获得性快感而出现的动作和活动，包括性交、手淫、接吻、拥抱和接受各种外部性刺激形成的性行为。人类通过性行为的生殖功能确立种族和社会延绵的基础。人类依赖两性行为的生物、心理和社会功能以取得种族与社会的稳定和发展。人类性行为的特征受社会化过程的重大作用和影响，还同时体现为两性性爱的感情结合。

1.性行为的益处

大量研究指出，性行为有助于促进身心健康。

(1)强健心脏，减少心血管疾病。性生活能增加血液的流通，是对心脏血管机能的锻炼和改善，可使体内分泌更多有益于健康的激素来增强肌体免疫力。

(2)做爱轻松降血压。美国最新一项研究表明，女性在做爱时通过抚摸、拥抱和亲吻，其激素皮质醇含量会降低，这样就能起到降血压的作用。

(3)缓解疼痛。做爱时特别是性高潮之际，身体释放大量激素——内啡肽，可消除疼痛，效果就如注射一支吗啡。

(4)荷尔蒙出奇效，延缓更年期。做爱期间体内会释放更多的荷尔蒙，随着激情加剧，雌、雄激素分泌增加，特别是性高潮和射精时体内自然释放的雄激素比平时高 3～5 倍，增强男性魅力。女性可增加雌激素水平，使月经正常化，增加其敏感度，延缓更年期，使其更具有女人味，更有防止生殖器萎缩老化作用。

(5)保护男性前列腺。定期有规律的性生活能及时消除堆积的前列腺液。

(6)多种疾病的预防疫苗。每当精液进入女性阴道时产生的胞浆素具有类似青霉素那样杀灭致病菌的作用，并可以帮助女性生殖器免遭微生物的侵袭，可防治阴道炎。

(7)解决皮肤性饥饿。皮肤性饥饿不能用食物来满足，只能通过性生活才能解除，剥夺这种需求将会引起食欲不振、智力减退、自信心下降并导致疾病发生。

(8)性爱有助孕力。专家说一次性爱相当于一次快乐的运动。研究显示性活动频繁(一周一次性爱)的女性对自己的身体感觉更自信，心态更乐观，孕力也更强。

(9)抗过敏。性爱过程中的兴奋能使体内分泌较多的肾上腺素等激素，这些激素本身具有抗过敏、改善病情作用，如对"慢性顽固性湿疹"有一定辅助治疗作用。

(10)慢性病康复。按中医理论角度来说，男属阳，女属阴，阳病阴治，阴病阳治，阴阳平衡，病从何来。所以说性爱是一种不可缺少的、有效的阴阳互补平衡疗法。

2.性行为是否适度的判断

长期以来，人们就认为性生活对人们是有好处的，性交能够提高大多数人的幸福感，已有一些试验性的医学证据表明，性生活和谐的人往往健康长寿；但有力的证据还表明，过度性爱会损害个体身体健康。那么性生活的频度，多少次较为合适？每一个人的性活动量是不同的。

衡量性生活频度是否适当的客观标准是，第二天早上是否精神饱满、身心愉快。如果在性交后第二日或几日之内，出现以下情况，又查不出其他原因，就可认为是过度了，就应当有所节制，适当延长性生活的间隔时间。

(1)精神倦怠，萎靡不振，无精打采，工作容易感到疲乏，学习精力不集中，昏昏欲睡。

(2)全身无力，腰酸腿软，懒得动，头重脚轻，头昏目眩，两眼冒金星。

(3)面色苍白、两眼无神、神态憔悴，形体消瘦。

(4)气短心跳，时出虚汗，失眠多梦，不易入睡。

(5)食欲减退，不思饮食，胃纳欠佳，并有轻度恶心感。

如果出现上述状况，应及时纠正，减少性生活次数，严重者应暂停一段性生活。但是，对此也不必过于担心，因为一般的性生活过度，只要暂时停止一段时间的性生活，注意休息，加强营养，对健康并无大碍。当然，如果继续放纵自己，后果就不好了。

五、性心理异常及调适

性心理异常(psychosexual disorder)是指以性心理和行为明显偏离正常，并以这类性偏离作为性兴奋、性满足的主要或唯一方式为主要特征，从而不同程度地干扰了正常的性活动的一组心理障碍。常见的性心理异常表现在性对象选择(例如恋童癖、恋物癖)、性行为(例如露阴癖、窥阴癖)、性身份(例如易性癖)等方面。

性心理异常的个体并非道德败坏、流氓成性的人，也并不是性欲亢进的淫乱之徒，他们多数性欲低下，甚至对正常的性行为方式不感兴趣，只是在对待性的问题上意见有偏颇。他们大多不结婚，即使有的结了婚，夫妻性生活也极少或很勉强，常常逃避。他们对一般社会生活的适应是正常的，许多人在工作中尽职尽责，工作态度认真，常受到好评；在性格上表现内向、话少、不善交际、害羞、文静。他们的社会生活和一般人没有什么差别，也有一般人的道德伦理观念。因此，常对自己发生的性心理异常的行为深表悔恨，但却常再犯。

（一）性心理异常的分类

1.摩擦癖。摩擦癖，又称挨擦癖（frottage，frotteurism），指患者在拥挤的场所故意摩擦异性，甚至用性器官碰撞女性的身体，并可伴有射精或者手淫来达到性的满足。

2.窥阴癖。窥阴癖是一种千方百计要窥视妇女阴部来获得性满足的性心理变态。这种人可不顾肮脏，藏身于粪窟内，或在女厕所墙上挖洞，或用反光镜从男厕所一边进行窥视。有的则是在浴室或寝室窥视妇女脱衣、裸浴。窥视时伴性兴奋，如阴茎勃起，并常伴手淫。

3.露阴癖。露阴癖只指在不适当的环境下在异性面前公开暴露自己的生殖器，引起异性紧张性情绪反应，从而获得性快感的一种性偏离现象。这是一种比较常见的性变态行为，以男性患者居多，男女之间比例为 14∶1。

4.异装癖。异装癖又称异性装扮癖，是指通过穿着异性服装而得到性兴奋的一种性变态形式。这种性变态患者以男性见多，因为女性着男装在 21 世纪已经常见，尤其在西方社会还很流行，故并不视为异常行为。

5.异性癖。异性癖是一种性别认同障碍，属于性身份障碍。异性癖患者认定自己应有的性别与现有的性别身份相违背。

6.恋童癖。恋童癖是以儿童为对象获得性满足的一种性变态。此种性变态行为的患者以男性多见，女性极为罕见。受害者为女孩或男孩，年龄多在 10～17 岁之间，也有小至 3 岁以下的。

7.性施虐癖与性受虐癖。性施虐癖是指对异性对象施以精神或肉体上的折磨，从中获得性满足和变态心理的满足。性受虐癖则正好相反，是指在受到性对象的虐待时，精神或肉体虽感到痛苦，但在心理上却得到一种特殊的性欲满足。

8.恋尸癖。恋尸癖（necrophilia），是指通过奸尸获得性的满足，自认为有时比活人还好，此种病人多见于与尸体有职业性接触的人，如太平间、殡仪馆的工作人员。这种人常不止一次地溜入停尸房，触摸女尸的乳房及阴部以获得快感。也有人为此不惜掘墓奸尸。这种人时常四处打听哪里有少女或少妇死去，以便去奸尸。

9.恋物癖。恋物癖指在强烈的性欲望与性兴奋的驱使下，反复收集异性使用的物品。几乎仅见于男性。所恋物品均为直接与异性身体接触的东西，如乳罩、内裤等，抚摸嗅闻这类物品伴以手淫，或在性交时由自己或要求性对象持此物品，可获得性满足。

（二）性心理异常的调适

我们需要了解的是，性心理障碍一旦形成，具有明显的顽固性，纠正起来相当困难，而且不少类型还有拒医性和复发性，长期逃避医生治疗和拒绝其他任何帮助，使症状无法缓解。故对性心理障碍的处理应以预防为主。

1.加强宣传，改变对性的旧观念

在社会上普及性知识，使广大医务人员、教育工作者和家长等重视性教育问题，获取正确的性知识和性教育方法。组织开展对儿童和青少年的性生理和性心理卫生的教育，使孩子从小就对性有一个正确的认识，增强他们对性心理障碍的抵抗力和免疫力。

2.正确认识儿童和青少年的行为

儿童和青少年时代的性行为多表现为非成熟性和幼稚性，故表面上可能有某种性偏离的倾向，但大多数情况下是正常的，是性发育过程中的阶段现象，决不能按异常来处理。一般情况下只需鼓励孩子加以控制即可，过分的大惊小怪和严厉的制止都是不科学的。因为手淫毕竟是正常性行为的一部分，发生有其生理基础，同时还可能由于禁而不止，使孩子背上沉重的心理负担，产生内疚感和罪恶感，进而导致其他方面的心理问题。如若进入少年期的个体喜欢与同性共处，青少年与异性疏离，决不能把此现象视为同性恋趋向加以干预；但当孩子的某些性偏离倾向有频发和固定趋势时，应及时处理，必要时进行心理咨询。

3.合理分析，积极矫治

对于性心理变态的人，要针对不同原因，积极施以标本兼治的方法予以矫治。受到性变态伤害的人，特别是妇女应该学会运用心理的、医学的、法律的手段来保护自己，同时，应以预防为主。心理疗法主要是进行解释和疏导，使患者认识到自己的心理缺陷所在，知道性变态对本人、配偶、家庭和社会所造成的危害。当然，治疗的关键是患者要有迫切接受治疗的愿望，并且真诚、愿意紧密地合作才能取得效果。

测一测

朋友，你对于爱和性的看法是怎样的呢？请根据你的真实看法给出以下题目的答案。

1.我为自己出现性冲动感到紧张与羞辱。　是　否

2.我认为自慰是标准性行为的一种，而过度的自慰是有害的。　是　否

3.我觉得自己的生殖器太小，发育状况不理想。　是　否

4.性远远不是使我得到最大快乐的事情。　是　否

5.如果我爱一个人,我和他干什么都行。 是 否

6.真正的爱情不是单恋。 是 否

7.我与对方发生性关系,并不需要尊重或者爱对方。 是 否

8.我认为心心相印是通向幸福的桥梁。 是 否

9.没有爱情的性行为很难令人真正感到快乐。 是 否

10.对有些人来说,同性恋是正常的。 是 否

11.爱一个人主要是给予和付出。 是 否

12.恋爱当中,拒绝与争吵都是正常的现象。 是 否

13.不论做什么,不要怀孕就行了。 是 否

14.对于性,不愿意的时候应该坚定地说 No。 是 否

15.爱是包容对方,使他(她)更自信。 是 否

16.只在乎曾经拥有,不在乎天长地久。 是 否

17.一旦喜欢上了他(她),就非他不嫁,非她不娶。 是 否

18.没有爱情的性行为根本不能填补人与人之间的鸿沟。 是 否

19.爱是很简单的事,困难的是如何找到爱的对象或者被他人所爱。 是 否

反光镜:1,3,5,7,13,16,17,19 题,选"是"得 0 分,选"否"得 1 分;其余题目"是"为 1 分,"否"为 0 分。

◇你的性生理观念:将 1,2,3,4,10 题的得分相加,即为你的有关性生理观念的得分 X,你的 X 分为:______。如果低于 3 分,则表明你对性生理的看法有失偏颇,容易产生精神压力和情绪问题。

◇你对爱的看法:将 6,8,11,12,15,16,17,19 题的得分相加,即得到你对爱的看法的得分 Y,你的 Y 分为:______。如果你的 Y 分高于 6 分,表明你对什么是爱有比较正确的看法;如果 Y 分低于 4 分,那么你需要再深入思考一下究竟什么是"爱"。

◇你对爱与性关系的看法:将 5,7,9,13,14,18 题的得分相加,即得到你的有关爱与性之间关系的看法的得分 Z,你的 Z 分是:______。如果你的 Z 分在 3 分以下,也许你对爱与性关系的看法容易导致使身心受伤的性行为,以至心理失衡。

复习巩固

1.简述恋爱对健康的意义。

2.如何进行失恋的调适?

第二节　婚姻

一、婚姻对健康的意义

爱情一旦成熟，就必然走向婚姻的殿堂。恋爱双方彼此情投意合，携手组建起新的家庭，不久的将来还会迎来新生命的诞生，于是婚姻就构成了为社会所承认的一种社会关系。良好而稳定的婚姻生活，不仅关系到家庭成员的工作和生活，而且对于健康具有重要意义。

大量研究指出：不良的婚姻关系不利于个体健康。英国伦敦大学做了一项调查，把一个系的女职工以家庭幸福和睦与爱情遇到障碍挫折为标准，划分为两个观察组。结果发现：前者患病甚少，后者经常患感冒。以色列的一个医疗机构也对一万名男性在5年内的健康做调查，结果发现患喉癌的病人有个共同特点——缺乏妻子的温情。日本近年的人口调查分析表明：离婚者与婚姻幸福美满的夫妻相比，男性寿命平均短12岁，女性平均短5岁；丧偶者当年因病死亡的机会比同龄人高10倍以上；经历离婚的人第三年患病率要比享受美满婚姻的人高出12倍；而对朝夕相处的夫妻来说，如果经常争吵、不和、斗气、互不体谅，则会导致内分泌系统紊乱、内脏器官功能失调，患上各种各样的身心疾患，以致未老先衰，缩短寿命。离婚、丧偶和未婚男性的死亡率为已婚男性的2倍，女性死亡率也比已婚女性高50%～95%。由此可见，婚姻的状态与质量对个人的健康意义重大。

二、幸福婚姻与健康

“我结婚了”，这句话说起来容易，但要想经营幸福的婚姻生活却没那么容易。幸福婚姻的基础是自信、尊重、互爱和信任。其必备的5个条件是：双方感到得到了最佳配偶、意见分歧时共同努力修补、对婚姻生活没有不满足、内心深处对所选配偶无悔、对自己婚姻各方面均满意。

拥有爱情的婚姻是非常幸福的，因为它不仅意味着男女双方生活甜蜜，还会促进彼此双方的健康。1982年的《长寿》杂志曾刊登一幅照片：一对鹤发童颜、笑容满面的老夫妇，他们就是我国著名科学家严济慈和夫人张宗英结婚55周年纪念日的留影。这年严老82岁，张宗英81岁。他们夫妻为什么能同享高寿呢？因素固然很多，但夫妻相敬如宾，心情舒畅，无疑是重要原因之一。据国外科学家观察，夫妻生活满足的人，体内T细胞的含量都在最佳状态，而这种白细胞对巩固人体免疫屏障、抵御疾病有着重要作用。此外，夫妻间的爱情生活，可以消除不良的精神状态，恢复失调的肾上腺功能，还能大量释放出一种使人愉快的物质——内啡呔。以色列研究人员对婚姻与健康进行了专项研究，他们的研究对象是10059名以色列人，其中大多为公职人员。结果显示，婚姻幸福的男性患致死性中风的可能性比婚姻不幸、离婚独居的男性低64%。

一份新的调查发现，拥有幸福婚姻的女性会有一颗健康的心脏。根据一份对600位年龄界于30～65岁的瑞典妇女的10年调查报告显示：婚姻的幸福和与配偶之间的和谐对心脏的健康起着积极的作用。其实我们早已本能地意识到这种实在联系，因为心最能意识爱的到来，而失去爱就会心"碎"。研究的最重要成果是，当妇女没有良好的婚姻维系时，心脏会发生未知的慢性变化，当然这种非良好婚姻包括孤独和与伴侣之间关系的不和谐。瑞典科学家克里斯汀娜(Kristina)说："妇女因痛苦婚姻而产生的压力，会使血管狭窄的概率大幅上升。对于那些拥有和谐婚姻的妇女，血管硬化的情况却不存在。"她还指出，由于痛苦的婚姻产生的压力，使患冠心病和动脉粥样硬化的概率比正常的高出三倍，而幸福婚姻则会保护心脏远离心脏病。

三、婚姻问题与调适

(一)常见婚姻问题

婚姻问题是当今社会最普遍最常见的社会家庭问题，几乎每个人都要经历它、面对它，只是每个人、每个家庭所表现出来的形式不同或内容性质不同而已。婚姻问题大致可以分为婚外恋、精神出轨、家庭暴力、性格不合、人格障碍、婆媳关系、平淡婚姻、人际交往、文化差异等。据有关方面权威的调查统计数字表明，有75%的婚姻家庭存在这样或那样的问题，有15%的家庭处于濒临破碎的边缘或已经离婚，只有不到10%的家庭相对和谐，这个数字充分表明现代家庭的婚姻质量不容乐观。主要的婚姻问题包括：

①婚外恋(第三者插足)，占家庭婚姻问题总数的75.8%；②性格不合，占6.5%；③精神出轨，占4.3%；④无性婚姻，占3.1%；⑤平淡婚姻，占2.7%；⑥家庭暴力，占2.6%；⑦文化差异，占2.2%；⑧婆媳关系，占1.9%；⑨其他，占0.9%。

(二)婚姻问题调适

我国著名的婚姻心理学家宋家玉教授在他的《把脉婚姻》一书里写道："几乎所有的婚姻问题都和人的人格品质有关，相对健康的婚姻家庭关系往往是夫妻双方都具有比较良好的性格特点或比较健康的人格品质，而出现问题的婚姻往往是夫妻双方至少有一方在个性或人格的某些方面存在这样或那样的不足或问题，这些问题直接或间接地影响到了他们的婚姻关系和家庭关系。”

为了避免各种不良婚姻问题的出现，夫妻双方都应该努力经营婚姻关系，注意以下几点：

1.积极思维。与同样乐观的人建立朋友圈。不要使自己感到孤独，应该向所有遇见的人展现最好的一面。

2.表达你的爱。一天最少要讲一次快乐的事情。表示亲昵的动作会使你们的关系更亲近。

3.宽容对方的错误。如果一方犯错误，另一方要接受，并试着帮助对方解决。夫妻双方要共同分担责任，要永远互相支持。

4.学着做朋友。朋友间就要有福同享，有难同当。在朋友面前就要展现真实的自我。夫妻要彼此接受，不要错误理解对方的评价，要坦诚相见。

5.多一些实际，少一些幻想。我们这里谈论的不仅仅是夫妻的外貌。“他好英俊，她不是胖而是丰满。”“她简直完美无瑕”这类的话听起来顺耳，但未必真实。最好实际地接受对方的一切。即使看到对方的某些缺点，也要委婉地告诉对方，并帮助对方克服。

6.控制急躁情绪。处理夫妻关系的最好办法就是保持耐心。

7.永远互相尊重。争吵会给夫妻双方带来危害。最好的办法是远离争吵，让自己冷静下来。事后双方再分析引起争吵的原因，不要互相叫喊，要平静地解决问题。

8.学会让步。这并不是说要在对方面前表现出顺从，而是在有些情况下，一方要保持理智。要试着平息一场风暴，并坦诚地向对方解释你的感受，直到双方达成一致看法，这才是最佳的办法。

9.共同成长。如果你的另一半取得了成就，你要伴随在他(她)的身旁与他(她)共同分享喜悦。为此，夫妻双方要互相支持，互相鼓励。

10.学会道歉。没有什么比心存怨恨更糟的，因此如果有必要，学会及时地说抱歉。

11.平等。对于金钱、物质财富和情感，并不是说谁挣得多或谁付出得多谁就高人一头。夫妻间应该平等对待。古人的“举案齐眉、相濡以沫”值得借鉴。

12.要具有创造性。不要因循守旧，要不断追寻新事物。例如共同旅游和玩耍等。

13.讲实话。沟通是夫妻的最基本要求。双方要诚实，让你们的想法自由交流。

14.忘记过去。如果谈论过去只会伤害到双方，那么两个人就要成熟些，试着忘记过去的不愉快，着眼于未来，并为之努力奋斗。

15.永远不要带着问题入睡。不要把怨气带到卧室，那样只会破坏夫妻关系。如果遇到问题，坐下来把整个事情理出头绪，说出各自的感受，直到达成一致。

四、特殊婚姻状态及调适

1.新婚(newly-married)

当恋人们带着美妙多姿的想象和天真烂漫的愿望步入婚姻的殿堂时,却发现在白色婚纱的炫目光影背后不再有罗曼蒂克的情调,而是平凡、单调的"锅碗瓢盆交响曲"。由天马行空到脚踏实地,理想与现实的极大落差很容易让新婚的人们陷入迷茫和困惑之中。因此,新婚夫妻需要正视婚后的心理变化与冲突,及时调适。

第一,心理失落感调适。热恋与婚姻是有很大差别的,一下子从无忧无虑的浪漫跌进了琐碎、操劳的现实生活,许多新婚夫妻,尤其是妻子,会产生心理失落感。许多新娘子抱怨:恋爱时,男朋友总是主动请求约会,送到家门口;会牢牢记住自己的生日和情人节,并送上精心挑选的红玫瑰,为自己唱歌跳舞,大献殷勤;闹矛盾的时候,不管谁对谁错,总是小心翼翼地赔不是……可结婚后,他像变了个人似的,不像以前那么好了,原来他一直都在骗人。其实,并不是男方不好了,更不是什么欺骗,只不过他认为,成了家就该养家立业,只卿卿我我怎么行呢?于是他就将很大的精力投入到了工作与事业中,自然不像以往那么殷勤了。另外,恋爱时双方都注意给对方以良好的印象,较少显露出弱点和不足。婚后,随着生活的深入和时间的推移,双方各自的弱点逐渐暴露出来,也容易出现感情的摩擦,从而引起心理失落。解决这个问题,最关键的是双方要互相理解和体贴,不要强迫别人按照自己的意愿行事;要正确理解并接纳恋爱和婚姻的正常差别,努力保持激情与琐碎生活的平衡。

图 6-1 新婚

第二,性格与生活习惯的磨合。新婚之后的一段时间是两个人的"磨合期"。性格需要磨合,生活习惯也需要磨合。生活是由许许多多具体的生活琐事组成的。两个人的家庭出身、文化背景、性格特征、兴趣爱好都不尽相同,生活在一起难免发生矛盾。比如,一方喜欢整洁而另一方喜欢乱放东西;一方不修边幅而另一方有"洁癖";一方节俭而另一方却大手大脚等。婚后"磨合期"至少要半年至一年。这段时间内,夫妻双方要正确认识"磨合期"内矛盾的必然性,尽量站在对方的角度去看问题,欣赏对方优点的同时也要接纳对方的缺点。不要太固执,要学会容忍、变通,就像富兰克林说的:"结婚以前睁大你的双眼,结婚以后闭上你的一只眼睛。"说的就是在婚后要包容对方。

第三，化解自由与责任的冲突。步入婚姻后，双方必须负起应有的责任和义务。恋爱时虽然也需要负起一定的责任，但毕竟比较自由。比如，你把女朋友送回家，还可以和其他朋友一起去酒吧喝酒，去 KTV 唱歌。结婚后就不行了，如果丈夫经常要和朋友一起喝酒、打牌，把妻子抛在脑后，妻子当然不能接受。结婚前，女孩除了享受男朋友的殷勤，回到家还能享受爸爸妈妈的照顾，吃喝不愁；结婚以后，妻子通常在下班以后还要做饭，如果下班后就躺在床上吃零食、看电视，全然想不到丈夫下班以后的饥肠辘辘，矛盾就难免了。矛盾是在所难免的，关键是双方要相互体谅，化解责任与自由的冲突。总之，结婚后，双方都不能再“为所欲为”，要增强责任心，做一个像样的妻子或丈夫，这样婚姻才能持久。

第四，调解性生活中的矛盾。性生活是婚姻生活的重要组成部分。新婚夫妻都没有太多的经验，难免会配合得不和谐。女性容易对疼痛感到紧张、惧怕，但也对性生活充满期望；男性则容易对自身的能力、对方的满意度感到紧张、有压力等，这些都会影响性生活的欢愉。新婚性生活的美满与否，会对以后的夫妻性生活和质量产生很大的影响。因此，要注意努力化解性生活中的问题。新婚性生活不顺利是很正常的，新婚夫妇一般要经过 3～4 周之后才能有满意的性交。因此，一时不顺利，不能抱怨妻子不行或丈夫无能，更不能就此灰心失望。

婚姻不是爱情的坟墓，也不是浪漫的爱情童话，它是实实在在的生活。生活中不能没有锅碗瓢盆、油盐酱醋，婚姻中矛盾要由夫妻双方共同化解。幸福美满的婚姻需要夫妻共同创造。

2.离婚(divorce)

离婚是婚姻家庭问题中的一个重要问题，它是一个很复杂的社会现象，也是一种难以避免的社会现象。现代婚恋观及人们对家庭幸福的看法已有了很大变化，更多人已能够理智平静地看待离婚。但离婚毕竟是情感上的创伤，仍有不少人难以走出离婚所带来的阴影，难以很好地处理。那么，如何正确调适这种生活变化所带来的不适呢？

图 6-2　离婚

第一，做好自我调节，努力去适应周围的环境和社会。绝大多数人离婚后，心情总是很沮丧，情绪低落、伤感。他们会表现出愤恨、不满、自卑、看破红尘等各种各样的消极心理。同时，面对周围人的非议和白眼，他们会感到孤单、无奈和愤愤不平。离婚后，不妨这样想：终于解脱了，再也不必忍受同床异梦的折磨了，终于可以选择自己的生活了。另外，周围的同事和朋友的关心、理解与支持，也可帮助离婚者振作精神，走出离婚的心理阴影。而对那些难以自我调节心理状态、难以从偏见中自拔出来的离婚者，则可以建议看看心理医生，接受心理咨询，以获得心理医生的帮助。

第二，注意维护孩子的身心健康。离异者，无论是在离婚过程中还是离婚之后，都要注意维护孩子的身心健康。双方必须要继续承担起抚养、教育子女的责任和义务，为他们提供更多的关怀和保护，继续培养其对父母双方的感情，训练孩子的自我照顾能力。双方要用爱心去抚慰孩子受伤的心灵，一旦发现孩子出现了不良心理反应，就要及时请专业人士对其进行诊治。

第三，要坦然面对现实，积极转移注意力。短时间内可以将主要精力用到工作和学习中去，暂时遗忘眼前的不愉快，使心情趋于好转。离婚后，不要再怨天尤人，要坦然接受现实，积极转移自己的注意力，减轻离婚的痛苦。要将更多的精力放在事业进步和对长幼的关爱上，冲淡离婚的心理阴影。要鼓足勇气、投身到集体中去，获得集体的关怀和温暖，不可整天自我封闭、长吁短叹、难以自拔。还可以投身到大自然中，借美丽的自然风光欢愉心身、豁达心胸。

第四，离婚不离德。很多夫妻由于合不来，长期打打闹闹，最后不得不分道扬镳；有的家庭虽然风平浪静，不打不闹，但夫妻彼此没有感情，同床异梦，以致最后不得不离婚；有的家庭则经不起金钱、权势和美色的诱惑，一方或双方充当了第三者或引进了第三者等。不管由于哪种原因离的婚，夫妻一方总是心理不平衡，非搞得另一方身败名裂才解心头之恨，这都是不足取的。不管是对自己，还是对对方，这样做都没有好处，而且这种行为也是极不文明的，有的甚至是违法的。既然夫妻没有感情可言，那就友好地分手，道一声再见，做到好聚好散，切勿在经济、心理和身体上报复对方。

第五，当心理、环境和社会适应后，积极准备再婚。再婚不能急于求成，更要理智，以免酿成更大的一杯苦酒。要知道第二次离婚将会比第一次离婚面临更多、更大的非议和社会压力。选择再婚时，要吸取以前的经验教训，多看重对方的人品。要正视现实，不要还生活在幻想中。同时，要把较多的精力投入到工作中。

3.再婚(remarriage)

再婚已成为一种正常的社会现象。再婚者特殊的生活经历、坎坷的婚姻史，加之传统文化的影响，常使这些人在处理再婚问题时遇到一些矛盾，出现一些心理障碍。许多中年人，特别是女性，对待再婚总是思虑太多，迟迟下不了决心。之所以会出现这种情况，除了封建传统观念的影响和社会舆论的压力外，往往还因为她们自身存在着较多的心理障碍。比如，婚姻恐惧心理、自我贬值心理、先子后己的心理、对原配偶念念不忘等。

再婚的男女大多是在人生旅途的中点走到一起的，他们的经历处境与一般夫妻相比是大不相同的。再婚者特殊的人生经历、过去的婚姻生活势必对新的夫妻生活有所影响，重新组合的家庭人际关系复杂，矛盾纠纷在所难免，也可能给新的家庭带来不和谐之音。因此，对广大再婚者来说，注意调适婚后的心理状态，对于协调新家庭的人际关系、建设和巩固再婚后的家庭、重新塑造幸福的人生是至关重要的。那么，再婚要做好哪些心理准备呢？

(1)面对现实

有过一次甚至几次婚姻经历的人，对过去生活的体验是不会轻易忘记的。特别是过去夫妻恩爱、家庭美满幸福、只是因丧偶而面对再婚的人，常常会沉湎于对往事的回忆之中，产生心理重演，有追恋前婚、思念前配偶之感。一般来说，新的配偶最嫉恨的就是对方感情上的怀旧，他(她)会因此认为对方对自己无情无义，认为自己受了侮辱与愚弄，而这必然影响夫妻关系、家庭和睦。事实上，怀旧既不能追回昔日的甜蜜，还可能导致丧失眼前的幸福。因此，对于再婚者来说，应该面对现实，珍惜新的生活，注意发现新爱人的优点，体会对方为获得自己的爱而做出的努力，注意发掘出彼此和谐的因素，共同为创建新生活而努力。

(2)宽宏大量

嫉妒似乎是爱情的伴随物，适宜的嫉妒是爱情专注的表现，有利于巩固夫妻感情，但过分的嫉妒则会导致理智的减弱和丧失。有的再婚者会强迫对方忘却前夫或前妻，如阻止爱人保留原配偶的相片、保存其遗物等，甚至干涉、阻挠对方对前婚所生的子女尽义务。实际上，这种过分的嫉妒往往会引起爱人的逆反心理，你越不让他思念原配偶，他越感到你自私专横、不近人情，从而越思念原配偶。因此，再婚者应注意克服这种狭隘心理，以自己的宽容与善良向爱人显示出你的无私和高尚。

(3)彼此信任

一些再婚者，特别是女性，再婚后戒备防范心理较强。有的表现为谨小慎微、顺从忍让；有的表现为对对方的孩子百依百顺，不敢管教；还有的表现为经济上留一手，攒私房钱……这些做法均是不可取的。这说明她们在心理上与爱人及其孩子还没有真正融通。正确的态度应是积极主动地与他们沟通感情，以坦诚与爱心换得他们的信任和理解。既然结婚了，都是一家人，就不应该戒备和防范对方，而应该互相信任。

(4)共建幸福家庭

一般来说，再婚家庭的子女对“后爹”“后妈”都会有一定的对立情绪，有的再婚者也难以将对方的孩子视如己出。特别是看到对方的孩子有一些自己看不惯的品德时，常常不自觉地产生厌恶之感，这种“排他”心理的表现，在感情上是可以理解的。但这个问题处理不好，常会影响到孩子的成长、夫妻和睦甚至家庭的存续。因此，再婚者应克服排他心理，对对方的孩子要同样关心，生活上、教育上应与自己的孩子一视同仁，让他们重新获得父爱或母爱，逐渐消除其对立情绪和不信任感，以共建幸福家庭。

(5)再婚家庭亲子关系处理

在由完整家庭走向残缺家庭再到再婚家庭的过程中，情感世界甚至整个家庭生活的变化，加上原来两个家庭内各自不同的价值观与世界观所引发的认知冲突，以及中国传统所固有的家族血缘观念，这些都使再婚家庭中的情感关系更加复杂，特别是亲子关系。主要表现在以下三个方面：

第一，为了确保各自父母对自己完全的关注，继姊妹兄弟间可能存在对立。

第二，在情感上对父母唯一性认同，继子女可能对继父母有着天然敌对。

第三，继父母对继子女教养的敏感性，一旦处理不当，极易引起各方非议。

因此，再婚者的心理调适，重点在于亲子关系的调适。可从以下几个方面入手：

第一，引导孩子正确认识自己的情绪和有效地控制自己的不良行为。引导孩子加强自我情绪的认知，对保证自身性格健康发展和维护家庭关系稳定都有极大的好处。具体办法为：首先要让孩子把握健康情绪的标准；其次是培养孩子管理自己情绪的能力；再次要积极引导孩子学会换位思考；最后，要帮助孩子掌握人际交往的技能，扩大交往的范围，在开阔的视野和心境中学会以乐观、自信、不畏挫折的态度来看待父母的婚姻和自己的生活。

第二，亲生父母的共同关爱。作为双亲要切实负起供养和教育的责任，关爱、理解和尊重孩子，让他了解父母虽因感情破裂而离婚，但对他的爱始终不会变，以减少他的不安全感。在孩子面前尽可能乐观平静，对生活充满信心，使之仍能感受到温暖平和且充满爱。还要适时、适当地指出孩子的过失，教导他为人处世的道理，让他感受到自己并未被父母抛弃。亲生父母的和平相处与共同关爱使孩子能够相应地以宽容、豁达、体谅、互爱的眼光来对待周围的人和事物，从而有利于再婚家庭的生活。若亲生父母能与继父母及时沟通，共同教养孩子，效果会更好，家庭情感生活的完整性缺失也能得以弥补。

第三，继父母树立正确的抚养观念。亲子关系调适过程中，继父母应真诚相待，以换取孩子对父母所重新建立的家庭的信心和认同感，最好是营造亦师、亦友、亦父母的关系，切不可刻意地讨好、纵容，否则会适得其反。

第四，教师、亲友等外围关系的情感补偿和桥梁作用。心理学研究表明，父母以外的爱的补偿也能够治疗离异家庭子女的心理创伤。教师面对心灵、情感及整个生活都受到重创的离异家庭的学生，有义务承担起对他们的保护和教育任务，及时了解其状况，给以适时、适当的关注和疼爱，以弥补在父母离异后的情感需求、安全需求以及受重视需求。同时，教师、亲友更应发挥自己的桥梁作用，传达父母与子女双方的情感、行为反应，交换彼此的需求信息，为帮助再婚家庭建立和谐、幸福的家庭氛围而尽自己的一份心力。

生活中的心理学

一位母亲在女儿婚宴上的讲话

亲爱的各位亲戚朋友：

大家好！

非常感谢大家在百忙之中，前来参加这个宴会。作为母亲，看着自己心爱的女儿长大成人，有了自己的小家庭，我感到很幸福。在座的很多亲戚，是看着我的孩子长大的，所以，在这里我首先要感谢大家这么多年来对孩子的关心和帮助。

虽然今天是大喜的日子，但是作为母亲，我不想说什么“执子之手，与子偕老”“百年好合，天长地久”之类祝福的话。我想对女儿、女婿叮嘱几句，说三句“不是”。

第一句，婚姻不是$1+1=2$，而是$0.5+0.5=1$。结婚后，你们小两口都要去掉自己一半的个性，要有做出妥协和让步的心理准备，这样才能组成一个完美的家庭。现在的青年男女们，起初往往被对方的“锋芒”所吸引，但也会因为对方的“锋芒”而受伤。妈妈是过来人，想对你们说，收敛自己的“锋芒”，容忍对方的“锋芒”，才是两情永久的真正秘诀。

第二句，爱情不是亲密无间，而应是宽容“有间”。结婚后，每个人都有自己的交往圈子，夫妻双方有时模糊点、保留点，反而更有吸引力，给别人空间，也是给自己自由。请记住，婚姻不是占有，而是结合。所谓结合，就像联盟，首先要尊重对方。

第三句，家不是讲理的地方，更不是算账的地方，家是一个讲爱的地方。不是有这么一句话吗？男人是泥，女人是水。所以男女的结合不过是“和稀泥”。婚姻是两个人搭伙过日子，如果什么事都深究“法理”，那只会弄得双方很疲惫。

最后，妈妈还是衷心地祝愿你们婚姻美满，幸福甜蜜。也祝愿在座的各位亲朋好友家庭和睦、身体健康、万事如意！

谢谢大家！

复习巩固

1.简述幸福婚姻与健康的关系。

2.如何进行婚姻问题的调适？

第三节　家庭

一、家庭对健康的意义

家庭(family),是人生之舟停泊的港湾;家庭,是补充身心营养的驿站;家庭,是夫妻间的心理诊所;家庭,是点亮老人长寿之路的明灯。有研究观察36名脑血栓病患者,其中有26名存在家庭关系不和的问题,家庭关系比较正常者只有10人。此外,还可明显看出,家庭关系正常者,病情好转得快些,健康恢复也更好些。家庭关系存在着各种各样的矛盾者,就明显地好转慢些,恢复得差些。甚至个别人,由于夫妻俩长期不和,平时各过各的,互不来往。有一天老头患了脑血栓病,儿女又不在身边,虽然病情不十分严重,但由于护理不好,生活又不能自理,就很快死亡。相反,某大学教授,50多岁就患了脑血栓病,前后反复几次,生活完全不能自理,除了住医院治疗外,在家期间老伴日夜守在床前,吃饭喝水,按时服药,还想尽一切办法使他恢复健康,儿子下班后,为老爸请医买药,帮助老人活动,从未在老人面前表现过烦恼。虽然老人的病十分严重,但他的寿命仍然延长到70多岁。

此外,家庭是孩子最早接触的社会化单位和最先接受教育的地方。一个现代家庭,能否充分发挥其特有的教育功能,已成为推动社会发展和创造家庭幸福的重要基础。许多家长在子女教育中,确立了正确的家庭教育观念,能够掌握家庭教育的重点,运用科学的教育方法,取得了家庭教育的成功,从而为孩子身心的健康成长与发展奠定了良好的基础。而有的家长不明确家长教育子女的主要职责,导致本末倒置、舍本逐末,而陷入了家庭教育的误区,从而影响孩子一生的发展。因此,家庭作为孩子人生的第一所学校,家长作为孩子的第一任老师,必须更新旧的教育观念,学习先进教育理念,建立平等、自由、民主的家庭环境,把孩子培养成健康、高尚、自强的新一代。

现代社会,出现了一系列比较典型的家庭现象,如空巢家庭、破裂家庭、再婚家庭,这些因素都在不同程度上对健康产生了影响。空巢老人面临疾病、生活依赖、社会活动减少、失落与孤独等问题,存在不同程度的心理疾病。多项研究显示,空巢老人问题需要老人、子女及社会多方面的努力。我国现在的离婚率呈逐年上升趋势,离婚现象已成为影响我国家庭稳定的主要因素,它对我国全民健康的负面影响不可忽视。当一个家庭因各种原因走向解体的时候,就不可避免地对所有家庭成员的健康和完美生活造成冲击。由于离婚人口的增多及人均寿命的延长,人的一生中重组婚姻的可能性大大增加,因此再婚人口有了持续增长的趋势。再婚家庭的结构及其成员具有相对的复杂性和特殊性，如果各类关系处理不当，势必对健康产生不良影响。因此，正确对待婚姻、改善婚姻质量、以积极的态度看待离婚和处理离婚引发的问题及社会的有效干预，都会对健康的改善大有裨益。

家庭是社会制度的产物，生产力的发展决定家庭的发展，它反映了社会制度的发展状况。另外，家庭的发展与人类健康的发展息息相关。从原始杂交到血缘家庭，再到群体之外婚配的形成，直至固定的一夫一妻制，人类逐步远离、摆脱了近亲婚配对于后代健康的影响，使人类整体健康水平逐步提高。因此，可以说家庭的发展史也是一部人类健康的发展史。

二、家庭和谐与健康

家庭是社会的细胞，它是以婚姻或血缘(包括领养)关系为基础，由共同生活并有相互责任的人组成的单位。和谐的家庭是促进健康的强大动力。研究证实，社会关系，尤其是良好的社会支持与发病率和死亡率之间存在着紧密的一致性。而家庭成员，尤其是配偶，在社会支持中起最重要的作用。另外，家庭关系不和谐是导致心身疾病的主要社会因素。近年来，我国心身疾病的发病率逐年升高，其病因在临床上初步统计60%以上与家庭不和谐相关。因此，努力营造和谐、轻松的家庭氛围，必将有益于身心健康，延年益寿。

此外，对老年人心理健康与家庭关系的研究指出，老人的心理健康状况受家庭因素的影响，良好的家庭关系能减少老年人的心理问题发生。对医学生家庭关系与心理健康关系的研究发现，融洽的家庭关系对医学生心理健康有积极的作用，家庭教育中应重视家庭关系的融洽，医学院校应重点关注家庭关系融洽程度低的学生的心理健康状况。

对晚期血吸虫病患者家庭功能与健康状态的研究指出，家庭功能正常组在生理适应性、情感、日常活动、整体健康及疼痛5个方面分数显著高于家庭功能障碍组；且家庭功能正常组在总体健康功能状态上显著好于家庭功能障碍组。

对慢性乙型肝炎患者的家庭功能与健康状态的研究也发现，慢性乙型肝炎患者的家庭功能与患者的健康状态相关，提示调整家庭功能能够改善慢性乙型肝炎患者的健康状态，临床医疗护理工作应重视家庭功能与慢性乙型肝炎患者健康状态之间的交互影响，使患者处于良好的家庭功能状态，提高其健康状态，促进疾病康复。

三、家庭矛盾与调适

心理学家发现(D.Myers，1990)，认清人际冲突或分歧的本质，并学会建设性地处理分歧或冲突，可以有效地减少人际关系恶化和破裂的发生。家庭矛盾实际上也是一种人际冲突。因此，我们必须懂得，由于每个人有其不同于任何其他人的经历，有自己独特的情感、理解和利益背景。因而，人与人之间出现不一致或冲突是不可避免的。

（一）常见家庭矛盾

1.夫妻矛盾

夫妻在一起生活一辈子，难免有磕碰，俗话说“舌头没有不碰腮的”。人们常说：“天上下雨地上流，夫妻打仗不记仇”，这是告诉我们一个道理：夫妻之间有了矛盾，不要耿耿于怀，更不能深藏在心里。为什么呢？那是因为有怨气，早晚得爆发，如果积怨太多，容易一发不可收拾，所以，夫妻有矛盾，有怨气，要及早说出来。

2.婆媳矛盾

常言道“家家有本难念的经”，其中一本就叫“婆媳经”。在家庭中，两代人之间的矛盾和冲突，最明显和最常见的，是出现在婆媳关系上。婆媳关系，是使不少人提起就摇头叹息的问题。

（二）家庭矛盾的调适

无论什么样的关系，也无论交往的双方关系有多么深刻、情感有多么融洽，都可能出现冲突。因此，我们在同任何人交往的过程中，都应该对可能出现的冲突有所准备。在家庭矛盾中，掌握好交往的尺度，采取积极措施进行调适非常必要。

1.尽量避免争论

人与人之间的争论是很正常的事。但是争论往往都以不愉快的结果而结束。事实证明，无论谁赢谁输都会很不舒服。赢者当时可能获得一种心理满足，但很快会被家庭矛盾冲突加剧的阴影所笼罩，一时的满足会变得烟消云散。输者的心理挫折感更加强烈，往往会演化为人身攻击，对于家庭和睦是非常有害的，争论的结果往往是两败俱伤。

2.不要直接批评、责怪和抱怨家人

直接批评、责怪和抱怨家人会使家人的自尊心和自我价值感受损，尤其是一时面子上感到难堪。有时候只要稍稍改变一下方法，变直接批评、责怪和抱怨为间接的暗示和提醒，效果会好得多，这就是所谓的“坏话好说”的艺术。

3.勇于承认自己的错误

勇于承认错误是家庭关系的润滑剂。当问题产生时，能够主动承认自己的错误是明智之举。虽然承认自己的错误是一种自我否定，但是，承认错误会使自己产生道德感的满足。另外，承认自己的错误是有责任感的表现，对家人也具有心理感召力，在此情境中的家庭矛盾的僵局会因此被打破。

4.学会批评

不到不得已时，决不要自作聪明地批评他人。但是，有时批评是不可避免的。这时学会批评的艺术是维护家庭和睦和良好家庭环境的重要策略。卡耐基总结的批评的艺术是很值得借鉴的：批评从称赞和诚挚感谢入手；批评前先提到自己的错误；用暗示的方式提醒他人注意自己的错误；家人应以启发而不是命令来提醒错误，给家庭成员保留面子。

5.换位思考

这对建立和谐家庭关系很重要。如换位思考，如果我在他的位置上，我会怎样处理？经常站在对方的角度去理解和处理问题，一切就会变得简单多了。一般而言，善于交往的人，往往善于发现家人的价值，懂得尊重家人，愿意信任家人，对人宽容，能容忍家庭成员有不同的观点和行为，不斤斤计较家庭成员的过失，在可能的范围内帮助而不是指责家人。要懂得"你要别人怎样对待你，你就得怎样对待别人"；懂得"己所不欲，勿施于人"；懂得"得到朋友的最好办法是使自己成为别人的朋友"；懂得别人是别人而不是自己，因而不能强求，与朋友相处时应求大同、存小异。

四、特殊家庭心理调适

1.单亲家庭(single-parent family)

随着离婚率的上升，单亲家庭数量增加，单亲家庭子女日益增多，从而带来一系列复杂的社会问题，已引起社会的极大关注。了解单亲家庭子女的心理发展，帮助其更好地适应社会环境，已刻不容缓。因此，单亲家庭的父母需注意以下几点：

(1)离异后的父母要尽量避免在孩子面前流露自己的反常情绪和行为；

(2)鼓励孩子积极参与人际交往，预防自卑、自抑等不利性格特征；

(3)尽量减少、避免社会不良刺激对离异家庭孩子的不良影响。

2.失独家庭(the family which lost one-child)

"失独家庭"为独生子女发生意外伤残、死亡，其父母不再生育和收养子女的家庭。失独者年龄大都在50开外，经历了"老来丧子"的人生大悲之后，已失去再生育能力。他们不仅会因为"失独"在心理上承受打击，更有可能因此丧失主要的经济来源，面临老无所依的窘境。要想使失独家庭的问题得到妥善解决，除了完善社会养老机制等政府行为外，从心理上对失独群体进行适当干预是必要的，关键是启动社会和家庭心理支持系统。如以社区为平台，组织或引导社会力量、社会组织和志愿者等来关心关爱失独家庭，给予科学的心理干预，加强心理疏导服务。良好的社会支持和社会群体的爱护及帮助是使失独家庭走出痛苦的最有效的方式。关爱和帮助可以为其分担一些痛苦及困难。关爱是多方面的，它不仅仅是身体上、生活上和工作上的关爱，更主要是心理方面给予帮助和照顾。同时还要鼓励其他人尽可能地为其提供帮助，并鼓励失独家庭重新燃起对生活的信心。

五、特殊家庭成员心理调适

1.留守儿童(left-behind children)

留守儿童是指父母双方或一方外出打工，而自己留在农村生活的孩子们。他们一般与自己的父亲或母亲中的一人，或者与上辈亲人，甚至父母亲的其他亲戚、朋友一起生活。留守儿童多由祖辈照顾，而父母监护、教育角色的缺失，对留守儿童的全面健康成长造成不良影响，"隔代教育"问题在"留守儿童"群体中最为突出。据调查显示，父母外出打工后，与自己的孩子聚少离多，沟通少，远远达不到其作为监护人的角色要求，而隔代教育又有诸多不尽人意之处，给这些可怜的孩子留下了一生的遗憾，有的甚至走向犯罪的道路。根据最新数据显示，留守儿童心理问题检出率高达57.14%。留守儿童问题是我国现代化进程中的一个独特的社会问题，是社会主义新农村建设的又一障碍，严重影响了留守儿童的身心健康成长。因此，留守儿童的心理调适应从以下几个方面入手：

(1)自信心的培养

自信心就是相信自己一定能够达到某一目标或完成某一项任务的心理状态。留守儿童由于不能得到父母及时的管教，而隔代监护人又常常溺爱或放纵他们的行为，致使他们学习的自觉性较差，成绩落后，久而久之就失去了自信心。

培养自信心重点在于要学会正确评价自己。"金无足赤，人无完人"，每个人都有自己的长处和短处，不要死盯着自己的短处，要善于发掘和发展自己的优势，"避己之短，扬己之长"，对自己做出公正全面的评价。要指导留守儿童去做一些力所能及、把握性大的事情，如帮爷爷奶奶做一些家务，帮助有困难的同学，学会纠正自己学习上的一些不良习惯等，即使很小的事，也能获得成功的体验，起到增强自信心的作用。

(2)抗挫折能力培养

挫折可以称为是需要得不到满足时的紧张情绪状态。挫折感在留守儿童的心理上表现很明显，他们常常会由于考试的失败、学业的担忧、社交的障碍、缺少父母的关爱等方面的原因体验到挫折感。他们的情绪常常处于失望、焦虑、沮丧等紧张状态。

遇到挫折时应进行冷静的分析，从主客观、目标、环境条件等方面找到受挫的原因，并采取有效的补救措施；要善于根据自己的优势确立奋斗目标，在前进过程中发现目标不切合实际时，要及时调整，化压力为动力。其实，适度的刺激和压力能有效地调动机体的积极因素。此外，还要有一个辩证的挫折观，正所谓“自古雄才多磨难”，保持自信和乐观的态度，学会悦纳自己。

(3)合作交流能力的培养

现代社会人际交往和合作能力愈来愈显得必不可少。但这方面的能力并不是天生的，而是经过一定的实践逐渐形成的。留守儿童由于长时间缺少父母的关爱呵护，自闭心理较为严重，常常不愿与人交往，心理压力较大。在学校教育中，教师要鼓励他们多参加班级和学校的各种活动，为他们展示和表现自己提供一定的平台。应该鼓励他们克服自闭心理，尝试着主动与人交往，慢慢获得成功的体验。

2.空巢老人(empty-nest elderly)

人类是群居的动物，害怕孤独。尤其是老年人，对于孤独可能达到恐惧或害怕的程度。子女远走高飞，年轻人离开家庭踏上社会，老年人告别社会重返家庭后，尤显得“孤苦伶仃”。他们一旦感受到“空巢”的孤独，心理往往趋于脆弱。若自身又疾病缠身，更易对自身的价值表示怀疑、消极悲观，甚至产生抑郁、绝望的情绪。老年人只要心智尚在，是可战胜“空巢”孤独感的。

图 6-3　空巢老人

首先，树立正确的认识。老年人应看到社会的进步，新时代重任应该由一代一代的年轻人去担当，在各种工作岗位开拓进取、奉献热血，陪伴在自己身旁的时间必然会减少。其次，探寻家门内外各种休闲自娱之道，养花逗鸟、走亲访友等，优哉游哉，身心怡然。此外，单身空巢老人还可寻觅爱侣，共度夕阳红。

复习巩固

1.简述家庭和谐与健康的关系。

2.如何进行家庭矛盾的调适？

扩展阅读

科学伉俪居里夫妇——幸福的婚姻可以促进人的发展

图 6-4 居里夫妇

居里夫人原名为玛丽·斯克沃多夫斯卡，玛丽的勤勉、好学和聪慧，使她赢得了李普曼教授的器重。在荣获物理学硕士学位后，她来到了李普曼教授的实验室，开始了她的科研活动。就在这里，她结识了年轻的物理学家皮埃尔·居里。由于志趣相投、相互敬慕，玛丽和皮埃尔之间的友谊发展成爱情。1895年他们结为伉俪，组成一个志同道合、和睦相亲的幸福家庭。繁忙的家务及1897年出生的女儿并没有阻碍这对热爱科学的夫妇，特别是作为母亲和主妇的玛丽，她一直坚持着学习和科研。因为玛丽的研究工作太重要了，所以皮埃尔决定暂时停止他在晶体方面的研究，协助妻子共同寻找这一未知元素。皮埃尔的参加，对于玛丽来说无疑是一个极大的鼓励和支持。对科学事业的执着追求使艰辛的工作变成了生活的真正乐趣，百折不挠的毅力使他们终于在1902年，即发现镭后的第45个月，从7吨沥青铀矿的炼渣中提炼出0.12克的纯净的氯化镭，并测得镭的原子量为225。镭元素是存在的，那些持怀疑态度的科学家不得不在事实面前低下头。这么一点点镭盐，这一简单的数字，凝聚了居里夫妇多少辛勤劳动的心血！夜间，当他们来到棚屋，不开灯而欣赏那闪烁着荧光的氯化镭时，他们完全沉醉在幸福而又神奇的幻境中。每当居里夫人回忆起这段生活，都认为这是"过着他们夫妇一生中最有意义的年代"。

要点小结

1.恋爱有助于身心健康。良好的恋爱关系能够给人带来良好的心境，有助于身心健康。

2.婚姻的状态与质量对个人的健康意义重大。

3.家庭，是人生之舟停泊的港湾；家庭，是补充身心营养的驿站；家庭，是夫妻间的心理诊所；家庭，是点亮老人长寿之路的明灯。

关键术语

爱情　同性恋　双性恋　失恋　性心理异常　幸福婚姻　新婚　离婚　再婚　家庭　家庭和谐　单亲家庭　失独家庭　留守儿童　空巢老人

复习题

1.良好的恋爱关系有助于＿＿＿＿＿。

A.身体健康　B.心理健康　C.情绪稳定　D.融洽人际

2.性心理异常是指两性行为的心理和行为明显偏离正常，并以这类性偏离作为＿＿＿＿＿的主要或唯一方式为主要特征，从而不同程度地干扰了正常的性活动的一组心理障碍。

A.性兴奋　B.性满足　C.性活动　D.性生活

3.幸福婚姻的基础是＿＿＿＿＿。

A.自信　B.尊重　C.互爱　D.信任

4.家庭成员，尤其是＿＿＿＿＿，在社会支持中起最重要的作用。

A.父亲　B.母亲　C.配偶　D.孩子

5.＿＿＿＿＿是导致心身疾病的主要社会因素。

A.家庭关系不和谐　B.家庭经济条件差　C.异地婚姻　D.失独

第七章　生活方式与健康

1965年，Belloc和Breslow进行了一项生活方式与健康关系的研究。研究对象是7000名年龄在20～75岁的成年男性和女性，研究工具是生活方式自测表。他们发现在相同年龄组中，生活方式问卷得分高的人的健康状况明显好于那些得分较低的人；在不同年龄组间，得满分者的健康状况与那些比他们年轻30岁，但在生活方式问卷上得0～1分的人相同(Belloc & Breslow，1972)。

1983年，Breslow对1965年研究的对象又进行了追踪研究，发现个体死亡率随着生活问卷得分的升高而下降。这一结果显示，良好的生活方式可以减少患病风险，延长寿命。更有趣的是，与女性相比，生活方式对男性健康的作用更明显，并且这种作用随着年龄的增长而增加。

根据以上及其他相关研究，不难发现，健康的生活方式能降低相关疾病死亡率，延缓死亡时间，推迟慢性疾病的发生，缩减大量用于健康方面的费用。本章将从饮食、休闲、睡眠和运动四个方面来阐明生活方式对身心健康的影响。

第一节 饮食

一、 饮食及心理学意义

饮食(diet)即吃喝饮品和食品。人通过进食和饮水实现身体和外界的物质交换，从而进行新陈代谢，保持活力。饮食不仅能影响情绪状态、认知能力和人格发展，还具有强大的社会心理功能。

饮食与情绪状态有密切关系。心理学家辛西娅·博尔对500多份病历资料进行分析，发现缺乏安全感的人喜欢雪糕和蛋奶冻等带甜又软绵绵的食品；情绪紧张的人青睐油炸土豆片一类的高盐松脆食品；吃填满肚子的大块食物会减轻孤单感。而食用钙、铁有助于克服紧张、焦躁状态，维生素 B_1、B_6，叶酸可缓解忧郁，泛酸与维生素 C 可减轻压力。研究者认为食物之所以能影响情绪，是因为食物中的一些成分可以改变血液中某些神经递质的浓度，从而调节焦虑、忧郁、警觉、轻松等情绪状态。

饮食还能影响认知能力。一项研究发现，食用健康的食物能有效改善大脑的记忆力。研究人员通过白鼠的实验，一组白鼠食用含有蛋氨酸的有害食物，而另一组白鼠食用不含蛋氨酸的健康食物。食用含有蛋氨酸食物三个月的白鼠大脑出现认知功能损伤，但在改吃健康食物后，这种损伤得到了逆转，认知功能得到恢复。营养学家也告诫我们，多吃富含蛋白质、糖类和维生素的食物可以增强记忆力和加快反应速度。

饮食与人格发展也有密不可分的关系。美国心理学家夏乌斯博士在《饮食·犯罪·不正当行为》一书中曾提到一个从小多动，难以管教的怪癖少年。但在接受糖类食物控制疗法后，少年的性格明显好转。研究者还发现，低胆固醇饮食可以导致人格问题，诱发如自杀、谋杀等行为。

最后，饮食具有其独特的社会心理功能。它常常是一种社交活动，是人与人沟通的媒介。用餐时人们进行庆祝、感谢、谈判等社交活动。以中餐为例，座席的方向、箸匙的排列、上菜的顺序等都体现一定的社交信息。

二、 饮食与身体意象

身体意象(body image)是指一个人对自己的身体部位大小、形态和美感的一种多维度的态度。身体意象有三个维度：(1)知觉维度：对身体形态认识扭曲的个体会认为自己的身体比实际要胖或瘦；(2)情绪认知维度：对身体形态的评价和态度(如喜欢、厌恶)；(3)行为维度：由身体形态评价引发的行为(如购买宽大的衣服遮盖肥胖的部位，或努力锻炼使身体更健美)。这种对外在形象的关注会直接影响我们的饮食习惯和心身健康。

多种因素会扭曲身体意象而导致进食障碍。青春期和性别是影响身体意象的重要因素。处于青春期的青少年因生理的急剧变化,因此非常注重外表。然而,当某些体态变化不符合社会公认的美学标准(如过宽的髋部、大腿和臀部)时,青少年的自尊心会遭受打击,从而出现厌食或贪食症状。人格特质是另一个身体意象影响因素。具有不同人格的个体可产生不同的身体意象。例如,具有自恋型人格的个体非常在乎别人对自己的评价,希望时刻展示自己完美的一面,因此他们会为保持美丽外表而进行不正常的饮食(如过度节食或暴饮暴食)。对另一些人来说,贪食或厌食是他们抵御同性恋倾向或寻求自我认同感的手段。例如,认为自己身体瘦弱的男性为强调自己的男性特质,会采用暴饮暴食的方法来增加体重,最终患上贪食症;而认为自己身体肥胖的女性为了获得苗条的外形通常过分节食,最终患上厌食症。此外,完美主义、害羞、悲观、孤立、自我牺牲倾向和情绪不稳定等人格特质都与不良的进食习惯有关。社会人际关系的不信任感也与进食障碍密切相关。这种不信任感表现为缺乏建立亲密关系的兴趣,难以表述自己的想法和感觉。研究发现那些对自己身体不满意的个体有更多的人际交往困难,并更难正确理解情感状态。

研究者把这些因素归为三类:(1)易感因素,即个体具有的某些容易导致进食障碍的特质;(2)诱发因素,即外界诱发进食障碍的因素;(3)保持因素,即导致进食障碍长期存在的因素。照此分类标准,研究者分别列举了厌食症和贪食症的影响因素(见表 7-1,表 7-2)。

表 7-1 厌食症的影响因素

厌食症		
易感因素	诱发因素	保持因素
年龄(12~25 岁)	青春期的身体形态变化	饥饿
女性	分离、死亡和家庭纠纷	变异的家庭互动模式
情感障碍	父母离异	社会隔绝
属于中下社会阶层	初次性体验	过度关注身体形态
低自尊	体重快速增长	丘脑下部变异
孕期肥胖	对体型的批评	对事业上的成功的期待
社会文化压力	体育活动增加	述情障碍
所在家庭注重外表和节食	负性生活事件	对食物的态度易受外界影响
过度依赖父母	所在家庭阻碍孩子的成长	
不稳定人格	学业与婚姻	
对自己过度保护	节食	

来源:Chinchilla,1995;Chinchilla,2002;Toro & Vilardel,1987。

表 7-2 贪食症的影响因素

贪食症		
易感因素	诱发因素	保持因素
精神疾病家族史	严格的节食	易感因素的持续存在
成瘾行为	先前有厌食症的经历	易感因素的严重程度
直系亲属中有情感障碍	体重超重	对身体形态不满意
家族性进食障碍	对身体形态不满意	对体重的过度关注
肥胖易感性	对体重的过度关注	持续的进食控制异常
家庭不和睦		过分节欲、戒酒、呕吐

来源：Chinchilla，1995；Chinchilla，2002；Toro & Vilardel，1987。

心理学家们提出了饮食行为的发展模型和认知模型，试图解释饮食失调患者如何形成不良身体意象从而产生进食障碍。饮食行为发展模型认为，孩子可以一方面通过接触食物来改变饮食偏好，另一方面通过模仿父母的饮食行为或在进食时得到奖励来形成某种饮食习惯。认知模型认为个体的态度能预测饮食行为，如预测食盐摄入量，快餐消费，低脂牛奶的食用频率，高纤维、高水果蔬菜摄入量和低脂的健康饮食等。

三、健康饮食行为

(一)平衡膳食

为促进国民的饮食健康，中国营养协会发布了《中国居民膳食指南》，包括一般人群膳食指南、特定人群膳食指南和平衡膳食宝塔三个部分。饮食宝典主张一个健康的成年人每天需要摄入 300～500 克谷类食物，400～500 克蔬菜，100～200 克鱼、禽、肉、蛋，100 克奶类食品，50 克豆制品，油脂类食物每天最好不要超过 25 克。

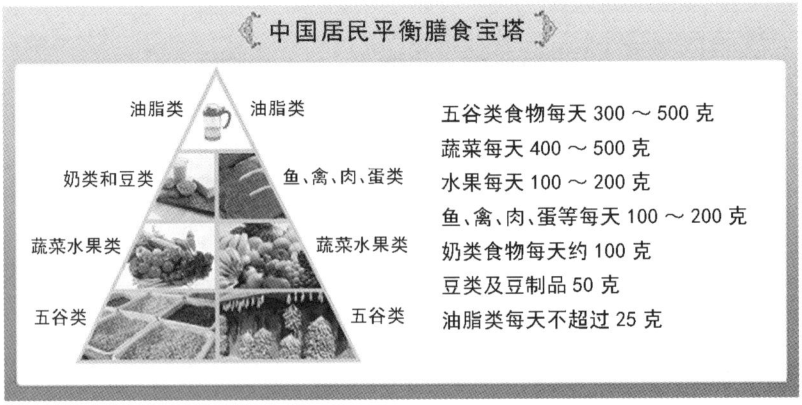

图 7-1 中国营养协会推荐的平衡膳食宝塔

（二）科学饮食习惯

除平衡膳食外，正确的饮食习惯对健康也很重要。健康专家为我们提供了许多宝贵建议：早餐要吃得丰盛，午餐要吃饱，晚餐则要吃得少而清淡。在午餐和晚餐之间还可以进行加餐补充营养，这样能帮助我们度过一天中最疲劳的时期。此外，一天中每3～4小时就应补充一点能量，比如食用坚果、水果等。但是，晚上不宜多吃脂肪含量高的食物。那么睡前又该选择什么食物？麻省理工学院博士朱蒂斯·沃特曼给出了答案："睡前半小时吃些低热量的碳水化合物零食有助于睡眠。"补充纤维最简单的方法是食用谷类食品。由于大多数人每天摄入的纤维量只有身体需要量（25～35克）的一半，建议抓住睡前的最后时刻补充一下。除了进食习惯外，饮水习惯也很重要。早晨起床后喝一杯凉开水，有利于肝、肾代谢和降低血压，防止心肌梗死。人经过几个小时睡眠后，消化道已排空，晨起饮一杯凉开水，能很快被吸收进入血液循环，稀释血液，等于对体内各器官进行了一次"内洗涤"。还可以给自己制订每天定量饮水的任务，督促自己饮用足量的水。

四、饮食相关障碍与调适

（一）肥胖

肥胖（obesity）是指体内脂肪的过度积累的一种状态，当肥胖影响健康或正常生活及工作时便称为肥胖症。体重指数（BMI）常被作为肥胖判断标准。BMI＝体重（公斤）/身高^2（米），按照这一公式算出的数值而将肥胖分为正常体重（20～24.9）、超重（25～29.9）、临床肥胖（30～39.9）、严重肥胖（40以上）。世界卫生组织估计全球超过4亿人属于肥胖，有16亿人超重，其中包括2000万5岁以下的儿童。2002年我国第四次营养普查发现，全国有2亿成年人超重，6000多万人肥胖。

Meryvn Willard制订了一个肥胖症的分类标准，指出了7种不同类型的肥胖（见表7-3）。

表7-3　肥胖分类

种类	病因
代谢型肥胖	低代谢率
环境型肥胖	零食易得、较少活动等
内分泌型肥胖	甲状腺机能减退，代谢水平下降
食欲调节障碍性肥胖	可能由下丘脑控制系统受损导致
脂肪细胞粒增生	多余能量导致脂肪细胞增生
强迫性进食	可能由心理冲突或情绪障碍导致
药源性肥胖	改变机体代谢功能的药物或激素所致

肥胖能诱发很多疾病。据统计,肥胖者患冠心病的概率比正常人高2~5倍,脑血栓与心力衰竭的发病率比正常体重者高1倍,高血压发病率高2~6倍。肥胖者患痛风、脂肪肝概率升高,也更易患乳腺癌、卵巢癌、大肠及前列腺癌。女性肥胖还会导致闭经不育。研究发现当赘肉集中在身体上部(尤其是腹部)时最有害。有趣的是,因为女性比男性更关心自己的体重,所以更多的治疗仅针对女性,但男性却更容易在上半身贮存脂肪而处于更危险的境地。

图7-2 肥胖症患者

肥胖还与心理问题相关。现代文明对肥胖有歧视和偏见,容易使肥胖者产生自卑感和精神压力,影响他们的人际交往和心理健康。霍普金森和布兰德(Hopkinson & Bland,1982)报告,在他们的肥胖被试中有五分之一的人在接受外科手术治疗前都经历过临床抑郁。随后,布尔等人(Bull et al,1983)也发现肥胖者认为自己具有沮丧的情绪。此外,兰德和麦格雷戈(Rand & MacGregor,1991)发现,那些通过胃旁路手术减肥的人宁可患其他严重疾病或丧失某些身体功能也不愿像以前那么胖。

肥胖形成的机制主要涉及生物学和社会心理两个方面。Stunkard对一同抚养和分开抚养的双生子的体重变化情况进行研究发现:体重改变的70%与遗传因素有关,30%与环境因素有关。若父母的体重正常,子女肥胖发生率为8%~10%;父母中一人肥胖,子女的肥胖发生率约为50%;若父母二人均肥胖,子女的肥胖率则高达70%~80%。肥胖的遗传倾向主要表现在脂肪细胞数目、脂肪细胞体积、脂肪组织分布部位等。而基因突变与某些遗传物质则可能是导致肥胖的主要原因。1950年Ingalls等人发现小鼠的肥胖是由一个隐性基因发生突变引起的,他们将此基因命名为肥胖基因(OB)。1994年Zhang等人鉴定了肥胖基因的表达物——血瘦素的作用。当肥胖基因发生突变,血瘦素水平下降,引起食物摄入量增加及能量消耗减少,从而导致肥胖或糖尿病。某些生活习惯也容易导致肥胖。例如,研究者发现肥胖儿童都有进食速度快、临睡前进食、看电视进食、非饥饿状态进食和运动少的特点。每日静坐看电视4小时以上的妇女肥胖症发生率比看电视1小时以下的妇女高两倍。还有研究表明焦虑、抑郁等负性情绪可引起应激性进食,从而导致肥胖。此外,人格差异也会影响个体的体重。研究者曾对490名被试进行肥胖和人格联系的测试,结果发现情绪稳定性低者比稳定性高者的肥胖症发病率高6.8倍;性格内向者比性格外向者的肥胖症发病率要高4.6倍。最后,文化差异也会影响肥胖症发病率。我国唐代文化中以胖为美,太平洋西南部的汤加国也以胖为美,人们的饮食热量高、活动少,导致很多人过胖。

为了保持标准体重，避免由肥胖带来的心身疾病，减肥成了一件颇为重要的事情。对大多数人来说，通过节食来减肥既经济又方便。但调查发现有90%的人在节食减肥两年后恢复到原来的体重。另一方面，不合理的节食计划可能会导致营养不良、进食障碍等不良后果。因此，合理制订减肥计划是实现健康减肥的关键。在制订减肥计划时，要注意以下几点：(1)减肥计划应避免节食导致的强进食动机，也就是不要让自己过于饥饿而产生强烈的进食欲望；(2)在减肥成功后，要进行一个过渡性的节食计划；(3)要根据身体的不同状况制订减肥计划，比如处在生长发育期、妊娠期或患病期等，节食减肥要谨慎。此外，正确的进食方式也是影响节食效果的因素之一。研究发现，就餐次数越少，进食量越大，过快地进食会加剧脂肪的沉积。因此，避免长胖的最简单方法是少食多餐，细嚼慢咽。除了节食的减肥方法，常用方法还有手术、增加锻炼、采用食欲抑制药和进行自我监控等。

（二）消瘦

人体因疾病或其他原因导致体内脂肪与蛋白质减少，体重下降超过正常标准10%时，即称为消瘦(emaciation)。这种消瘦一般都是渐进式的，有明显的皮下脂肪减少，肌肉瘦弱，皮肤松弛，骨骼突出等变化出现。由于脂肪组织和蛋白质的减少，个体对感染的抵抗力会下降，甚至出现维生素缺乏、缺铁、蛋白质营养缺乏症等严重的全身性疾病，构成对生命的严重威胁。

消瘦的原因大致分为体质性消瘦和症状性消瘦两大类。体质性消瘦受遗传因素影响，消瘦个体本身和其直系家属常为瘦型身材。他们无任何导致消瘦的疾病，其消瘦也不是渐进性的，生活状态亦如常人。而症状性消瘦是由食物摄取量不足、营养素消化和吸收障碍、营养素利用障碍、代谢亢进和营养素丧失等疾病造成的。一般由于各种原因所致的食欲不振和拒食而引起食物摄取量不足；营养素消化吸收障碍主要是由口炎性腹泻等肠黏膜酶类缺乏引起；营养素利用障碍主要由胰岛素不足引起；代谢亢进性消瘦是指甲状腺激素分泌过多引起机体基础代谢亢进，最终导致体重明显下降；营养素丧失性消瘦是指由于灼伤、外伤、大手术等导致的出血和渗出液的丧失而引起的体重下降。

为促进身体健康，消瘦者首先要保证营养的摄入，食补含有高蛋白、高热量、易消化的食物。其次，尽量减少辛辣刺激食物的摄入。最后，要尽量保持心情愉快，避免思虑过度。

（三）进食障碍

进食障碍(eating disorder)是一组以进食行为异常为主要表现的精神障碍，主要包括神经性厌食症、神经性贪食症和神经性呕吐。儿童进食障碍包括拒食、偏食和异食等。其中，最常见的是神经性厌食和神经性贪食。

1.神经性贪食症(bulimia nervosa)是一种以反复发作和不可抗拒的摄食欲望并伴有暴食行为为特征的进食障碍。中国精神疾病诊断标准(第三版)(CCMD-3)对贪食症的诊断标准为:(1)存在一种持续的难以控制的进食和渴求食物的强烈欲念,并且病人屈从于短时间内摄入大量食物的贪食发作;(2)至少用下列一种方法抵消食物的发胖作用,如自我诱发呕吐,滥用泻药,间歇性禁食,使用厌食剂、甲状腺素类制剂或利尿剂,如果是糖尿病病人则会放弃胰岛素治疗;(3)常有病理性怕胖;(4)常有神经性厌食既往史,二者间隔数月至数年不等;(5)发作性暴食至少每周两次,持续三个月;(6)排除神经系统器质性病变所致的暴食以及癫痫、精神分裂症等精神障碍继发的暴食。有时贪食症可继发暴食与抑郁症,这会导致诊断困难或在必要时需并列诊断。

贪食症的原因涉及遗传、生物学和家庭、社会等方面。贪食症具有遗传基础,有家庭群集现象。孪生子调查结果也表明这种疾病与遗传的相关性很高。生物学理论认为,贪食症的本质与物质成瘾有类似之处。研究证明,暴饮暴食—清除胃内食物的进食模式可使人体内β-内啡肽(一种能让人产生愉悦感的物质)水平升高,从而降低焦虑感。心理学理论则认为贪食症患者的应激认知与普通人相异:一方面,贪食者能意识到自己缺乏控制力并因此感到焦虑,但另一方面他们缺乏应对焦虑的技能,因此,他们倾向于通过暴饮暴食达到逃避由缺乏控制感而引起的焦虑的目的。此外,社会学调查发现,贪食症患者的社会支持系统相对薄弱。比如,他们从家人朋友中得到的帮助和支持较少,社交能力低,人际矛盾多等。

图 7-3 神经性贪食症患者

治疗贪食症的方法有很多种,但医疗与认知行为治疗的结合被证明是最有效的方法。利用这一综合治疗方法时,通常先是指导患者记录进食习惯,包括进食的时间、地点、食物种类以及感受。简单的自我检测有助于减少暴食行为。具体的方法包括提高进食的规律性,吃不同种类的食物,尽可能延长清除胃内食物的冲动,在新环境中吃自己喜爱的、与既往暴食没有联系的食物。所有这些方法都有助于患者打破原来贪食症的进食习惯。此外,提高进食的自我效能感也有利于优化认知行为疗法的疗效。

2.神经性厌食症(anorexia nervosa)是一种自愿节食的强迫性心理障碍。临床表现为用自愿禁食、引吐、服用泻药、体育锻炼等方法追求体重减轻,甚至在明显消瘦的情况下还认为自己太胖。这些行为将对健康构成严重的威胁,甚至会导致死亡。神经性厌食多发于女性,平均发病年龄为 17 岁,常见于城市人口,特别是收入较高的人群。

很多因素都能引发神经性厌食症。首先是遗传因素,尤其与控制血清素、多巴胺,以及雌激素系统的基因有关。一项多中心的国际合作研究结果显示1号染色体的某个区域可能含有神经性厌食症的易感基因。其次,下丘脑—垂体—肾上腺轴的异常活跃、自身免疫问题也是导致神经性厌食症的原因。此外,人格特点和家庭互动模式也可能是引起神经性厌食的原因之一。研究表明,患有神经性厌食症的女孩通常缺少控制感,有完美主义倾向并表现出想要获得赞扬的行为。厌食症患者更有可能来自一些不太健康的家庭,如家庭成员中有心理障碍或酗酒者,或者家庭极端封闭,家庭成员之间缺乏情感交流技巧和处理冲突的技能。女性患者的母亲常对家庭不满,对女儿的外貌不满,而且母亲自身就很容易患进食障碍,这种母女关系更容易使女儿患上进食障碍。

图 7-4　神经性厌食症患者

对神经性厌食症患者进行适度的行为引导是很关键的,尤其是帮助其建立正确的身体自我,必要时需要借助医学的帮助。

生活中的心理学

厌食症的牺牲者——法国名模伊莎贝拉·卡洛

——摘自《淑媛》

一直与厌食症抗争的法国模特伊莎贝拉·卡洛(Isabelle Caro)于2010年11月17日去世,年仅28岁。伊莎贝拉从13岁起即受厌食症困扰,她短短的一生都在和厌食症做斗争。

卡洛生于1982年9月12日,从小热爱音乐和表演,梦想成为一名演员,但她那对"怪癖父母"却将卡洛一步一步引上了悲剧的道路。在卡洛的自传《不想变胖的小姑娘》中,她这样描述她的母亲:"她的精神有一些问题,她既不想让我长高,也不想让我长胖,她希望我永远是她的'小姑娘'。她把我关在没有光线的屋子里,不让

图 7-5　法国模特伊莎贝拉·卡洛

我出去，因为她听说晒太阳会让小孩子长个儿。”对于她的父亲，她这样写道：“他在我心里，是一个巨大的空白。小时候，当我被关在黑暗的屋子里，总是希望有一个人来解救我，而那个人只能是我的父亲，但他没有。”“我妈妈喜怒无常，为了讨她开心，我主动减少了食量，吃得越来越少，人也越来越瘦小。”这样做的后果是，从 13 岁开始，卡洛就患上了厌食症，最严重的时候，她每天只吃两小块巧克力和 4 到 5 片超薄玉米片。从那时起，她就对自己的身体遮遮掩掩，不愿意让别人“看透”她的身体。成年后，卡洛进入了演艺圈，在一些喜剧中出演角色，还走上了 T 台，从事模特工作。但每次表演或走秀的时候，她总是要做一些伪装，比如在服装里穿几件打底衣，或在脸上涂上厚厚的粉，让自己看上去不那么恐怖。

复习巩固

1.哪些因素可导致肥胖？

2.贪食症或厌食症患者具有怎样的人格特质？

3.如何防治进食障碍？

第二节 休闲

一、休闲及心理学意义

休闲(leisure)是指个体在完成工作和满足生活需求后自由支配时间,因喜欢而从事某些活动的一种状态。在中国文化中,“休”即倚木而休,强调人与自然的和谐;“闲”为娴静、思想纯洁之意。休闲的目的在于自我教化,完善人格,使我们本能地提升自己的价值感并感到快乐。

休闲质量的高低直接影响到人的心理健康。休闲可以把人们对不愉快情景的注意力转移到别的地方,从而消除不良情绪。比如,有些人在受到不良情绪影响时,喜欢到外面走走,欣赏景色,感悟人生与自然世界,以得到美的体验和新的启迪。此外,休闲对心理疾病有一定的治疗功能。研究证明,休闲体育不论是力量训练,还是像慢跑、跳操等形式的有氧运动,都可以减少轻度到中度的消极情绪,而且对治疗包括焦虑和滥用药物引起的功能紊乱在内的其他类型的精神失调症有辅助作用。

休闲还能影响我们的社会心理功能。在参与集体休闲活动时,人们不仅能发挥自己的才能,补偿在工作中被压抑或尚未满足的需求,强化积极的自我形象,产生自我价值感和满足感,还能促进与他人的交流,拓展社交网络,巩固人际关系。

中国历来都有着良好的休闲文化:庄子哲学体现对精神自由的追求,魏晋南北朝的隐逸文化大为发展,儒家对高雅的休闲生活有着明显青睐。文化不仅影响着人们对休闲的理解,还左右着休闲的方式。可见,文化是休闲的灵魂。目前国人对休闲的理解主要包括以下几个方面:(1)休闲不是工作的对立面,休闲是一种发展自我的方式——是一种激发工作热情、创造社会财富的有效途径;(2)主动休闲即现代休闲不仅追求消除疲劳、放松身体,还追求精神上的享受,进行自我提高和自我实现。

二、健康休闲方式

由于时间、空间和每个人的活动方式不同,休闲方式也会不一样,但大致可以分为不良和健康休闲方式两类。健康的休闲方式是一个内涵与外延都很灵活的概念,不同的人有不同的理解。基于健康的生活方式能提高人们的生活质量和促进身心健康这一理念,我们将健康的休闲方式定义为,时间上与生理节律相宜,空间上与身心健康相生,并与社会道德相容的休闲方式。西方思想家认为,健康休闲是在积累一个人、一个民族、一个国家的文化资本,是对人的教育和教养的投资。目前,中国人的休闲方式比传统社会有了明显进步，但仍存在一些问题，需要个体的自我调控和学校、社会的教育引导。个体可以从以下几个方面入手：(1)增强理性的选择和判断能力；(2)合理安排休闲时间，进行有效休闲，做到适可而止；(3)适当营造休闲的家庭气氛；(4)选择适合自己的文明的休闲活动；(5)提高自己的休闲技能。此外，学校和社会实施教育者的角色，需要做到以下几个方面：(1)将休闲教育融入教育体系；(2)把休闲教育融入管理制度；(3)把休闲教育融入日常生活中；(4)把休闲教育融入传媒的各种信息中。

三、不良的休闲方式与调适

不良休闲方式包括不良饮食行为、不良睡眠生活方式、不良性生活方式、缺乏锻炼、吸烟、酗酒、吸毒等。

图 7-6　不良生活方式

1.不良饮食习惯

(1)贪食：控制不住食欲，过多地摄入食物而造成营养过剩，引发肥胖、高血压、高血脂等疾病。(2)拒食、厌食：食物摄入量不足，导致营养不良，抵抗力下降。(3)不吃早餐：前一天晚上吃太多，导致早上起床一点都不饿，或者是晨起时间紧张的上班族常常不吃早餐。科学家对男女员工进行长期跟踪后发现，习惯不吃早餐的人数占到了40%，而他们的寿命比其余60%的人平均缩短了2.5岁。(4)晚餐太丰盛：持续长时间吃丰盛晚餐，会破坏人体正常的生物钟，使人容易患上失眠症。(5)餐后吸烟：吸烟有害健康，饭后吸烟更容易使烟中的有害物质进入人体，这是因为人在进餐后，胃肠蠕动加强，血液循环加快，烟中的有毒物质比平时更容易进入人体，从而更加重了对人体健康的损害程度。(6)饮水不足：人每天要摄取大量的水，如果饮水不足会导致脑老化、诱发脑血管及心血管疾病、影响肾脏代谢功能。

2.不良睡眠习惯

熬夜是不良睡眠生活方式的主要表现。熬夜会使人体免疫功能下降，引发各种消化道疾病，增加得心血管系统疾病的风险，还容易造成自律神经失调。因此，要尽量做到不熬夜或少熬夜。如果非熬夜不可，需要注意以下几点，以减少熬夜带来的危害：(1)要在白天尽量摄入足量的鱼、肉等动物蛋白，以便补充晚间的营养；在晚餐时不要吃主食，只吃鱼、肉、蔬菜副食即可；晚上饥饿时，只喝牛奶或者只吃水果。(2)吃维生素类的食物，尤其是富含维生素 B 的食物。(3)工作一二个小时后要休息 15 分钟，通过洗手、漱口、做体操、呼吸新鲜空气的方法消除疲劳，改善精神状态。(4)天亮前一定要睡 1～2 个小时，熬夜后第二天中午要打个盹。(5)每天尽量在 12 点前睡觉，不要经常熬夜，如果非得熬夜，一星期一次为限。

3.缺乏运动

英国《新科学家》杂志报道，英国伦敦圣托马斯医院的研究人员检测了 2401 对双胞胎白细胞中的染色体端粒的长度。结果发现，闲时不运动者的染色体端粒比积极运动的人的要短。那些每周只运动 16 分钟的人与每周运动 3 小时以上的人相比，其端粒平均要短 200 个碱基对，若转换成生物年龄，前者比后者衰老约 10 岁。缺乏运动还会导致肥胖、免疫力下降等不良后果。科学运动是保证身心健康的重要前提。

4.不良的性生活

不良的性生活主要是指性的禁锢和性的放纵。性的禁锢主要有对性的忌讳、性神秘化、对性行为的道德和法律的约束等，性的放纵主要有卖淫、宿娼、群交、乱伦等。不负责任的性行为会造成家庭的解体、离婚率的提高、出现私生子、单亲家庭，引起子女抚养、教育等一系列问题。性的放纵又会造成性疾病的传播，特别是艾滋病会严重危害健康并造成社会的危机。因此，从青少年时期开始给他们树立良好的性意识、性观念是保障成人时期健康性行为的关键。

生活中的心理学

复旦患癌的女博士于娟的生命日记

于娟，复旦大学教师，一位年轻的“海归”女博士。人们关注她，是因为《生命日记》不平常，它是于娟患乳腺癌后，写下的病中日记。她在日记中写道：“痛定思痛，我开始反思自己究竟哪点做得不好，所以上天给我开个如此大的玩笑，设个如此严峻的考验。"以下是她日记中的部分内容。

第一部分　习惯问题之饮食习惯

1.瞎吃八吃

我是个从来不会在餐桌上拒绝尝鲜的人。基于很多客观原因，我吃过很多不该吃的东西，不完全统计，孔雀、海鸥、鲸鱼、河豚、梅花鹿、羚羊、熊、麋鹿、驯鹿、野猪、五步蛇诸如此类不胜枚举。然而，我却必须深刻反省，这些东西都不该吃。

2.暴饮暴食

我是个率性随意的人，做事讲究"一剑在手，快意恩仇"，吃东西讲究"大碗喝酒，大口吃肉"……在复旦读书的时候，导师有六个一起做课题的研究生，我是唯一的女生。聚餐的时候，5个男生没有比我吃得多的……工作以后，我仍然忍着腰痛(其实已经是晚期骨转移了)去参加院里组织的阳澄湖之旅，一天吃掉7只螃蟹。

第二部分　睡眠习惯

我平时的习惯是晚睡。回想十年来，自从没有了本科宿舍的熄灯管束(其实那个时候我也经常晚睡)，我基本上没有12点之前睡过。除了学习、考GT、考研这些堂而皇之的理由外，与此同时，聊天、网聊、BBS灌水、蹦迪、K歌、保龄球、吃饭、一个人发呆填充了没有堂而皇之理由的每个夜晚。

第三部分　突击作业

各类大考小考，各类从业考试，各类资格考试(除了高考，考研和GT)，可能我准备时间都不会长于两个星期……每当我想起来好好学习的时候，差不多离考试也就两个星期了。然后我开始突击作业，为的是求一个连聪明人都只有日日努力才能期盼到的好结果好成绩……最高纪录一天看21个小时的书，看了两天半去考试。

复习巩固

1.健康的休闲方式具有哪些特点？

2.有哪些不良休闲方式？

第三节　睡眠

一、睡眠分期及心理学意义

睡眠(sleep)的确切定义，随着时代的变迁而有着不同的内涵。最初，研究者认为睡眠是一种自发的、可逆的、感觉和运动停止的状态。但在利用脑电技术研究脑活动之后，学者们转而认为睡眠仍是一种活动状态，睡眠时人脑只是换了一种贮存能量的工作方式，有利于精神和体力的恢复。

人的一生中大约有1/3的时间要在睡眠中度过，睡眠是体力和脑力恢复的最佳形式。睡眠包括非快速眼动(NREM)睡眠和快速眼动(REM)睡眠两种形式。NREM睡眠包含4个阶段：第一阶段，即最浅、最早的睡眠阶段，脑电波是以θ波为标志的，在这一阶段人们开始对四周的声音没有反应，尽管很容易被任何大的声响吵醒。在第二阶段，呼吸和心跳的频率变平稳，体温下降，脑电波表现为一种名为"睡眠纺锤波"的短脉冲群和大的K复合波交替出现。在第三阶段和第四阶段，即深睡眠阶段，是以δ波为标志的。这两个阶段是储蓄能量、强化免疫系统，以及促进身体释放生长激素最重要的阶段。在REM睡眠期间，眼睛快速移动，呼吸和心跳频率加快，在此期间还会做生动的梦。这一睡眠阶段的脑电波是以β波为标志的，而且对加强记忆、解决前一天的问题，以及将知识转变为长时记忆是十分重要的。

睡眠具有独特的生理意义。首先，睡眠能促进人体生长发育。据研究，儿童的生长速度在睡眠时要比醒时快3倍。这是因为对促进生长发育有重要意义的生长素只有在夜晚睡眠时才大量分泌。其次，睡眠能消除疲劳、恢复体力。这是因为在睡眠时，人体一方面把体内蓄积的代谢废物和二氧化碳、尿素等继续分解排泄出去，另一方面又使自身获得充分的休息。最后，睡眠能保护脑神经。脑神经细胞具有高反应性和复杂的功能活动，它们需要丰富的营养，但本身又缺乏储备营养物质的能力，因此特别脆弱。血脑屏障的通透性在觉醒时明显增加，使有害物质通过屏障进入中枢神经系统造成损害。而在睡眠时屏障的通透性减弱，能保护大脑皮质的神经细胞，维护皮质高度分化的组织功能，有利于防止中枢神经系统遭受严重的损伤。

充足的睡眠对心理功能也有促进作用，表现最明显的是对记忆的促进。著名神经病学家本森做了一个实验，将接受实验的学生分成两组，A组在集中精力背诵一些材料后，立即进入睡眠；B组在清晨背诵同样的材料后，进行一天的正常工作和学习。次日清晨对两组人员进行记忆力测试，实验结果发现A组明显优于B组。

二、健康睡眠习惯

健康的睡眠习惯应该具有与自然节律一致、满足生理需要、保持环境舒心舒身，愉快入睡的特点。与自然节律一致是指每天保证正常的睡眠时间是很重要的，一般成年人应该在6～9个小时，晚上10～11点睡觉，早上6～7点起床，这样可以使人维持一个较稳定的生物节律，对人体身心都有益处。满足生理需要是指学会睡"子午觉"——"子"是指夜间的23～1点，"午"是指白天的11～13点。研究认为睡"子时"可以养精蓄锐，而睡"午时"也是个很好的睡眠习惯，则可以顺应阳气的开发。为了保证深睡眠，应该尽量做到早睡早起。晚上10点至凌晨4点，是最佳睡眠时间，入睡的最晚时间不能超过11点。保持环境舒心舒身是指睡觉时要保持室内空气新鲜，温度不宜超过17摄氏度，床垫不宜太硬或太软，枕头的高度应为9～15厘米，不要在床上看书、吃东西、看电视。愉快入睡是指临睡前不做剧烈运动，不要过分担心晚上睡不着，可以做一些使自己放松的事情，如散散步、洗个澡、看看小说、听听柔情的音乐等，忘掉白天的紧张和烦恼，保持宁静的心情，从而有利于睡眠。

三、睡眠障碍与调适

不是所有人都拥有高质量的睡眠，有部分人患有原发性睡眠障碍。原发性睡眠障碍(primary sleep disorder)可分为睡眠异常(包括原发性失眠症、原发性过度睡眠症、发作性睡病、与呼吸有关的睡眠障碍、睡眠的昼夜节律障碍)和睡眠相关异常(包括噩梦、睡惊、睡行)。

原发性失眠症(insomnia)是指整夜睡眠时间少于5小时，表现为入睡困难、浅睡、易醒或早醒等，失眠可由外界环境因素，如室内光线过强、周围过多嘈音、值夜班、坐车船、刚到陌生的地方；躯体因素，如疼痛、瘙痒、剧烈咳嗽、睡前饮浓茶或咖啡、夜尿频繁或腹泻等；或心理因素，如焦虑、恐惧、过度思念或兴奋等引起。一些疾病也常伴有失眠，如神经衰弱、焦虑症、抑郁症等。

图7-7　睡眠障碍

原发性过度睡眠症(hypersomnia)是指因各种脑病、内分泌障碍、代谢异常引起的嗜睡状态或昏睡，以及因脑病变所引起的发作性睡病。这种发作性睡病表现为经常出现短时间(一般不到15分钟)不可抗的睡眠发作,往往伴有摔倒、睡眠瘫痪和入睡前幻觉等症状。

夜惊(night terror)主要发生在4～12岁的儿童中,男孩多见,多有家族史,往往发生在入睡后半小时至2小时内。表现为睡眠时突然发生,猛然惊醒,一声怪异的尖叫,随后不停地哭喊,双手乱打,双腿乱蹬,床上或下地无目地行走。同时伴有面部表情恐怖,眼睛睁大,明显的呼吸急促、心跳加快、瞳孔放大、皮肤潮红出汗。对父母的安抚无反应,拒绝任何接触,有时激烈的活动可以造成外伤。发作中很难唤醒,持续时间大约数分钟,多在发作停止前清醒,对发作过程仅有片段回忆。

梦魇(nightmare)多始于儿童期3～6岁,无性别差异,发生于REM睡眠期,多为长而复杂的梦,内容恐怖,数周或数月发作一次。患儿梦魔时很少讲话、尖叫、少有形体动作或下地行走。

梦游(sleepwalking)多在4～8岁之间发病,是在慢波睡眠中发生的睡眠时行走,出现于夜间睡眠的前1/3时段中。表现为睡眠中突然起床,双目凝视,安静地走来走去,有时喃喃自语,不能回答问题,但很容易在父母语言的指引下回到床上再次入睡。有时可以完成一些复杂的活动,如避开障碍物行走,从一间屋走到另一间屋,甚至能开门走到外面,造成意外伤害。梦游结束时完全清醒,对刚才发生的事件不能回忆或只有片段的回忆。

对睡眠障碍的治疗方法主要有药物治疗、心理治疗、刺激控制疗法和认知行为疗法等。药物治疗是指使用抗组胺类药物、苯二氮卓类药物、褪黑素等帮助患者改善睡眠。心理治疗包括通过心理疏导、背部按摩、音乐疗法、暗示、冥想等方法可促进身体和精神放松,提高睡眠障碍患者的睡眠质量。刺激控制疗法是一套帮助失眠者减少与睡眠无关的行为和建立规律性睡眠一觉醒模式的程序。主要操作要点:坚持在固定的时间起床;除睡眠和性生活外,禁止在床上看电视、吃东西、读书,床只用于睡觉;如果上床后30分钟不能入睡,起床去别的房间放松自己;不要躺在床上强迫自己入睡,只在想睡的时候上床。认知行为疗法通过纠正睡眠障碍患者对于睡眠和睡眠不足的错误认识,减轻焦虑症状,改善患者睡眠。

扩展阅读

睡眠剥夺实验

1966年日本一位研究者对一名23岁的男青年进行了剥夺睡眠的实验,连续剥夺了101个小时,结果未发现有明显的异常变化,只是精神活动能力减弱,并出现了错觉和幻觉。有的研究者剥夺被试睡眠的时间长达205个小时,结果表明200小时左右的睡眠剥夺,尚不至于出现明显的生理异常,可是心理活动却受到一定影响,睡眠被剥夺之后常常会出现的精神症状是易怒、困倦、注意力难以集中、学习和记忆力显著下降，反应迟缓，在需要做出迅速反应的心理实验中，容易出现错误。

睡眠被剥夺之后，一般会出现自然补偿，有一位男青年被连续剥夺睡眠长达264小时(11天)，结果睡眠补偿的情况是这样的：第一夜睡眠过程中第四期睡眠(深度睡眠)显著增加，快速眼动睡眠也明显增加，第二期和第三期睡眠也有所增加，而第一期睡眠和醒的时间却减少了。这种情况要经过三天以后才能恢复正常。另外一些研究证明，200小时的睡眠剥夺，只要一次睡足12～14小时，被试的主观感觉可以得到恢复，可是最初几夜睡眠中第四期睡眠的比例增加，而快速眼动睡眠的时间却无明显增多，只有在第四期经过几夜增加之后，才开始快速眼动睡眠的增加。在正常睡眠过程中，慢波睡眠出现在快速眼动睡眠之前，而睡眠被剥夺之后，睡眠的补偿也是先满足慢波睡眠，后补偿快速眼动睡眠，其顺序同正常睡眠的过程一样，这究竟是为什么，尚未弄清楚。

复习巩固

1.每个睡眠阶段的特点是怎样的？

2.有哪些睡眠障碍，它们的特点是什么？

3.如何培养良好的睡眠习惯？

第四节　运动

20 世纪 60 年代以前，人们参加体育运动的目的是追求卓越。然而，到了 20 世纪 60 年代初，“全民健身”的口号被提出，各地体育理事会纷纷大力兴建游泳池、高尔夫球场和体育场等全民健身设施。“没有付出就没有收获”的人生信条盛行一时。这一观念现在又转变为“关心自我”：运动不再是精英们的专利，而是强调体质和心理的双重建设。越来越多的人认为，日常生活中涉及的运动对健康最有利。

一、运动及心理学意义

运动(sports)被定义为“为了促进或保持一个或更多方面的身体健康而进行的有计划、有组织、反复的肢体活动”。

近年来，健康心理学家已经检验了有氧运动(aerobic exercise)在维持身心健康方面的作用。他们发现有氧运动能够调节并加强心肺功能，提高机体对氧的利用率。每天仅运动 30 分钟就能减少包括心脏病在内的一些慢性疾病和一些癌症的威胁。运动的其他益处还包括：增强心肺功能、优化体重、加强或保持肌力、提高软组织和关节的灵活性、降低或控制高血压、改善胆固醇水平、提高糖耐量、提高应急耐受力。运动可以延年益寿，如果有一个健康的躯体和经常锻炼的习惯，就可以明显地延缓死亡。据统计，就 80 岁以前的人来说，有氧运动可以使其寿命增加 1～2 年。

研究者们还发现，有氧运动对心理状态，如焦虑、抑郁和紧张都有影响。这可能是因为运动能激发一些积极内心体验，如社会活动激发参与感。此外，锻炼期间获得的社会支持能促使人们坚持自己的锻炼计划，促进自我效能感的增强。布朗(Brown)和西格尔(Siegel)进行了一项纵向研究，旨在研究经常锻炼的人是否能比那些不锻炼的人更好地应对应激，避免某些疾病发生。研究结果表明，随着锻炼水平的提高，应激性生活事件对健康的不良影响程度逐渐下降。锻炼还能通过集中注意力来起到改变认知过程的作用。

生活中的心理学

运动为何使人快乐？

运动不仅令人体格健康，还有助于精神卫生，能够有效抗击抑郁。近日，美国一项研究揭示了运动对抗抑郁的原理，这一原理将被用于新一代抗抑郁药的开发。

运动对健康有许多好处，除了能激发身体各个部位的活力外，它还可以令人心情愉快，从而有效抗击抑郁。医生在治疗抑郁症患者时也往往鼓励他们进行适量的锻炼。然而，运动为何能抗击抑郁？这其中的原理却一直不为科学界所了解。近日，耶鲁大学的研究人员在罗纳德·杜曼教授的领导下，终于发现了运动抗抑郁背后的原理。原来，它掌握在一个叫 VGF 的大脑基因中。杜曼教授和同事一起对运动过的小鼠大脑和静止不动的小鼠大脑进行了比较，结果发现，一个叫 VGF 的基因在运动过的小鼠大脑中格外活跃，而在没有运动的小鼠大脑中则不活跃。研究人员在研究中进一步发现，VGF 发挥作用时会在小鼠大脑中产生强劲的抗抑郁反应。而对小鼠中的 VGF 进行基因变异，令其不够活跃，则会产生相反的效果。“这一研究提供了揭示运动抗击抑郁原理的直接证据”，杜曼教授说。有媒体称，这一发现不仅强调了锻炼的重要性，而且，为抗抑郁药的研制提供了与以前截然不同的全新思路。杜曼教授指出：“利用锻炼激活 VGF 基因并将其用于抗抑郁药的研制比目前的化学抗抑郁药更好，因为它已经存在于大脑中。”

二、科学合理运动

运动是否适量，标准主要看心率，应该是最大心率的 60%～85%。值得注意的是，由于每一个人的实际情况千差万别，与安静时心率相比，应相差 15%～30%，甚至更多，所以选择最佳运动量应根据自己的年龄、性别、职业特点、体力状况、健康水平、体育基础、生活环境、目的任务等不同情况来决定。此外，科学运动有三个要点：(1)在一周的大部分时间至少每天应该坚持运动 30 分钟；(2)提倡有氧运动；(3)每周至少应该有计划地进行两次加强肌肉的锻炼或活动。

有氧运动的特点是强度不大、有节奏、不中断和持续时间长。有氧运动能明显提高机体摄氧量，增进心肺功能。有氧运动具体方式有快步走、慢跑、轻松打球、游泳、骑自行车、做健身操、跳交谊舞、打太极拳、拖地等。除有氧锻炼外，还应注重加强肌肉锻炼。强健的肌肉意味着能保持好的体形和体能。强健的肌肉有更大的力量，能促使骨骼强壮，所以，强健的肌肉

图 7-8　健康运动方式

既能保持体形又能保持体能。肌肉锻炼方式以无氧锻炼为主，常见的有举哑铃、举重、仰卧起坐、引体向上、快跑、负重蛙跳等。

除正确选择锻炼方式外，还要注意选择正确的锻炼时间。清晨并非最佳锻炼时段。有些人习惯于清晨锻炼，那请注意下列事项：(1)晨练前喝一大杯温开水；(2)做好充分准备活动；(3)运动量不宜大；(4)气温低时或雾天最好不要晨练。选择下午或傍晚锻炼，能最大限度地发挥人体潜能和身体适应能力，达到健身的目的。

最后，运动与饮食关系密切。运动前应食用少量食物。"空腹和刚进食后就开始运动，对人体健康都是非常不利的。"如果是晨练，早餐一定要避免食用难以消化的食物，最好食用少量奶制品、谷类、水果、饮料。在运动过程中应及时补充水分。如果运动时间少于1小时，每15分钟应喝水150毫升到300毫升；如果运动时间在1到3个小时，应及时给身体补充糖水以免出现低血糖。此外，运动时一定不要喝冰水，因为剧烈运动时喝冰水会引起消化系统方面的问题。剧烈运动之后不要马上喝水，因为运动之后人体新陈代谢加快、汗液排出，立即喝水的话会加速体内无机盐的流失，应该休息一下再饮用常温水、淡盐水等。而且运动后不宜吃鱼、肉等酸性食物，这是因为在运动后人体内的糖、脂肪、蛋白质被大量分解，产生乳酸、磷酸等酸性物质，这些酸性物质会刺激人体组织器官，使人感到肌肉、关节酸胀和精神疲乏。专家建议，运动后应多吃一些水果、蔬菜、豆制品等碱性食物，以保持人体内酸碱平衡，从而达到消除运动疲劳、保持健康的目的。

三、运动不足及过度

由于长期缺乏运动，肌肉慢慢萎缩，体力逐渐下降，随之出现精神不振、肥胖、器官功能减退、抗病能力减弱等。在这种状态下，极易引起高血压、动脉硬化、冠心病、胆结石、糖尿病等疾病。研究观察证明，人如果20天静止不动，则心脏的搏动和肺的呼吸功能显著减弱，血液的供给和氧气的摄入量明显减少。医学专家在观察中还发现，由于运动不足而致使身体肌肉逐渐萎缩的现象越来越普遍、严重，对身体健康已造成一定的危害，尤其是对儿童的生长发育极为不利。因此，专家主张应尽量弃车步行，多走路、多运动，不仅可使腰腿肌肉变得结实，双腿矫健灵活有力，而且可使心肺和消化、泌尿、神经系统的功能得到锻炼和加强，从而有利于身体健康。

然而运动量并非越大越好，运动过量可使机体免疫功能受到损害，影响健康。这是因为人在剧烈运动时，体内会产生较多的肾上腺素和皮质醇等激素，当这些激素增加到一定数量时，会使免疫器官中的脾脏产生白细胞的能力大大降低，致使淋巴细胞中的A细胞、B细胞以及自然杀伤细胞(NK细胞)的活性大大降低，其中自然杀伤细胞可减少35%，这会导致人体免疫力的下降。机体免疫力降低，当遇到病菌、病毒侵袭时便容易罹患感冒、肺炎、胃肠道感染性疾病。因此，体育锻炼要讲究适当，以锻炼后精神饱满、不感到疲劳为标准。

研究者对预测运动懈怠率的因素进行了研究，发现运动懈怠率低的人大部分有锻炼史、高自我动机、有配偶支持、有足够时间、运动设施便利以及相信运动的健康价值。随后，他们用阶段改变模型，发现内在动机尤其是愉悦的动机能预测持续运动行为。

扩展阅读

如何做有氧运动

1.提倡有氧运动，了解最大心率。运动达到的最大心率：(220－年龄)×(60%～80%)属于比较合适的范围。以20岁为例，其最大心率为(220－20)×60%＝120，(220－20)×80%＝160，那么运动时心率最好在每分钟120～160次之间。在适宜的心率范畴内，成年人推荐每次运动半小时到一小时，包括准备活动与整理活动的时间，每周运动3～5次。

2.运动强度偏高，运动时间缩短。以20岁为例，心率为120次/分，运动维持30～40分钟没问题；心率为160～170次/分，运动不宜超过30分钟；心率超过170次/分为超强度运动，如跳绳，运动时间最多单次不超过5分钟。当然运动间隙后，心率恢复安静后，可再次运动，但也要注重整体运动量。

3.用“晨脉”了解自己的运动健康。每天早晨在清醒静卧的状态下测脉搏，在身体健康的状态下连测3～5天，取平均值为准。测晨脉(基础脉搏)的目的是便于比较、了解身体的机能状态。比如：平时的晨脉是70次/分，但运动后第二天晨脉没能恢复到70次/分，就说明运动过度了。

这里要提醒两点：①若晨脉每分钟多于正常状态12次，第二天必须停止运动，以恢复为主，这是一个警报；②持续锻炼一段时间后，晨脉次数会适当减少，这是心血管机能提高的表现。

4.了解运动后的脉搏。每次运动前先测安静脉搏，若运动结束5分钟恢复至安静脉搏，即为小运动量；运动结束5～10分钟恢复，为中等运动量；运动结束10分钟还没恢复，为大运动量，下次运动就必须减一点。

5.看看“自觉症状”。所谓自觉症状，即运动中呼吸频率(喘气程度)、面色、出汗量以及心血管和消化系统的反应。若感觉到胸闷、心慌、心悸、腹痛，应立即停止运动，今后的运动也要减量。专家指出，合适的运动应该是运动后微微出汗，略感疲劳，食欲增加，第二天精力充沛。切忌运动时间长，又不补充能量，可能会引起暂时的低血糖。因此，建议对超过40分钟以上的运动，不但要补充矿泉水，还应补充糖分、盐分。

复习巩固

1.运动与心理健康有什么关系？

2.运动不足或过量有哪些坏处？

要点小结

生活方式(lifestyle)是个体所做的影响健康的各种决定和行为的总和，涉及衣、食、住、行、劳动工作、休息娱乐和社会交往等多个方面。

饮食(diet)即吃喝饮品和食品。人通过进食和饮水实现身体和外界的物质交换，从而进行新陈代谢，保持活力。饮食不仅能影响情绪状态、认知能力和人格发展，还具有强大的社会心理功能。

身体意象(body image)是指一个人对自己的身体部位大小、形态和美感的一种多维度的态度。年龄、性别、人格和人际关系等多种因素会扭曲身体意象而导致进食障碍。

肥胖(obesity)是指体内脂肪的过度积累的一种状态，当肥胖影响健康或正常生活及工作时便称为肥胖症。肥胖能诱发冠心病、脑血栓和癌症等多种疾病。肥胖还能引起心理疾病。肥胖形成的机制主要涉及生物学和社会心理学两个方面。合理制订减肥计划是实现健康减肥的关键。

人体因疾病或其他原因导致体内脂肪与蛋白质减少，体重下降超过正常标准10%时，即称为消瘦(emaciation)。消瘦的原因大致分为体质性消瘦和症状性消瘦两大类。为促进身体健康，消瘦者首先要保证营养的摄入，应当食补含有高蛋白、高热量、易消化的食物。其次，尽量减少辛辣刺激的食物。最后，要尽量保持心情愉快，避免思虑过度。

进食障碍(eating disorder)是一组以进食行为异常为主要表现的精神障碍，主要包括神经性厌食症、神经性贪食症和神经性呕吐。儿童进食障碍包括拒食、偏食和异食等。

神经性贪食症(bulimia nervosa)是一种以反复发作和不可抗拒的摄食欲望并伴有暴食行为为特征的进食障碍。贪食症的原因涉及遗传、生物学和家庭、社会等方面。治疗贪食症的方法中最有效的是医疗与认知行为治疗相结合。

神经性厌食症(anorexia nervosa)是一种自愿节食的强迫性心理障碍。神经性厌食症的治疗方法主要有心理治疗、饮食疗法和药物治疗。

休闲(leisure)是指个体在完成工作和满足生活需求后自由支配时间，因喜欢而从事某些活动的一种状态。休闲质量的高低直接影响到人的心理生理健康。

人的一生中大约有1/3的时间要在睡眠中度过，睡眠是体力和脑力恢复的最佳形式。睡眠包括非快速眼动(NREM)睡眠和快速眼动(REM)睡眠两种形式。睡眠有促进人体生长发育、消除疲劳、恢复体力、保护脑神经和促进心理功能的作用。

原发性睡眠障碍(primary sleep disorder)可分为睡眠异常(包括原发性失眠症、原发性过度睡眠症、发作性睡病与呼吸有关的睡眠障碍、睡眠的昼夜节律障碍)和睡眠相关异常(包括噩梦障碍、睡惊障碍、睡行障碍)。

健康的睡眠习惯应该具有与自然节律一致、满足生理需要、保持环境舒心舒身，愉快入睡的特点。

运动(sports)被定义为“为了促进或保持一个或更多方面的身体健康而进行的有计划、有组织、反复的肢体活动”。

由于长期缺乏运动，肌肉慢慢萎缩，体力逐渐下降，随之出现精神不振、肥胖、器官功能减退、抗病能力减弱等，称为运动不足。然而运动量并非越大越好，运动过量可使机体免疫功能受到损害，影响健康。

运动是否适量，标准主要看心率，应该是最大心率的60%～85%。

关键术语

生活方式　身体意象　肥胖　消瘦　进食障碍　休闲　睡眠

复习题

1.下列哪一项不属于身体意象的维度(　　)

A.知觉维度　B.认知维度　C.行为维度　D.情绪认知维度

2.下列哪一个因素不影响身体意象(　　)

A.人格　B.性别　C.人际关系　D.体型

3.下列哪一项不属于饮食相关障碍(　　)

A.肥胖　B.神经性厌食症　C.消瘦　D.消化不良

4.培养健康的休闲方式要遵循哪些原则(　　)

A.充分利用行为技术原则　B.全社会参与原则

C.重视健康人原则　D.外因与内因结合原则

5.下列属于睡眠障碍的是(　　)

A.失眠症　B.过度睡眠症　C.夜惊　D.梦游

6.非快速眼动睡眠期包括(　　)个阶段

A.5　B.7　C.4　D.6

7.睡眠纺锤波出现在非快速眼动睡眠期的第(　　)个阶段

A.1　B.2　C.3　D.4

8.在睡眠的哪个阶段人会做生动的梦(　　)

A.REM 睡眠期　　B.NREM 睡眠期第一阶段

C.NREM 睡眠期第二阶段　　D.NREM 睡眠期第三阶段

9.睡眠障碍的治疗包括哪些方法(　　)

A.药物治疗　　B.心理治疗　　C.刺激控制疗法　　D.认知行为疗法

10.下列哪项属于科学运动的理念(　　)

A.有氧运动　　B.刚进食后开始运动

C.带病运动　　D.突击运动,大量运动

11.下列哪项不属于有氧运动(　　)

A.慢跑　　B.游泳　　C.举重　　D.健身操

第八章　社会文化与健康

文化具有的内涵十分丰富，建筑的艺术和风格，住宅的安排和使用，语言、文字、音乐、舞蹈、戏曲、饮食、服饰的特点，以及社会风尚、节日和民族传统等，都是文化的体现。阳春白雪是文化，下里巴人也是文化。“文”与“化”本属两个单独的词汇，“文”与“化”的联用较早见于战国末年的《易·贲卦·象传》中“关乎人文，以化成天下”。可见，“文化”一词在其诞生之际就强调了其教化功能。人具有社会属性，作为意识形态层面的文化影响着社会成员的发展成长、行为方式和健康状态。

本章首先整体介绍文化及其心理学意义，然后介绍两种当今最为典型的社会文化因素——社会转型和信息网络，以及对人身心健康造成的冲击和损害，试图找出其中的影响机制，并提出防护措施和解决办法。当前，我国尚处于社会转型期，社会转型带来巨大的文化震荡，必然也给个体和群体心理带来巨大影响；而随着计算机技术的发展，网络成为人们生活中不可或缺的部分，并催生出独特的网络文化和网络生存状态。相信，对于这两者和身心健康的探讨，对我们有很大的指导意义。

第一节 文化

一、文化及其心理学意义

文化(culture)是指一个国家或民族的历史、地理、风土人情、传统习俗、生活方式、文学艺术、行为规范、思维方式、价值观念等。

文化包括四个层次:一是物质层面,是指人的物质生产活动及其产品的总和,是可感知的、具有物质实体的文化事物。如人类的劳动工具、建筑、家具、器皿等。二是制度层面,由人类在社会实践中建立的各种社会规范构成。包括各种社会经济制度、法律制度和道德观念等。三是行为层面,主要是指具有鲜明的民族和地域特色的风俗习惯。四是精神文化层面,由人类在长期的社会实践中形成的世代传承的价值观念、审美情趣、思维方式等构成,是文化的核心部分。

总体来说,社会文化是一种形而上的存在,作为人类精神文明的体现和载体,文化会极大地影响个体和群体的心理。主要体现在以下方面:

1.影响个体的社会化和社会适应

从文化角度看,人的社会化(socialization)是文化传承的过程,个体社会化的实质是社会规范和习俗的内化。著名美国社会学家 W·奥格本对社会现象中的文化因素进行了深入探讨,他认为人的社会化过程就是个体接受世代积累的文化遗产,保持社会文化的传递和社会生活的延续。这种观点反映了人的社会化在文化延续中的重要性。从社会结构角度看,学习、扮演社会角色是社会化的本质任务。帕森斯曾说,社会没有必要把人性陶冶得完全符合自己的要求,而只需使人们知道社会对不同角色的具体要求就可以了。他认为角色学习过程即社会化过程。在这个过程中,个体逐渐了解自己在群体或社会结构中的地位,领悟并遵从群体和社会对自己的角色期待,学会如何顺利地完成角色义务,从而维持和发展社会结构。

2.影响个体的行为

文化对人的行为具有导向作用。文化的导向功能是指文化可以为人们的行动提供方向和可供选择的方式。通过共享文化,行动者可以知道自己的何种行为在大家看来是适宜的、可以引起积极回应的,并倾向于选择有效的行动,这就是文化对行为的导向作用。可见,文化对人行为的导向作用主要是通过社会规范和社会习俗来实现的。

3.影响群体的人格特质(personality trait)

不同的文化背景下个体的人格具有一种普遍的倾向性,也就是人们所说的民族性格。如人们通常认为中国人委婉含蓄、法国人浪漫多情、英国人绅士、美国人不羁。一般来说,西方文化讲究个人主义,文化相对自由开放;东方文化讲究集体主义,文化相对保守内敛。相应地,西方人一般也比较热情开放,而东方人比较内敛拘谨。再如,德国人是出了名的严谨,这与德语语法的严谨不无关系;长期的游牧文化造就了蒙古人的热情豪爽;犹太人善于经商,这与他们的家庭教养方式有很密切的关系。

4.影响健康与疾病的判断标准

每一个地区每一个民族都有自己独特的文化,这种文化犹如一个人的思想和行为模式,多少具有一致性。由于生态环境不同,社会形态不同,在长期的历史发展过程中,各种文化模式显示出不同的特点,因此对于同一事件,不同文化模式的人所表现出的认知和认同感不同,采取的行为也不同。不同宗教信仰的老年人,对疾病的本质认识是不一样的,非裔美国老年人认为疾病是神的意志的体现,白人则倾向于罪恶是疾病之源。在跨文化研究中发现,不同社会文化背景下的人群疾病的体验、疾病症状的感知和暗示是有差别的,正是这些差异,决定了文化对人们健康和疾病的影响。

5.影响心理疾病的表现

一般说来,文化的因素不但可以改变症状的内容(如强迫症或妄想的内容),还可以塑造整个病情的表现方式,而形成不同的亚型病状,或者甚至是完全不同而特殊的病情。当然,社会与文化因素也可以左右各种病症的发生,影响患病率。

6.影响心理疾病的治疗

心理疾病的治疗,难免会受文化因素的影响。不同文化背景下的心理治疗在很多方面存在差异,如采用何种辅导方式,对患者的要求如何处理等等。而且,可以利用患者特定的文化背景来找到特定的治疗靶点,有针对性的辅导。特别是利用个体的宗教信仰,可以达到更好的辅导效果。著名心理学家,认知行为疗法的创始人艾里斯(Albert Ellis)在回顾20世纪心理治疗的发展时曾说:"尽管宗教和精神信仰方面的问题在20世纪早期被心理治疗严重地忽略了,但最近的研究表明它们在人类的存在中有重要的作用,而且它们可能在帮助人们消除困扰方面发挥巨大的贡献。"

二、健康文化特征

文化丰富的内涵决定了其既有健康向上的文化，也有消极的、不良的文化。而文化的导向功能使文化成为一柄双刃剑，健康的文化可以促进个体的发展，而不良文化会损害人的身心健康，甚至使人误入歧途。一般来说，我们把积极向上、促进人发展的文化定义为健康文化。健康文化具有以下特征：

1.和谐性

健康文明的文化的根本特点是人与万物、人与环境共存、共生、共赢。长期以来，“人类中心论”是人类的行为和思维的指南，人是万物之主，人以“向自然开战”为口号，无偿地占有自然，完全忽视了环境本身的存在意义，破坏了人与自然的关系，造成各种各样的“问题”和“灾变”。“人类中心论”是人类几百年的生活方式，它只是以人为出发点，其核心只是单向度的人的存在和发展。

现在，人们越来越意识到“人类中心论”的荒谬。开始提倡一种新的健康文明的生活方式，一种以“生态中心论”为指导的文化。“生态中心论”把人纳入到更大的、生态的、相互关联的系统中，人的发展必须与这一系统的发展相同步、相协调。可持续发展是“生态中心论”的典型思维方式。这一变革表明，人类新的文化和生活方式是从更大的框架来考察人与自然的关系的，人类的生存是社会史与人类史相互制约的过程，一旦人与自然的和谐关系遭到破坏，人的生存就会出现灾难性的后果。

2.积极性

健康的文化总是与高雅的情趣、积极向上的生活态度和健康的生活方式相联系。健康的、优秀的文化作品，总能以其特有的感染力和感召力，使人深受震撼、力量倍增，由此产生的精神力量，往往历久不衰，激励人们不断创造美好幸福的生活；健康的生活方式可以给人带来健康的身体，如节制的饮食、规律的睡眠、适度的体育锻炼等这些良好的生活习惯和生活方式都可以促进身体健康。

3.培塑性

一个人的精神世界与其文化生活有密切的关系。人创造了文化，文化也在塑造着人。优秀文化能够丰富人的精神世界。健康向上的文化生活，能够陶冶人的情操，升华人的情感，塑造健全的人格。因此，积极参加健康有益的文化活动，不断丰富自身的精神世界，是培养健全人格的重要途径，如文艺活动、社会调查、爱心活动、读书辩论等。

4.发展性

社会发展和人的发展是相互结合、相互促进的。人的全面发展,表现在人的思想道德素质、科学文化素质和健康素质等各方面的全面提高。健康文化为人的健康成长提供不可缺少的精神食粮,对促进人的全面发展起着不可替代的作用。随着物质生活需要逐步得到满足,健康文化对促进人的全面发展的作用日益突出。

三、不良文化的心理防护

随着社会经济水平的提高,人们的生活越来越优越,社会文化越来越丰富,但是不良文化依然存在。封建腐朽文化还未根除,如赌博、嫖娼等;随着市场经济的发展,很多人成为拜金主义者;西方文化强势舶入,给我们带来了先进的理念和思路,但也带来了很多糟粕,如极端的个人主义等。这些不良文化对于个体的工作、生活和发展都产生极大的负面影响。我们应该构筑起牢固的心理防线,自觉抵制社会不良文化。

1.吸收传统文化的精华

传统文化(traditional culture)是一个民族宝贵的集体精神遗产,对民族内个体有着天然的亲和力和无法替代的影响力,而优秀的传统文化更是个人宝贵的精神食粮。要抵制不良文化的影响,就要努力学习和自觉吸收祖国优秀的传统文化。像儒家的"天下兴亡,匹夫有责","先天下之忧而忧,后天下之乐而乐",可以很好地抵制极端个人主义;道家反对物欲至上、反对把物质财富作为终极追求目的而提出的"节欲"思想,有利于人们树立合理的科学的发展观和利益观,有利于人们防止和克服物欲主义、拜金主义、享乐主义等。

2.树立远大的理想

人生有了远大的理想和目标,就像有了指引航向的灯塔,就不会在纷繁复杂的各式文化中迷失。要始终保持一颗上进心,将主要精力用在学习和工作上。有了远大的理想和正确的人生观,能使人不为一时一地的困难和挫折所困扰,对社会、人生做到正确体察和分析,并做出恰当的行为反应;也能使人始终保持开阔的胸襟和不畏艰难的乐观主义精神,把个人的前途同祖国的命运、民族的未来联系起来,从而成为生活的强者。

3.增强自制力,自觉抵制不良文化的侵袭

不良文化往往具有很强的诱惑性和迷惑性,如奢靡的生活作风、黄色文化等等。如果意志力不够坚定,自制力不够强,往往就会败在不良文化的"三板斧"下,腐化堕落。

美国杰出的成功学家拿破仑·希尔讲：自我控制能力并不是天生就有的，而是在社会教育的作用下逐步增强主体意识的结果，自制力是人们克服来自内心的障碍，善于控制、支配自己言行的意志品质。我们可以从以下方面着手培养和提高自己的自制力。

(1)从点滴做起

培养自制力一定要从生活中的点滴着手，要做到"防微杜渐""勿以恶小而为之"。如想要改变自己生活奢靡，花钱大手大脚的作风，养成勤俭节约的好习惯，就要计划好自己所花的每一笔钱(不管开支大小)，消费之前考虑这笔支出是否合理，甚至可以为自己的每一笔开支记账，长期坚持，自然就养成了勤俭节约的好习惯。

(2)请他人督促

对你周围的同学朋友以及家人做出你将改变某一不良行为的公开承诺。信誓旦旦的承诺，一旦做不到，就会成为他人的笑柄，这就等于给自己施加了无形的压力。

(3)转换兴趣

在你克制不住某种不利行为时，自己有意识地转换做点别的同样感兴趣而又有益的事来分散注意力。如听听流行音乐、打打球等，使一时难以克制的不良行为得到过渡、转移。

(4)尽量避开刺激

不健康的文化往往具有很强的诱惑性，要使自己始终保持良好的心境，就要有意识地避开或减少这些不良刺激。如不要因为好奇心去浏览黄色网页，也不要轻易涉足一些不健康的娱乐场所、网吧等。

(5)自我对话

自我对话(Self talk)是一种自己说、自己听的自我沟通、自我教导、自我调控过程。人们对自己所说的话往往影响着他们所做的事。因而，通过自我对话往往能改变自己的行为，或者导向自己的行动。自我对话可以是出声地自我对话，也可以是内部的不出声的对话。引导个体学会自我对话，有助于提高个体的自律能力。如在自己想要抽烟之前，进行自我对话，可以自我告诫"抽烟是有损健康的!"，也可自我提醒"我向家人保证过，不再抽烟!"，也可自我鼓励"我要控制住自己，不去抽烟!"，诸如此类。

扩展阅读

20世纪三十年代，美国著名人类学家玛格丽特·米德根据萨摩亚的田野研究资料，于1928年出版了《萨摩亚人的成年》一书，书中对于萨摩亚社会尤其是青少年成长的描述，引起了极大的轰动和争议。

米德的研究发现，在萨摩亚的文化中，青春期的青少年虽然也会经历生理上的巨大变化，但是并不会像我们的青少年一样经历迷茫、叛逆等心理上的震荡。他们的儿童与成年之间并没有那么明晰的界限。

青少年的性危机似乎也没有出现在萨摩亚社会中。可以说每个人从小就混在大孩子队伍中间长大，因为性尝试被认为是合理的，所以小孩子在成长到可以进行性尝试的过程中已经可以获得足够多的性认识。所以在书中，米德提出，性压抑不是全人类共同经历的心理过程。她在萨摩亚社会中发现，教育与乐趣不可分割，年轻人的成长既充满嬉戏，也从嬉戏中获得社会的自然法规，因而压抑的感受并不存在。萨摩亚人比西方人生活得轻松，正是因为他们的社会未将教育区分于游戏之外。

这与他们淳朴的社会文化和开明的教育方式有关。

由于萨摩亚的生活习惯，青少年们受到的教育总是与工作、生活实际紧密联系的，这使得他们在生活经历中产生的冲突要少。萨摩亚的孩子们都见过出生和死亡，见过许多尸体，也经常目睹许多不同的人之间的性交，他们掌握这些知识的速度超过了其他的知识。萨摩亚人不害怕这些现实世界的东西给孩子们的感情发展留下不良影响，也不会因为要保持儿童的天真无邪而阻止他们了解这一切。因为他们认为这是孩子们的各种经历中很自然并且正当的一部分。萨摩亚成人不会强制性地把这部分经验从孩子的完整生活经验中分割出来而只留给他们积极的部分。这样做有利于青少年从小就能够获得丰富多彩的经历和能够从各种各样的经验中确立自己的感情态度。

孩子的出生礼仪很重要，但是萨摩亚人从来不记录孩子的年龄，也没有生日的存在，只用相对年龄来区分同龄人之间的关系，并以相对年龄来规定每个人的义务。以女孩的成长线索来看，她们要经历：出生、跟随大孩子（爬）、帮忙家务、看孩子、使唤小孩子、移动居住、性尝试、编席、结婚/私奔、生育。这一切都随着年龄的增长而有序进行，由于萨摩亚不记录年龄的风俗，所以需要从与他人相比较的相对年龄以及身体发育状况来判定每一个人正处于什么阶段，并且应该具有相应的义务，做出相应的行为。

复习巩固

1.文化对个体心理的影响主要体现在哪些方面？

2.结合自身情况，谈谈如何做好不良文化的心理防护。

第二节　社会转型

一、社会转型及其心理学意义

社会转型是指社会体制的转变、社会结构的改变、社会形态的变迁。在社会转型时期，人们的行为模式、生活方式、价值体系都会发生明显的变化。

西方社会学者以西方社会为蓝本，将现代社会转型的主要内容概括为六个方面：一是经济转型，即工业化；二是社会转型（狭义），即城市化；三是政治转型，即民主化；四是文化转型，即世俗化；五是组织转型，即科层化；六是观念转型，即理性化。由此可见，社会转型涉及的方面非常广泛，涵盖了组成社会各种要素的各方面的变迁和改变，既包括了社会显性结构即物质层面的变革，也包括了社会隐性结构即精神、文化、心理层面的变革。

我国从 20 世纪七八十年代开始改变以往的计划经济体制和相对封闭的政策，推行改革开放政策，大力发展社会主义市场经济。我们也逐步由农业的、乡村的、封闭或半封闭的传统型社会向工业的、城镇的、开放的现代型社会转型。

社会经济制度的转型和外来文化的冲击会给人们带来巨大的文化震荡，而这种文化震荡会体现在人们的心理上，人们或欣然接受，或愤怒谴责，或无所适从。面对这种文化震荡，人们会因在一个极短的时间里承受过多的变化而感到压力重重，晕头转向！就像周晓虹在其《现代社会心理学》一书中所说：整整十亿人经过长期的封闭、停滞乃至倒退后，又突然面临改革开放，面临如此现代化的一个外部世界，这种强烈的反差以及由此形成的心理体验是任何民族都不曾经历的。

改革开放是一项系统而宏大的工程，然而几十年所累积的制度规范、人们的价值观念和行为习惯积重难返。直到 2013 年的今天，我们依然处在这场改革的阵痛之中。中国社会正在经历的社会转型给人们带来巨大的心理冲击和诸多心理问题。主要体现在以下方面：

1.自我迷失

社会转型会带来急剧的文化震荡，再加上多种文化的交织、碰撞，价值观的多元化和混乱，容易让人迷失自我。不确定、权威消逝、身份感模糊的文化氛围使得现代人产生虚无感、孤独感，归属感丧失，进而陷入一种自我认同焦虑（Self-identity anxiety）中。

2.繁重的压力导致“亚健康”

面对日新月异的社会，如果个体不能很好地调整和改变自己，会产生适应不良。社会转型期中人们事业和财富充满了变数和不确定性，所以普遍感觉压力较大。这些问题如果不能很好地调整，就会导致“亚健康”(sub-healthy)，这些人虽然没有明确的疾病，但却出现精神活力和适应能力的下降。

3.容易因相对剥夺感产生心理失衡

在社会生活中，个人的满意程度主要取决于自身和他人的比较，当在比较中发现自己应得而未得到某事物时，就会产生怨恨与不满，此即著名的相对剥夺理论(Relative deprivation theory)。分配不公常常使收益较少的社会成员感到自己遭到了不合理的对待，形成强烈的相对剥夺感，从而对自己获得的地位不愿意认同，并产生失衡的社会心态和行为。

二、社会转型期常见心理问题

1.应激障碍

社会转型期间，人们的个人生活也充满了“变数”，比如投资失利、下岗失业、公司倒闭、家庭破裂等等。这些社会经济地位和家庭的变故会给当事人带来巨大的心理应激，出现急性应激障碍(acute stress disorder，简称 ASD)、创伤后应激障碍(posttraumatic stress disorder，简称 PTSD)等。

(1)急性应激障碍

遭遇急剧、严重的精神打击，刺激后数分钟或数小时发病，主要表现为意识障碍，意识范围狭隘，定向障碍，言语缺乏条理，对周围事物感知迟钝，可出现人格解体，有强烈恐惧，精神运动性兴奋或精神运动性抑制。

(2)创伤后应激障碍

又称延迟性心因性反应。是指在遭受强烈的或灾难性精神创伤事件之后，数月至半年内出现的精神障碍。如创伤性体验反复重现、面临类似灾难境遇可感到痛苦和对创伤性经历的选择性遗忘。

2.适应不良

处于不断变动中的社会，从国家的方针政策到普通人的生活方式和状态都时刻在发生着变化，有些人不能很好地跟上这种变化，就会产生适应不良的问题。特别是年龄较大的人，更容易产生适应不良。老年人难以接受新鲜事物，往往沉迷于对过去时代的追忆当中，看不惯，想不通，精神忧郁，产生失落感。

3.社交障碍

经济的发展提高了人们的物质生活水平，马路越来越宽，楼房越来越高。而人与人之间心灵的距离却越来越远。特别是，随着手机、网络等便捷通讯方式的发展，人与人之间面对面地交流越来越少，人际交往呈现形式化、快捷化和虚拟化的趋势。这更催生了真实社交环境下社交恐惧症较高的发病率。2010 年 12 月，由四川华西医院的张伟等人抽样成都地区 2279 名大中学生中，有 88 名女生和 91 名男生患有社交恐惧障碍。加权结论是，成都地区大中学生社交恐惧障碍总患病率为 8.15%。这是我国第一次针对社交恐惧障碍这一单一心理障碍进行的大规模流行病学调查，其结论超出很多人的想象。

社交焦虑常无明显诱因，突然起病，中心症状围绕着害怕在小团体中被人审视，一旦发现别人注意自己就不自然，不敢抬头、不敢与人对视，甚至觉得无地自容，不敢在公共场合演讲，集会不敢坐在前面，故意回避社交，在极端情形下可导致社会隔离。常见的恐惧对象是异性、严厉的上司和未婚夫(妻)的父母亲或是熟人等。可伴有自我评价低和害怕批评，可有脸红、手抖、恶心或尿急等症状，症状可发展到惊恐发作的程度。临床表现可仅限于如公共场合进食、公开讲话或遇到异性，也可泛化到涉及家庭以外的几乎所有情景。

4.焦虑

当前社会竞争异常激烈，工作节奏快，工作压力大，人们容易感到焦虑不安，甚至会得焦虑症(anxiety neurosis)。焦虑是一种不愉快的、痛苦的情绪状态，同时伴有躯体方面的不舒服体验。而焦虑症就是一组以焦虑症状为主要临床表现的情绪障碍，往往包含两组症状：

(1)情绪症状。患者感觉自己处于一种紧张不安、提心吊胆、恐惧、害怕、忧虑的内心体验中。紧张害怕什么呢？有些人可能会明确说出害怕的对象，也有些人可能说不清楚害怕什么，但就是觉得害怕。

(2)躯体症状。患者紧张的同时往往会伴有自主神经功能亢进的表现，像心慌、气短、口干、出汗、颤抖、面色潮红等，有时还会有濒死感，心里面难受极了，觉得自己就要死掉了，严重时还会有失控感。

5.物质依赖症

处于社会转型期的个体社会压力较大，很多人在无力承受这种压力或者遭受挫折之后，会以“物质滥用”的形式转移压力。就像古语讲的“借酒消愁”，但是这种方式的后果往往是“借酒消愁愁更愁”，因为时间久了就可能患上物质依赖症。

物质依赖症是指长期使用某类物质后，身体和心理都对这种物质产生依赖，难以自控地重复使用这种物质以获得生理和心理愉悦，如果突然戒断会产生难以忍受的生理和心理痛苦。常见的物质依赖症有烟草依赖，酒精依赖，毒品依赖等。

三、社会转型期心理调适

由社会转型所引起的心理问题，需要社会和个人共同努力，构筑防护堤坝，进行调适和解决。

1.构筑良好的社会支持体系

(1)建立健全的心理卫生保健体系

不仅要在提高心理咨询质量、重视心理疾病诊治、加强心理危机干预等硬件方面来进一步提高物质条件和科技水平，以促进心理卫生工作队伍尽快走向专业化，而且还要在软件方面全面广泛地提高全体社会成员保持自身良好心理状态的自觉意识，努力构建和谐社会、和谐环境，促进民众的心理健康成长，提高适应社会转型期的心理素质和能力。

(2)建立有效的家庭支持系统

要充分发挥家庭的社会支持功能，在当前社会支持系统比较紊乱的情况下，增强家庭的凝聚力和支持力是至关重要的。家庭对家庭成员的心理扶助是其他社会组织和群众无法替代的。因此，要积极创造有利于家庭和睦稳定的条件，弘扬中华民族的传统美德，增强人们对家庭的责任感、义务感。另外，还要重视家庭社会关系网对家庭成员的社会支持作用，积极建立类型各异、较为紧密的家庭社会关系网。这样既能满足人们社会交往的需要，又能使家庭在遭遇生活危机时，得到必要的支持、扶助，从而减轻人们的心理负担。

2.自我调适

(1)养成健康的生活方式

要养成规律的饮食和作息习惯，不熬夜、不暴饮暴食。注意培养和发展有益的业余兴趣和爱好，如体育运动、唱歌、下棋、画画、集邮等，以便能在紧张的学习、工作之余，通过愉快的自我娱乐活动，愉悦自己的身心，放松紧张的心情，从而有效地避免因过度疲劳、紧张而出现种种心理障碍。

(2)提高人际交往能力

人际交往能力的培养和提高，是自我心理调适的重要途径之一。自我封闭常常会使一些不良的心理倾向恶性发展，成为难以治愈的心理痼疾。在现代社会，一个善于沟通、有良好人际关系的人往往容易得到更多的机会和支持。正确处理人际关系，不仅要学会尊重别人，与人真诚交往，善于反省自己言行，不在不经意的情况下对别人造成伤害，而且还要学会换位思考，善于从对方的角度和处境去体会对方的情感。

(3)培养良好的心理承受力

心理承受力是个体对挫折、苦难等非自我性环境信息进行处理的理性程度。它是一种心理品质，反映着一个人对待困难和挫折的理智程度，以及对自我思想、情绪的控制能力。如今人们物质生活优越，但缺乏良好的抗挫折心理，心理承受力极为脆弱，当遭遇社会激烈竞争时，往往会产生各种心理困惑甚至是心理疾病。所以我们要以积极的心态面对挫折，善于从挫折和失败中吸取教训，只有这样，才能不断提高自身的竞争能力和综合素质，才能以积极的态度、饱满的精神状态迎接社会的各种挑战。

(4)学会调控自我情绪

要正确认识自己的精神状态，了解自己的情绪变化；要学会恰当地表达自己的情绪，学会合理的宣泄，既不要压抑自己，也不要放纵自己。如果经过一段时间的自我调适仍然无法摆脱心理困扰时，要学会寻求专业帮助，及时接受专家的心理咨询。

(5)保持积极心态，调整不良认知

社会转型期的心理健康问题主要来自很大的压力。压力一般包括压力源、中介因素、心理生理反应三部分。压力源是影响心理健康的直接因素，包括人们在日常生活中所经历的各种重大生活事件和社会事件，其作用的大小既与压力本身的性质和强度有关，又受中介因素调节作用的影响。中介因素是指在压力源和心理健康状况之间起调节作用的因素。由于这种调节常是通过个体心理活动来完成，所以通常又称心理中介。心理中介是个体内部的一种心理活动，如认知、体验和应对等。美国心理学家塞里说∶问题不在于发生了什么，而在于你如何对待它。也就是说心理中介对心理生理反应具有重要的调节作用。近年来一些研究指出，心理中介对改变和控制压力源的直接影响有重要意义，如 Lazarus 等人认为，在许多方面人们对事件的认知评价会影响他们对事件的反应；Billings 等的研究揭示，积极的应对有利于缓和压力的影响，而消极应对则有加重压力损害的趋势。

因此，面对社会转型期巨大的社会压力和诸多的“不公”，我们应该随时保持积极的心态，调整自己的不良认知，就能够缓解压力，保持身心健康。

心理自测

汉斯赛尔耶精神压力自测问卷

此问卷适合于16岁以上的成年人。请回答下列问题，在"是"或"否"上打"√"(是)或"×"(否)。请根据你本人在过去12个月内的经验和感受来回答问题。

1.你是否曾在嘈杂的环境中居住或工作？　A.是　B.否

2.你是否曾改变你的生活环境或搬家？　A.是　B.否

3.你是否曾有姻亲(婆媳、妯娌、连襟)困扰？　A.是　B.否

4.你是否曾申请取得一大笔抵押贷款？　A.是　B.否

5.你应该做的事情是否有进一步落后的倾向？　A.是　B.否

6.你是否有时候很难集中注意力？　A.是 B.否

7.你是否经常有失眠的困扰？　A.是　B.否

8.你是否有暴饮暴食和吸烟过度的倾向？　A.是　B.否

9.你是否数周来每天连续看三小时以上的电影？　A.是　B.否

10.你和你的配偶是否曾换工作或改变工作职责？　A.是 B.否

11.你是否对你的工作觉得不满意或不快乐，或感觉工作责任太重？　A.是　B.否

12.你是否有近亲或友人死亡？　A.是　B.否

13.你是否对性生活不满意？　A.是　B.否

14.你是否怀孕？　A.是　B.否

15.你家中是否添了新生儿？　A.是　B.否

16.你是否烦恼如何收支平衡？　A.是　B.否

17.你是否有家人健康状况不良？　A.是　B.否

18.你是否有时服用镇静剂？　A.是　B.否

19.你是否常因事情进展不顺利而恼火？　A.是　B.否

20.你是否经历恶劣的人际关系甚至是和你最爱的人？　A.是　B.否

21.你是否经常对小孩或其他家人急躁没有耐心？　A.是　B.否

22.你是否常常无法静下心来，而又容易紧张？　A.是　B.否

23.你是否常有头痛或消化性疾病？　A.是　B.否

24.你是否数日来均感到焦虑和烦恼？　A.是　B.否

25.你是否总因如此专注，以致忘记了你把东西放在哪里，譬如像钥匙，或是忘了离开办公室或离家时忘了关机器？　A.是　B.否

26.你是否结婚或和配偶在和解调停中？　A.是　B.否

27.你是否曾发生严重的意外事故，疾病或手术？　A.是　B.否

28.你的近亲中是否有人死亡？　A.是　B.否

29.你是否离婚或分居？　A.是　B.否

计分规则与结果解释：

各题回答“是”的得分规则如下：

1)—3分	2)—3分	3)—3分	4)—3分	5)—3分	6)—3分
7)—3分	8)—3分	9)—3分	10)—4分	11)—4分	12)—4分
13)—4分	14)—4分	15)—4分	16)—4分	17)—4分	18)—4分
19)—4分	20)—4分	21)—4分	22)—4分	23)—5分	24)—5分
25)—5分	26)—5分	27)—5分	28)—6分	29)—7分	

请根据计分规则的要求，将所有回答“是”的分数加起来，你的分数可能从0到117分。

低分(0～15)：

这个得分范围表示，对这个测验所列的压力情境，你所感受到的压力程度很低。假如你的分数很低，表示你很可能身体各方面正处于最佳状态。如果你的分数接近分数范围的顶端，就是你感受了一些压力，但可能处理得很好。如果你觉得处理生活中的压力并不像你期望的那么好，那么对其他两项高分者所提的建议对你可能也有帮助。

中等分数(16～40)：

如果你的得分位于这个范围，你就是处在介于轻微和中度的压力下。了解你目前遭受多大的压力和造成压力的缘由是什么，对你是非常重要的。当你感觉压力正在逐日增加时，回顾通常用来舒缓压力的方法有助于自我了解；同时注意任何可能增加压力的事件，你也许需要延迟、避免或者重新排定某些行程的日期。

高分(41～117)：

这个范围的得分者压力很大。如果你的得分在这个范围内，毫无疑问你已明白生活中的压力程度，但你不明白的是到底什么事情造成如此大的压力。再回头看一遍这测验，并且注意那些特殊的造成你如此高分的事件。但是不论是由什么所造成的，重要的是你要做两件事：第一，如果可能，避免任何额外的压力，直到你觉得比较能控制你的生活；第二，寻求心理专家协助，他们可指导你如何缓解压力和防止压力。

复习巩固

1.社会转型时期常见的心理问题有哪些？

2.如何做好社会转型时期的心理调适？

第三节　信息网络

一、信息网络及其心理学意义

我国现在网民众多。据统计，截至2012年底，我国网民数量达5.64亿，互联网普及率为42.1%，网民平均每天上网时间为2.92小时。信息网络深刻地影响和改变着人们的生存方式和生存状态。

网络在给人们的工作生活带来极大方便的同时，也给人们带来一系列的心理问题，心理学工作者逐渐将网络作为重要的研究对象。

人们网络行为的心理学意义涉及三个层次：人机交流层次、个体心理层次、社会心理层次。

1.人机交流层次

人们在使用计算机的过程中，首先发生的就是人与计算机之间的互动，也就是人机互动。比如，你输入一个网址，计算机会给你一个反馈。打开这个网页之后，如果你对这个网页感兴趣，那么会长时间浏览，如果这个网页激发不了你的兴趣，那么你会很快关闭该网页，这就是一种人机互动。并且随着计算机的智能性越来越高，人与计算机之间的这种互动也越来越接近于人与人之间的交流。比如，可以通过语音指挥计算机，计算机也可以进行面孔识别，甚至计算机可以与人对话交流。

也就是说，随着技术的提高和计算机交互界面的提升，人机交流将变得更加人性化、更快捷、更有效。

2.个体心理层次

网络给人们生活带来便捷的同时，也在深刻地改变着个体的生活方式和生存状态。

(1)意识形态的改变

寄居在互联网上，人们的娱乐、交流、购物都以一种虚拟的形式进行，网络游戏甚至是以一种超现实的类似于梦的形式进行，这将深刻地影响个体的心理。

(2)上网者的自我卷入程度很高

主要体现在当个体玩网络游戏时，有很强的带入感，会不由自主地趋同于自己游戏角色的所思、所感。

(3)上网者具有较高的自我分裂程度

主要体现在人们在网上可以分饰多个角色，比如一个人可以同时用多个账号进行网络聊天，这些账号可以是不同的性别、不同的年龄、不同的个性特点。这些反映了个体人格不同的侧面。

(4)平等的社会地位

由于网络的匿名性，现实社会中个人最重要的标签如长相、身份地位、个人财富甚至性别等都可以伪装，因其可伪装性而变得次要和模糊。现实社会中的三六九等消失，平民可以和官员平等地讨论问题，工薪阶层可以和亿万富翁争论不休。在互联网上，每个人都可以平等地发表自己的见解，而一个人的受欢迎程度完全取决于其观点的新颖、语言幽默、文字表达技巧等。这种现象被称为"网络民主"(net democracy)。

3.社会心理层次

(1)网络交际的虚拟性给人带来虚幻的满足

1993年，漫画家彼得·施泰纳在美国著名杂志《纽约客》曾经发表过一幅著名的漫画(图8-1)，画面上一条狗边上网边对旁边的另一条狗说："在互联网上，没人知道你是一条狗。"这幅漫画之后被多次重印。这幅漫画很好地反映了网络交际的匿名性。人们可以很好地隐藏自己的缺陷，修饰和美化自己，并能从中找到前所未有的自信和自我满足。

在互联网上，没人知道你是一条狗。

图 8-1　漫画

(2)网络人际交往的虚拟性造成个体人际交往能力的退化

互联网使人与人之间的交往更加便捷，然而也加深了人与人交往的隔阂，真实的面对面的交往是一种可以调动人的视听触嗅各种感官的立体的交流方式。而网络人际交往不是面对面的交流，虽然便捷，却难以调动人的触觉和嗅觉。人们很难感知真实人际交往过程中那种微妙的感觉。在一定程度上会造成人们交往能力的退化。

(3)虚拟社区(virtual community)的形成

网络购物、网络聊天室、在线聊天、群组讨论、论坛、贴吧等网络服务，将一大批有着相同兴趣爱好的网民聚集到一起，大家通过这些网络平台买卖交易、分享信息、交流思想、共同娱乐休闲，并产生依赖感和归属感。这些网络平台催生了痴迷于网络购物的"淘宝族"、在家里办公的 SOHO(small office home office,家居办公)族、整日寄居于网络论坛的"天涯人",形成所谓的"虚拟社区"(virtual community)。

图 8-2 社交网络

二、信息损伤

人是在不断进行信息交流的过程中成长起来的,人的心理感受与外显行为之所以受到外部环境的影响,是基于人脑与外部信息的交互作用。所以,信息对于个体心理的发展和维持健康的心理状态至关重要。

信息是一个中性的概念,但是在某些情况下,信息却可以给人带来巨大的心理冲击。

(1)信息爆炸

信息技术和互联网的飞速发展,使得信息的采集、传播的速度和规模达到空前的水平,实现了全球的信息共享与交互。人类已进入到"信息爆炸"(information explosion)的时代。

这种信息爆炸给人们带来了很大的认知干扰和认知负担。汹涌而来的信息有时使人无所适从,从浩如烟海的信息海洋中迅速而准确地获取自己最需要的信息,变得非常困难,甚至海量的信息会给人的身心带来损伤。

(2)在环境封闭或者信息不对称的情况下,又会出现信息缺失或信息封闭。个体会因此空虚寂寞、焦躁不安、情绪紊乱。

(3)海量的信息是良莠不齐的,除了良好的、有用的信息,也充斥着不准确信息和虚假信息。这些不准确信息或者虚假信息会造成信息受众的认知偏差、心理结构失衡等后果。

基于以上情况,我们提出信息损伤的概念:在信息的影响下,因信息过剩或信息爆炸、信息缺失或信息封闭、虚假信息或恐吓信息,引起受众心理结构的失衡,导致其认知偏差、情绪紊乱、意志消沉甚至人格扭曲,从而导致社会活动效能降低的状态,称为信息损伤。

信息损伤会带来很多心理问题，现举一典型例子：信息焦虑综合征。

(1)信息焦虑综合征(information anxiety disorder)的表现

没有任何病理变化，也没有任何器质性病变，但突发性地出现恶心、呕吐、焦躁、神经衰弱、精神疲惫等症状，女性还会并发停经闭经和痛经等妇科疾病。有关专家认定，这是一种名为信息焦虑综合征的身心障碍。

(2)信息焦虑综合征的分类

信息焦虑综合征从症状表现来看，一般可分为以下三种类型：

①信息消化不良：大量信息在短时间内输入大脑却来不及消化，时间一长，便出现偏头痛、头昏脑涨、注意力分散等现象，严重的还会导致高血压、紧张性休克等。

②信息干扰：大脑中可能同时贮存着大量同类信息，对于各种信息接触过多，又不善于分析和处理，会变得思绪混乱，判断力下降。

③信息恐惧：由于知识更新过快，不得不拼命学习新的知识。有些人会因此而顾虑重重，感到负担过重或担心跟不上时代的发展，最后出现惶恐不安、失眠健忘、食欲不振等症状，甚至会产生厌世情绪。

三、网络疫情

由于网络具有平等性、开放性和虚拟性等特点，人们乐于在论坛、贴吧等虚拟社区中讨论新闻事件、公众事件。我们把这些人称为“新意见阶层”。由于网络信息是“所有人对所有人的传播”，所以“新意见阶层”往往畅所欲言，能在极短的时间内凝聚共识、发酵情感、诱发行动、影响社会。那么，网络将在人的生活中扮演什么角色？网络是多功能、高速度的信息传播工具，它的出现加快了人对事物的认识，加深了人与人之间的交流。网络带来实惠的同时，我们不由感觉一团邪恶恐怖般的黑暗向人们袭来。论坛污秽、下流、趣味低级、胡编乱造，对人的家庭、生活无益有害的帖子受人关注；宣扬正直、善良，对人有现实意义，对人的家庭、人生有帮助的帖子，反被人轻视，被视为懦弱，跟不上时代潮流。

不正当的利用科技，使一些不健康的画面、镜头、语言、文字如传播疫情一样传播到每一个接触它的人身上，它们虽不像瘟疫那样立刻发病，但在人的心里已有了病毒，一旦在身上发作出来将造成不良的社会影响。网络的开放性和虚拟性，决定了网络疫情具有以下特点：1.直接性，通过 BBS，新闻点评和博客网站，网民可以立即发表意见，下情直接上达，民意表达更加畅通；2.突发性，网络舆论的形成往往非常迅速，一个热点事件的存在加上一种情绪化的意见，就可以成为点燃一片舆论的导火索；3.偏差性，由于发言者身份隐蔽，并且缺少规则限制和有效监督，网络自然成为一些网民发泄情绪的空间。在现实生活中遇到挫折，对社会问题的片面认识等等，都可以利用网络得以宣泄。因此在网络上更容易出现庸俗、灰色的言论。

四、信息损伤与网络疫情的防护

(一)信息损伤的防护

信息损伤的防护,需要政府的监管和引导,特别是对青少年这一易感人群,更应该加强教育和引导。当然,信息损伤和网络疫情防护的主体是个人,因此,个体应该提高警惕性,加强自身对信息损伤和网络疫情的预防和应对能力。

1.社会和政府应该着手做好以下工作

(1)推进网络立法工作,加强网络监管。应修改和完善现行法律中关于计算机犯罪的惩治条款,推进网络立法工作。同时必须加强青少年的网络法制教育,帮助青少年形成正确的价值判断能力。

(2)组织科研人员开发本土化的网络成瘾预测和诊断测评系统,明确网瘾干预机构的法律地位和监管职责;进一步完善和落实网吧及网络游戏市场管理制度规范,加强对网络游戏研发及运营单位的引导。要提高网络游戏运营商的可持续发展意识和社会责任感,并在行业内部建立协会组织,规范经营,相互监督。同时相关部门也要加大网络产品的监管,处理好网络文化价值与经济利益的关系。

(3)在网络上宣传中华民族的优秀文化。引导网民继承和发扬中华民族上下五千年的优秀文化,取其精华,去其糟粕。互联网是一个多种文化相互冲突与整合的世界,我们既要引导网民正确利用人类社会的优秀文化成果,又要增强网民的"免疫力",抵制网络上西方意识形态的无形渗透。

(4)预防青少年网络成瘾,构建家庭、学校、社会互动的教育网络系统。就家庭而言,家长应熟悉电脑和网络,了解孩子常访问的网站和上网习惯,用成年人的经验帮助孩子离开网上垃圾;就学校而言,应建立一支能适应网络时代教育需要的教育者队伍;从社会来看,应加强对网络从业人员的管理和培训,建立完善的社会监督机制。只有三者共同努力,有机结合才能从根本上预防网络成瘾的发生。

(5)借鉴国外经验,国家联合学校、医院及社会各方力量建立专门的心理矫正服务机构,为患有网瘾的青少年提供免费医疗救助,使其得到专业的服务和治疗。目前对于网络成瘾的治疗,主要有以下几种方法:兴趣迁移法、行为疗法、替代法、认知疗法、药物治疗、家庭治疗、社会支持疗法、团体心理辅导。就网络游戏成瘾的矫治来说,应该针对不同个体、成瘾的不同程度,综合考虑,加以选择。

2.个人应该从以下几方面做好信息损伤的防护

(1)应该有明确的生活目标和积极的生活态度,热爱生活、努力工作,生活充实而有追求,就不会长时间泡在网上,导致"信息超载"而对自身造成损伤;也不会因为空虚无聊而将精神寄托在虚幻的网络世界,由此降低网络成瘾的风险。

(2)控制过量的信息入侵:上网前明确目的,一旦收集足够资讯,迅速下网;制定时间表,在规定的时间上网,如果忘记时间,可使用闹钟在需要下线的时候提醒;建立一个稳定、可交流的办公环境,减少对网络的依赖;邀请同伴监督,规定上网时间,到了之后由同伴强制执行下网。

(3)增强自控力,不去浏览或主动回避网上不良信息。严格要求自己,远离网络色情、暴力文化。

(4)转移兴趣点。有"网络成瘾"倾向的人,在感到空虚寂寞时应多走出去,参加体育活动;或阅读心理调适书籍,以转移注意力,排解空虚;或多与家人、朋友沟通,及时释放不良情绪。

(二)网络疫情的防护

1.政府方面

(1)政府应加强引导,通过跟帖引导舆论、在主流媒体发布新闻通稿、冷处理、删帖等处置措施,使网络疫情事件逐渐平息,消除不良影响,同时搞好处置后的监控汇报工作。

(2)政府应主导构建网络伦理的理论和实践规范体系。网络伦理,是在计算机信息网络专门领域调节人与人、人与社会特殊利益关系的道德价值观念和行为规范。网络道德源于社会生活中的道德体系,又有别于现实道德。我们应加强对网络伦理规范的研究和探讨,明确各种网络主体之间的权利、义务和责任,以及网络道德的基本原则,构建和规范网络伦理,为网络社会创造一个良好的道德环境。

2.个人防护

(1)应树立坚定的、正确的人生观、世界观,这样,就不会在信息的海洋中迷失。可以有效抵制网上的不良舆情。

(2)培养自己明确的生活目标和积极的生活态度,在努力工作、用心生活中寻找自身的人生价值,这样也可以防止过度关注网上的虚拟信息,被网络疫情所左右。

(3)自觉规范自身上网行为,加强自我约束,不造谣、不乱传。不做侵犯他人个人隐私和伤害别人身心的事。

复习巩固

1.简述人在心理学意义上的网络行为的三个层面。

2.信息焦虑综合征有哪几种亚型?

3.结合自身实际,谈谈如何做好信息损伤和网络疫情的防护?

要点小结

1.文化的四个层面包括物质层面、制度层面、行为层面和精神层面。

2.文化对个体心理的影响包括:影响个体的社会化和社会适应、影响个体的行为、影响群体人格特质、影响健康与疾病的判断标准、影响心理疾病的表现、影响心理疾病的治疗。

3.健康文化具有和谐性、积极性、培塑性、发展性等特点。

4.要抵制不良文化的侵袭,需要做好以下几点:吸收传统文化的精华、树立远大的理想、增强自制力。

5.社会转型的心理学意义包括:自我迷失、繁重压力导致“亚健康”、因相对剥夺感产生心理失衡等。

6.社会转型期常见的心理问题包括:应激障碍、适应不良、社交障碍、焦虑、物质依赖症等。

7.社会转型期的心理调适应该由社会和个人协力完成。首先要构建良好的社会支持体系。其次,个体应该从以下几点做好社会转型期的心理调适:养成健康的生活方式、提高人际交往能力、培养良好的心理承受力、学会控制自我情绪、保持积极心态、调整不良认知等。

8.网络行为的心理学意义涉及三个层次:人机交流层次、个体心理层次、社会心理层次。

关键术语

文化　社会化　人格特质　健康文化　不良文化　自我对话　社会转型　文化震荡　应激障碍　适应不良　社交障碍　物质依赖症　虚拟社区　信息损伤　信息综合焦虑症　网络成瘾

复习题

1.文化包括四个层次,其中(　　)由人类社会实践和意识活动中经过长期孕育而形成的价值观念、审美情趣、思维方式等构成,是文化的核心部分。

A.物态文化层　　B.制度文化层　　C.行为文化层　　D.精神文化层

2.在社会生活中,个人的满意程度主要取决于自身和他人的比较,当比较中发现自己应得而未得到某事物时,就会产生怨恨与不满,此即著名的(　　)

A.剥夺理论　　B.相对剥夺理论　　C.比较理论　　D.失衡理论

3.在遭受强烈的或灾难性精神创伤事件之后，数月至半年内出现创伤性体验反复重现、面临类似灾难境遇可感到痛苦和对创伤性经历的选择性遗忘等症状的是(　　)

A.急性应激障碍　B.焦虑症　C.广场恐惧症　D.创伤后应激障碍

4.长期使用某类物质后，身体和心理都对这种物质产生依赖，难以自控的重复使用该种物质以获得生理和心理愉悦，如果突然戒断会产生难以忍受的生理和心理痛苦。我们一般称这种心理疾病叫作(　　)

A.物质成瘾症　B.物质滥用症　C.物质依赖　D.焦虑症

5.(　　)是个体对挫折、苦难等非自我性环境信息的处理理性程度。它是一种心理品质，反映着一个人对待困难和挫折的理智程度，以及对自我思想、情绪的控制能力。

A.心理素质　B.心理健康　C.心理状态　D.心理承受力

6.下面不属于人在心理学意义上的网络行为主要涉及的三个层面的选项是(　　)

A.人际心理层次　B.人机交流层次　C.个体心理层次　D.社会心理层次

7.大脑中可能同时贮存着大量同类信息，对于各种信息接触过多，又不善于分析和处理，会变得思绪混乱，判断力下降。这属于信息焦虑综合征的哪种类型？(　　)

A.信息消化不良　B.信息混乱　C.信息干扰　D.信息恐惧

第九章　患者心理与干预

张大爷今年55岁，最近半年他有时感到胸闷、疲倦，以为是年纪大了的原因，未引起重视。3小时前在爬楼梯时张大爷突然感到胸口剧烈疼痛，同时伴窒息感、闷胀感，呼吸短促、头晕、皮肤湿冷，家人急送至医院，经检查诊断为冠心病(心绞痛型)。张大爷从14岁开始吸烟，平时喜欢吃油腻的东西，很少锻炼身体。这次的经历让张大爷意识到，自己成为一名冠心病患者。从此，他开始遵从医生的建议，改变自己的生活习惯，并遵医嘱服药。

疾病改变了一个人生存的正常状态或生活模式。对病痛的痛苦体验，加上生活节律的破坏，不仅会使病人的注意力集中到病体上，还会影响到他的心理状态，改变他的情绪状态、社会适应能力、自我评价，以至人格特征。作为医务工作者，我们需要掌握患者的心理变化，根据病人不同的个性心理特征，有的放矢，在治疗原有疾病的基础上注重心理护理和心理辅导，有利于促进患者全面康复；作为患者，了解自己生病后的心理变化，有利于及时调整心态，积极面对和战胜疾病。

第一节　患病与患者角色

一、患病的界定

现代疾病观认为，患病(sick)是指个体对其不健康的主观感受，是个体对生理、心理、社会、发展或精神功能的减退或受损状态的体验。而疾病(disease)是指一个人受到生理、心理、社会因素的作用，引起一种复杂且有一定形式的病理过程，包括躯体疾病和心理异常。患者(patient)是指躯体患有疾病或心理障碍，或个体在工作、生活、社会中活动功能受损的人，是机体或心理功能处于不正常状态的人。因此，患病与疾病、患者是不同的概念。一个人可能因为疾病而感觉患病了，也可能患有某种疾病但没有“病了”的感觉。可见，患病具有明显的主观性。

利文撒尔将他对疾病认知的描述归纳到自我调节模型(self-regulatory model of illness cognition)中。该模型以问题解决为基础，他认为和解决其他问题一样，个体会运用相同的方式来应对疾病或症状。传统的问题模型有三个步骤：(1)解释(理解问题)；(2)应对(解决问题以恢复到平衡状态)；(3)评价(评估应对阶段的成功程度)。依据问题解决模型，在应对策略没有被评价为成功、没有重新恢复平衡状态之前，这三个阶段会继续运行下去。就健康和疾病而言，如果健康是一个人的正常状态，那么任何疾病的发生就意味着问题的出现，个体将会主动调整以重建健康状态。

二、患者行为

(一)求医行为

求医行为(seeking behavior)是当一个人感到生病时，为了达到确认疾病存在和寻求减轻疾病痛苦的目的，而主动采取的行动，亦称为“患病行为”。通常情况下，一个人感到不适就应该去求医，得到必要的检查和适当的治疗，但研究表明情况并非如此。人们往往在疾病的初期存在侥幸心理，自认为没有什么大问题，希望通过自我调整使症状减轻或消失，或者根据自己的经验服用一些药物期望治愈疾病。上述方法不能奏效时，个体才选择寻求科学的医疗帮助。

1.求医行为的类型

根据求医行为的决定权是谁，可把求医行为分为以下三类：

(1)主动求医行为:是指病人根据自己的感觉及其他条件自己决定去医院就诊。这是最常见的求医行为,一般神志正常,生活能够自理者均能做出主动求医决定。

(2)被动求医行为:是指病人自己因各种原因,不能做出求医的决定,必须由其家长、亲属、邻居或同事的帮助、护送才能达到求医的目的。常见的有婴幼儿、老年人、各类昏迷病人、垂危病人、精神病人等等。

(3)强制求医行为:是指会对自身和他人产生危害的疾病患者所采取的强制求医措施。如部分传染性疾病,有危害社会行为的精神病人等。

2.求医行为的影响因素

个体是否做出求医决定,并付诸行动受到很多因素的影响,以下几种因素较为常见:

(1)个体对疾病的主观感受和认知:生活中个体患病后是否求医,首先取决于个体对疾病的主观感受。有人感觉很糟糕,检查结果却轻微异常或正常;有人感觉良好却可能已处在疾病的中、晚期。有人对自己的不适感较敏感,稍有不适即认为自己某脏器有问题,立即求医;有人有不适感但认为并不严重,可能踌躇徘徊。总之,对疾病的感受和认识不同,人们决定是否进一步采取求医行为亦有很大差异。

(2)疾病种类和严重程度的影响:个体是否求医与疾病的种类和严重程度有关。一般性疾病,如感冒、咳嗽、牙龈炎等症状或疾病在人群中出现频率高,预后易于判断,个体有一定的预防和治疗经验,较少求医;而有些疾病如脑血管意外、肿瘤、骨折等,症状严重,预后难以估料,患者及家属无法自行处理,这种情况下往往主动求医;有些疾病涉及隐私,如艾滋病、性病,患者往往不愿求医。

(3)社会心理因素的影响:求医行为与性别、年龄、心理体验、文化背景及宗教信仰、经济条件、文化程度等因素有关。常见有病不求医的原因包括以下方面:①医疗费用太高,没有足够的经费;②对疾病的症状没有觉察出来;③对所患疾病的意义和重要性认识不足;④对于医疗过程的恐惧心理,如对于诊断过程的恐惧、对外科处置的恐惧;⑤太忙,工作丢不开,请不了假;⑥对个人健康的冷漠态度;⑦存在一种自我惩罚的心理;⑧存在一种认为患了病乃是羞耻的观念。一般认为,老年人、儿童、女性、就医方便者、经济条件较好者求医行为较多。

(二)遵医行为

遵医行为(compliance behavior),是指病人按医护人员指导所进行的自我保健、服药或治疗行为。在防治疾病的过程中,不遵医嘱的现象普遍存在。据冯丽娟等对原发性高血压的一项调查显示:因受经济、地域等多方面限制,18.9%的患者不能定期复查。因对治疗失去信心,或认为血压高时服药,血压不高就停药,35.4%的患者不能长期坚持药物治疗。因原发性高血压饮食限制难以适应，41.4％的患者不能合理地控制饮食。沈玉枝等对105例冠心病住院患者调查结果显示，不遵医行为22例，占20.95％。在农村，由于文化素质低，接受能力与信息来源不足等原因，不遵医嘱的行为更为严重。龚劲松等对85例农村糖尿病病人进行电话随访发现，出院1个月后能完全按医嘱用药者仅35例，而未按医嘱服药者50例；有25例能完全按医嘱进行饮食调理，有60例不能控制饮食。医学工作者认为，病人遵医行为不良，是影响疾病防治效果的一个极为重要的因素。轻者延迟疾病的痊愈，重者可能导致病情恶化，甚至死亡。

1.不遵医嘱的原因

如上所述，病人不执行医嘱的发生率很高，常见不遵医嘱的原因有以下三方面：

(1)患者方面的原因

①对自身疾病的认识不足：患者常常对所患疾病一知半解，当症状不明显或自以为疾病已经好转时，常出现不遵从医嘱检查、治疗和预防等行为。对于慢性病的患者，往往认为自己久病成良医，擅自更改医嘱也较常见。

②医嘱与患者社会需要冲突：如对于经济困难的患者，过高的医疗费用可能导致其无法遵从医生的检查、治疗要求；医嘱与患者的工作生活有冲突时，也易导致患者不遵医嘱。

③医嘱复杂，患者理解和记忆困难：通常情况下，普通的治疗方式，患者依从率是很高的。如果治疗方式复杂，检查项目繁多，患者可能出现理解和记忆困难，尤其对于老年人，故要求病人遵医的项目越多越会降低遵医率。

④医嘱措施或药物治疗的副反应：随着人们对健康意识的增强，这已经成为不遵医嘱行为最常见的原因。不少患者担心长期服药的不良反应危害身体健康或对目前治疗的副反应无法接受，导致其擅自改变治疗方案或拒绝治疗。

⑤患者被动性就医：有些疾病是患者没有能力认识、判断、做出求医决定的，患者常常在监护人、亲属、邻居或同事等帮助下被动就医，如精神病患者(自知力缺失)，此类患者往往依从性较差。

(2)医务人员方面的原因

①医务人员服务态度不良：医务人员对患者态度冷漠，话语生硬，解释病情敷衍了事，给患者不负责的感觉，常引起患者的不满情绪。或者患者抱着很大的期望来治病，而医生三言两语就给自己下诊断、开药，从医生那里得到的信息让其很失望，又不敢向医生咨询自己不懂的，对治疗措施的不理解，往往导致患者对医嘱产生怀疑、不信任、抵触的现象。

②医务人员对医嘱指导不充分：医务人员应根据病人的文化程度，采用通俗易懂的语言耐心向病人和家属介绍疾病的有关知识，解释执行医嘱的必要性和重要性，具体明确地说明执行的方法，必要时让患者重复医嘱的内容。了解患者存在的疑虑，并予以解答。

③医务人员操作不熟练或医疗措施给患者带来痛苦：患者往往不愿配合，导致不遵从医嘱。

(3)社会因素

①社会经济状况、医疗保障系统：治疗费用影响病人的遵医行为，全自费的患者遵医嘱情况显著低于公费或半公费。医疗保障覆盖水平不高也是病人就诊率降低的原因之一，据一项针对失地农民的调查显示，目前各类医疗社会保险覆盖调查样本户的比例仅为24.39%，其中，"当地的合作医疗"的占10.86%，"城镇职工的医疗保障体系"的占4.75%，"政府专门为失地农民建立的医疗保障"的占8.78%。这就是说，尚有75.61%的失地农民没有任何形式的医疗社会保障，处于自费医疗的境地。

②社会支持系统因素：遵医行为与社会支持系统密切相关，病人的朋友和家属对执行治疗的方案给予精神或物质上的支持和帮助，有利于提高病人的依从性。一些公益性的社团组织如：糖尿病之友会、抗癌明星联谊会、戒酒同盟会等，社团成员之间能彼此关心爱护，互相鼓励交流经验，有利于提高共同的治疗依从性。

2.提高患者遵医行为的方法

(1)提高患者的满意度：医务人员的服务态度、职业道德作风、技术水平是影响患者满意度的重要因素。医务人员在工作中要了解病人的心理需求，善于向病人表达尊重、关心、理解，使患者感受到温暖。医务人员要努力提高技术和操作技巧，使诊断正确、操作熟练、治疗得当。

(2)增加口头和书面信息：医务人员在诊治过程中应尽量用浅显易懂的语言与病人交流，少用专业术语，把复杂的治疗方案用具体直接的语言分成几个部分，或使用简单的图表或书面说明等方法，帮助病人理解和记忆。

(3)完善患者对疾病的知识：开展对病人和家属的疾病知识普及教育，可以改善病人对疾病的认知，从而加强其遵医行为。

(4)提供良好的社会支持：社会支持对病人的依从性有很大影响，尤其是当治疗方案是长期的，或者需要病人改变生活方式时，家人、朋友的鼓励和支持对病人的遵医行为能起到积极作用。另外，医疗保障制度的健全和完善，能提供更好、更公平的社会医疗环境，使经济较困难的病人提高依从性。

三、患者角色

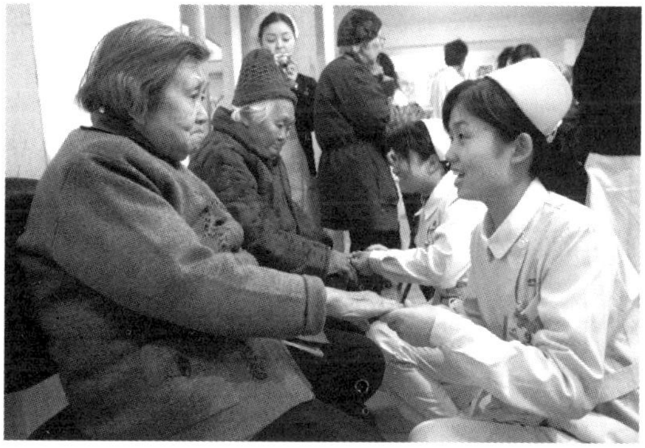

图 9-1　患者角色

患者角色又称患者身份，是社会对患者所期望的行为模式。一个人被认为患了某种疾病之后，这个人就取得了患者角色，可以享受应有的权利、履行应尽的义务，原有的社会角色就会部分地或全部地被患者角色所取代。

美国社会学家柏森斯在《社会制度》一书中提到“患者角色”具有一定的权利和义务，可概括为以下四点：

1.患者可从常规的社会角色中解脱出来，并根据疾病的性质和严重程度，相应减轻他平时承担的社会责任（工作）。

2.患者对其陷入疾病状态没有责任，因为通常一个人对病本身无法控制；应尽可能使他早日康复。

3.患者有义务力求痊愈。生病不符合社会的愿望和利益，社会希望每个成员都健康，以承担应有的责任和角色。生病是暂时的非正常状态，应主动力图恢复常态。

4.患者应该寻求可靠的治疗技术帮助，必须与医生、护士等合作，共同战胜疾病。

由此可见，患者角色既有从常态社会职责中解脱出来的权利，又有积极求医以早日康复的义务。

四、患者常见角色问题

生老病死是自然规律。人的一生都有暂时伴随患者角色的可能，甚至与患者角色终身相伴。这是一个令人惧怕、厌恶的角色，但由于某种原因有时不得已而接受或安于担当这个角色。当个体从其他社会角色转化为患者角色以及在承受患者角色的过程中，由于种种因素会出现一些适应不良从而影响疾病过程向健康转化的情况。

1.角色行为阙如：即患者未能进入患者角色。虽然医生诊断为有病，但本人否认自己有病，根本没有意识到或不愿承认自己是患者。

2.角色冲突：同一个体常常承担着多种社会角色。如果个体存在对某种需要的迫切追求所产生的动机超过求医的动机，从其他角色转化为患者角色时便会出现冲突，影响或延误疾病的治疗。

3.角色行为减退：已进入角色的患者，由于更强烈的情感需要，不顾病情而从事力所不及的活动，表现出对病、伤的考虑不充分或不够重视，从而影响到疾病的治疗和康复。

4.角色行为强化：因患病而“继发性获益”或因病后依赖性加强、自信心减弱、对自己的能力表示怀疑，对承担原来的社会角色恐慌不安，安心于已适应的患者角色现状，或者自觉病情严重程度超过实际情况。

5.角色行为异常：患者受病痛折磨以及悲观、失望等不良心境的影响导致行为异常，如对医务人员的攻击性言行，病态固执、抑郁、厌世以至自杀等。

上述在患者角色转变过程中所出现的不同情况，与患者的年龄、性别、个性及文化背景等因素有关。在角色转变过程中出现的各种问题，如果解决不好，将对患者的康复造成威胁，故在医疗过程中，我们应注意评估患者角色适应情况，帮助患者尽快完成角色的转变。

复习巩固

1.疾病与患病的概念有何不同？
2.影响求医行为的因素有哪些？
3.影响遵医行为的因素有哪些？
4.患者常见角色问题有哪些？

第二节　患者常见心理

一、择优心理

近年来随着国家医疗体制的改革和人们生活水平的不断提高，择优就医成为患者的普遍心理，一方面反映了社会的进步，另一方面也带来了一些负面影响。择优心理常常表现为：

1.慕名求医。优秀的医院拥有较高的医疗技术人才、先进的医疗设备，享有较高声誉，得到大众的信任。因此，慕名前来的患者络绎不绝。

2.寻找求医门道。初诊患者对挂号、候诊、检查等治疗程序陌生，怕麻烦，怕等候，看不上好医师则希望有人帮助，因而托熟人的事时有发生，既影响门诊秩序，又易使"走正门"的患者心理失衡。

图 9-2　慕求名医

3.渴望名医诊治。慕名求医的病人企望名专家、名教授看病的要求十分强烈。有的病人身患绝症，千里求医，期待名医诊治，甚至说："就是治不好，让他看了病死也心甘！"在这种择优心理的驱使下，常常出现专家候诊室病人排长队，年轻医生坐冷板凳的现象。实际上，常见、多发病并非需名家诊治。况且专家门诊的时间和精力是有限的，病人多了还会影响专家门诊的质量。

4.崇信高档仪器。随着科技的发展，医院设备不断更新，如 CT、核磁共振等，对改进诊疗手段、提高诊断准确率起到积极作用。但是，有些病人盲目崇信高档仪器，不管病情是否需要，强烈要求做这样或那样的检查。不满足要求，即产生不满情绪。

5.追求进口药物。对于常见病，同类的国产药和进口药都能达到相同的治疗效果，但进口药价格更贵，选用价格合适的国产药更符合卫生经济的原则，但有的病人却不理解，盲目崇拜进口药。

6.择护心理。同选择就诊医生一样，在治疗时，病人更倾向于挑选 30 岁以上的中老年护士打针、换药，认为这个年龄段的护士成熟老练，善解人意，有亲切感、信任感，而对年轻护士则不太放心。

总之，我们一定要理解病人的择优心理，并给予正确引导，以便更好地满足患者的心理需要。

二、缺陷心理

图 9-3 截肢患者

缺陷(defect),本意指欠缺或不够完备的地方。疾病损伤了包括健康在内的许多东西,如失去身体的某部分,失去身体的某种功能,失去工作等,导致患者出现缺陷心理,自我价值感降低。例如乳腺癌患者乳房切除引起的形体改变,烧伤患者引起的容貌改变,患者总会自觉不自觉地与功能健全时加以比较,产生“心理阴影”,容易形成孤僻、自卑的个性特征,继而出现自我封闭,自动或不得已地脱离他人和社会,把自己的活动限制在狭小的环境内。医务工作者应对其表示理解、体谅,维护患者的自尊,使患者感到自己在受到重视和尊重。注意引导患者,让其有正确的自我意识,增强社会支持,鼓励积极行为。

三、愧疚感

有的患者患病后感到自己不能再照顾家人,还给家人添加了许多负担;有的患者因住院不能工作,家庭收入减少,支出增加,甚至可能失去原有的工作;有的患者认为自己患了绝症,不可能医治好,给家庭带来了巨大的经济负担和精神负担,因而产生强烈的愧疚感(guilt)。

四、失去自主感

图 9-4 失去自主感

当一个人认为自己对所处情境没有控制力并无力改变它的时候,就会产生无助感。这是一种无能为力、无所适从、听之任之的情绪反应。患者住院期间的检查、治疗、护理等活动均在医护人员的安排下进行,且患者感到生命受到威胁,这种心理应激使自我价值感丧失,自信心降低,使患者失去自主感(sense of autonomy)。

五、受威胁感

有的患者担心医院里患者集中、病种繁杂,容易感染其他疾病;有的患者担心在医院人多口杂,自己的隐私得不到保护。医务人员应耐心向其解释病室的消毒隔离制度,增加其安全感。在涉及患者隐私时,应注意保护患者的自尊,消除其不必要的顾虑。

生活中的心理学

一位患者的点滴感受

我由于偶然不慎，误将假牙吞入，疼痛不已，随即急诊入院。我心急如焚地期待着尽快手术，同时反复思索着：手术能成功吗？会不会遇到万一呢？也许弄不好很快就到另一个“极乐世界”去了，愿上帝保佑我能遇上一个认真负责又医术高明的大夫，这种凶吉未卜的忧虑，一直到我被完全麻醉后，才消失殆尽。苏醒后，获悉异物已顺利取出，随之我心里的一块石头落地，尽管伤口很痛，但毕竟脱离了危险，而后转入护理治疗阶段，于是跟护士打交道的概率多了。我最怕的就是打针了，特别是静脉点滴。由于初次接触，心中多少带些恐惧，特别是有些护士一针要扎上好几次，扎得我鲜血直流时，我更觉得发怵。诚然痛不痛已不是主要问题，而更多的担心是会不会出现什么危险？静脉会不会进空气啊？肌肉注射会不会超过规定区域啊？会不会留下什么后遗症？常常往坏处联想，造成思想上的紧张。

一周后，我自觉许多异常症状逐步消失，真高兴马上会出院了，但经透视后发现我食道仍有问题。我将要再继续住上相当一段时间，我泄气了，悲观的情绪占了上风，有时甚至失去了治疗的勇气。这一突变不能不算一个挫折，而对我来说更大的挫折，莫过于插鼻饲管了。从直观上感觉，从鼻中插管到胃里是十分可怕的，因为它改变了进食的正常渠道。尽管事先我向一些护士打听过，她们都说“不痛”。但实际操作中，我实在难以忍受，无法抑制地痛哭流涕。我越发怀疑人家不痛而我却觉得这样痛，会不会有什么意外呢？无奈只好将管子拔出。好在后来经验丰富的护士长给我做了必要的说明和解释，消除了我许多疑虑，加上她熟练的技术，终于顺利完成了插管，我觉得她救了我一条命。在我看来，若能消除患者的一些疑虑，无疑是给他们服了一剂良药。

复习巩固

1.患者的常见心理有哪些？

2.患者的择优心理有哪些表现？

第三节　患者心理问题及干预

一、焦虑心理

焦虑(anxiety)是患病后最常见的一种心理现象。患者对自身健康或客观事物做出过于严重的估计，常为疾病不见好转或病情恶化、康复无望时的一种复杂情绪反应，其主要特征是恐惧和担心。也可能因担心家庭、工作、经济、学习、婚姻问题等社会因素而焦虑烦恼、坐立不安。焦虑的主要表现为紧张不安、提心吊胆、恐惧、害怕等内心体验，以及肌肉紧张、出汗、搓手顿足、紧握拳头、面色苍白、脉搏加快、血压上升等交感神经系统的机能亢进的征兆，也可能出现失眠、头痛。

有的患者能意识到自己的焦虑情绪，积极调整；有的则极力否认焦虑的存在，他们不提任何问题，也避免谈论自己的病情；有人故作姿态来掩饰自己的焦虑；有的患者则以敌意和攻击来表达自己内心的焦虑；有人则提出不合理的特殊照顾等等。医务人员要以共情的态度和足够的耐心进行有效的引导，给病人以哭泣和倾诉的机会，有助于疏泄病人积累的紧张和焦虑；对疾病的相关知识进行说明解释，避免患者出现对疾病的歪曲认知。症状严重时，可考虑合并使用抗焦虑药物治疗和心理治疗。常选择的药物有：①苯二氮卓类药物：劳拉西泮、阿普唑仑等；②抗焦虑抑郁药物：帕罗西汀、艾司西酞普兰、丁螺环酮、文拉法辛、舍曲林、度洛西汀等；③其他：急性焦虑发作时可以考虑服用普萘洛尔，临时服用，能够改善症状。

图 9-5　焦虑心理

二、抑郁心理

抑郁(depression)是患者另一种常见的情绪反应。因患病丧失了劳动力，或疾病导致了形象变化或患难以治愈的疾病，患者往往出现悲观、绝望情绪和厌世心理，通常表现为言寡行独、厌恶社交、抑郁苦闷，常被失望、孤立无援及凄凉的感情所包围，对生活失去信心。他们可能出现睡眠不佳，食欲减退，体重减轻的情况。严重者希望逃脱令他感到不能忍受的生活环境，摆脱身体上、精神上的痛苦，可能企图自杀。

对这类患者，医务人员需提高警惕，多引导和鼓励患者正确对待疾病，树立战胜疾病的信心，严防自杀，必要时进行心理治疗和药物治疗。常用的抗抑郁药物有：帕罗西汀、舍曲林、氟西汀、西酞普兰、文拉法辛、度洛西汀、米氮平等。对于伴有睡眠障碍的患者，可以短期使用一些苯二氮卓类药物或者一些新型的助眠药物，如唑吡坦、佐匹克隆。对于一些症状严重，甚至伴有精神病性症状的患者，可以合并抗精神病药物治疗。还可采用物理治疗方法，如改良电休克（MECT）治疗以及重复经颅磁刺激（rTMS）治疗。

三、恐惧心理

恐惧（fear）是指由于某种危险或威胁情景引起的情绪反应。有的患者患病后伴随而至许多特殊的恐惧。对新的环境感到恐惧，如医院、诊所、医生、护士及周围的环境和病友等；对医疗设备感到恐惧；害怕疼痛或失去身体某一部分，如截肢；害怕自己被用作“实验”的对象；害怕作为对过去过失的惩罚而受苦；对治疗和诊断过程感到恐惧，如手术、各种插管；害怕个人感情受伤害或被忽视；害怕孤独或与亲人分离；害怕丧失功能或失去自我控制；害怕死亡。患者可能出现回避、哭泣、颤抖、警惕和易激怒等表现，出现血压升高、心悸、呼吸加快、尿频尿急等生理反应。

对这类患者，首先要弄清产生恐惧的真正原因，要给予亲切、和蔼的开导，医护人员的医德和技术是病人获得安全感的基础，为了帮助病人缓解心理冲突，减轻精神痛苦，医护人员还应针对每位病人的具体情况做好心理疏导工作。建立治疗同盟，家属、亲友、朋友等同医护人员一起多鼓励支持患者，尽量避免消极暗示，尤其是来自家属、病友方面的消极暗示，使患者能够身心放松，感到安全。症状严重时，亦可考虑合并使用抗焦虑药物治疗和心理治疗，如放松疗法。

图 9-6　恐惧心理

四、愤怒心理

愤怒（anger）是指当愿望不能实现或为达到目的的行动受到挫折时引起的一种紧张而不愉快的情绪。它是一种消极的感觉状态，一般包括敌对的思想、生理反应和适应不良的行为。有的患者不能面对从一个健康人到患者的角色的转变，不能从事原来的工作，大好的前程因病提前结束，更觉得老天不公平，自己太倒霉。“我为什么得这种病?”“为什么同样的病因他是良性我是恶性?”从而出现严重受挫的愤怒情绪。常常为一些小事而发火，也可能为自己不能自理而恼怒。这种莫名的怒火，可能是潜意识的，可能导致攻击性行为。他可能向周围的人，如亲友、病友甚至医生、护士，毫无理智地发泄。

应当认识这种受疾病折磨的易激惹状态是患者的心理反应，要有足够的容忍力来应对。愤怒还有可能转化为自戕和抑郁。自戕和抑郁是攻击性情绪转而攻击自身的表现。面对患者的愤怒情绪，应进行适当的引导，使其认识自己愤怒的深层原因，鼓励其用健康的、有建设性的方式合理宣泄。对少数因不合理要求未得到满足而愤怒攻击的患者，应冷静处理。

五、孤独心理

孤独(loneliness)又称社会性隔离，是一种无依无靠或没人陪伴的感觉。一个人生病而离开了家庭和工作单位，住进病房，周围接触的都是陌生人。而医生每天仅在查房时和病人说几句话，护士定时打针送药，又极少言谈。这样病人自然产生一种孤独感。特别是小病室的病人，更易产生孤独感，总希望别人陪伴，说几句话，以得到心理上的宽慰。训练有素的医护人员能充分理解病人的这种心理。例如遇到病人总打信号灯，决不训斥病人说:“你怎么这么多事!”而是轻声问病人是不是想要喝水或者有其他什么需要。如果没什么事，就去给他盖一盖被子，理一理枕头，使病人带着安慰、进入梦乡。同时也应看到，医护人员的这些行动，得到安慰的不只是一个病人，而整个病室的人都会感到温暖。与孤独感相联系，还会有被遗弃的焦虑，担心成为家庭和社会的累赘，甚至萌发轻生意念。应鼓励其亲属朋友和同事进行探望、照顾，使病人与亲友、同事间保持亲近的关系。

六、报复心理

在社会交往中，有些人以攻击的方式对那些曾给自己带来伤害或不愉快的人发泄不满，这种情绪就是报复(retaliation)。近几年多地发生患者攻击医务人员的暴力事件，要求我们重新审视当前的医患关系。有的患者在久病或绝望时会出现一种以自我为中心的偏激心态，对许多事都看不顺眼或厌烦，常常认为医务人员对他服务不周到，不能容忍他人的错误，甚至对治疗、用药、检验、医疗费用等都作猜疑反应，产生报复心理最终往往使得小问题引发大矛盾甚至是恶性暴力事件。另一方面，患者对医疗效果期望值过高。医学领域充满着未知和变数，针对复杂的患者个体，医务人员对疾病的认知和医疗技术的运用会存在或多或少的差异，即使在医学高速发展的今天，国内外一致承认的疾病确诊率仅为70%，各种急症抢救的成功率也只在70%～80%，因此，任何医院和医生都不可能包治百病。但有不少患者对医疗行业，对医学科学的认识不够，对医学知识一知半解，把到医院就诊看作一种简单的商品消费，往往是付出后不能获得等值的回报，自然就导致了矛盾的升级和恶化。研究表明当个体陷入对某种冒犯行为的沉思并反复体验自己受到伤害时的情绪感受时，他内心便会不自觉地增加复仇的动机。故医务人员在医疗过程中应加强有效的医患沟通，在用药、检查、改变治疗方案等情况中，都要根据不同的对象进行有选择地告之，这样既尊重了患者，又融洽了关系，也可避免可能发生的矛盾。

扩展阅读

穆斯和谢弗疾病危机应对模型

穆斯和谢弗(Moons&Schaefer,1984)在应对生理疾病危机中运用危机理论。他们认为，当生理疾病成为患者生活转折点时，它就被认为是一种危机。例如发生以下改变：

导致身份改变：疾病可能会使一个人的身份发生改变，比如从家里的顶梁柱变成被照顾者。

导致生活场所的改变：疾病可能会造成患者生活环境的改变，如从忙碌的工作的办公室变成整日卧床的病房。

导致角色的改变：患病后可能导致个体从独立变成依赖。

导致社会支持的改变：疾病可能导致亲人、朋友的疏远，从而引起社会支持发生变化。

导致未来的改变：疾病可能导致患者对未来的事业、生活目标变得不确定。

当出现上述生理疾病危机的时候，穆斯和谢弗描述了构成了应对过程的三个过程：(1)认知评价；(2)适应任务；(3)应对技巧。这三个过程见图9-7。

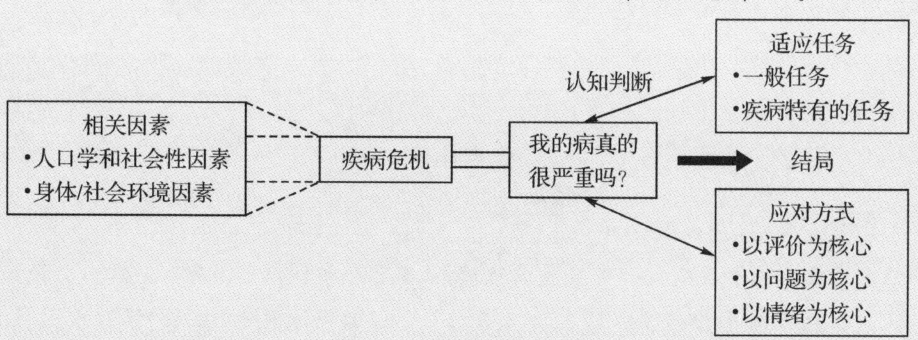

图9-7　疾病危机的应对

过程1　认知评价。当患者的身体因疾病而陷入一个不平衡状态时，他马上就会对自己疾病的严重性和重要性做出评价(比如说，我的病情严重吗?)。评价过程受到患者的文化水平、既往经验、情绪状态、社会支持等影响。

过程2　适应任务。认知评价完成后就进入适应任务阶段。穆斯和谢弗描述了七种应对过程中运用的适应任务。

①克服疼痛、失能及其他症状；

②克服医院环境和特殊的治疗程序；

③建立并维持与健康专业人士的关系；

④学会用积极情绪来战胜消极的状态；

⑤认可自我形象，保持自己的能力和控制力；

⑥保持与家人和朋友的交流；

⑦坦然面对不确定的未来。

过程3　应对技巧。可归为三类：

①以评价为中心：主要包括试图理解这个疾病的原因和探寻这个疾病的意义。

②以问题为中心：主要指直面问题并且把问题重组为可掌控的。

③以情绪为中心：主要是控制自己的情绪并保持平衡。

因此，根据这个疾病危机应对理论，个体先对这个疾病做出评价，然后完成一系列的适应任务并运用一系列的应对技巧来应对这个疾病，而这些任务和技巧往往能决定疾病的结果。

复习巩固

1.患者常见的心理问题有哪些?

2.针对患者的不同心理问题，医务人员可采取哪些心理疏导措施?

3.常见的抗焦虑、抑郁药物有哪些?

要点小结

1.患病与疾病、患者概念不同。

2.利文撒尔关于疾病认知的自我调节模型，有三个步骤：(1)解释(2)应对(3)评价。

3.求医行为的三种类型：(1)主动求医行为；(2)被动求医行为；(3)强制求医行为。

4.求医行为的影响因素有：(1)个体对疾病的主观感受和认知；(2)疾病种类和严重程度的影响；(3)社会心理因素的影响。

5.不遵医嘱的原因：

(1)患者方面的原因：

①对自身疾病的认识不足；

②医嘱与患者社会需要冲突；

③医嘱复杂，患者理解和记忆困难；

④医嘱措施或药物治疗的副反应；

⑤患者被动性就医。

(2)医务人员方面的原因：

①医务人员服务态度不良；

②医务人员对医嘱指导不充分；

③医务人员操作不熟练或医疗措施给患者带来痛苦。

(3)社会因素：

①社会经济状况、医疗保障系统；

②社会支持系统因素。

6.提高患者遵医行为的方法：(1)提高患者的满意度；(2)增加口头和书面信息；(3)完善患者对疾病的知识；(4)提供良好的社会支持。

7.患者常见角色问题：(1)角色行为阙如；(2)角色冲突；(3)角色行为减退；(4)角色行为强化；(5)角色行为异常。

8.患者常见心理：择优心理、缺陷心理、愧疚感、失去自主感、受威胁感。

9.患者心理问题：焦虑心理、抑郁心理、恐惧心理、愤怒心理、孤独心理、报复心理。

关键术语

患病　疾病　患者　求医行为　遵医行为　患者角色　择优心理　缺陷心理　愧疚感　失去自主感　受威胁感　焦虑　抑郁　恐惧　愤怒　孤独　报复

复习题

一、单选题

1.个体对其不健康的主观感受是指(　　)

A.患病　B.疾病　C.患者　D.生病

2.下列哪项不属于求医行为(　　)

A.主动求医行为　B.被动求医行为　C.强制求医行为　D.自行求医行为

3.下列哪项不属于利文撒尔关于疾病认知的自我调节模型的三个步骤(　　)

A.解释　B.评价　C.适应　D.应对

4.下列哪项不属于求医行为的影响因素(　　)

A.个体对疾病的主观感受和认知　B.社会心理因素

C.人格特征　D.疾病种类和严重程度

5.疾病损伤了包括健康在内的许多东西,导致患者出现自我价值感降低是什么心理?(　　)

A.缺陷心理　B.愧疚感　C.失去自主感　D.择优心理

二、多选题

6.不遵医嘱的原因来源有哪些(　　)

A.医务人员态度冷漠　B.患者对自身疾病认识不足

C.医嘱太复杂　D.经济困难

7.患者常见的角色问题有哪些(　　)

A.角色冲突　B.角色行为强化　C.角色行为减退　D.角色改变

8.患者常见心理有哪些(　　)

A.择优心理　B.缺陷心理　C.自我心理　D.失去自主感

9.患者常见心理问题有哪些(　　)

A.抑郁心理　B.愧疚心理　C.恐惧心理　D.焦虑心理

10.患者出现抑郁情绪可使用下列哪些干预措施(　　)

A.严防自杀　B.鼓励患者　C.心理治疗　D.药物治疗

11.提高患者遵医行为的方法有哪些(　　)

A.减少医疗费用　B.健全医疗保障制度

C.提高患者的满意度　D.完善患者对疾病的知识

12.恐惧心理有哪些表现(　　)

A.恐惧医疗设备　B.恐惧孤独　C.恐惧死亡　D.恐惧疼痛

13.恐惧心理有哪些干预方法(　　)

A.药物治疗　B.放松治疗　C.建立治疗同盟　D.鼓励支持

14.对愤怒情绪如何干预(　　)

A.合理宣泄　B.引导其认识自己　C.放松治疗　D.教育、惩罚

15.产生报复心理的原因有(　　)

A.自我为中心的偏激心态　B.猜疑心强　C.对医疗效果期望值过高　D.没有文化

第十章　特殊患者心理问题与调适

疾病状态下的患者往往出现各种心理问题，这部分知识我们已经在前面一章讨论过了，在临床上还有一些特殊患者，如艾滋病毒感染者、癌症患者、长期处于疾病状态或者疼痛状态的慢性病患者，以及一些心理/精神疾病患者，他们往往需要承受比一般患者更多的压力，这部分患者的心理状态值得更多的关注。

第一节　艾滋病

小王是大学四年级的男生，性格乐观开朗，但最近一个月小王像变了一个人，闷闷不乐，心事重重的样子，室友常常被小王半夜做噩梦的喊叫声惊醒，面对同学朋友的关心小王更加烦躁不安。终于有一天，小王对自己最信任的体育老师道出了原因。放暑假时小王去农村舅舅家玩了两天，长期在外地打工的表哥也正巧回家了，表兄弟俩自幼熟悉，这次也一起玩耍，晚上表哥自己打地铺，把他的床铺让给小王睡了。半个月后听说表哥咳嗽发烧，到医院看病居然查出患了艾滋病。小王一下子懵了，表哥就要死了吗？而自己当时与表哥一起吃饭，还睡了他的床铺，加上农村蚊子多，小王屡次被蚊子叮咬，若是蚊子叮了表哥又来咬自己，那不就是肯定被传染了？小王越想越害怕，又不敢对同学和老师讲，晚上常常做噩梦梦到自己得了艾滋病，在同学朋友鄙视的眼光中死去。

小王会被传染艾滋病吗？他应该怎么办呢？

一、艾滋病概述

艾滋病，即获得性免疫缺陷综合征（acquired immune deficiency syndrome，AIDS），是由人类免疫缺陷病毒（human immunodeficiency virus，HIV）感染后致病的。世界上第一例艾滋病出现的确切时间并不清楚。它似乎在19世纪70年代初期始于中非，在中非诸国快速传播，随后传到欧洲，1981年美国报道了首例艾滋病病人并正式将该病命名为AIDS。

1985年6月，北京协和医院报告了中国境内第一例艾滋病病人，是一位来中国旅游的美籍阿根廷人，因“肺部感染”入院，该病人的免疫系统似乎已经全线崩溃，任何抗感染的药物对他都无济于事，这样的状况让医生们倍感疑惑，他们经越洋电话联系到病人在美国的家庭医生，了解到病人得的是艾滋病，并从病人的血液中检测到艾滋病毒抗体阳性。几天后病人因感染中毒性休克、呼吸循环衰竭而死亡。其后几年的艾滋病病例报告也均是来华外国人和海外华人，仅在浙江发现4例因使用国外进口的凝血因子VⅢ而感染HIV的感染者。1989年8月，负责云南省艾滋病监测工作的马瑛从瑞丽市戒毒所采得吸毒人员血清50份，检测发现HIV阳性者26份。此后，在云南吸毒人群中共发现HIV感染者146例，这标志着艾滋病已由从国外输入发展到在国内播散。

1.艾滋病的流行情况

根据世界卫生组织2011年发表的统计数字显示：全世界的艾滋病病毒携带者达四千多万，这其中已有两千二百多万艾滋病人丧生。撒哈拉以南的非洲地区有2500万名艾滋病毒携带者，占全球总数的70%。拥有众多人口的亚洲目前正处于控制艾滋病蔓延的关键时刻。一方面，大部分亚洲国家艾滋病病毒的传播仍主要局限于高危人群中；另一方面，该地区已成为疾病传播最快的地区之一。截至2011年底，我国存活的约有78万艾滋病病毒感染者和艾滋病病人中，女性占28.6%。

2.艾滋病的传播途径

艾滋病病毒存在于人体的血液、精液、阴道分泌物、乳汁等体液中。2011年的资料显示，在我国，性传播仍是艾滋病病毒传播的主要途径，占63.9%；第二位是经注射吸毒传播，占28.4%；经既往有偿采供血、输血或使用血制品传播占6.6%，经母婴传播占1.1%。随着1997年政府采取行政干预等强硬措施，关闭了非法血站，1998年通过的《中华人民共和国献血法》禁止了有偿献血，并明确规定采血机构必须对献血人员进行 HIV 筛查，此后，经献血或输血传播 HIV 得到了有效的控制。

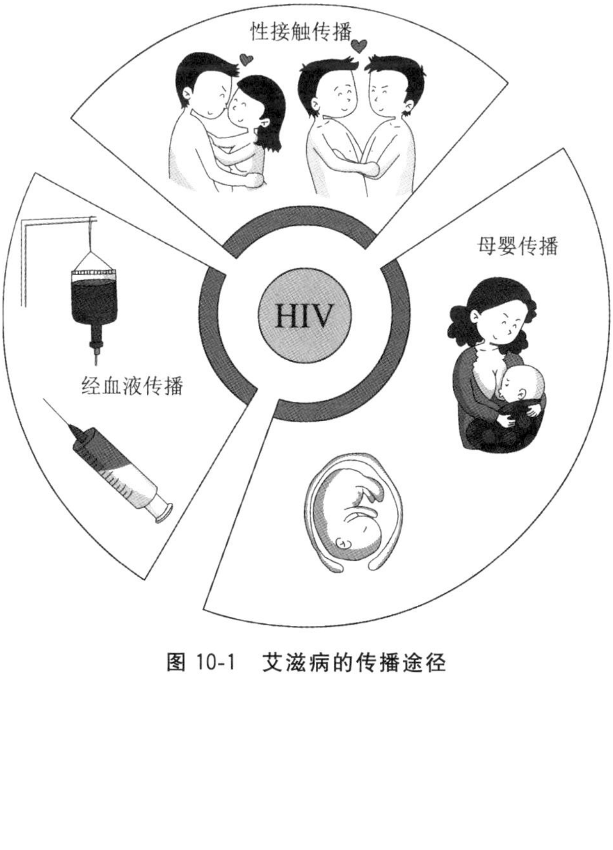

图 10-1 艾滋病的传播途径

生活中的心理学

身边的朋友、同事、同学或亲戚患了艾滋病，我会被传染吗？

日常生活接触不会传播艾滋病，一般的生活接触，如：与艾滋病人握手、拥抱、共用餐具、共用厕所、共用电话、一起游泳、睡了艾滋病人睡过的床铺等均不会被传染艾滋病。蚊虫叮咬、咳嗽、打喷嚏也不会传播艾滋病。与艾滋病感染者一起工作、生活或者照顾艾滋病感染者都不会感染艾滋病病毒。

图 10-2　这样不会传染艾滋病

3.艾滋病的病程

艾滋病病毒感染后最初几周，病毒在体内快速生长并且散播到全身。HIV 感染后的 3～6 周，可出现全身不适、发热、寒战、关节痛、腹泻等症状，持续 7～14 天；2～3 个月后可出现血清抗体阳性，随后感染者转为较长的无症状期（潜伏期，即感染 HIV 后到发病这段时间），一般认为成年人潜伏期为 8～10 年，儿童平均为 1～2 年。艾滋病感染者多数成为无症状的 HIV 病毒携带者或表现症状不明显，是传播艾滋病的重要传染源。随着病毒数量的逐渐增加，通过杀死辅助 T 淋巴细胞而严重地损害免疫系统，使得个体对条件性致病菌易感染，绝大部分艾滋病感染者在感染后 10 年内发展为艾滋病。

4.艾滋病的症状

了解艾滋病的临床表现特征，既能帮助医务人员对该病做出正确的诊断，也有利于 HIV 高危人群尽早检查就医。对于艾滋病的早期发现、早期治疗有重要意义。常见的症状体征有：

(1)全身症状：最常见的是反复出现的低热（约占72%），伴寒战、消瘦、体重明显下降、慢性腹泻、疲乏无力、嗜睡，且常找不到发热、体重减轻和腹泻的原因。

(2)淋巴结肿大，皮肤损害，如皮疹、湿疣、肉瘤等。

(3)中枢神经系统症状是艾滋病患者发病与致死的常见原因。

(4)并发症：机会性感染和恶性肿瘤，主要为肺部感染（卡氏肺囊虫性肺炎）和卡波济氏肉瘤。

5.艾滋病的治疗

早发现、早治疗使艾滋病患者可能过上正常生活。晚发现、晚治疗是导致死亡病例增多的主因。药物治疗包括抑制病毒、增强免疫功能、抗感染、抗癌等，其中“鸡尾酒药物疗法”是将上述两种到三种药物联合应用，已经帮助很多艾滋病患者或病毒携带者很好地控制住了HIV病毒的繁殖。

6.艾滋病的预防

艾滋病虽不能治愈，但是可以预防。主要预防措施有：

(1)洁身自好，避免婚外性行为。研究表明，个体性伴侣的数量与其感染艾滋病的概率成正比。

(2)安全性行为——使用安全套。在同性性行为、与吸毒者性交、对性伴侣不了解的情况下发生的性行为中，使用安全套可以有效减少感染艾滋病的危险。

(3)不吸毒，尤其不与其他人共用针具吸毒。

(4)减少母婴传播。HIV阳性的母亲所生的小孩有15%～30%的可能会出现HIV阳性，感染可能发生在怀孕期间、分娩或哺乳期。如果进行齐多夫定（AZT）治疗，其发生率将下降到4%～8%。

二、艾滋病患者的心理行为问题

在许多国家，艾滋病仍然是一种被高度歧视的疾病。在中国，由于社会文化的因素，过去某段时期对艾滋病的妖魔化宣传，以及从普通老百姓到医务人员都普遍缺乏对艾滋病的了解，我国对艾滋病人的歧视比欧美国家更甚。社会的歧视和孤立，加重了艾滋病感染者的恐惧、消极、抑郁、孤独、边缘感；使艾滋病人出现明显的心理行为问题，包括：

1.焦虑恐惧

成千上万的人HIV检测呈阳性，而没有发展为艾滋病。但一般来说，这些人中的大多数最终将发展为艾滋病，因此，这一人群生活在严重的健康威胁事件中，需要去应对这种不确定性带来的焦虑以及对死亡的恐惧。但是，从记者的采访资料来看，艾滋病感染者和病人最害怕的不是死亡，而是因“身份暴露”而“被歧视”，因此不敢公开自己感染艾滋病毒的情况。天津某志愿者接触了千余名感染者，其中有50%的人选择沉默。他们不知道该如何告诉家人和周围的朋友。

2.抑郁

HIV感染的诊断常伴随着抑郁的发生。高剑波等对300例艾滋病人的观察发现，41.3%的病人有抑郁表现。张健萍等对云南省某艾滋病专科医院临床确诊并收治的患者的调查表明，艾滋病人抑郁评分的均值达到中度抑郁的水平，抑郁在下列个体中最为常见：缺乏社会支持者、采取回避性应对方式的人、有较严重的HIV症状者。在被周围的人歧视或被消极对待的感染者中，抑郁者表现出全方位的退缩，病情发展加速，容易出现自杀观念。

3.孤独无助

我国是一个高度重视家庭的国家，一方面，患病的人主要从家庭成员中得到关怀、照顾与支持；另一方面，由于社会对艾滋病的歧视会波及患者的家庭，对于HIV阳性者来说，保护家庭成员就妨碍了公开HIV感染的实情，而不公开这一事实也意味着这些人无法从他们的家庭中得到所需要的支持。在社会中，艾滋病人也面临不被团体接纳和平等对待的问题。2010年11月28日，旨在探寻“人与艾滋病关系”的“绝对距离”当代艺术展启动仪式在北京草场地国际艺术村举行，一位艾滋病感染者套在羽绒服外面的白T恤上写着：“我是艾滋病感染者，请给我一个拥抱。”但始终无人回应。除心理上的孤独无助之外，多数艾滋病人会因为HIV感染而失去工作和经济收入，年轻的感染者难以得到工作机会。一些法律、法规也对艾滋病病毒感染者存在不合理限制。

4.报复心理

多发生在患病的早期，部分病人在高危行为前并没有意识到有可能患病，所以当得知被HIV感染后，有无辜被害的感觉，产生愤怒和失意感、委屈感。因而继续原有的高危行为，甚至更加放纵自己或产生逆反心理，恨苍天不公，仇视社会，想把艾滋病传染给更多的人，达到心理平衡。研究报道有过报复心理者占3.3%～20%。

5.麻木

多发生在患病的晚期，在吸毒的患者中，毒品对其神经系统的作用使病人对HIV感染这一现实表现出麻木、无所谓，不愿意改变目前的行为和生活方式，对于治疗持消极态度。

三、艾滋病患者的心理调适及干预

艾滋病是一种慢性疾病，但其他慢性病患者通常能得到的同情和帮助，艾滋病患者却很难得到，还必须应对来自大众的恐惧和歧视。因此，HIV 感染者面临由疾病所致的大量心理社会问题。心理的痛苦又会加速摧毁艾滋病人的整体免疫力。因此，适当的心理干预、良好的心理调适，能够改善感染者的生活质量，让他们有更长的存活期。

1.确诊初期的心理调适

被确诊的初期，每个人都需要一段时间来适应，这是 HIV 感染者心理最脆弱的时候，很容易想不开、容易钻牛角尖，有的人甚至会精神崩溃。如果有心理学者立即介入，让感染者能有一个宣泄的出口，可以帮助他们树立正确、积极的人生观，一方面不要自我伤害，另一方面，不再去感染别人。

2.艾滋病患者的心理干预

与 HIV 感染相关的长期负担需要应对策略加以解决，那些缺乏应对技巧的人将面临心理上的痛苦，且会加速艾滋病的病情恶化。应对有效性训练有益于处理与 HIV 阳性状态有关的心理痛苦。一项研究发现，用于提高积极应对技巧和获取社会支持的能力，以及认知行为应对技巧能改变 HIV 阳性个体的生活质量和心理健康。

(1)自我控制感。感觉到自己能控制应激源的个体常常能更好地适应该应激源，正如在其他慢性或晚期疾病患者中所发现的一样，自我控制感或自我效能感(相信自己能控制疾病)对于成功适应艾滋病是非常重要的。

(2)情绪表达。研究发现，让艾滋病患者写日记，通过书写的方式自我暴露，表达、宣泄情绪，有利于患者改善应对技巧，增加体内 $CD4^{+}$ T 淋巴细胞的数量，延缓病情进展。

(3)找到生活的意义和价值感。研究发现，积极的情感可以降低艾滋病导致死亡的危险性，找到生活的意义和价值似乎能够减慢 $CD4^{+}$ T 细胞水平下降的速度，降低艾滋病的死亡率。与悲观者相比，对疾病较乐观的患者会表现出更多的健康促进行为。一项干预研究将 HIV 感染者分配到试验组和对照组，要求试验组的人描写未来生活中可能发生的积极事件，对照组不给予干预。结果显示，对于开始不太乐观的参与者，干预使他们变得更加乐观了，自我报告对药物治疗的依从性增加了，药物副作用引起的痛苦也减少了，研究表明对将来进行积极的描述的干预方法可有效减少个体的痛苦，提高感染者对治疗的依从性，尤其是悲观的个体。而对于乐观的 HIV 感染者来说，这一方法可能会帮助他们更好地抵抗额外的应激源。

(4)社会支持。对于艾滋病人来说，家庭、社会的支持十分重要。拥有情绪上的、切实可行的以及信息方面的支持的艾滋病患者，其抑郁程度更低，其病程进展要缓慢得多。

来自家庭的支持对抑郁的预防起着十分重要的作用，且有伴侣支持的个体更不可能去从事危险性行为。由于艾滋病患者往往不知道如何告诉家人，让家庭成员对其表示理解和支持也有很大的难度，因此，对心理工作者来说，为艾滋病人增强亲人的支持是需要优先考虑的事情。

信息性支持对于减弱与艾滋病有关的应激反应非常重要。研究表明，那些处于高度应激状态的人，HIV 的病程进展十分迅速。及时得到关于艾滋病的病程、治疗等信息有利于患者从强烈的情绪反应中冷静下来，采取求医治病等积极应对的策略，延缓病程。另一方面，由于广大老百姓尤其是农村人口的知识缺乏，普遍认为艾滋病是传染病，得了就会死，广泛宣传艾滋病的防治知识，减少社会人群的恐“艾”心理，有利于减少由社会歧视引起的应激反应。

对艾滋病人的社会支持也很重要。世界各国的经验表明，社会歧视、排斥艾滋病病毒感染者是非常不利于预防和控制艾滋病传播的。如果在你身边发现了 HIV 病毒感染者，不必害怕，因为一般的生活接触不会被传染。更不能看不起、排斥他们及他们的家人，因为艾滋病和其他慢性病一样是可以控制的，HIV 病毒感染者在很长时间内同样具有工作和生活能力，照样能为国家和家庭做出贡献。应该同情、关心并尽力帮助他们，使他们能够正常工作和生活，不让病情扩散。有了大家的理解和关爱，艾滋病感染者就有了一个良好的社会环境，才真正有利于控制艾滋病蔓延，从而使我们都能够安全。从这个角度说，关爱艾滋病病毒感染者，实际上是在关爱我们自己。

图 10-3　关爱艾滋病患者的“红丝带行动”

复习巩固

1.艾滋病的传播途径有哪些？

2.如何预防艾滋病？

第二节　癌症

一、癌症概述

近三十年来，世界癌症(cancer)发病率以年均3%～5%的速度递增，癌症已成为人类死因第一位。2008年世界卫生组织的统计资料显示，当年全世界癌症死亡人数高达760万人，全年新发现的癌症病例1270万例。数据分析显示，3/4的新增病例发生在新兴工业国家及发展中国家，中国的防癌形势尤其严峻，全球20%的新发癌症病例在中国(260万人)，24%的癌症死亡病人在中国(180万人)。近几年中国的癌症发病率仍呈上升的趋势。

癌症的确切病因尚不明了，主要与遗传、感染、个人生活习惯以及环境中的理化致病因素等有关。癌症与生活方式及心理社会因素的关系日益受到重视。生活方式如吸烟是三分之一以上癌症发生的高危因素，尤其是肺癌。美国学者Temoshok和法国学者Baltrush的研究提出癌症的高危性格特征为：过分克制、压抑愤怒、忍让、过分谦虚、过分依从社会、回避矛盾、在应激反应或困难时陷入绝望或无力感。抑郁、否认或压抑性应对策略与癌症的发展有关。针对动物与人类的研究已经证明了应激与癌症的关联，长期处于应激环境中，其恶性肿瘤的发生率明显增高。

癌症的发生不是一朝一夕的事情，很多癌症有较长的或不稳定的生长周期，即起始期、促长期、加速生长期(如图10-4所示)。一个肿瘤可能需要2～17年才能生长到目前能够被检测到的大小，即成为临床上的癌症。癌细胞的性质、环境因素、个体生活方式、心理因素等都能够影响肿瘤细胞生长的速度。

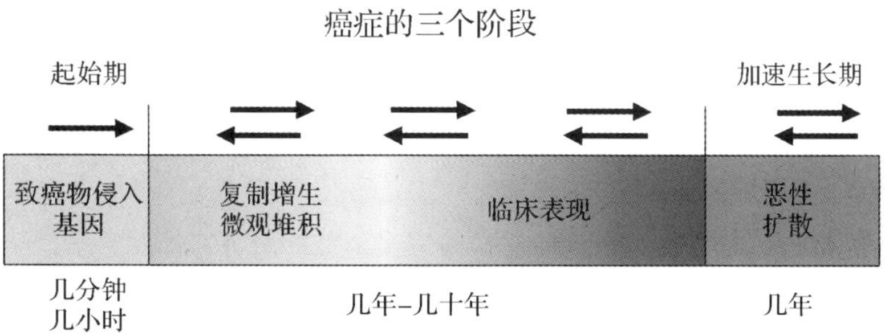

图10-4　从癌细胞到临床癌症

癌症的治疗效果及预后与发现癌症的早晚有很大的关系，绝大多数早期发现的癌症是可以成功治疗的，而晚期癌症的疗效及预后则较差。定期体检有助于发现早期癌症。识别癌症的信号对于及早发现癌症也很有帮助。

常见的癌症早期信号包括：①无痛性肿块迅速增大；②不明原因的消瘦、厌食；③无诱因的腹痛；④无诱因黑便或便血、尿血；⑤黑痣颜色改变、增大或变形；⑥老年人出现肠梗阻；⑦不明原因刺激性咳嗽、咯血；⑧上腹痛突然变得没有规律。发现上述情况者，应尽早到医院进行相关检查。

二、癌症病人的心理行为问题

1.癌症病人的心理进程分期

由于早期诊断技术和治疗方法的发展，许多癌症病人能存活很长的时间，而且不再遭受疾病的痛苦，还有一些癌症患者则长期与癌症并存，并知道自己最终将因为癌症而死亡。绝大部分病人在得知患上癌症之后会有强烈的情绪反应，一般表现为“三部曲”规律。即从不相信、不接受，内心充满恐惧和沮丧的“恐惧、否认期”，到为身体的康复而到处求医的“求索期”，在这个过程中，他们心境不佳，甚至抑郁，直至最后进入“接受期”，此时的癌症患者已经能够开始冷静地面对疾病，疗效及预后好的患者一般能够调整心态，适应良好，正常生活，预后差的患者对疾病和生命的归宿有了一定的思想准备，虽然心境趋于平静，但难以摆脱抑郁的阴影。

2.癌症病人的典型心理问题

(1)恐惧。对癌症的恐惧是普遍存在的心理问题。中国医学界有这样的说法：死亡的癌症患者中，有 1/3 是被吓死的，1/3 是病人无法耐受过度治疗而死，还有 1/3 才是治疗无效而死。恐惧源于两个方面，一是对死亡的恐惧，还有就是对癌症疼痛的恐惧。因此，心理调适也应该针对这两个方面进行。

(2)抑郁。虽然大多数癌症病人的心理问题并不比非癌症者多，但是他们对抑郁更加易感。研究表明，下列因素与癌症抑郁相关：

①预后：癌症恶性程度高、预后差的患者容易陷入抑郁。

②疗效及症状控制：治疗好转、病情稳定、症状轻微的患者抑郁发生率低于疗效差、病情恶化、症状重的患者。

③患者对自己病情的认知程度：对病情完全清楚的患者抑郁发生率低于对病情不清楚或不知道的患者。

④家庭及社会支持：家人及朋友给予很大支持的患者抑郁发生率低于缺少家庭社会支持者。其中以配偶、子女的支持最为重要。

⑤患者对死亡的态度：谈论死亡、对死亡坦然面对者抑郁发生率低于拒绝谈论死亡及对死亡充满恐惧者。

⑥经济状况：经济拮据、支付治疗费用有困难、因病举债或因病致贫者抑郁发生率高于经济状况良好者。

⑦身体形象及躯体功能：因疾病及治疗导致身体形象受损、功能产生缺陷的患者抑郁发生率高于无躯体缺陷者。

三、癌症病人的心理干预

针对癌症病人抑郁症的心理干预效果是肯定的。姜晓梅等进行的系统评价纳入了 11 项随机对照研究，包括 1670 例患者，结果表明，与常规治疗相比，心理干预联合常规治疗可明显改善癌症患者的抑郁与焦虑症状。万同玉等回顾了国内学者 10 多年来对癌症患者心理干预的研究文献，其内容主要涉及癌症患者的心理特征，心理干预手段，影响癌症患者生活质量的主要因素，癌症患者的心理需求等几个方面。结果显示，心理干预能够改善癌症患者的生活质量。

1.心理干预的方法

认知行为治疗、解决问题的治疗、心理支持疗法、催眠与自我催眠、音乐治疗、正念减压干预等都是可以采用的方法。

(1)认知行为干预：这是对于癌症病人最为常用的心理干预方法，帮助患者接受并以积极的心态面对癌症，以及与疾病及治疗有关的症状管理，如应对疼痛、应激、疲乏、食欲不振、治疗副作用等等。包括以下方面：

①克服恐惧：要克服对癌症死亡的过度恐惧，必须纠正“肿瘤一定要治愈”的错误观念，糖尿病不能治愈，高血压、冠心病不能治愈，很多慢性病都不能治愈，癌症为什么一定要治愈呢？因此，从观念上把癌症当成慢性病，从心理上接受患癌症的事实，学会慢性病的管理策略，与疾病和平共处，并尽可能提高生活质量。

②疼痛管理：大部分癌症进展期伴随着明显的躯体疼痛，疼痛不仅给生存带来威胁，更重要的是严重影响病人的生活质量。而随着疼痛的加重，对癌症的恐惧就会越来越严重。因此，根据疼痛的程度使用相应强度的镇痛药物非常重要，尤其是晚期癌症，治疗策略以“充分止痛、缓解症状、适当营养”为主。世界卫生组织(WHO)推荐的止痛药物三阶梯给药原则，已经能够使绝大多数的病人通过口服止痛药达到满意的止痛效果。

然而，对癌症疼痛处置的现状并不理想。全世界每年有 350 万癌症病人在疼痛折磨中艰难度日。研究资料显示，疼痛控制成效不高的因素中，医务人员、病人、病人家属对止痛药物的不正确认知及对药物成瘾的顾虑、担心，以及观念、文化等因素是影响疼痛处置的重要原因。其实，癌症病人止痛药的用量需要不断加大，主要是因为躯体对药物的耐受性增加、敏感性下降引起的躯体依赖，与吸毒者的心理或精神依赖（成瘾）不同。临床资料表明："成瘾性"几乎不发生在疼痛患者中，包括癌症患者。我国卫生部的文件规定：癌症病人可申请"麻醉药品供应卡"，对癌症病人止痛使用吗啡，由医生根据病情需要和耐受情况决定用量，不受药典中关于吗啡剂量的限制。

生活中的心理学

世界卫生组织推荐的癌症疼痛三阶梯止痛法

1986年世界卫生组织推荐的三阶梯止痛法（如图10-5所示），已将临床疼痛治疗列入世界范围内解决肿瘤问题的四个重点之一。

遵循给药原则按时给药，90%以上的癌症疼痛可以得到缓解，生存质量得到改善，部分病人由于疼痛的消失，信心增加，生命延长。

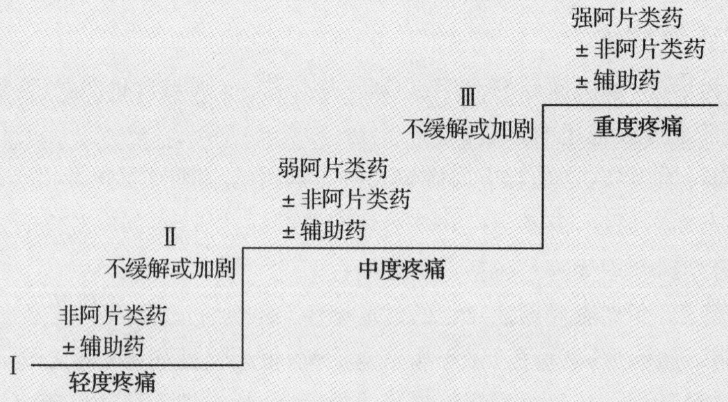

图10-5 三阶梯止痛法示意图

癌症止痛的给药原则：①按阶梯给药；②首选无创途径给药：如口服，芬太尼透皮贴剂等；③按时用药：先测定能控制患者疼痛的剂量，然后有规律的按时给予，比如吗啡缓释片需要每隔12小时服用一次，而不是等到下一次疼痛时才给；④个体化给药：阿片类药无统一的标准用药剂量，存在明显个体差异，能使疼痛得到缓解的剂量即是正确的剂量。应从小剂量开始，逐渐增加剂量直到缓解疼痛又无明显不良反应的用药剂量，即为个体化给药；⑤减少药物的不良反应，如使用缓泻剂对抗吗啡类药物引起便秘的副作用。

③运动:研究表明,躯体运动对癌症病人的生活质量有积极的影响,促进躯体功能和情感健康。因此,建议癌症病人选择适合自己的运动方式、坚持有规律的运动。

④书写:对于某些有一定文化的患者,通过书写的方式来表达内心感受或者写出一些从患病经历中发现的意义,能够起到释放心理压力及心理痛苦、降低躯体症状的作用。书写的方式也有助于患者对家庭成员及好友的情绪情感倾诉与交流。

(2)正念减压干预:正念干预的方法包括放松、冥想、瑜伽等,首先教会病人熟悉相应的方法,然后在家里进行练习。研究表明,从为期两个月的短程正念冥想干预到为期一年半的长疗程干预均有利于改善癌症患者的情绪与精神状态,缓解疼痛,减轻心理应激反应,促进适应性的应对方式和积极认知,提高患者的生活质量。

(3)合理告知:在我国,病人亲属常常对癌症病人隐瞒诊断及病情,对癌症的回避性应对策略是较为普遍的现象。研究表明,采用回避性应对策略的患者会经历更多的心理困扰,且身体健康状况更糟。当患者的配偶和家人采用回避性策略来应对患者的疾病时,病人也是很痛苦的。而采用问题关注和情绪关注策略的患者,其心理和躯体更健康。因此,在适当的时机以适当的方式告知病人诊断及病情有利于患者的心理调适及心理健康。

3.心理干预的形式

个体心理干预、团体治疗、家庭干预、癌症支持性团体等都是可以采用的方式。

(1)个体心理治疗:针对癌症病人的个体心理治疗主要是遵循危机干预原则,而不是系统心理治疗模式,也就是主要集中在病人面临的特殊问题上,而不是对病人的心理进行全面、长期的探索与分析。个体心理治疗中最普遍的问题是:对复发、疼痛和死亡的恐惧,对手术中失去器官的恐惧,重要的活动受到限制,现实生活中的困难等。癌症病人临近死亡时,常常会出现心理痛苦的高峰,此时给予心理支持也是很重要的。

(2)家庭治疗:癌症势必会影响到患者的家庭成员,有必要把家庭成员纳入到治疗中。一方面,癌症病人最希望从家庭成员中得到情感的支持,但并非所有的家庭都能够自由交流,并非家庭成员提供的所有支持都是患者所希望的。另一方面,对照顾者的研究表明,家庭成员长时间照顾癌症病人,照顾者的心理和生理均会受到不良影响,其焦虑、抑郁评分显著高于常模水平,生活质量和身体健康也受到影响。照顾者往往缺少社会支持,给予心理干预能够改善照顾者的负性情绪、提高应对技巧,提高心理健康水平。家庭治疗能够促进患者和家人的有效沟通交流、使家庭成员获得更多的照顾病人的知识和方法。

(3)团体干预:团体干预能够为癌症病人提供一些有用的信息和应对技巧。研究表明,对放疗化疗的住院病人进行为期 6 周、每周 2 次、每次 2~3 小时的支持性集体心理治疗,能够有效缓解癌症患者的焦虑和抑郁,提高整体生活质量。

(4)支持性团体：支持性团体将患同样疾病的病人聚集在一起，可以满足病人对信息和情感的需要，团体还给病人提供很多应对技巧，便于病人从中选择适合自己的方式。研究表明，支持性团体对于那些问题多和缺乏家庭社会支持的患者最有帮助。中国癌症康复会和中国抗癌协会都是全国性的民间抗癌组织，其中的癌症康复分会是以癌症患者为主体的。大部分民间癌症支持团体的成员包括医务人员、社会工作者、爱心人士和癌症患者，但专业的心理工作人员比较缺少。

复习巩固

1.简述世界卫生组织推荐的癌症疼痛三阶梯止痛法的给药原则。
2.癌症患者应用止痛药容易成瘾吗？

第三节　慢性病

一、慢性病概述

慢性病(chronic disease)不是特指某种疾病,而是对一类起病隐匿、病程长且病情迁延不愈的慢性非传染性疾病的总称,包括心脑血管疾病、糖尿病、恶性肿瘤、慢性阻塞性肺部疾病、精神性疾病等等。据世界卫生组织 2008 年的资料显示,各种慢性疾病死亡人数的总和占全球总死亡人数的 60%以上。2012 年的报告显示,我国确诊的慢性病患者超过 2.6 亿人,且呈现出发病率上升及发病年轻化趋势。

1.慢性病的发病原因

慢性病病因复杂,一般认为是生物、心理、社会多因素共同作用的结果。主要病因包括:

(1)遗传因素:遗传因素使个体对某种疾病的易感性增加。

(2)环境因素:细菌或病毒感染、水和大气污染、理化毒物接触等均可导致慢性疾病。

(3)生活方式:长期过量饮食、缺乏运动、体重超重、睡眠不足或紊乱、吸烟、饮酒等与慢性疾病有关。

(4)心理社会因素:一方面,长期的精神紧张、情绪波动及处于应激状态可导致慢性病。比如慢性心理应激和社会事件与冠心病的发生有关,急性应激如愤怒、极度兴奋、消极情绪、突然的爆发性行为等会引起突发的心绞痛、心脏病发作甚至死亡。此外,消化性溃疡、高血压、癌症等慢性病的发病与精神心理因素的关系也已得到公认。另一方面,慢性病的控制有赖于良好的自我管理。患者的心理因素,比如对慢性病的正确的观念、积极的应对策略、良好的应激管理、情绪调适等对于慢性病管理至关重要。

2.与慢性病有关的心理行为问题

(1)消极情绪:慢性病患者常常出现否认、焦虑、抑郁等情绪反应。慢性病通常会对病人的躯体与社会功能构成威胁,甚至威胁生命,否认情绪在疾病急性期有一定的保护作用,但带有否认情绪的患者在出院后对疾病的适应性和治疗依从性都更差,因此,帮助患者面对、接受患病事实对于疾病的长期有效的自我管理至关重要。此外,由于担心疾病造成的痛苦和死亡,担心可能的并发症及复发,担心疾病会对工作与生活造成重大影响,焦虑也是慢性病诊断之后常见的反应。抑郁出现的时间较晚一些,但会在整个病程中反复出现，当患者长期感觉拥有的资源无法有效应对疾病时，就可能陷入抑郁。抑郁情绪本身使患者感觉痛苦，还对症状改善及疾病康复的各个方面造成负面影响。

（2）治疗依从性问题：慢性病迁延不愈，有些疾病表现为发作与缓解交替反复，急性期需要药物治疗，疾病缓解期不用服药，但需要坚持非药物防治措施，如慢性肝病；很多慢性病人需要长期或终生的药物治疗，如高血压、糖尿病患者。慢性病人自行停药或减少服药的种类和剂量是较为普遍的现象，促使疾病进展及并发症的发生。非药物治疗措施的依从性更差，比如健康的生活方式，虽然对所有慢性病人均有益处，但很多病人难以改变习惯化的生活方式，或短暂的改变后不能坚持，影响疾病控制。

（3）家庭影响：慢性病除了影响患者之外，还对整个家庭造成影响。一方面，患者原有的家庭角色功能减退，对家庭成员的依赖性增加，家庭成员的照顾、理解和支持对于患者的康复信念、治疗依从性、积极情绪、健康生活方式等方面均有重要作用。另一方面，家庭成员尤其是已婚患者的配偶和未成年患者的父母，由于承担了主要照顾者的角色，可以自己支配的时间变少，工作、休息、娱乐等方面都受到影响，有时还伴随患者与家庭成员之间的沟通不良，让家庭照顾者感觉难以应付、焦虑甚至抑郁。

3.慢性病相关的心理行为调适与干预

认知行为干预及各种放松方法均有利于慢性病防治，目的是让患者获得更多的控制感、更有效地应对疾病。心理干预的主要内容包括：让患者树立对于疾病的正确信念，坚持健康生活方式，采取积极的应对策略，良好的应激管理，对消极情绪进行干预，争取家庭及社会的支持。

（1）树立正确的信念：慢性病人常常对自身疾病持一种不恰当的观念，以为像急性病一样经过短期的治疗就可以治愈及停药，导致服药依从性差。此外，患者对于疾病控制力的信念也很重要。总的来说，相信自己能控制住疾病的人比态度悲观者的状态更好，但另一方面，有些患者认为仅仅通过良好的健康生活习惯或者仅靠意志力就可以控制疾病，甚至相信气功、特殊的食谱等可以代替药物，这些错误的观念会妨碍疾病控制。因此，通过认知行为干预促进病人对疾病的现实性理解，培养病人与疾病和平共处的观念，坚持服药及治疗，采取健康生活方式，调整日常活动，对于控制疾病、适应疾病、提高生活质量有重要的作用。

（2）培养健康的生活方式：世界卫生组织认为，健康生活方式不但是慢性病患者非药物治疗中非常重要的一部分，也是普通人防病的法宝。健康生活方式对慢性病防治的效果显著，美国近年来冠心病、癌症等慢性病发病率呈下降的趋势，主要得益于全民健康教育，让更多的人采取了健康的生活方式。其内容包括：合理饮食，坚持运动，保持健康的体重，戒烟，控制饮酒，心理平衡。

合理饮食：包括：①食物多样化，各种营养成分均衡；②低脂少油；③热卡适当（根据体重情况及运动量大小而定）；④减少钠盐摄入：低盐饮食有利于高血压、慢性肾病、肝硬化等疾病的防治。

坚持运动：对几乎所有的慢性病人均推荐进行有规律的运动锻炼，这既有利于疾病的控制，也有利于改善情绪。较好的运动方式是低或中等强度的有氧运动，比如散步、快走、慢跑、太极拳、打球、游泳、健身操、舞蹈等等。根据病情、身体状况、时间安排、个人喜好、是否易于坚持等因素综合考虑，选择一种适合自己的运动，坚持每周3～5次以上，每次20～60分钟。

控制体重：计算身高体重指数，或称体质指数（Body Mass Index，BMI），计算公式为：BMI＝体重(kg)/身高的平方(m^2)。世界卫生组织关于成人正常体重的标准为18.5≤BMI＜25，而BMI≥25为超重，BMI≥30为肥胖。我国将18.5≤BMI＜24定为成人正常体重。

(3)积极应对：研究表明，慢性病人，尤其是老年患者多采用回避、屈服、自责、幻想等消极的应对方式，较少使用面对、积极关注、做计划、解决问题、积极重构、幽默、运用情感支持、求助等积极的应对方式。消极的应对方式与抑郁的发生率呈正相关。回避性应对策略会增加心理不适感，还会加速疾病的进程，比如采取回避性应对方式的糖尿病人通常不能坚持饮食治疗计划，放弃血糖监测，或者对血糖升高视若无睹，直到严重并发症出现。而积极应对，尤其是灵活采用上述多种积极应对策略的患者能更好地适应疾病和管理疾病。

(4)应激管理：应激与许多慢性病的发生及病情恶化均有关，比如，应激会使个体发生不正常的血糖反应，长时间处于应激状态会导致血糖升高、胰岛素分泌减少，在糖尿病的发病及病情进展中都有不良作用。因此，应帮助患者学会日常生活中的应激管理方法，包括学会识别应激源、监测及识别诱发应激的特殊情境、用积极的自我对话和自我指导替代消极的自我对话、制定计划、情绪宣泄、学会一种或几种放松方法。此外，帮助个体识别、拓展、应用内部资源与外部资源，能利用的资源越多，个体就越能有效应对应激事件。

(5)对消极情绪的干预：对慢性病人常见的焦虑、抑郁进行干预，详见本章第五节。

(6)家庭干预：通过家庭干预，促进患者与家庭成员的沟通与理解，教会患者及照顾者一些应对策略和应对技巧，寻找更多可利用的资源等，都会对家庭系统有所帮助。

慢性病的种类较多，以下对常见的两种慢性病——高血压和糖尿病进行详细阐述。

二、高血压

高血压(hypertension)是以血压升高为主要临床表现，伴有或不伴有多种心血管危险因素的综合征。其中约5%的高血压是由某种确定的疾病或病因引起的，称为继发性高血压，而超过 90%的高血压病因不明，称为原发性高血压。高血压的诊断是根据血压计测量收缩压和舒张压的数值来确定的。收缩压≥ 140mmHg 和(或)舒张压≥ 90mmHg 即诊断为高血压。

高血压的发病率呈逐年增高的趋势，2002 年我国成年人高血压的患病率为 18.8%，是 1959 年高血压患病率(5.1%)的三倍多，相对于高患病率，高血压的防治则呈现出“三低”，即人群对高血压的低知晓率、低治疗率、低控制率。估计我国现有高血压病人已近 2 亿，加大人群对高血压的了解对于提高防治水平至关重要。

1.高血压的危害

高血压可损害重要器官系统，包括心脏、肾脏、脑和眼，并导致这些器官功能衰竭，是致残或致死的重要原因。

2.高血压的病因及危险因素

高血压是遗传易感性、生活环境因素及心理社会因素共同作用的结果。

遗传因素：若父母双方均有高血压，则子女患此病的可能性高达 46%。

饮食：饮食中钠盐摄入量、高不饱和脂肪酸摄入量、饮酒量均与高血压成正相关。

肥胖及缺乏运动：肥胖是高血压的重要危险因素，尤其是腹部肥胖者。

吸烟：烟草中的尼古丁等物质导致血管壁损害，引起或加重高血压。

精神应激：应激与高血压的发生及恶化均有关系。长期的社会竞争、工作压力、精神紧张可导致高血压，尤其是工作要求过高而自我控制性低的情况；从事脑力劳动者比体力劳动者易患高血压；愤怒、敌意、焦虑、人际冲突等也会使血压升高；噪音、拥挤等环境因素也会增加高血压的发生率。

总结上述高血压的病因及危险因素，如图 10-6 所示。

图 10-6　高血压病因及危险因素

3.高血压的防治

(1)药物治疗:原发性高血压目前尚无根治方法,使用降压药物控制血压主要是为了减少高血压导致的器官功能损害,减少并发症的发生率,减少并发症导致的严重后果(器官衰竭和死亡)。长期坚持服药是控制血压的关键。

(2)高血压的预防:主要是生活方式及行为的改变,即坚持健康生活方式,如前所述。具体如下:

合理饮食:《中国高血压防治指南》对于饮食的建议如下:

①食盐量逐步降至每人每天6克。具体措施包括:限制烹调用盐,少用高盐食品,如腌制、卤制、泡制食品、榨菜等;在烹调时尽可能用量具称量家用的食盐量,如特制的盐勺,普通啤酒瓶盖去掉胶皮垫后水平装满可盛6克食盐。

②脂肪类:避免高脂油腻饮食,减少膳食脂肪,食油<25克(半两)/天;

③果蔬类:新鲜蔬菜每天1斤以上,水果2~5两/天。

④高蛋白类:瘦肉类2~3两/天(鱼虾及家禽类优于猪牛羊类瘦肉),奶类250ml/天,蛋类3~4个/周。

⑤少吃糖类和甜食。

坚持运动:研究表明运动锻炼有利于减轻体重,降低血压,并有助于提高心血管适应能力,使血压保持在稳定状态。

控制体重:通过饮食调整与坚持运动相结合,将体重控制为BMI<25。

戒烟、限制饮酒:原则上应严格戒烟,每日饮酒量折合成乙醇量不超过50g。

4.高血压患者的心理行为调适与干预

本节概述中"慢性病相关的心理行为调适与干预"的内容均适用于高血压病人,对降低血压、延缓病情进展有积极作用。此处不再重复,只针对高血压进行一些补充和强调。

(1)提高对疾病的认知:高血压是一种起病隐匿的慢性病,很多人没有定期检测血压,不知道自己患有高血压病,在边远农村,很多患者因血压过高出现脑溢血时才发现患高血压病,这已成为导致农村地区脑血管疾病为第一位死因的重要因素。很多城市的患者也缺乏对高血压的疾病与健康知识的了解。一项对近5000名社区居民的检查发现,871例高血压病人中,只有55.4%的人知道自己患有高血压,约1/3的患者知道血压正常值、低盐饮食、戒烟等健康知识;一半左右的患者知道肥胖、缺乏运动、精神紧张等是高血压发病原因。对高血压并发症的知识知之甚少,对高血压可能导致心力衰竭、肾脏疾病、眼底疾病的知晓率不到10%。研究表明,采用系统健康教育方法,使社区居民掌握关于高血压的治疗、并发症及健康知识,能够显著提高患者对疾病的知晓率及控制率。

(2)增加服药依从性:原发性高血压不能根治,在每个患者确立有效治疗方案并获得血压控制后,仍应继续治疗,不要随意停药或频繁改变治疗方案。很多患者错误地认为如果他们感觉良好,血压就没有问题,也就可以不吃药,但停服降压药后多数患者在半年内又回复到原来的高血压水平，从而导致各种并发症。研究表明，心理行为干预能够提高患者的服药依从性。一项对社区高血压患者的研究表明，只有 39% 的患者完全遵照医嘱服药，把行为转变成理论为指导进行干预后，干预组的血压下降程度及服药依从性均优于对照组。

(3)对情绪反应的干预：研究表明高血压患者中抑郁的发生率为 18.6%～35.4%，而住院病人中有不同程度的焦虑者可高达 60%；一项研究对 500 例社区高血压患者的调查表明，高血压患者焦虑、抑郁分数的均值显著高于常模水平，提示在高血压管理中情绪干预的必要性。

三、糖尿病

糖尿病(diabetes mellitus)是一组以慢性血葡萄糖(简称血糖)水平增高为特征的代谢性疾病，由于胰岛素分泌和(或)作用缺陷所引起。胰岛素是由胰腺 β 细胞分泌的一种激素，结合到细胞表面的受体上，作为钥匙开启葡萄糖进入细胞内的通道，若胰岛素分泌不足(钥匙不够)或出现胰岛素抵抗(钥匙不管用了)时，葡萄糖就不能进入细胞内被分解利用，滞留在血液中导致高血糖。其中Ⅰ型糖尿病是胰腺分泌胰岛素绝对不足所致，也称为胰岛素依赖型；Ⅱ型糖尿病是由于胰岛素的产生与靶细胞对胰岛素的反应之间失去平衡所致，包括胰岛素抵抗为主伴胰岛素分泌不足，或胰岛素分泌不足为主伴胰岛素抵抗。糖尿病的发病机理如图 10-7 所示。

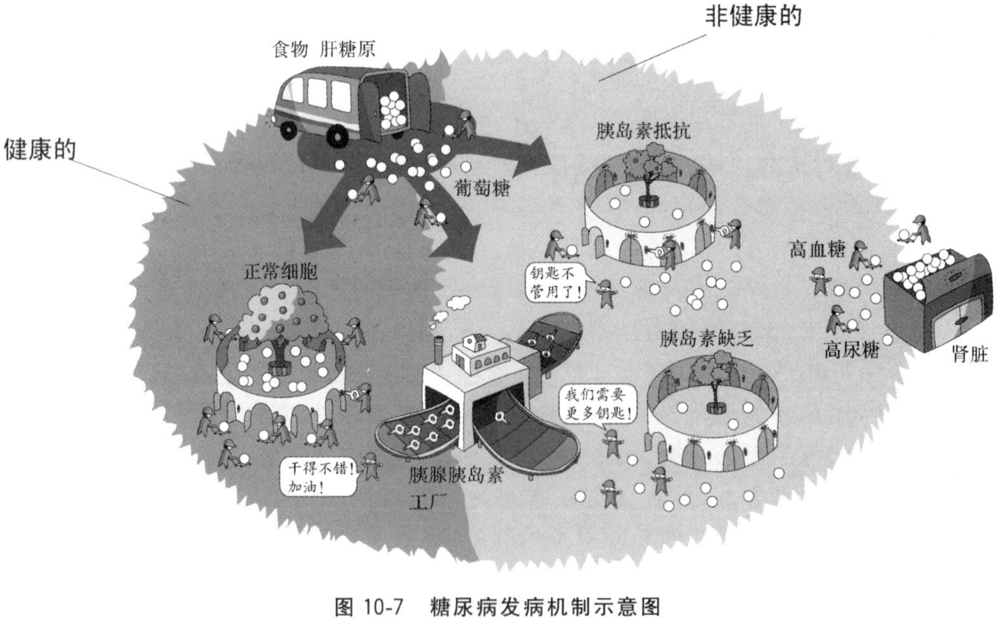

图 10-7　糖尿病发病机制示意图
(来自国际糖尿病联盟的健康教育工具——糖尿病看图对话)

糖尿病的发病率呈逐年上升的趋势。卫生部公布的2010年统计数据显示，我国成人糖尿病患病率为9.7%，是1996年患病率(3.2%)的三倍。据估算，我国糖尿病患者人数超过9000万人，已取代印度，成为全球糖尿病第一大国。

1.糖尿病的危害

糖尿病的危害在于糖尿病引起的并发症。糖尿病的慢性并发症可遍及全身各个重要器官，发病机制复杂，由高血糖引起的氧化应激是重要的共同机制。大多数糖尿病患者死于心、脑血管并发症或糖尿病肾病，其中糖尿病肾病是致死性肾病的主要原因，糖尿病人失明的发生率是普通人群发病率的10倍，下肢坏疽及截肢是普通人群发病率的20倍。

2.糖尿病的病因

糖尿病病因复杂，至今未完全阐明，总的来说是遗传因素与环境因素共同作用的结果。

Ⅰ型糖尿病：绝大多数Ⅰ型糖尿病是自身免疫性疾病，在遗传易感性的基础上，外界因素(如病毒感染、化学毒性物质等)激活体内的T淋巴细胞，破坏胰岛细胞，导致胰岛素分泌绝对不足，发生糖尿病。

Ⅱ型糖尿病：除遗传因素外，环境因素主要包括营养过剩及肥胖、缺乏运动、血脂代谢紊乱、化学毒性物质等。

3.糖尿病的危险因素

包括：肥胖或超重、缺少运动、既往诊断有葡萄糖调节受损、高血压、巨大胎儿史(出生时体重超过4kg)、糖尿病家族史(兄弟姐妹或父母患糖尿病)。有上述危险因素者患糖尿病的概率增加，研究表明，尽早采取干预措施，包括运动锻炼、体重控制及饮食调整，能够降低糖尿病的发病率。

4.糖尿病的诊断与治疗

(1)诊断：糖尿病的主要临床表现为代谢紊乱症状群，典型症状为“三多一少”，即多饮、多食、多尿、体重减轻。但有的患者无任何症状，仅在体检或因其他疾病就诊化验时发现高血糖，也有的患者以糖尿病并发症的症状而就诊。化验血葡萄糖值高于正常达到糖尿病标准，即可确诊。

(2)治疗：对糖尿病采用综合性治疗方法，包括药物治疗、医学营养治疗(饮食治疗)、运动治疗等，以有效控制血糖，防止并发症的发生。Ⅰ型糖尿病需要终生注射胰岛素治疗，Ⅱ型糖尿病若机体尚保存相当数量有功能的胰岛细胞，则使用口服降糖药能够控制血糖，否则也需要注射胰岛素治疗。

5.糖尿病人的心理行为调适与干预

所有的糖尿病人都需要在一定程度上改变生活方式，坚持上述药物及非药物治疗措施、定期监测血糖等。本节概述中“慢性病相关的心理行为调适与干预”的内容均适用于糖尿病病人，此处不再重复，只针对糖尿病进行一些补充和强调。

(1)糖尿病自我管理教育：积极的自我管理是成功控制糖尿病的关键，美国糖尿病学会和欧洲糖尿病研究协会发表的关于糖尿病管理的共识声明，强调所有的患者都要接受针对血糖控制的糖尿病自我管理教育。系统的教育项目让患者了解疾病及并发症的知识，学会自我管理策略，进行积极有效的自我管理。

在美国，糖尿病自我管理教育包括以下方面：①糖尿病教育项目必须经过美国糖尿病学会认证；②负责糖尿病教育的教员应是一个不同专业人员组成的团队，一般要求包括糖尿病专科护士和营养师，所有教员必须通过美国糖尿病教员认证委员会的考试并取得证书；③糖尿病教育项目必须有高质量的书面材料，书写课程设置内容，包括糖尿病的过程、营养治疗、运动治疗、药物治疗、血糖自我监测、急慢性并发症、目标设定、心理社会调节、妊娠糖尿病等方面，说明采用的教学方法、教学工具及评价系统。教育项目至少包括6～10次课程，总课时在12小时以上；④效果评价方面，教员需要记录对每个患者的个体化评估情况、到课及合作情况，随访的各项代谢指标及行为改变情况等资料，还有包括专家及社区人员组成的顾问委员会每年开会一次，评价临床效果(血糖控制等)和行为目标(饮食、运动等)达成情况；⑤医疗保险公司为上述糖尿病教育项目支付费用，保证糖尿病教育的质量和可持续性。

研究表明，系统的糖尿病管理教育在改善血糖及代谢指标、促进健康生活方式、运动及体重控制、自我管理技巧、自我效能感、提高生活质量等方面都有显著的效果。

(2)控制饮食与坚持锻炼：饮食控制对于糖尿病来说是一种治疗措施。一项调查显示，约50%的人能够每周6～7天遵守饮食计划，23%的人大部分时间没有控制饮食，影响病人坚持饮食及运动计划的障碍主要包括：生活习惯难以改变；对治疗饮食的消极体验(食物不可口、令人厌烦)；认为在社交场合控制饮食会显得自己与众不同。而坚持锻炼的依从性更低，56%的人没有或很少锻炼(每周0～2次)，主要原因包括在压力或应激时无暇顾及；认识与理解不足；太忙而没时间运动，感觉运动太累及太消耗精力等。

控制饮食：饮食控制是一项重要的基础治疗措施，应长期严格执行。不控制饮食很难获得良好的血糖控制，但另一方面，吃得越少越好的观点也是错误的。饮食控制的目标是“血糖正常、营养正常”，而不是“血糖正常、营养不良”。因此，糖尿病人应寻求专业营养师的帮助或看营养专家的门诊，在营养师指导下制订个体化的饮食方案，包括：

①根据理想体重和全天热能消耗情况计算需要摄入的总热量；

②各类营养物质按一定的比例搭配：碳水化合物的热量占总热量的50%～60%、脂肪热量占30%，蛋白质占10%～15%，

③主食的量固定，增加含纤维素高含糖低的蔬菜；

④三餐热量合理分配，按时进餐；

⑤饮食清淡少油、限制甜食、含糖饮料和零食；

⑥戒烟、限制饮酒等。

坚持运动及控制体重：运动能促进血糖的利用，并有助于把体重控制在正常范围。应避免空腹时运动，以饭后1小时开始、每次运动30分钟为宜，以免发生低血糖。

研究表明，促进患者的动机能够帮助患者克服障碍。一方面是充分利用外在动机，比如医疗保健人员提供饮食与运动的具体标准、实施方法、目标与期望，家人和朋友对他们保持期望与支持，都能够有效地促进患者坚持饮食与运动计划。更重要的是促进患者的内在动机，研究表明，那些持积极观念（认为饮食控制及运动能够保持体重、控制血糖、减少并发症、增进健康）的患者，以及自我效能感强、认为自己有能力控制饮食及运动者，能够更好地坚持饮食与运动计划。

(3)对负性情绪的干预：一项研究对4100余例糖尿病病人持续十年的跟踪随访，结果发现抑郁的发病率为20.3%（轻度8.3%、重度12%），其中年轻患者、女性、胰岛素治疗、缺乏运动、肥胖、血糖高、有合并症或并发症的患者更可能发生抑郁。糖尿病伴发抑郁者自我管理能力受损，治疗依从性差、痴呆的发生率及住院时间增加。其中重度抑郁是死亡的独立危险因素。因此，建议对病程长的患者进行常规的抑郁筛查，并给予及时的心理干预及治疗（见本章第五节）。

(4)监测血糖及注射胰岛素：Ⅰ型糖尿病人需要勤测血糖（最好每天监测），及时处理高血糖及低血糖等异常情况，定期注射胰岛素（一般每餐前均需要注射），并严格遵照饮食计划。这必然会带来一定的社会压力，常常让患者难以坚持。训练病人的社交技巧和应对策略，学会在不利的社会环境中坚持饮食计划及治疗方案，有助于增加患者的依从性。

(5)青少年患者的特殊干预：与大多数慢性病以中老年为主不同，Ⅰ型糖尿病多为儿童或青少年起病，患者心理生理均未发育成熟，在明确诊断后存在一个较长的心理适应阶段，容易出现愤怒、恐惧、焦虑、抑郁等心理问题，其中以抑郁最为常见。与正常青少年相比，糖尿病患者更容易出现冲动行为、交往不良、社交退缩等行为问题，其中社交退缩最多见。

除了给予青少年患者针对性的心理干预之外，还应针对青少年的特点采取提高治疗依从性的措施。比如，互联网用于青少年糖尿病的自我管理取得了成效。一项在美

国开展的Ⅰ型青少年糖尿病患者自测血糖的研究，要求病人将每次自测血糖的视频上传到指定的网页，每上传一次就可以得到一定的奖励。此种方法新颖有趣，对于督促青少年患者按时检查血糖取得了较好的效果。微博的反馈和互动功能也被用于青少年的血糖管理，每周每位病人都会被问到糖尿病的自我管理中遇到的问题，同时要做下一步的计划，所有的问题和计划都将展示在网页上，以方便病人间的讨论。微博这种反馈、互动式的交流方式有利于患者将糖尿病管理的态度内化，使行为改变更能持久。

复习巩固

1.简述对慢性病患者心理行为调适及干预的要点。

2.简述健康生活方式的要点。

第四节　疼痛

王先生75岁,曾是抗美援朝战争的退伍军人。他的左腿膝关节慢性病变,已严重影响活动,医生告诉他需要做膝关节置换手术,否则疾病发展会导致他无法行走,但王先生坚决拒绝手术。大家都很诧异,因为六年前王先生的右腿膝关节病变经过膝关节置换手术后,右腿功能恢复得很好。王先生坦言,上次手术后的疼痛让他感觉痛不欲生,当年在抗美援朝战争中他都没有怕过,但想起手术疼痛就不寒而栗,他宁愿再上战场也不愿上手术台了,就算余生坐在轮椅上度过也不后悔。

最后,在医生坚决保证有效镇痛并让他看了其他手术病人的镇痛效果后,王先生接受了手术,术后两天持续使用镇痛泵,随后加用了几次口服止痛药。王先生只在功能锻炼时感觉到轻度的疼痛,他顺利康复,对治疗非常满意。

王先生的经历是一个典型的例子,代表了中国的医院中普遍存在的让手术病人忍受疼痛的状况,以及近年来医生对"无痛治疗"观念的接受和应用止痛治疗观念的改变。

一、疼痛(pain)概述

据世界疼痛研究学会估计,在发达国家有30%左右的人受到慢性疼痛的困扰,而在我国,三分之二的门诊病人伴有各种疼痛症状,其中仅慢性三叉神经痛的患者就超过200万人。疼痛造成了病人的躯体和精神痛苦、严重影响病人的心理状态、活动能力及生活质量。慢性疼痛带来的医疗费用、工作效率降低甚至丧失劳动力,造成了巨大的经济损失。

长期以来对疼痛的重要性认识不足,医生常常将疼痛视为疾病的伴随症状,重视针对疾病的治疗而忽略了疼痛治疗,直到最近,疼痛治疗才被认为是疾病治疗过程必不可少的内容,对于慢性疼痛基本上达成了一致意见,即慢性疼痛不只是一种症状,它本身就是一种疾病。美国疼痛学会将疼痛列为"第五大生命体征",并提出"消除疼痛是患者的基本权利"。

1.疼痛的生理机制

当环境中的温度、机械性或化学性刺激(伤害性刺激)作用于人体,组织中的外周感受器(伤害性感受器)把它转换成神经冲动(伤害性信息),沿着相应的感觉传入通路(伤害性传人通路)进入中枢神经系统,经脊髓、脑干、间脑中转后到达大脑边缘系统和大脑皮质,通过各级神经中枢整合后产生疼痛感觉和疼痛反应。

疼痛感觉受参与疼痛信息处理的各级神经系统的调节。相应的疼痛调节理论有"闸门控制学说""神经网络理论"等,后者认为,疼痛是由一个特殊的脑神经网络发出的神经信号所决定的多维的经验，疼痛相关的神经网络主要包括丘脑、躯体感觉皮层、脑岛、扣带前回、前额皮质等脑区。这些脑区有些参与认知加工，有些参与情绪加工。因此，疼痛是脑神经网络信号输出的结果，而不是个体对疼痛刺激的直接反应，外界疼痛刺激仅仅起到"触发"疼痛神经网络的作用。痛感不仅与损伤性刺激的强度和持续时间有关，也受个体对疼痛的认知判断及对疼痛含义的理解有关。

2.急性疼痛与慢性疼痛

急性疼痛定义为最近产生并可能持续较短时间的疼痛，通常与手术、创伤或某些疾病导致的急性组织损伤有关。慢性疼痛是相对于急性疼痛而言的，一种定义方法是，疼痛持续一定的时间(一般为 3 个月以上)即为慢性疼痛。另一种定义方法是，当急性损伤愈合后，疼痛仍持续存在，可称为慢性疼痛。

慢性疼痛的产生与痛觉过敏有关。在损伤过程中，疼痛传递通路的外周和中枢神经系统都表现出了极大的可塑性，可以扩大疼痛的信号并且产生痛觉过敏。这种可塑性能够促进防御反射的形成，但是如果持续下去就导致慢性疼痛。

区分急性疼痛与慢性疼痛有重要的临床意义。这两类疼痛对病人造成的影响、镇痛治疗的效果以及疼痛管理方式均有不同。

首先，急性疼痛和慢性疼痛对病人心理造成的影响不同。急性疼痛以焦虑、恐惧等情绪为主，疼痛缓解后情绪随即好转，持续时间较短。慢性疼痛常常成为慢性应激事件，诱发持续性的心理应激，抑郁、焦虑、愤怒情绪、适应不良的应对方式在慢性疼痛病人中很常见。尤其是抑郁与慢性疼痛如同孪生兄弟，据统计，30％～45％的慢性疼痛患者经受着抑郁症的困扰，而 34％～66％的抑郁症患者伴有慢性疼痛。消极的心理情绪反应加重了慢性疼痛患者的不适感和功能障碍。

第二，镇痛治疗效果不同。医学上的疼痛控制技术对急性疼痛控制良好，而对慢性疼痛效果不佳，对慢性疼痛强调个体化的疼痛控制方案与病人自我管理相结合的综合措施。

第三，急性疼痛和慢性疼痛对病人生活的影响不同。慢性疼痛往往对患者的心理、行为、婚姻家庭、社会关系多方面造成影响。慢性疼痛往往使患者采取一种围绕着疼痛的生活方式，过于自我关注，病人角色强化，社会角色减退，在家庭中与家人沟通不良，性功能受损，在社会交往中容易出现消极情绪反应，影响人际关系，出现社交退缩等。

二、疼痛心理

疼痛是包括情绪、认知、动机以及生理多种成分在内的复杂的生理心理过程。疼痛感受和疼痛反应均与心理因素有关，受到感觉—分辨(sensory-discriminative)、情感—动机(affective-motivational)以及认知—评估(cognitive-evaluative)的综合影响。疼痛的感觉成分的功能是分辨疼痛的性质、位置以及持续时间等，疼痛的情感成分具有感受疼痛的痛苦程度并做出合适的行为反应的功能，而疼痛的认知一评估成分则是通过对疼痛感的高级认知加工从而对疼痛的感觉成分和情感成分施加影响。比如，紧张、焦虑、抑郁等消极情绪可以加重疼痛的痛苦程度，注意、期望和认知评价可以影响我们对疼痛的感受和体验。因此，应重视心理因素在疼痛缓解中的作用，对疼痛的管理遵循生物心理社会模式，才能够最有效地控制疼痛，尤其是对慢性疼痛控制。

生活中的心理学

几个幼儿园同班的孩子放学后在小区里玩游戏，两个孩子跑得太快摔倒了，小女孩的奶奶赶忙跑过去把她扶起来，一看擦破了一点儿皮肤，心疼地说："乖乖，很疼吧？快去涂药。"小女孩哇哇大哭，奶奶抱回家安慰了很久才平静下来。小男孩摔倒后愣了一会儿，爬起来接着玩，直到大家玩累了各自回家，妈妈看到他的手臂上皮肤擦破了，男孩子却满不在乎地说："不疼，我又不是女孩子，摔一下就哭。"

两个差不多大小的孩子摔倒擦破了皮肤，小女孩受到大人的关注，又被暗示"很疼"，表现为疼得大哭，退出游戏。小男孩没有家长的关注，且具有"男孩子应该勇敢"的信念，因此摔倒后自我认知评价为"不疼"，继续玩耍。

可见，心理因素在疼痛感知中有重要作用。

三、疼痛的测量

对疼痛程度进行测量有利于疼痛管理人员评估患者的疼痛情况，给予相应的疼痛控制方法(比如对轻度疼痛单用认知行为技术就可以较好地控制疼痛，对中重度疼痛就需要使用镇痛药物)，以及评价疼痛控制的效果(以无痛或轻度疼痛作为疼痛控制的目标)。

但疼痛是一种主观感觉，要客观判断疼痛的轻重程度比较困难。常用的测量方法有视觉模拟评分法(visual analogue scales，VAS)和数字疼痛分级法(numeric rating scale，NRS)。前者是在纸上画一条 10cm 长的直线，以 1cm 为单位标上数字，"0"代表无痛，"10"代表最剧烈的疼痛，让患者根据自己感觉的疼痛程度，在直线上标出相应位置的数字，即为评分值，分值越高，表示疼痛的程度越重。后者分为四个等级：0 分为无痛；1～3 分为轻度疼痛；4～6 分为中度疼痛；7～10 分为重度疼痛。疼痛评分与疼痛程度的关系、不同程度的疼痛对病人的影响及相应的处理见表 10-1。

VAS 量表及 NRS 量表的优点在于以 1～10 的十个维度来测量疼痛程度，便于横向和纵向对比以及统计学分析。但对一些特殊病人，如儿童、老人、语言和表达能力受损者，病人不一定能够准确地理解及表达与疼痛程度对应的数字，可采用 Wong-Banker 面部表情量表进行疼痛测量。而长海痛尺是将数字刻度与语言描述相结合，增加了可操作性。总之，量表的选择及应用，应综合考虑量表的精确性及病人的理解能力。

表 10-1 VAS 及 NRS 疼痛评分与疼痛程度、疼痛影响及处理

疼痛评分	程度	疼痛感受	疼痛影响	处理
1～3分	轻度	静坐（卧）时可感觉疼痛，以工作、娱乐、交谈、想象等方式转移注意力后疼痛感觉可被忽略	日常生活及睡眠基本不受影响	采用疼痛控制的心理行为技术
4～6分	中度	转移注意力后疼痛减轻，但疼痛的感觉难以被忽略	疼痛影响日常活动及睡眠。难以集中精力工作或思考	一般需服用非甾体抗炎药镇痛，辅以心理行为技术
7～10分	重度	疼痛感觉强烈而持续，转移注意力的方式无法缓解疼痛，因疼痛难忍而坐立不安或采取强迫体位，可伴有出汗、心跳加快等生理反应	无法坚持工作及日常活动，难以入睡，或短暂睡眠后即因疼痛而醒来	一般需使用阿片类药物止痛

四、疼痛的缓解与疼痛管理

缓解疼痛的方法/技术分别作用于疼痛感受过程中的四个方面，即外周的疼痛感受器、疼痛信息的传递、疼痛信号调节系统、大脑皮层的疼痛感知。包括：

1.药物止痛

包括非甾体抗炎药、抗癫痫药、抗抑郁药、镇静催眠药，以及阿片类药物等。

2.手术止痛

手术治疗主要是毁损与疼痛感觉有关的神经，但过一段时间后疼痛仍会出现，仅用于估计存活期很短的顽固性疼痛的病人。

3.疼痛控制的心理行为技术

（1）放松技术：深呼吸放松法、渐进性肌肉放松、正念冥想、生物反馈疗法等都是常用的放松方法。简便易行，患者学会后可在各种环境中使用。放松技术对缓解一些急性疼痛的效果一般，与其他方法联用对缓解慢性疼痛较为有效。放松技术之所以有效，可能与内源性阿片肽的释放有关，也可能通过对免疫功能的影响而产生效果。详见第三章“放松技术”。

（2）分散注意力：当注意力转移到高度紧张的活动中，或者被不相关的刺激所吸引，均可以使注意力从疼痛上转移。比如激烈战斗中的战士会忽略自己受的伤，“轻伤不下火线”，肌肉注射时引导患者谈论别的事情可以减轻注射的疼痛。慢性疼痛患者中，参加工作及社会活动者与长期休息者相比，疼痛体验更少。

(3)认知行为技术:认知行为技术是慢性疼痛管理中的核心技术之一,主要包括以下内容:

①改变患者对于疼痛的灾难化认知,使他们相信疼痛是可以控制的。

②纠正适应不良的认知,让患者学会调控自己的思想、情感和行为,对疼痛做出适应性反应。

③学会一些疼痛控制技术,如放松技术、针对慢性腰背痛的腰背肌群拉伸练习等,增加对于疼痛控制的自我效能感。

④采取积极的应对策略:包括采取正确的姿势、坚持锻炼、参加社会活动、保持工作、完成日常任务;避免消极的应对策略,如贪食或厌食、避免活动及社交回避、长期的休息、使用热水袋或热水浴、吸烟、喝酒等。积极的应对策略能够减少疼痛导致的心理痛苦和残疾,减少住院和药物依赖。

(4)视觉想象技术:引导患者在感觉疼痛时想象一些景象或场面,使注意力从疼痛不适中转移出来,从而减轻疼痛。可以想象平和、宁静的画面,如夕阳海滩,也可以想象攻击性场面来应对疾病或治疗疾病引发的不适。下面是一个白血病患儿的视觉想象。

生活中的心理学

在儿科病房里,白血病患儿西西正在接受化疗,西西的偶像是钢铁侠,他特别喜欢看钢铁侠与外星人战斗的故事。上一次的化疗让西西很难受,所以在这次化疗开始的时候,他就想象化疗药物是钢铁侠,癌细胞是邪恶外星人,钢铁侠把外星人打得落花流水,拯救了地球(自己的身体)。西西借助这种想象来应对化疗引起的疼痛不适,成了病房里最勇敢的孩子。

4.慢性疼痛管理程序

对慢性疼痛,单靠止痛药物难以获得满意的止痛效果,往往需要与心理行为干预相结合,达到缓解疼痛、发展自我管理技能,改善心理社会功能的目标。在欧美发达国家,一般由社区医生按照“慢性疼痛管理程序”对每个病人进行管理,强调两个方面,一是全面评估,包括评估疼痛强度、疼痛对日常生活及睡眠的影响、评估情绪状态(如有无抑郁、焦虑及其程度),并据此制订针对性的干预计划;另一方面是重视病人的疼痛与健康知识教育及技术学习,病人需要参加专门的培训课程,内容包括疼痛知识、止痛药的应用、非药物镇痛方法技术的训练、应对睡眠障碍的方法,自信心和社交技巧的训练等。

复习巩固

1.简述疼痛心理。

2.简述疼痛控制的心理行为技术。

第五节 精神疾病

一、抑郁症(depression disorders)

小米23岁,大学毕业。自述就读的大学不是自己理想的学校,也不喜欢所学的专业,因此常常逃课去上网玩游戏,勉强毕业。毕业后发现找工作困难,半年后到一私人企业上班,发现工作与专业完全不对口,且认为该私企的老板“自私、刻薄”,工作两个月后辞职,后来看网上的招聘启事也投过几次简历,只有一次被通知面试,未被录用。随后认为没有“关系”是找不到好工作的,就不再试图找工作了,每天待在出租屋里看电视、上网、睡觉,饮食以方便面为主。开始还给同学打打电话,渐渐地和同学的联系也越来越少,基本不出门了。

最近三个月小米情绪特别低落,对任何事情都提不起兴趣,感觉人生没有希望、活着没意思。睡眠不好,常常天没亮就醒来了,躺在床上更觉悲观绝望,想一死了之,又觉得对不起在老家的父母。前天晚上看一电影,片中的主角投海自尽,小米心中涌起一种强烈的冲动,随即离开出租屋往附近的江边走去,跳江前给最要好的朋友打个电话告别,朋友大惊,恳求小米等他来见最后一面,后来朋友将他带到自己家里,整晚开导、劝说,第二天陪同他去了心理门诊,诊断为抑郁症,小米随后接受药物治疗以及心理咨询。

抑郁症是一种严重危害人类身心健康的常见病,很多人一生中曾有过抑郁的体验,而抑郁症在成年人中的终身患病率达5%～10%,成为世界第五大疾病。据世界卫生组织估计,全世界的抑郁症患者达3.4亿人,我国有超过2600万人患有不同程度的抑郁症,约有六分之一的抑郁症患者会选择自杀结束生命。

与高发病率和自杀率形成鲜明对比的是,公众和患者对抑郁症的危害性都缺乏足够的认知,90%的抑郁症患者都意识不到自己可能患有抑郁症。公众普遍对抑郁症不以为然,片面地认为只要“放宽心”“想开些”,过段时间自然会好。其实,抑郁症是严重的心理疾病,简单的开导、空洞的振作口号并不能治疗抑郁症,及时、积极、系统的疾病管理是治疗抑郁症的关键,重度抑郁需要药物治疗与心理治疗相结合。如果对抑郁症早期症状不重视,往往导致病情加重,降低工作学习效率和生活质量,影响家庭生活和人际交往,严重时还会威胁到人身安全。

1.临床表现

抑郁症的临床表现以心情低落、兴趣丧失、思维迟缓、意志活动减退为特征,可伴有多种躯体不适症状。

(1)抑郁心境:病人表现为显著的、持久的情绪低落、悲观,整日郁郁寡欢。自我评价过低,产生无用、无望、无助、无价值感的想法。抑郁心境存在于一天中大多数时间里,基本不受环境影响,持续至少2周。

(2)兴趣下降：凡事不感兴趣，对平日感兴趣的活动亦丧失兴趣或愉快感。

(3)思维迟缓：病人的思维联想速度缓慢，反应迟钝，工作和学习能力下降。

(4)意志活动减退：意志活动呈现显著而持久的抑制状态。表现为行为缓慢，生活被动，不想做事，不愿外出及参加活动，严重时发展为“抑郁性木僵”状态。

(5)躯体症状：主要有睡眠障碍，特点是早醒，醒后不能再次入睡，或者是入睡困难，睡眠不深；食欲减退、体重下降；疲乏无力；性欲下降；身体不适。

对于有上述某些临床表现者（尤其是抑郁心境及兴趣丧失者），有必要去精神/心理科门诊，由医生根据 ICD-10 的标准进行诊断。此外，抑郁评定量表可用于抑郁症的筛查及抑郁程度的辅助判断，如汉密尔顿抑郁量表、贝克抑郁量表、Zung 抑郁自评量表（表 10-2）。

说明：请仔细阅读以下 20 个项目，然后根据您最近一周的实际情况做出适合自己的选择，1、2、3、4 代表相应的分值。

表 10-2　Zung 抑郁自评量表

	从无或偶尔有	有时	经常	持续
1.我觉得闷闷不乐，情绪低沉	1	2	3	4
2.我觉得一天之中早晨最好	4	3	2	1
3.我隔一阵就会哭出来或觉得想哭	1	2	3	4
4.我晚上睡眠不好	1	2	3	4
5.我吃得跟平常一样多	4	3	2	1
6.我与异性密切接触时和以往一样感到愉快	4	3	2	1
7.我发觉我的体重在下降	1	2	3	4
8.我为便秘而烦恼	1	2	3	4
9.我心跳比平常快	1	2	3	4
10.我无缘无故地感到疲乏	1	2	3	4
11.我的头脑跟平常一样清楚	4	3	2	1
12.我觉得经常做的事情并没有困难	4	3	2	1
13.我觉得不安但平静不下来	1	2	3	4
14.我对将来抱有希望	4	3	2	1
15.我比平常容易生气激动	1	2	3	4
16.我觉得做出决定是容易的	4	3	2	1
17.我觉得自己是个有用的人，有人需要我	4	3	2	1
18.我的生活过得很有意义	4	3	2	1
19.我认为如果我死了别人会生活得好些	1	2	3	4
20.过去感兴趣的事我仍然照样感兴趣	4	3	2	1

评分说明：将 20 个条目的得分情况相加，总分乘以 1.25，四舍五入取整数，即得到标准分。标准分 <50 分表明无抑郁，50～59 分提示轻度抑郁，60～69 分提示中度抑郁，≥ 70 分提示重度抑郁。

2.病因

抑郁症的发病原因不明，与遗传因素、生化因素、心理社会因素都可能有关。其中重度抑郁者大多存在着生物学上的变化，尤其是那些发病前人格比较稳定的患者。目前认为人体内的去甲肾上腺素、五羟色胺、多巴胺 、乙酰胆碱等神经递质改变可能参与抑郁症的发病，针对这些神经递质的抗抑郁药物对于重度抑郁症取得了较好的疗效。重度抑郁一般需要药物治疗为主，辅以心理治疗，而对于轻中度抑郁，或者是很多人在人生的某个阶段都有过的抑郁心境，心理咨询/治疗以及一些自我心理调节的技术是很有帮助的。

3.抑郁的调适

(1)纠正不合理的认知

认知学派认为，抑郁症患者倾向于以一种消极、歪曲的方式解释自己的生活，这种歪曲、消极的认知模式存在于患者的潜意识中，以负性自动思维方式出现，导致患者对自我、对生活的消极评价和全面否定，以及对未来失去希望。不合理认知的表现形式及心理行为调适的方法见第三章第四节“应激应对”。

也可以采用如表10-3所示的“三栏目技术”，包括三个步骤：认识到并记录下内心的负性自动思维，弄清楚这些思想歪曲的根源，以合理的认知对它们进行反击。

表10-3 “三栏目技术”应用实例

负性自动思维	歪曲的认知	合理的认知(反击)
1.我总是比别人慢很多	以偏概全	不对，我只是做财务账目方面比别人慢，其他方面并非如此。我要着手解决这个问题，比如学会一套快速记账的方法
2.我什么事也做不好	以偏概全	不对，我有很多事情干得不错
3.我真是个笨蛋	自咒，情绪推理	我还在工作，我就不是笨蛋
4.每个人都会瞧不起我	瞎猜疑，非黑即白，以偏概全	有些人会因为我工作速度慢而失望，但谁又能让所有人都满意呢？
5.我毁了自己的工作，毁了一切	自罪自责、夸大化、灾难化思维	老板是批评我了，那又怎么样，又没有辞退我，我还可以改进。就算他辞退我了，我还可以再找别的工作，天塌不下来！

(2)战胜无所作为的空虚感

抑郁会麻痹人的意志力，轻度抑郁者也许只是办事拖拉，对一些事务迟迟不愿办理，随着动力的日益缺乏，做什么事都显得很勉强，最终变得无所事事。由于一事无成，空虚无聊，心情便愈加抑郁。研究发现，只要抑郁症的病人努力自助，绝大多数人的病情会有根本性的好转。人的思想、情绪同行为之间的联系是相辅相成的，一方面，思想决定情绪和行为，另一方面，积极的行为对思维方式也具有积极的影响。因此，战胜抑郁，最重要的是行动起来！

以下介绍一些常用的促使你行动起来的一种技术，如每日活动计划表、反拖拉表、消极思维日志、快乐预测表等。根据自己的情况选择一个即可，比如你不知道该干什么时，每天制定一个日常活动计划的简表，大有裨益；如果有事情等着你做，但因为缺乏动力而一再拖延，那么反拖拉表会有所帮助。在一天快结束时，记下这一天实际做的事情，进行评价。

①每日活动计划表：早上计划一天的活动内容，其中掌控型活动(Mastery)表示能给你带来掌控感的活动，标记为 M，比如梳头刷牙、做饭、开车、工作等；休闲活动(Pleasure)标记为 P，比如看书、吃饭、看电影、和朋友约会等。估计每一项活动的难度或快乐程度，并打分(0～10 分)，比如起床洗漱这样简单的事情，可记为 M-1 或 M-2，强迫自己运动或工作是较难的事情，可记为 M-8 或 M-10。和朋友共进晚餐，比较愉快，则可标记为 P-8，等等。

表 10-4　每日活动计划表

目标 早上开始计划你一天的活动，以小时为单位		结果 一天结束时，记下你在这一天中实际所做的事情，给每项活动标记分类(M 或 P)，并打分(0～10 分)
日期		
时间(时)		
上午：8～9		
9～10		
……		
下午：1～2		
2～3		
……		
晚上：7～8		
……		
11～12		

坚持使用这个计划表，最初你会感觉非常勉强，坚持做下去，每天总结的时候，即使只完成了部分计划，也会给你一些满足感，坚持一周以后回顾，你会发现有些活动能给你带来掌控感或快乐，以后的计划中就尽量多安排一些类似的活动。长此以往，充实感就会逐渐代替你的空虚感。

在此特别推荐，将运动锻炼列入活动计划，比如散步、跑步、骑车、打球、做操、跳舞等。制订运动计划时，应考虑以下问题：你喜欢哪种运动，你的身体状况适合哪种运动，你适合团体还是独自运动，哪些项目与你的时间吻合。根据自己的情况选择任何一种运动，能坚持下去就好。美国一项对重度抑郁症的研究表明，运动组与药物治疗组抑郁改善的效果一样好，且运动组抑郁的复发率最低。

②反拖延表：你可能想逃避某些特定的活动或任务，因为你认为它很难、很麻烦，或者不值得去做，通过“反拖延表”，你会发现你的消极预测很多时候不是真的。将被拖延了的事情分成几个小步骤，预测每个步骤的难度，以及完成任务后预期的满足程度，以 0～100％的数值表示，数值越大表示难度（或满足度）越大。每完成一个步骤，就记下它的实际难度和实际感受到的满足程度。

下表是一位在大学做学生管理工作的老师制作的反拖延表。按学校惯例她需要在开学后两周之内上交本校大一新生家庭经济情况调查报告，用于学校申报助学金资助项目。但她想起来就觉得太难太麻烦了，拖了一个多月还没有动手做，领导的催促越发让她焦虑和郁闷。后来她按照“反拖延表”的程序把事情分步骤进行，结果发现并不难做，看到最终打印出来的调查报告，她觉得很有成就感。

表 10-5　反拖延表应用实例

日期	活动（分成小步骤）	预计难度（0～100％）	预计的满足程度（0～100％）	实际难度（0～100％）	实际的满足程度（0～100％）
2012.10.24	1.复印 n 份调查表及答题机读卡	80	10	20	60
10.25	2.给班主任打电话联系时间（周日晚上集中点名时）	90	10	20	70
10.28	3.发放调查表，收回	90	10	10	80
10.29	4.读机读卡，应用电脑程序统计结果	90	10	10	90
	5.打印调查报告、上交	50	5	0	95

③消极思维记录日志：当懒惰的思想占上风，什么也不想做时，这份记录会有所帮助。当你脑子里想到某件事情，下意识的反应就是不想做时，把它记下来，驳斥这种消极想法，写下理性的反应。记录的内容包括：日期、当时的情景、你的情绪、下意识的思维、理性的反应、结果。比如，一个人在周六整天躺在床上不想起床（情景），感觉抑郁（情绪），因为没心情没兴趣做任何事情（下意识的思维），驳斥这种想法：“就是因为我什么都没做，所以才抑郁，行动起来才会有动力，至少我先起床洗漱”（理性的反应），然后你感觉好些了，起床洗漱（结果）。然后你再想下一步要做什么事情，比如去健身、做美容、看电影、约朋友逛街吃饭等等，用上述的方法驳斥自己的消极思维，鼓励自己行动起来。

④快乐预测表：你懒得去从事某些活动，因为你预测这些活动不会有任何乐趣，记下你预测的快乐值，然后去行动，活动完毕后再记录你实际感觉到的快乐值，你会惊奇地发现，付诸行动完成的事情比原来的设想更令人高兴。

(3)战胜内疚

每个人都有做得不好的事情，正常的悔恨主要围绕这件事情，针对行为，而抑郁者的内疚则会扩大为自我攻击，其思维逻辑通常表现为："我做了件糟糕的事情(或我没有去做某件应该做的事情)，所以我是一个很糟糕的人。"抑郁者可能还会有其他一些扩大化的推理，导致忧郁、耻辱或焦虑，比如：

①我的行为真是糟糕，我一定是个糟糕、无能、没有价值的人(这个推理导致忧郁)。

②如果别人知道了这件事情，他们一定会鄙视我(这个推理导致耻辱)。

③我处于受到谴责或惩罚的危险之中(这个想法激发焦虑)。

区别正常的悔恨与病态的内疚：实际上，抑郁者总是不现实地过分夸大了所犯错误的严重程度，由此而生的内疚感也是不恰当和不必要的。要区别正常的悔恨与病态而失真的内疚，可以问自己以下一些问题：

①我是否故意地做了某件不应该做的"坏事"或"糟糕的事"?

②我是否不合理地期待自己是一个全能全知尽善尽美的人?

③我是否因为这件事情而对自己全盘否定，认定自己是一个糟糕的人? 我的思想是否还包含着其他歪曲的认知，比如夸大化、以偏概全、自咒?

③我的后悔或遗憾导致的痛苦，其强度和持续时间是否同我犯下的错误相称?

④我是采取措施改正错误，或者从错误中吸取教训呢，还是以一种于人无益于己有害的方式自怨自艾、自我惩罚呢?

战胜内疚的技术：具体技术包括消极思维记录日志、三栏目技术等(如前所述)；核心内容包括：

①消除对自己的不合理要求：减少非理性的"我应该……"句式。比如问问自己："谁说我应该了?"或者是换一种句式，把"我应该"换成"我希望"。此外，作为人都是有弱点和局限的，你对自己的要求和期望也许太高了，那么，如果你做到了就自我奖励，没做到也不怪罪自己。

②不要使委屈自己迁就别人成为一种习惯：人不是为别人活着，要帮助别人也要先把自己的日子过好，处处迁就别人(包括你的亲人、朋友)只会让你疲惫不堪，一不小心就会有内疚感。

③停止自罪自责的念头：不要错误地断定你得为他人的情感和行为负有终极的责任，或者是为某个自然地发生的事情负有终极的责任。尤其是当某人遭受了极大的痛苦，你或他坚信这种苦难与你有很大关系的时候，要克服内疚就更加困难。这时，就需要客观看待问题，明确责任划分，弄清楚哪些是由于对方的原因，哪些是你的责任范围。

(4)战胜悲伤(不能拒绝悲伤，但可以拒绝抑郁)

人生都难免会遇到真实的悲伤事件，比如失业破产、伤残疾病、丧亲之痛等等，悲伤是真实的感情，但它是一股涌动的情感，是有时间限制的，也并不会让你丧失自尊和自我。而抑郁是一种凝固了的情感，它倾向于无限的维持或固着在当前的丧失，并逐渐失去自尊和自我。

一般情况下，人在遭遇突发的丧失或危机事件时，可能会出现心理危机，包括反应性抑郁，但心理危机是有期限性的，急性期一般为 6 周左右，然后，当事人会逐渐接受已经发生的事情，并以理性的方式去应对，适应现实。抑郁者和适应者的本质区别还在于思维方式的不同。

悲伤而不抑郁的思维方式。以下举例说明抑郁者和适应者对同一件事情思维方式的不同，比如：

①遭遇失业破产：抑郁者会始终固着于这个念头："我是一个彻底的失败者"；而适应者会适时停止自怨自怜，转换思想："这次失败对我是个很大的打击，但谁的人生中只有成功没有失败呢？""以前我还是取得了不少成绩，这说明我不是一无是处，现在我也还可以开始新的生活。"

②遭遇伤残疾病：抑郁者会坚信"我现在什么也做不了啦，生活只有痛苦。"而适应者会接受失去的活动能力，并思考在目前的状况下他还可以从事哪些活动，享受哪些乐趣。

③面对丧亲之痛：抑郁者会反复自我暗示："我的幸福和欢乐伴随着他/她的去世而一去不返了，这世道太不公平了"，而适应者会这样想："我失去了他/她，我会永远怀念我们在一起的那些岁月，怀念我们的美好感情"，并在这种亲切而伤感的情绪中努力过好自己的生活。

(5)战胜自杀冲动

抑郁者很可能会有自杀的念头，尤其是重度抑郁者。他们在悲观绝望中很容易认为只有死去才能摆脱人生困境。生不如死的想法是没有道理的，人生有苦有乐，但是死亡绝对没有快乐可言，抑郁者往往看不到这一点。因此在这种时候，一定要寻求专业的心理工作者或危机干预人员的帮助，最起码给至亲好友打个电话。抑郁者需要知道的是：除了自杀之外，还有别的选择和出路。

在抑郁者的眼中，人生处于黑暗之中，但是，再长的黑夜都有天亮的时候，这需要你放弃悲观与绝望，行动起来，在黑夜中点亮一盏心灯，在黎明时睁开眼睛迎接曙光，用行动过好每一个崭新的日子。

二、焦虑症(anxiety disorders)

刘女士 41 岁，丈夫在外地打工，自己在家经营一个小卖部并照顾女儿。半年前女儿考上了外地的大学，丈夫回到家为女儿饯行，随后又在家住了几天才返回打工的地方。丈夫临走前一天，夫妻二人为一件生活琐事发生了争吵，刘女士突然感觉心慌、气紧、出汗，丈夫见状停止了争吵，刘女士渐渐恢复了正常。丈夫走了之后，刘女士常常没有缘由地感觉到心慌、烦躁、睡不着，为此到医院做了全面检查，未发现任何躯体疾病。但刘女士的症状不见好转，后来发展到坐立不安、看喜欢的电视剧也坐不住，晚上睡觉时更觉心烦，躺下一会儿便起床，在屋里屋外走来走去，有时候一整晚都不能入睡。自述并不是为某一件事情而担心焦虑，只是“心烦”的感觉挥之不去。

刘女士在朋友的推荐下去了心理科门诊，诊断为焦虑症（广泛性焦虑）。

在日常生活中，面对压力和应激的时候，每个人都会感觉到担忧和焦虑，大多数情况下这些情绪反应是正常的，不会造成身体和心理的损害，甚至有利于我们的生存。担忧和焦虑仅在反应过分强烈或反应强度与事情的严重程度不相符合时，才可能产生危害，成为焦虑症。

1.焦虑症的表现：焦虑症具有以下特征：①与处境不相符合的痛苦情绪体验，即没有确定的客观对象的提心吊胆和恐惧；②精神运动性不安，如坐立不安、来回走动、发抖等；③伴有身体不适感的植物神经功能障碍，如出汗、胸闷气短、呼吸困难、心慌、头昏、无力等。这些症状持续了一个月以上，影响了工作生活及社会功能。此外，急性焦虑障碍也可表现为惊恐发作，在此不做详述。

2.焦虑症的病因：既然每个人都会担忧焦虑，为什么有的人就发展成了焦虑症呢？焦虑障碍是多种因素共同作用的结果，比如，遗传及易焦虑的个性使某些人成为易感人群；成长过程中习得的对生活事件的不良应对演变成为日后的焦虑倾向；生活中持续不断的应激事件使个体一直处于紧张状态；习惯性的不合理思维（非黑即白的思维、大难临头的想法、夸大化思维等）增强了焦虑反应；使用不良的应对策略和应对技巧（如逃避、喝酒、服药等）使需要解决的问题变得更糟；缺乏社会支持使个体得不到他人的帮助，更容易被压力或应激所击倒。上述因素交互作用，形成恶性循环，从而发展成为焦虑障碍。

因此，学习一些应对技巧，打破这种恶性循环，对于维护身心健康是非常有益的。

3.焦虑症的调适

（1）自我意识训练和焦虑自查

每一个人对于担忧焦虑的感受和行为表现都是不同的，激发焦虑的事件也各不相同。因此，意识到这些问题并做记录：在什么情况下你感到了特别的焦虑，当时的身体感受和想法如何，焦虑程度的轻重（以 1～10 的分值表示，1 分代表心情平静、10 分代表极度焦虑），采取了什么行动对问题做出反应。可以按下表的内容记录焦虑日记。

表 10-6　焦虑日记

1　2　3　4　5　6　7　8　9　10

心情平静，不焦虑　　中度焦虑　　极度焦虑或恐慌

日期、时间	发生了什么具体事情	焦虑程度的分数	什么激发了你的焦虑反应（想法）	你是如何应对的（行动）	再次评定焦虑分数

经过一段时间的记录，你就能够弄清楚激发焦虑反应的事情或情境、促发焦虑的想法，以及采取行动的习惯性方式。分析造成焦虑持续存在的恶性循环的各个方面，并从中发现自己的应对方法中哪些是有效的，哪些是无效的，对无效的应对方法应立即放弃，有效的应对方法以后可以继续采用。此外，有一些短效的应对方法如服用镇静药物、喝酒、进食等虽然能马上见效，但长期使用会有副作用，适合短期或偶尔使用，应多发展一些长期有效的应对方法，如放松技术、运动、问题解决技巧等等。

(2)改变焦虑性思维：很多时候，不是事物本身，而是我们对事物的片面的、错误的、不合理的想法导致了过度的担忧和焦虑。通过记录自己在焦虑发生时的想法，识别出忧虑性思维，并对此进行分析和挑战，通过问自己：我持有的忧虑性思维是正确的吗？放弃忧虑性思维有哪些理由呢？可能发生的最糟糕的事情是什么？若是出现了最糟糕的后果，我可以如何应付？制订一个应付最糟糕情形的计划，以增加信心。最后问自己：看待这个情境最合理的方式是什么？建立一种新的、合理的思维方式来看待原先的焦虑。

(3)放松技术：详见第三章应激应对。

(4)问题解决策略：当面对比较困难的问题或者是突如其来没有准备的问题时，我们很容易感到紧张不安，拖延或逃避只会加重内心的焦虑。在焦虑的状态下会觉得问题看起来像一团乱麻，所以首先要理清头绪，把问题分解成一个个容易解决的任务，然后分别对每个任务做出计划并付诸行动，最终解决问题，是应对焦虑最好的办法。

(5)自信心/决断力训练：有一些人在社交场合或人际交往中缺乏自信和勇气，很难表达自己的愤怒和拒绝，或者难以表达自己的积极情感，以至于在这些情境中常常感到紧张焦虑。通过对相关的情境进行准备、计划和模拟练习，学会以心平气和不卑不亢的态度坚持和重复自己的想法和主张，学会机智地回答批评以及协商对话的技巧，使自己成为人际交往中的自信者。

(6)时间管理：拖延时间和不合理的安排日常工作往往是压力的根源。一种情况是，在为几件工作忙碌的情况下，每一件工作都没做好，或者是不喜欢的、难度大的工作被拖延下来，成为未完成的任务让人焦虑。另一种情况是，花了几乎所有的时间去完成工作任务，影响了生活、家庭或健康状况，导致焦虑。时间管理方法要求：①记录时间日记，对日常工作进行梳理、排序；②列出需要优先处理的事情，安排最优的时间处理最重要的事情；③制订合理的目标：包括短期目标和长期目标，记得不要忽略或损害了生活中一些重要的东西，比如家人和亲情、朋友和健康，适当让步将工作与生活兼顾的目标更可能让你快乐；④合理安排时间：将每一天的任务排序，分为“今天必须做的事情”“今天有时间就做的事情”“可以延迟的事情”“可以委托他人做的事情”，这样你就能保证最重要的工作得以进行。将不是非你不可的事情委托给他人去做，可能会有一些损失，但为你赢得了时间，减少了焦虑，也是值得的。

(7)睡眠管理:偶尔失眠是一种很正常的现象,只有当你对此担忧、焦虑,入睡困难或早醒才会成为一种问题。实际上,担心失眠比缺乏睡眠本身更让人难受,若睡眠减少没有给你的工作生活造成持续的影响,就不应忧虑。以下是一些改善睡眠的建议:

①运动锻炼,尽可能每天坚持,至少达到每周三次。

②保持卧室温度适宜、安静、床铺舒适。

③制定有规律的作息时间表,避免熬夜和早上贪睡。

④采用促进睡眠的方法,如晚饭后散步、睡前洗热水澡、听轻音乐等。

⑤晚上不要食用刺激性的食物,如咖啡、浓茶,烟、酒。睡前喝一杯热牛奶可促进睡眠。

⑥躺上床后,可以使用前面讲到的放松方法或分散注意力的方法。

⑦若因为总是想着难以处理的工作压力或情感问题而失眠,建议去寻找朋友或心理咨询人员的支持和帮助。

⑧如果醒了,就起床,到另外一个地方去看书,让床与睡眠联系而不是和失眠联系。

⑨若头一天晚上失眠,第二天中午可以午睡,其他时间不要小睡。

三、强迫症(obsessive-compulsive disorder,OCD)

王女士31岁,在某大学财务室做出纳,工作认真负责,总要检查几遍才放心。丈夫是该大学的教师,因为她工作中总是反复检查,丈夫认为她很笨、给他丢脸,住在一起的公公婆婆也嫌她不能干,不会做家务,时常和她吵架。一年前,公婆因为年纪大了有叶落归根的思想,搬回了农村老家,但丈夫认为是因为她的笨把父母气走的,和她大吵一架。

近一年来,王女士的反复检查行为越来越多,工作效率低下,不再能胜任出纳工作,学校领导将其调到学籍管理处工作,仍效率低,后又调到图书馆工作。王女士在家里做家务事也很慢,有时连辅导儿子的功课都没有时间。总是担心东西遗失,需要反复检查手里的东西有没有遗落在地上、戴的戒指有没有掉了、手提包里的东西是否齐备等,早上要花很长时间才能出门。

王女士因反复检查导致工作效率低下,家庭角色不能很好地胜任,严重影响了工作和生活,因此而焦虑,经朋友介绍到心理科就诊,诊断为强迫症。

几乎所有的人都经历过强迫现象,比如出门后总在担心屋门是否忘记锁了,甚至会因此回家检查;睡觉前检查几次闹钟是否设定好了,担心没按时起床影响第二天的重要事情。只是一般人的强迫现象程度轻微、持续时间短,不造成焦虑等情绪痛苦。

1.强迫症的表现

强迫症患者会强迫自己反复完成某些特定的动作,或强迫自己反复思考某些特定的观念或想法，以减轻痛苦。包括：①强迫观念：患者反复思考一些想法，比如怀疑、回忆、穷思竭虑等；②强迫行为：反复做某件事情或某种动作，如反复检查、反复洗手、反复计数以及仪式性动作等等。这些强迫现象往往被认为是没有意义的。

2.强迫症的特征

强迫症一般具有以下特征：①强迫行为或强迫观念反复出现。②有意识的自我强迫和反强迫。患者明知强迫症状不对但无法控制，因为一旦控制不去做，就会出现紧张，心慌等严重的焦虑表现，为了避免焦虑的发生，患者只好去想、去做。③患者能够意识到这种强迫的意识和冲动来自于自我，是自己的想法，而不是来自于外界，与精神病患者不同。④强迫症状严重影响患者正常的生活和工作，患者为此感到痛苦。

强迫症的发生是因为患者察觉到了某种危险或危机，激发了一种忧虑性的思维，这种忧虑思维迫使他去思考一种安全的想法或去做一种安全的动作。强迫和焦虑就像一对双胞胎一样，强迫症患者往往会有明显的焦虑症状。

3.强迫症的心理行为干预

强迫症患者需要专业的心理工作人员的帮助，心理行为干预包括以下内容：

(1)教会一些放松技术。让患者在感到有强烈的焦虑情绪时，练习使用放松技术来缓解情绪。

(2)分析患者通过强迫行为/观念想要达到的目标。分析如果这个目标达不到会出现什么后果，以及他对可能出现的后果所持的态度。进一步分析她对行为后果态度的合理程度，引导其看到他的行为所追求的结果的不合理性，从而减少强迫行为和焦虑。

(3)分析强迫行为/观念背后的心理根源，即患者内心深处真正担忧焦虑的事情是什么。针对内心的焦虑事件探讨应对策略及问题解决技巧。强迫症是焦虑障碍的一种表现形式，往往是因为患者对这些焦虑事件的回避或者不良应对，才导致了强迫症状。比如，因担心细菌感染而反复洗手的患者，真正的问题是对死亡的担忧焦虑，他们陷入想尽办法说服自己所担心的死亡不会发生，但总会找到那万分之一的可能来说明所担心的问题会发生，于是通过反复洗手来缓解这种焦虑。

(4)进行行为训练减少强迫行为/观念。学会在有强迫念头时告诉自己：不遵从强迫念头不会造成严重后果，并使用放松技术来缓解焦虑情绪。以下是对本文案例中的王女士进行的一次行为训练：

以患者早上收拾东西出门为例进行行为扮演，以正确的行为代替反复检查的不良行为。要求来访者做的事情是：把需要随身带着的物品清单写在一个小本上，对着清单清点一遍，所列物品都在手提包内，然后，站起身，提上包，出门绕走廊走一圈回来(假设是出门上路走到了上班的地方)。在来访者准备清点第二遍时，温和而坚定地提醒她："只清点一遍，就算漏掉什么东西也没什么大不了。"在她站起身，又准备开包检查时，再次提醒她；绕走廊走一圈时请她在有想检查的念头时停下来，做放松练习，然后自我提醒："没什么大不了，不要检查！"走回治疗室，坐下来后，请来访者查看随身物品有无遗漏，来访者查看后承认：出门时只检查一遍也没什么遗漏。

(5)家庭作业和日常练习。在日常生活中练习对强迫冲动不加理睬，带着这些工作、学习、生活。也可以使用手表式的微型计数器，每一次有强迫冲动，就按钮记录一次，然后忽略它。每天总结记录的数字，数字有减少就奖励自己。

(6)促进心理成长和人格完善。就如同人的知识需要终生学习一样，人的心智也是需要终生成长的。与患者一起探讨如何客观地看待自己、人生以及这个世界。尝试接受不完美的自己和不完美的人生，学会放松和享受生活。

复习巩固

1.简述抑郁症的表现。

2.简述焦虑症的表现。

3.应用"三栏目"技术对不合理的认知进行反驳，举例说明。

第六节　临终患者

一、概述

临终是指由于疾病终末期或意外事故而造成人体主要器官生理功能衰竭，不能用现有医疗技术治愈、死亡即将发生的过程。目前，世界上不同的国家对临终的时限尚未统一标准。日本对预计只能存活2～6个月的病人，称为临终病人；美国对估计只能存活6个月以内的病人，称为临终病人；我国则将预计存活2～3个月内的病人视为临终病人。2010年卫生部公布的的统计数据显示，导致我国城市居民死亡的病因中，恶性肿瘤占第一位（28.2%），其次是心脏、脑血管疾病，如图10-8所示。农村居民前五位的死因与城市居民相同，只是脑血管疾病排第一位（25.0%），恶性肿瘤占第二位（24.7%）。

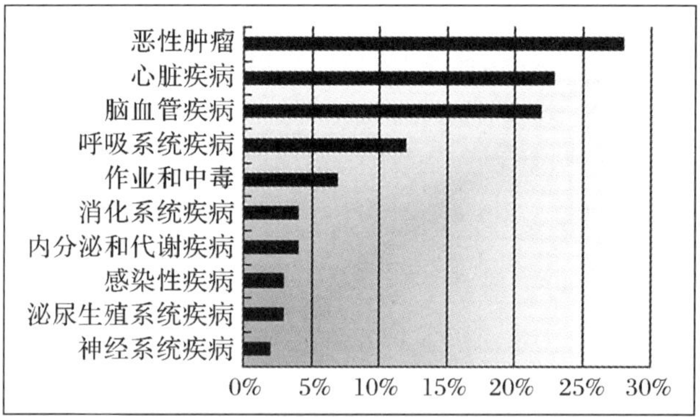

图10-8　2010年中国城市居民十大死亡原因

当患者走向他生命中最后一个阶段时，身体会发生一些变化，心理活动也处于一种特殊的状态。此外，患者的家人也经历着精神的折磨和心理的痛苦。对临终病人及其家属进行临终关怀（hospice care），提供包括生理、心理及社会等方面的全面照顾，其目的在于提高临终病人的生命质量，使病人能够无痛苦、安宁、有尊严地走完人生的最后旅程，使家属的身心健康得到维护。

临终患者因身体器官功能日渐衰竭，生理功能日渐减退，需要支持性的治疗与护理，对临终阶段伴随的疼痛不适等症状也需要对症治疗及处理，以增加患者的身体舒适。对临终患者通常不再采用会引发疼痛或伤害性的治疗，医疗护理措施一般选择无创或微创的方式。临终关怀的原则是“缓解症状、适当营养、维持基本生理功能、心理关怀”相结合。

1.缓解症状

临终患者常常有疼痛、呼吸困难、恶心、呕吐、腹泻、便秘、排尿困难等症状，应对症处理减轻患者的不适。其中，疼痛在临终患者尤其是恶性肿瘤患者中普遍存在，止痛治疗及疼痛管理对于改善患者的生活质量至关重要，详见本章第四节“疼痛管理”。

2.适当营养

临终患者普遍存在食欲减退、消化吸收困难及营养不良等情况。给予专业的营养咨询、口服营养素补充、刺激食欲及减轻症状的药物联合使用，均能有效地增加患者的营养摄入、改善生活质量。但营养支持的措施适合在早期给予，研究表明，对生命最后几周的病人给予静脉高营养支持，其效果不能肯定，甚至成为病人的负担，美国营养学会的指南也提出，特殊的营养支持(如静脉高营养、管饲等)对预期存活时间在一个月以内的癌症病人不适合。

3.维持基本生理功能

保护心、肝、肺、肾等重要器官，维持呼吸、循环等基本生理功能。比如，适当静脉补液维持水、电解质及酸碱平衡，帮助排痰、保持呼吸道通畅、吸氧以维持氧饱和度正常，维持排尿排便功能，保持口腔及皮肤清洁完好、预防溃疡及褥疮等等。在呼吸和(或)心跳停止时，原则上应立即进行人工呼吸和(或)胸外心脏按压，即心肺复苏术，特殊情况下，比如在美国，病人若在神志清楚时自愿签署了“放弃心肺复苏”(do not resuscitate，DNR)的文书，则在呼吸心跳停止时不给予医疗干预；中国的病人在呼吸心跳停止时，若病人家属主动要求并已签署了放弃抢救的文书，则医务人员可以不给予心肺复苏及其他抢救措施。

二、临终患者的心理问题

1.与治疗有关的心理社会问题

大多数病人会表现出强烈的求生欲，接受手术、化疗、放疗等积极治疗。那些被医生认为现有的治疗已经没有意义的患者，往往会转而去寻求中草药、偏方等非正规治疗，即使是昂贵、痛苦的。在此期间，患者一方面忍受了治疗的创伤、副作用及痛苦，另一方面，疗效不佳甚至病情还在恶化，经过种种治疗之后，病人常常会感觉到绝望，拒绝继续治疗。此时，是否继续治疗成为一个问题，一种情况是，病人拒绝治疗是出于反抗治疗带来的痛苦，并不等于真的决定放弃生命，但医生、患者及其亲属都很难在治疗的痛苦和可能的疗效之间做出明确的利弊权衡，此时，是安抚病人的情绪、劝服病人继续治疗，还是就此放弃？这对患者及其亲属来说都是一个难题。另一种情况是，病人真的决定放弃生命了，是顺其自然，还是鼓励病人与疾病斗争的勇气？

临终病人是否有权利决定放弃生命甚至主动终止生命？鉴于大多数病人希望无痛苦、有尊严地死去，安乐死成了一个被广泛讨论的话题。荷兰于2001年第一个通过了安乐死合法化的法案，但迄今只有十来个国家承认积极或消极安乐死。每个人都有生命权，但是否有死亡权？这是个有待解决的生命伦理学问题。

2.与自我概念的变化相关的问题

随着病情的进展，病人的生理及社会功能逐渐减退，并最终失去生活自理的能力，饮食、清洁及大小便等都需要依赖别人，性格独立好强的病人尤其会体验到挫败感。此外，由疾病进展导致的恶病质消瘦、黄疸、水肿等使病人外貌变得难看，对病人的自尊心也是很大的损害。病人的挫败无力感和消极的自我概念可能导致其愤怒、抑郁、社交退缩等。

3.与死亡相关的心理行为问题

虽然医生和患者家属对患者本人隐瞒病情或者轻描淡写地告知是一种普遍现象，但很多患者仍会在死亡之前很早就意识到死亡临近的威胁，出现相关的心理问题。美国著名的心理分析医生伊丽莎白·库伯勒·罗斯，通过对大量疾病终末期患者的访谈及研究，将临近死亡病人的心理过程分成五个阶段，即：否认期、愤怒期、协议/抗争期、忧郁期、接受期，并探讨了不同阶段的心理特点及心理行为问题。

否认期：当病人间接或直接知道自己可能会死亡时，他第一个反应就是否认："不可能""一定是搞错了"，否认病情恶化的事实，希望诊断有误或出现奇迹。

愤怒期：当病人经过短暂的否认而确定无望时，一种愤怒、怨恨的情绪油然而起："为什么是我？这太不公平了"，于是把不满情绪发泄在接近他的医护人员及亲属身上，表现为暴躁易怒，频繁地对医务人员或照顾者发脾气。

协议/抗争期：承认死亡的来临，为了延长生命，病人会提出种种"协议性"的要求，希望能缓解症状。有些病人认为许愿或做善事能扭转死亡的命运，有些病人则对所做过的错事表示悔恨。并积极寻求与配合治疗措施。

忧郁期：尽管采取多方努力，但病情日益恶化，病人已充分认识到自己接近死亡，心情伤感、抑郁，可表现为全方位的退缩，不主动说话及活动、不思饮食，回避沟通交流等。此外，病人可能很关心死后家人的生活，常常会谈及和交代后事。

接受期：经历一段忧郁期后，病人逐渐对面临死亡有了准备，表现得较为平静或淡漠，或者极度疲劳衰弱，常处于嗜睡状态。

该理论得到了广泛的验证和认可，使医务人员、心理工作者及照顾者对临终病人的心理关怀更加具有针对性。但并非每一个临终病人都会依次经历上述心理活动的五个阶段，其"阶段"顺序应该是可变的和可间断的，比如一些病人只经历一个或几个阶段，一些病人会交替或反复体验所有五个阶段的感受。此外，这个理论忽略了焦虑在临终病人中的重要性。对死亡的恐惧焦虑、对走向死亡过程中伴随的疼痛等痛苦折磨的焦虑是普遍存在的心理问题，也应引起足够的重视。

三、临终患者的心理调适与干预

1.死亡教育

对于临终患者来说，死亡是即将到来的问题。如何看待死亡，如何看待生命的意义，涉及社会文化、宗教等多个层面。美国作家李奥·巴斯卡力的《一片叶子落下来》，温馨隽永，发人深省，用简单却充满寓意的文字，巧妙地探讨了生命与死亡的意义。

生活中的心理学

《一片叶子落下来》——关于生命与死亡的思考

弗雷迪是大树上的一片叶子，春天发芽，夏天长大，同一棵树上有成百上千的叶子是他的朋友。他们沐浴阳光雨露，在风中跳舞，听枝头上小鸟的歌唱，看天上的云彩、星星、月亮和太阳。夏天茂密的树荫下，人们在乘凉、孩子们在玩耍、老人们追忆过去的时光。

到了秋天，所有的叶子都变黄变红了，浓艳的色彩把整棵树变成如彩虹一般美丽。有一天，好冷，起风了，有些叶子被从树枝上吹落到地面上。所有叶子都害怕了起来，“怎么回事？”他们问。最有智慧的叶子丹尼尔告诉他们，“时候到了，叶子该搬家了，有些人把这叫作死。”“我们都会死么？”弗雷迪问。“是的。”丹尼尔说。“任何东西都会死。我们先做完该做的事。我们体验太阳和月亮、经历风和雨。我们学会跳舞、学会欢笑。然后我们就要死了。”

“如果我们反正是要掉落、死亡，那为什么还要来这里呢？”丹尼尔回答，“是为了太阳和月亮，为了大家一起的快乐时光，为了树荫、老人和小孩，为了秋天的色彩，为了四季，这些还不够吗？”

很快地，整棵树的叶子几乎都掉光了。弗雷迪对丹尼尔说：“我好怕死，我不知道下面有什么。”“面对不知道的东西，你会害怕，这很自然。”丹尼尔安慰着他，“但是，春天变夏天的时候，你并不害怕。夏天变秋天的时候，你也不害怕。这些都是自然的变化。为什么要怕死亡的季节呢？”

那天下午，在黄昏的金色阳光中，丹尼尔毫无挣扎地走了，掉落的时候，他似乎还安详地微笑着。第二天清早，下了雪，冷得不得了，雪压在身上感觉好沉重。一阵风把弗雷迪带离了他的树枝。一点也不痛，他感觉到自己静静地温和地柔软地飘下，落在雪堆上。雪堆很柔软，甚至还很温暖。在这个新位置上他感到前所未有的舒适。他闭上眼睛，睡着了。

然而，患者能否做好关于死亡的心理调适，除了与个体的心理、性格特征有关，与整个社会文化看待死亡的态度，与成长过程中得到的死亡教育都有很大的关系。

2.针对临终病人的心理关怀

对处于否认期的病人，不宜将病情全部告知。与病人交谈时，要认真倾听，表示热心、支持和理解，经常出现在病人的身边，让他时常感受到关怀。

病人在愤怒期的表现不是针对医务人员或照顾者，而是一种对求生无望的反应，因此，要谅解、宽容、安抚、疏导病人，让其倾诉内心的忧虑和恐惧，切不可以“愤怒”回击“愤怒”。同时也要防备少数病人心理失衡，以扭曲的方式或伤害性行为发泄愤怒。

处于协议期的病人情绪通常是有益的，能提供合作，形成医患联盟，延缓死亡的日期。因此，要尽可能地满足病人的需要，即使难以实现，也要做出积极努力的姿态。

对忧郁期的病人，允许其哀伤、痛苦和诉说他的忧伤心情，并耐心倾听。同时还应鼓励支持病人增加与疾病做斗争的信心和勇气。

对接受期的病人，应延长护理与陪伴的时间，对病人主动谈论身后事应认真听取而不是一味回避，尊重病人的宗教信仰，让病人在平和、安静的心境中走完人生之旅。

3.提高生活质量

对临终病人的心理咨询有其特殊性。包括会谈时间和情形必须由病人的精力和状况来决定，而不是按照固定的时间表来进行。会谈的主题主要根据病人的意愿，对病人不想谈论的话题表示理解和尊重。个体咨询可以遵循以下目标。

帮助患者重新对生活进行评价。对临终病人的访谈表明，那些回顾人生时关注一生中的收获与成功、对自己的人生做出积极评价、认为已经完成了人生目标(通常包括已经完成了对子女的抚育任务)的患者更加安心，较能平静地接受死亡。相反，那些回顾人生时关注失去的和未完成的事情的患者会感觉到无助、挫败和不甘。因此，应鼓励患者发现人生中的积极面、增加自我满足感。

帮助患者去解决未完成的事情。“未完成的任务”通常与家庭成员有关，治疗师应帮助患者为其牵挂的家人做些准备与安排，特别是年幼的孩子。有些患者存在未完成的个人愿望，应尽可能协助患者去解决，对于无法完成的愿望，鼓励患者说出来或者写下来也会感觉好一些。美籍作家袁苡程在纽约的报纸上刊登广告征集临终遗言，收到众多临终患者的来信和他们急需述说的心里话，有温暖的嘱托，有留念与不甘，有遗憾和忏悔，有埋藏的真情流露。从某种程度上讲，说出这些心里话也是一种完成愿望的方式。

帮助患者成长及活在当下。终末期疾病会促使患者做出一些自我改变，比如改变对生命的态度，一些病人重新思考自己的生活定位，珍惜生活中的点点滴滴，改善与身边的人的关系，尤其是对所爱的人。另外的改变就是很多病人尽量让自己活在当下、少想将来的事。既然不知道明天会怎样，那就享受今天的每一个时刻。帮助患者设定一些现实的、可行的短期目标有利于帮助患者找到对生活的控制感、减轻痛苦。

4.家庭干预

帮助患者与家庭成员更好地适应与应对。患者需要适应疾病，其家人也需要适应相应的角色转变，当照顾者的角色与其在个人生活、工作中的社会角色相冲突时，心理干预应着重于应对策略与应对技巧。

促进患者与家人的沟通与相互理解。有些患者与家人的交流比较困难，治疗师可以帮助双方明白彼此想要表达的意思。对于愤怒的患者，伴侣或主要照顾者常常成为发泄愤怒的对象，承受着巨大的心理压力。应该让家人理解，患者的愤怒不是因为对家人不满，而是患者释放心理压力的一种方式，或者是内心恐惧焦虑的变相表现形式。

帮助家人把握患者的情感需求。临终患者会逐渐地花更多的时间在睡眠上，尤其是在生命的最后几周或几天。注意把握患者清醒的时间，多陪伴及沟通，给予其最大的心理支持。持续昏睡的患者，往往还保留着听觉功能，患者常能听到周围的声音，但无力回应或表示。家人可以与患者有肢体接触，比如紧握他的手，用温柔的声音跟他说话，让患者感觉到家人的陪伴和支持，都能让患者更加平静。

5.系统支持

临终病人的心理干预应该是一个系统工程，包括医务人员、心理咨询师、社工、志愿者、律师、宗教团体、朋友、家人，各尽其责，发挥陪伴、倾听、照顾的作用，让患者感觉到温暖和归属感。在欧美发达国家和我国的港台地区，临终关怀的系统比较完善，大陆地区的临终关怀以医务人员和患者家人为主，也有大学生团体和义工组织在做志愿者的工作，但缺乏包括心理工作者在内的支持系统。

复习巩固

1.简述伊丽莎白·库伯勒·罗斯关于临终病人心理过程的五个阶段。

2.简述对临终患者个体心理咨询的要点。

扩展阅读

《相约星期二》

这是一个真实的故事。米奇·阿尔博姆是美国的一位体育专栏的主持人，莫里·施瓦茨是他在大学里曾给予过他许多思想的教授，在米奇毕业十五年后的一天，他偶然得知莫里·施瓦茨患了绝症，来日无多，这时老教授所感受的不是对生命即将离去的恐惧，而是希望把自己许多年来思考的一些东西传播给更多的人，于是米奇作为老人唯一的学生，他们相约每个星期二上课，每次探讨一个主题。在以后的十四个星期里，米奇每星期二飞越七百英里到老人那儿去上课，他们聊到了人生的许多组成部分，如何面对他人，如何面对爱，如何面对恐惧，如何面对家庭，以及感情及婚姻，金钱与文化，衰老与死亡，最后一堂课便是莫里老人的葬礼，整个事情的过程，以及这十四堂课的笔记便构成了这本《相约星期二》。而这本书的出版本身也是一个美丽的故事，原先米奇并没有写这本书的打算，但莫里老教授在生命的最后花费了大量的医药费，致使家属欠债，于是米奇决定写出这本书，将所有的报酬都用来偿还老人遗留的债务。于是我们今天便看到了这本很独特的《相约星期二》。而这本书在美国一经出版便轰动一时，连续四十周被列入图书销售排行榜。

临终前，老教授要给学生上最后一门课，课程名称是人生。上了十四周，最后一堂是葬礼。他把课堂留下了，课堂越变越大，延伸到了全世界。值得进去听听。

要点小结

1.艾滋病的传播途径包括性传播、经血液传播(包括经注射吸毒传播)、母婴传播。与艾滋病人一般的生活接触、蚊虫叮咬等均不会传染艾滋病。正确对待艾滋病人，给予关爱和帮助。

2.癌症的发生不是一朝一夕，一个肿瘤细胞可能需要2～17年才能够生长成为临床上的癌症。健康的生活方式、良好的心理状态、减少环境污染等都有利于防止细胞癌变以及抑制肿瘤细胞的生长。

3.癌症可以引发一系列的躯体和心理社会问题，包括躯体的疼痛不适以及对疼痛的心理恐惧，对死亡的恐惧、抑郁也是常见的心理问题。充分止痛及心理干预有利于改善生活质量。

4.癌症、高血压、糖尿病等慢性病人常常会受到否认、焦虑、抑郁等负性情绪的折磨，进行个体或团体的心理干预，充分利用家庭和社会支持，有利于病人适应疾病、控制疾病、提高生活质量。

4.慢性病一般不能治愈，对慢性病人的心理行为干预包括，培养与疾病和平共处的观念，了解疾病与健康知识，坚持服药，采取健康的生活方式，调整日常活动，积极的心理调适等。

5.疼痛是一种主观症状，疼痛感受和疼痛反应除了与生理因素有关之外，个人的情绪、认知等心理因素对疼痛也有明显的影响。

6.止痛药物等镇痛技术对急性疼痛效果较好。慢性疼痛患者往往伴有复杂的功能障碍和心理问题，应采取生物心理社会相结合的综合性镇痛方法，包括药物、心理学方法如放松技术、生物反馈、分心、认知行为技术等。

7.抑郁症是一种高发病率、高自杀率、严重危害人类身心健康的疾病，但公众对抑郁症的危害性缺乏认知。重度抑郁一般需要药物治疗为主，对于轻中度抑郁，以认知行为干预为主的心理咨询/治疗以及自我情绪调节的技术都是很有帮助的。要警惕抑郁症病人的自杀倾向。

8.面对生活中的压力和应激时会产生担忧和焦虑，在反应过度时就可能产生危害，成为焦虑障碍，比如广泛性焦虑(焦虑症)、强迫症。放松技术、改变不合理的思维，学习解决问题的策略、时间管理、行为训练等心理干预技术都可用于缓解焦虑。

9.临终关怀主要包括减轻躯体症状的姑息性/支持治疗和心理/情绪支持。其目的在于提高临终病人的生命质量，使病人能够无痛苦、安宁、有尊严地走完人生的最后旅程，使家属的身心健康得到维护。

关键术语

艾滋病　传播途径　心理行为问题　癌症　三阶梯止痛法　恐惧　抑郁　慢性病　高血压　糖尿病　健康生活方式　依从性　健康教育　心理行为干预　疼痛　疼痛控制　疼痛心理　慢性疼痛　抑郁症　不合理认知　焦虑症　强迫症　死亡　临终关怀

复习题

1.与艾滋病人的哪一种接触会传染艾滋病？

A.握手、拥抱　　B.共用厕所　　C.一起用餐　　D.发生性关系

2.关于癌症疼痛的止痛治疗中哪一项是错误的？

A.按时、规律地给予止痛药

B.为了避免药物成瘾，尽量减少用止痛药

C.癌症病人止痛药的剂量需要不断增加，是药物耐受而不是心理成瘾

D.癌症止痛使用吗啡，不受药典中关于吗啡剂量的限制

3.对慢性疾病（比如高血压、糖尿病等）的态度哪一项是错误的？

A.积极治疗，争取尽快治愈

B.慢性病伴随终生，需要与疾病和平共处

C.坚持服药与健康生活方式对于慢性病防治同等重要

D.应激会诱发及加重疾病

4.关于高血压自我管理，下列哪一项是错误的？

A.心理平衡有利于控制血压

B.减肥及控制体重有利于降压

C.血压降至正常了就可以停药

D.高血压患者应该戒烟

5.关于糖尿病自我管理，下列哪一项是错误的？

A.在营养师指导下制订个体化的饮食方案并严格执行

B.饮食吃得越少越好

C.定期监测血糖

D.积极的自我生活管理是成功控制糖尿病的关键

6.关于运动锻炼的观点哪一项是错误的？

A.病人适当运动有利于身心健康

B.运动有利于改善情绪及心理健康

C.高血压病人不适合运动锻炼

D.健康生活方式包括坚持有规律的运动

7.关于疼痛的观点哪一项是错误的？

A.心理社会因素会影响疼痛感受

B.手术后疼痛应尽量忍耐，少用止痛药

C.疼痛控制的目标为无痛或轻度疼痛

D.有些疼痛可能没有明确的躯体病变

8.关于慢性疼痛的观点哪一项是错误的?
A.慢性疼痛本身就是一种疾病
B.慢性疼痛患者容易并发抑郁
C.控制慢性疼痛需要药物与心理行为调适相结合
D.一般是老年人才会有慢性疼痛
9.关于抑郁症的说法哪一项是错误的?
A.抑郁症患者不用治疗,放宽心、想开些就会好
B.抑郁症有高发病率和高自杀率
C.抑郁症患者一般都有消极歪曲的认知
D.战胜抑郁需要改变认知与付诸行动相结合
10.关于焦虑症的说法哪一项是错误的?
A.焦虑症患者一般都有不合理思维
B.深呼吸和肌肉放松法有利于缓解焦虑
C.问题解决及时间管理技术有利于应对焦虑
D.想到明天的面试就紧张,说明患了焦虑症
11.关于强迫症的说法哪一项是错误的?
A.强迫症一般都与焦虑有关
B.对强迫症的干预可以使用行为训练的方法
C.针对强迫症状的心理根源进行干预可强化疗效
D.强迫冲动来自于外界
12.对临终病人的心理关怀,下列哪一项是错误的?
A.心理咨询会谈的主题主要根据病人的意愿决定
B.尽量避免谈及死亡
C.鼓励患者对其人生做出积极评价
D.帮助患者去解决未完成的事情

第十一章　成瘾行为

人的行为是不断重复的，有的行为是因为现实需要而重复，如吃饭、穿衣等；有的行为不断重复则是源于个体强烈的内在欲望，表现为个体控制不住地去重复这些行为，如吸烟、喝酒、吸毒、上网等。那么个体为什么会对某些物质或某些行为痴迷呢？应该如何调整个体的这些行为呢？通过本章的学习，你就会找到处理这些问题的答案。

第一节　概述

一、什么是瘾

瘾(addiction)是指已知有不良后果的情形下,仍持续使用药物或特定物质(烟、酒精等),或是持续出现特定行为(赌博、上网、暴食、强制性行为等)。成瘾行为(addictive behaviors)是一种额外的超乎寻常的嗜好和习惯,这种嗜好和习惯是通过刺激中枢神经而造成兴奋或愉快感而形成的。从成瘾对个体的影响上来说,一些嗜好对人体无害,甚至有益,如有人酷爱读书,在烦躁、头痛难耐的时候,一读书就不痛了;然而某些有害嗜好,如吸烟、酗酒、吸毒、处方药滥用成瘾、赌博及网瘾等却会导致严重的心理问题和社会安全问题,属于不良的成瘾,这也是本章的主要讨论对象。

以成瘾源分类,成瘾行为分为物质成瘾(substance addiction)和行为成瘾(behavioral addiction)。物质成瘾主要包括处方药滥用成瘾(如止咳药水、曲马多、复方甘草片、复方地芬诺酯)、阿片类药物成瘾(如吗啡、杜冷丁、美沙酮等)、新型毒品成瘾(如K粉、摇头丸、冰毒等)、传统毒品成瘾(如海洛因、大麻)、安眠药成瘾(如安定、三唑仑、阿普唑仑等)、酒瘾、烟瘾等,行为成瘾主要包括网络成瘾、赌博成瘾、性成瘾等。

目前,世界精神病学界已经普遍认为成瘾行为尤其是毒品成瘾是一种慢性复发性脑疾病,我国成瘾医学专家何日辉提出成瘾不仅是一类躯体疾病,更是一种心理疾病。这样就将传统上从道德角度来看待成瘾性问题而转入从医学和心理学角度看待这一问题。这一转换具有相当重大的意义,将有助于对成瘾行为进行科学规范的研究与探索。

二、成瘾的特点

成瘾具有以下特点:

1.耐受性(tolerance)

耐受性是一种状态,指使用者必须增加使用剂量方能获得所需的效果,或使用原来的剂量已达不到使用者所追求的效果。

2.戒断综合征(withdrawal syndrome)

戒断综合征是指停止或减少使用药物、使用拮抗剂占据受体、停止某种持续性的行为后所出现的特殊的心理生理症状群。不同成瘾行为的戒断症状有所差异,一般表现为与所使用药物的药理作用相反的症状。例如酒精(中枢神经系统抑制剂)戒断后出现的是兴奋、不眠,甚至癫痫样发作等症状群。

3.明知故犯

成瘾者往往试图戒除或者控制这一行为，但却无能为力，屡屡不成功。

4.稽延性戒断综合征

成瘾者在急性戒断综合征消退以后，仍有多种不适主诉，常见为浑身无力、失眠、食欲低下、易激怒等，且可持续数月甚至数年之久。

二、成瘾的心理行为理论

成瘾是一组认知、行为和生理症状群，使用者尽管明白使用成瘾物质或持续某种行为会带来问题，但还在持续进行。成瘾行为的形成受多种因素的影响，包括生物学因素、心理学因素、社会学因素等，称为成瘾的生物心理社会模型。具体如下：

（一）生物学因素

1.奖赏理论(reward theory)

药物或行为的强化作用与具体的脑区及神经细胞的生化改变有关。研究发现，脑内最重要的奖赏中枢是中脑边缘多巴胺系统（MLDS）。大多数成瘾药物或成瘾行为的作用机制不同，但都激活中脑边缘多巴胺系统及其他的相关脑区，刺激多巴胺释放、抑制多巴胺摄取或直接兴奋多巴胺受体而使多巴胺含量增加，功能增强，产生积极的强化作用，使个体获得愉悦、兴奋的情绪体验。除此之外，还有一些与成瘾药物的强化作用相关的脑区，包括外侧下丘脑、前额叶皮层、泛杏仁核结构及海马等。

2.神经适应性学说

成瘾的中枢回路及相关的神经递质只能部分解释成瘾行为，事实上，强迫性药物滥用或行为成瘾不仅受到奖赏中枢的驱使，许多成瘾者在长时间的药物使用或行为持续后失去了愉悦感，但其成瘾习惯仍在继续。因此，成瘾的神经适应性学说认为成瘾是慢性反复给药或重复某种行为后，脑内多种核团，特别是 MLDS 的相关核团为对抗药物或行为急性强化作用而发生适应性变化的过程，包括多巴胺受体和阿片类受体活性的改变、神经元内环磷酸腺苷通路功能上调、多种神经元之间递质活动的相应变化以及基因表达的改变等。

3.遗传因素

遗传对成瘾的影响是另一种生物医学观点。流行病学调查发现，成瘾具有家族的延续性，从而提示成瘾行为受到遗传的影响。遗传对成瘾的影响很大，它影响了个体对药物的敏感性、耐受性及相关反应。

(二)心理学因素

1.成瘾的强化理论(reinforcement theory)

成瘾的强化理论是基于条件反射的基本原理而提出的,认为成瘾行为的强化机制包括正强化和负强化。正强化是指成瘾物品是一种正性的强化物,它们能给成瘾者奖励并产生愉悦,药物使用或持续某种行为的主要动机是寻求药物所致的欣快感觉;负强化是指成瘾物品可减轻或暂时免除个体成瘾后所带来的强烈痛苦,使其产生重复的成瘾行为。

2.人格特征(personality traits)

成瘾的人可能有一定的人格特征,如愤怒的、冲动的、社交异常的、逃避现实的,或是有分裂样的人格特点,表现为胆小、退缩和抑郁,或是在人际关系中表现为依赖、贪婪、无缘无故暴怒等。

(三)社会学因素

从社会角度来讲,对成瘾行为产生影响的环境因素有多种形式,包括国家药物管理政策的变化、社会态度的影响、社会舆论的压力、广告宣传、重要的生活事件、家族史、父母教养方式、学校教育及同伴影响等。

总之,成瘾是社会、心理和生物因素相互作用的结果,引起成瘾的物质和行为是必要条件,但是否成为“瘾君子”,还与个体人格特征、生物易感性及家庭、社会环境等有关。

成瘾是一类严重影响人类生活的心理疾病,不仅对成瘾者本人的生理和心理健康造成损害,还常常给亲人和他人的生活带来沉重的负担。成瘾者往往还是犯罪的高发人群,威胁社会的和谐稳定。成瘾性疾病的治疗迄今为止在国内外都是一个难题。以前的治疗往往局限于药物治疗,多年的实践证明单纯的药物治疗效果不佳且复发率很高。因此,现在倾向于药物治疗和心理治疗及家庭治疗相结合进行综合性治疗。国内成瘾医学专家何日辉提出一种集药物治疗、心理治疗、行为矫正、感恩教育和社会支持“五位一体”的综合性成瘾性心理疾病的治疗模式。由于疗效突出,被患者和家属称之为“何式戒瘾法”。这为我国成瘾行为的矫正提供了有益探索。

成瘾是人类活动中复杂而又令人费解的一种行为模式,对成瘾行为的研究一直是心理学的热门研究课题。同时其他学科对成瘾行为有着不同的解释,如医学、生理学、社会学、生物学,因此,对成瘾行为的全面深入研究需要多学科的交叉、融合。

生活中的心理学

享乐性贪食

关于薯片，你可能有这样的切身体会：吃下了第一片后，就会一口气把它们全都吃光。这种现象可归类为“享乐性贪食”。在今年4月召开的美国化学学会年会上，来自德国埃尔朗根·纽伦堡大学的一项脑成像研究，揭示了享乐性贪食的神经机制。

“享乐性贪食是指不为饥饿，而是为了愉悦感而进行过度摄食。这种消遣性的暴食行为可能发生在每个人身上。长期的享乐性贪食是造成体重过重及肥胖症流行的重要因素，威胁着身体健康。”研究者托比亚斯·侯赫(TobiasHoch)说。

但在吃零食的时候，我们可不觉得这是种威胁，相反，会感到愉悦。食用薯片后，大脑奖赏系统的关键结构伏隔核(nucleusaccumbens)强烈激活，并发出一种奖赏信号，诱导享乐性进食发生。另一方面，原本能够根据食物摄入量调节进食欲望的中枢饱腹感回路变得不敏感，导致摄入的热量超过实际的能量需求。薯片之所以会一片接一片地被消灭，是激活享乐性奖赏回路与钝化饱腹感自我平衡回路的共同结果。为了研究享乐性贪食，侯赫的团队设计了巧妙的实验：所有受试大鼠的“正餐”都是球状标准食粮，而零食方面，“薯片组”大鼠能尽情享用薯片，“标准组”大鼠则吃淡而无味的标准食粮粉末。随后，研究团队对受试大鼠的脑部活动进行了检测。

传统的磁共振成像技术(MRI)要求摄食与MRI检测同步，不利于监测零食对脑部活动的长期影响。因此，研究团队引入了锰离子增强磁共振成像(MEMRI)技术。作为对比剂，锰离子能在被激活的脑区内积累，反映神经活动的整体水平。

检测结果表明，与标准组大鼠相比，吃薯片的大鼠大脑中，奖赏/成瘾中枢受到最强烈的激活，其他脑区也受到不同程度的刺激——与睡眠相关的脑部活动明显减弱，而与运动相关的脑部活动则增强了。

第二节　烟瘾

一、烟瘾的危害

烟瘾(nicotine addiction)是指个体持续吸烟的行为。由于烟草中成瘾的主要物质是尼古丁,因此烟瘾又称尼古丁依赖症。烟瘾危害巨大,据统计,吸烟是全球第二大死因。目前,吸烟在世界范围内造成十分之一的成人死亡。“吸烟危害健康”是每个香烟外包装上的必备警示语,但是,根据《全球成人烟草调查——中国部分》(GATS)显示:只有23.2%的中国成人认为吸烟可导致严重的疾病。只有24.6%的人认为接触烟草烟雾可使成人患上心脏病和肺癌并使儿童罹患肺部疾病。可见,我国烟民对于烟草的危害尚缺乏深刻的认识。

为增强民众对于烟草危害的认识,世界卫生组织(WHO)于1987年创建了世界无烟日。烟草对健康的危害以及世界卫生组织为抑制烟草使用所做的工作是每年5月31日活动的核心内容。那么,烟草是如何危害人类健康的呢?

1.烟草的危害成分

不同的烟草点燃时所释放的化学物质有所不同,其中,对人体有害的物质大致分为六类:

(1)醛类、氮化物、烯烃类,对呼吸道有刺激作用。

(2)尼古丁类,可刺激交感神经,引起血管内膜损害。

(3)胺类、氰化物和重金属,均属毒性物质。

(4)苯并芘、砷、镉、甲基肼、氨基酚、其他放射性物质,均有致癌作用。

(5)酚类化合物和甲醛等,具有加速癌变的作用。

(6)一氧化碳,降低红细胞运输氧气的能力。

2.吸烟对健康的影响

烟草中的危害成分有强烈的致癌、致炎症作用,因此,长期吸烟的人健康会受到严重损害。世界卫生组织发出警告,在吸烟者当中,大约有一半人最终将死于吸烟所导致的疾病,每年还有成千上万不吸烟者也会因为被动吸烟而使健康受到损害。吸烟主要造成人体呼吸系统、心血管系统、消化系统的损伤,有强烈的致癌作用和致炎症作用。吸烟是肺癌的重要致病因素之一,吸烟者患肺癌的危险性是不吸烟者的13倍。吸烟者喉癌发病率较不吸烟者高十几倍,膀胱癌发病率增加3倍,此外,吸烟与唇癌、舌癌、口腔癌、食道癌、胃癌、结肠癌、胰腺癌、肾癌和子宫颈癌的发生都有一定关系。研究证实,吸烟是许多心脑血管疾病的主要危险因素,吸烟者的冠心病、高血压病、脑血管病及周围血管病的发病率均明显升高。统计资料表明,75%的冠心病和高血压病患者有吸烟史。吸烟者的冠心病发病率较不吸烟者高3.5倍,冠心病病死率高6

倍，心肌梗死发病率高2～6倍。吸烟还是慢性支气管炎、肺气肿、胃溃疡及反流性食管炎的主要诱因之一。吸烟还可造成睾丸功能的损伤、男子性功能减退和性功能障碍，导致男性不育症。而吸烟对妇女的危害更甚于男性，吸烟妇女可引起月经紊乱、受孕困难、宫外孕、雌激素低下、骨质疏松以及更年期提前。孕妇吸烟易引起自发性流产、胎儿发育迟缓和新生儿低体重。其他如早产、死产、胎盘早期剥离、前置胎盘等均可能与吸烟有关。

3.吸烟对环境的危害

吸烟过程中，吸烟者本人将大量有害成分通过呼吸道吸入体内，同时烟草释放大量有害气体，如醛类、氮化物、烯烃类、一氧化碳等。这些物质对环境造成污染，进入此环境的人由于被动吸收这些有害气体，称为被动吸烟者。被动吸烟者所吸入的有害物质浓度并不比吸烟者低，吸烟者吐出的冷烟雾中，烟焦油含量比吸烟者吸入的热烟雾中的多1倍，苯并芘多2倍，一氧化碳多4倍。因此，被动吸烟对健康的危害同样需要引起注意。

二、戒烟方法

戒烟也叫作戒除尼古丁依赖症。是指通过主动或被动戒烟的方法，通过化学的、物理的、心理的戒烟途径，去除烟瘾的行为。

当烟瘾者停止抽烟后，由于血压和心跳下降，身体吸氧量亦相应减低，会出现晕眩、烦躁、咳嗽、干渴、胃部不适、便秘、疲累、手脚轻微发热，此种不适反应称为“烟瘾”。采用自然调节戒除烟瘾比较缓慢，而吸入尼古丁能即时暂解烟瘾，因此不少人难以停止抽烟。戒烟非常困难，要想提高戒烟的成功率，必须有计划地戒烟并实际实施，具体方法有：

1.寻求戒烟环境，获得戒烟社会支持

不要接触二手烟，尽量在无烟环境中生活和工作，以免他人吸烟增强自己的吸烟欲望；参与戒烟团体，例如网络上的戒烟社群、戒烟班，寻求家人或亲友的协助和支持。当身边的亲友都努力戒烟时，戒烟成功率较高。在丑化、排斥甚至拒绝雇用吸烟者的环境中，戒烟成功率较高，例如在美国、青少年族群会排斥吸烟者，吸烟率当然低。

2.替代疗法

使用尼古丁替代疗法，例如贴片、嚼片、吸入剂等；使用非尼古丁替代疗法，一般来说这种药物的原理及副作用类似忧郁症药物，因为烟瘾与忧郁症在神经学上有一定的关联性；催眠和针灸可以削弱或阻断吸烟冲动的传导，从而减少吸烟的频率。

3.改变习惯，分散注意力

增加运动时间，让机体处于与吸烟依赖不同的状态中，体会运动给身体带来的愉快感觉；改变饮食习惯，一日三餐按时进行，并确保营养均衡；经常清洁口腔，清除明显异味，有利于个体保持良好的自我感觉，增强戒烟信心。

4.树立正确的观念

第一，要树立“长期治疗、接受失败”的观念。近来的研究及统计显示，许多戒烟成功者经历多次失败才成功，而且以治疗慢性病的态度来戒烟、成功率更高。急功近利的戒烟者往往会复吸。烟瘾不是一天形成的，也很难一天戒掉。习惯是逐渐形成的，其消退也应该有一个过程。暴风骤雨式的戒烟往往使戒烟者非常痛苦，而且还会导致强烈的戒断症状。所以树立“长期治疗、接受失败”的观念容易让戒烟者的身体和心理接受现状，从而成功戒烟。

图 11-1　世界卫生组织戒烟十大建议

第二，要认识到，减少吸烟量以及改抽淡烟并不能减轻吸烟危害，因为吸烟者会无意识地吸得更深：淡烟对吸烟者的危害不亚于浓烟、而对社会的危害更甚于浓烟(因为淡烟淡的是臭味、但毒性没有减淡)。

第三，即使是长期使用尼古丁替代疗法，其健康风险也远低于吸烟。

第四，抽烟造成的健康风险是几乎无法用良好的生活习惯来弥补的，二手烟的危害也不亚于吸烟。

复习巩固

1.吸烟可导致哪些疾病？

2.简述戒烟的方法。

第三节 酗酒

酗酒(alcoholism)是指长期过量饮酒或一次无节制地大量饮酒。酗酒包括“酒精滥用”及“酒精依赖”。如果一个人过度使用酒精而无法自我控制,导致认知、行为、身体、社会功能的障碍或损伤,且明知故犯,就达到“酒精滥用”的程度。若进一步恶化,把饮酒看成比任何其他事都重要,必须花许多时间或精力去喝酒,或必须喝酒才感到舒服,或必须增加酒精摄取才能达到预期效果,或产生酒精戒断综合征,就达到“酒精依赖”的程度。

一、酗酒的危害

适度饮酒,对身体是有益处的,但酗酒严重危害身体和心理健康。酗酒主要危害人体的消化系统、神经系统,同时由于酗酒者常常伴有营养摄入不足,因此还会引起机体营养不良,酗酒的危害有:

(一)酗酒对健康的影响

1.慢性酒精中毒:酗酒不仅因酒精摄入过量而引起酒精中毒,还会受到酒中有毒有害物质如杂醇油、甲醇、氢氰酸、醛类、黄曲霉毒素等的侵害。

2.酒精性脑病:长期饮用烈性酒会造成慢性酒精中毒,使脑衰退速度加快,出现智力减退,注意力涣散,记忆力和判断力下降等。

3.酒精性肝病:喝下去的酒精中的十分之九要在肝脏氧化分解,对肝造成直接损害,可引起脂肪肝、酒精性肝炎、酒精性肝硬化等。

4.慢性胃肠病:酒对人的食道、胃、十二指肠等有很大的刺激,长期饮酒可发生慢性胃炎、胃溃疡、十二指肠溃疡等。

5.影响生育:酒精毒害人体的各种细胞,包括生殖细胞。酗酒后性交怀孕,受到损害的精子和卵子就可能发育畸形,导致出生儿低能。

(二)酗酒对社会的影响

1.行为失控

酒精可以麻醉机体神经系统,使机体处于兴奋或者抑制状态。酗酒的人经常由于处于醉酒状态,导致行为失控,比如大喊大叫、打骂他人、情感出轨等违反伦理道德的行为。

2.酒驾危害交通安全

酒驾的危害巨大，作为“马路杀手”，不仅害人，更是害己。醉酒的人由于神经系统不能及时控制机体行为，从而出现各种交通事故，轻则受伤，重则亡命。

二、戒酒方法

戒酒和戒烟一样，是一个系统而漫长的工程。彻底戒掉饮酒习惯，最重要的是主观认识，只有认识明确才有坚定信念；一以贯之，才能成功戒酒。

常见的戒酒方法有：

1.充分认识酗酒的危害：通过影视、广播、图片、实物、讨论等多种方式，让酗酒者端正对酒的态度，正确认识酗酒的危害，从思想上坚持纠正饮酒的成瘾行为。

2.减量法：要有计划地戒酒，根据既往饮酒量，制订计划，逐渐减量，切忌一次戒掉，以免出现戒断症状。

3.药物治疗：多采用戒酒硫、镇静安眠药物等进行治疗。但使用时必须在专业医生的指导下进行，而且患者自身应该主动配合，否则会耽误酒依赖的治疗，更易形成药物依赖。

4.厌恶疗法：这是一种行为矫正方法，原理是经典条件反射理论。具体做法是把令人厌恶的刺激，比如电击、药物催吐、不良的想象等与饮酒的行为相结合，形成新的条件反射，其目的是在饮酒时不但得不到欣快感觉，相反产生令人痛苦的体验，形成负性条件反射，从而对抗饮酒行为和消除饮酒行为。

5.家庭支持：酗酒往往给家庭带来不幸，但对其进行制约的最好环境也是家庭。因此，家庭成员应帮助患者，让其了解酒精中毒的危害，树立起戒酒的决心和信心，并与患者签好协约，定时限量给予酒喝，循序渐进地戒除酒瘾。同时创造良好的家庭气氛，用亲情温情去解除患者的心理症结，使之感受到家庭的温暖。

6.集体疗法：患者成立各种戒酒协会，进行自我教育及互相约束与帮助，达到戒酒目的。

生活中的心理学

戒酒匿名会(Alcoholic Anonymus，以下简称AA)于1935年6月10日创建于美国。AA是一个人人同舟共济的团体，所有成员通过相互交流经验、相互支持和相互鼓励而携起手来，解决他们共同存在的问题，并帮助更多的人从嗜酒中毒中解脱出来。有戒酒的愿望是加入本协会所需具备的唯一条件。从它诞生至今近70年里，AA的戒酒方案已经使两百多万的嗜酒中毒者得益于它的帮助，从嗜酒的泥潭中走出来，得到了全面康复。AA会员们改变行为的具体步骤称为十二步步骤。AA程序不仅用于戒酒，用于戒毒也成效斐然，于是名称相应地改为戒毒匿名会(Narcotic Anonymus，简称NA)。

"十二步步骤"是AA戒酒方案的核心。这些步骤不是抽象的理论，它是依据AA早期会员经反复尝试后的经验得出的。这些步骤包括了一些理念和活动的内容，早期会员们认为这些内容对他们的成功戒酒极有帮助。AA的十二步步骤具体是：

第一步：我们承认，在对付酒精上，我们自己已经无能为力。我们的生活已经搞得不可收拾。

第二步：要相信，有一个比我们自身更强大的力量，这力量能够使我们恢复神志清醒和健康。

第三步：做出一个决定，把我们的意志和我们的生活，托付给我们所认识的"上帝"。

第四步：做一次彻底的和无惧的自我品德上的检讨。

第五步：向"上帝"，向自己，向他人承认自己错误的本质。

第六步：要完全准备好，让"上帝"除去自己一切人格上的缺点。

第七步：谦逊地乞求"上帝"，除去我们的缺点。

第八步：列出一份所有我们所伤害过的人的名单，并使自己甘愿对这些人做出补偿。

第九步：在不伤害他们的前提下，尽可能直接向曾经受到我们伤害的人士当面认错。

第十步：继续经常自我检讨，若有错失，要迅速承认。

第十一步：透过祈祷与默想，增进与我们所认识的"上帝"有自觉性的接触。"祈祷"中只求认识对我们的旨意并祈求有力量去奉行旨意。

第十二步：实行这些步骤的结果是我们拥有一种精神上的觉醒。我们设法把这些信息带给别的酒徒，并在我们的一切日常事务中实践这些原则。

复习巩固

1.酗酒可导致哪些疾病？

2.简述戒酒的方法。

第四节　药物依赖

一、药物依赖的危害

药物，又称精神活性物质、成瘾物质，指能够影响人类情绪、改变意识状态，并有致依赖作用的一类化学物质，人们使用这些物质的目的在于取得或者保持某些特殊的心理、生理状态。产生药物依赖的常见药物有鸦片类（吗啡、海洛因、杜冷丁等）、苯丙胺、可卡因、印度大麻、巴比妥类（速可眠、阿米妥、戊巴比妥等）及其他安眠药（导眠能、安眠酮）、抗焦虑药（眠尔通、利眠宁、安定等）、镇痛药（阿司匹林、非那西丁、氨基比林等）。药物依赖（substance dependence）的危害主要有：

1.对内分泌系统的损害

麻醉药物阿片类的使用，能使内源性阿片肽系统受到抑制，由于内源性阿片肽系统受到抑制，导致下丘脑—垂体—肾上腺轴功能明显地改变。首先是下丘脑促肾上腺皮质激素释放激素（CRH）受到抑制，从而抑制了促肾上腺皮质激素（ACTH）的释放，该结果又导致血液中肾上腺皮质激素皮质醇的下降。

2.对神经系统的损害

滥用可卡因可导致某些神经系统的症状，在服用后其首发症状表现为精神异常，如烦躁不安、焦虑、激动、偏执狂、幻觉、欣快、抑郁甚至精神错乱等，精神症状多存在滥用可卡因静脉用药者中。

3.对免疫系统的损害

药物滥用可引起机体损伤及免疫功能下降。研究表明，阿片成瘾者膀胱癌的发生率较单纯吸烟者高 19 倍以上。此外，成瘾者极易并发各种病毒性肝炎、艾滋病、肺炎、肢体坏疽等疾病。这些除与使用不洁注射器有关外，还与吸毒者免疫功能下降有密切关系。

4.对胎儿和新生儿的损害

许多药品可以通过胎盘进入到胎儿体内，因此，妇女在妊娠期间滥用阿片、巴比妥、安定、苯丙胺等麻醉药品和精神药品的母亲，早产和胎盘早剥的概率大幅增加。对胎儿的损害主要是使胎儿宫内生长迟缓、影响大脑发育，最常见的是婴儿小头畸形，胎儿出生后也会产生戒断综合征。

5.对其他脏器的损害

长期大量使用大麻对肺部有严重不良影响，并可导致支气管炎、支气管哮喘、肺气肿甚至肺癌。吸入海洛因可引起肺滑石样病变甚至因急性哮喘而死亡。

6.急性中毒

常见的药物滥用过量极易产生急性中毒致死。如阿片类成瘾者死亡率高，致死原因大部分为过量药物引致的呼吸抑制。苯丙胺过量可产生类似精神分裂样的偏执症。大麻用量过多也可产生急性抑郁反应或中毒性谵妄。

7.引起心理依赖和人格改变

心理依赖是药物依赖最突出的特征，主要表现为强烈的觅药渴求，以达到重复用药产生的欣快状态。成瘾者不惜一切手段持续用药，因而变更了原有生活与行为方式，形成难以矫正的依赖行为，重者致使道德沦丧和人格畸变。

8.社会功能受损

药物依赖者的社会功能往往受损，直接地影响了其家庭和婚姻，比如产生子女受虐待或教育问题。随之，可产生失业和经济窘迫，乃至脱离社会生活。

二、药物依赖判断标准

符合下列中 3 条者，即可判定为药物依赖。

1.为了达到原先用药后的感觉，现在要使用比起初更多的药物。

2.当减少或停止使用药物的时候，使用者出现很多不适症状，包括发痒、发抖、发烧、乏力、恶心、出汗、心跳加快、睡不着觉、容易发脾气、抑郁等；或使用药物的原因之一是减轻以上描述的症状。

3.当开始使用药物后，最后的用药量总是多于最开始计划的用量。

4.有尝试过减少或停止用药，最后失败的经历。

5.在用药的那些日子里，找药、用药、想药和用药后恢复时间通常有超过两个小时。

6.因为使用药物，用于工作、兴趣爱好或者和家人朋友一起的时间减少了。

7.即使知道使用药物会造成身体和精神伤害，仍然继续用。

三、药物依赖戒断方法

1.药量递减

药物依赖的戒断方法，主要是采取依赖药物剂量递减的办法。除用药时间短，依赖程度很轻时可考虑一次停掉成瘾药物外，否则不可突然停用。巴比妥类及其他镇静安眠药的戒断症状常很严重，可引起癫痫大发作，甚至会危及生命，因此，递减速度也要因人而异。如身体健康的青壮年，依赖的药量也不太大，可在 3～7 天内停完。如体弱、老年、病程长的患者，为避免戒断中出现心血管意外或虚脱，宜缓慢减量，可在 1～2 周左右减完。总之，戒药过程中使之略有不适，但能耐受，不出现明显的戒断症状为宜。如果递减剂量困难，或减量过程中戒断症状明显，可在一定期限内适当应用非成瘾药物(中药或小量抗精神病药)替代，再逐步撤除。

2.减轻戒断症状

戒药治疗同时，要注意改善病人的体质和营养状况，减轻戒断症状和中毒症状。

可采用一些对症治疗，如应用能量合剂、谷氨酸以及多种维生素等。住院治疗者还可配合应用胰岛素低血糖治疗，促进体质恢复，减轻各种躯体症状和植物神经症状。

3.加强社会支持和心理治疗

社会支持和心理治疗十分重要。多数病人意志薄弱，对治疗缺乏信心，而且许多病人还存在某些社会心理因素，如人际关系问题、家庭婚姻问题等，应注意疏导，给予关怀、支持和帮助，家庭的照料与监督也是必不可少的。戒药成功后，要加强对患者及其家庭成员的健康教育，防止重染旧习，巩固疗效。

生活中的心理学

奖赏系统与阿片类药物依赖

人类大脑中，存在着一个能产生快感的系统，称为奖赏系统。在正常生理情况下，奖赏系统可以加强和激励对机体有益的行为，从而利于个体生存和种族繁衍。但这一系统一旦被某些外源性物质反复地异常激活（如药物依赖），则会引起神经系统的慢性适应性改变，将对机体造成严重损害。

奖赏分为天然奖赏和药物奖赏，前者指人先天性对某些东西的渴望或依赖，如食物、性等；后者指人接触或长期服用某种物质后形成的躯体和精神依赖，即成瘾，包括尼古丁成瘾、酒精成瘾、阿片类药物成瘾等，这些现象的解剖基础就是奖赏系统。这个奖赏系统的通路从中脑腹部沿前脑内侧束，伸延至伏膈核和大脑的边缘系统。1973 年，26 岁的美国女研究生卡恩迪西·帕特在做实验的时候，意外地发现大脑的这个通路上，竟然有麻醉剂阿片类化合物的“容纳器”（受体）。过了两年，英国学者休斯和柯斯特发现在大脑中有内源性阿片类物质“内啡呔”。在人逢喜事时，大脑便会释放“内啡呔”进入奖赏通路，使人产生喜洋洋的欣快感。

不过，当人吸食阿片类麻醉剂海洛因（或美沙酮）时，这些阿片类麻醉剂也会“冒充”内啡呔，让大脑的某种物质（如多巴胺）开启奖赏通路，使人产生飘飘然的欣快感。这就是毒品能让吸食者产生心理快感的原因所在。然而，这种由毒品引起的快感来得快去得也快，如吸食海洛因后，从产生快感到转入宁静状态，顶多只能维持 12 小时，就要重复吸食。这样反复重吸以后，一旦形成了习惯，就必须加大用量才能重获先前的欣快感觉，从而形成药物依赖。

复习巩固

1.简述药物依赖的判断标准。

2.简述药物依赖的戒断方法。

第五节　网络成瘾

一、网络成瘾的危害

网络成瘾(internet addiction disorder，IAD)分为网络游戏成瘾、网络色情成瘾、网络关系成瘾、网络信息成瘾、网络交易成瘾5类。网络成瘾患者临床的主要表现为：(1)不由自主地强迫性使用网络行为；(2)对上网时间没有节制；(3)频繁上网带来的自我满足感，使得参与者欲罢不能，沉迷其中而不可自拔。网络成瘾者的早期表现主要是精神上对网络产生的依赖，上网冲浪充满诱惑，这种精神需要如果不能满足就会感到浑身极度不适和沮丧，慢慢就会转变成肉体上的依赖，临床表现为全身乏力、注意力不集中、情绪不稳定、食欲不振、头昏眼花、双手颤抖等症状。网络成瘾的危害主要有：

1.对心理的危害

长时间进行网上交友聊天、网络游戏，浏览不健康的色情、暴力等内容，使得未成年人沉溺于虚幻的环境中而不愿面对现实生活，造成心理焦虑、脾气暴躁、性格扭曲，对其他一切事物失去兴趣；而家长严管时就极易使孩子走向另一个极端，造成亲子关系破裂和犯罪现象的发生。

2.对身体的危害

绝大多数上网者，都是全神贯注，长期盯住屏幕，眼睛得不到休息，眼球离屏幕越来越近，导致视力急剧下降；身体长时间坐在屏幕前而得不到活动，尤其是长时间沉湎于极端紧张和刺激的超级游戏中，导致废寝忘食，夜不归宿，进而四肢无力，精神恍惚，直至身体被彻底拖垮。

图 11-2　网络成瘾的危害

3.对学习的危害

上网的目的一是为了学习和获得知识、信息，二是为了娱乐、释放学习压力，本来对学习是很有益的，但是，由于网上的内容很容易吸引未成年人，而他们的自制力差，一旦着迷，很容易上瘾而不能自拔，占用学习时间，进而对学习不感兴趣，荒废学业。

4.对社会适应的危害

网络虽是现实的延伸，却不同于现实。习惯于在网络中寻找快感的人，往往逃避现实、远离现实。当回到现实中后，网络成瘾的人容易焦虑、性格怪诞，与家人、朋友交流存在较大障碍，或不愿与陌生人交流，难以承担正常的社会角色，从而危害个体的社会适应。

二、网络成瘾诊断

2008年，北京军区总医院陶然教授研究小组制定了《网络成瘾临床诊断标准》，标准包括八条症状标准、一条严重程度标准和一条病程标准。2013年5月18日，美国精神病协会（APA）正式出版的《精神疾病诊断与统计手册》第五版（DSM-5），在第三章关于“网络游戏成瘾”中，采纳陶然教授研究小组制定的诊断标准。

《网络成瘾临床诊断标准》包括：

症状标准：长期反复使用网络，使用网络的目的不是为了学习和工作或不利于自己的学习和工作，符合如下症状：

1.对网络的使用有强烈的渴望或冲动感。

2.减少或停止上网时会出现周身不适、烦躁、易激惹、注意力不集中、睡眠障碍等戒断反应，上述戒断反应可通过使用其他类似的电子媒介（如电视、掌上游戏机等）来缓解。

3.下述5条内至少符合1条

（1）为达到满足感而不断增加使用网络的时间和投入的程度；

（2）使用网络的开始、结束及持续时间难以控制，经多次努力后均未成功；

（3）固执地使用网络而不顾其明显的危害性后果，即使知道网络使用的危害仍难以停止；

（4）因使用网络而减少或放弃了其他兴趣、娱乐或社交活动；

（5）将使用网络作为一种逃避问题或缓解不良情绪的途径。

病程标准：平均每天非工作学习目的的连续上网达到或超过6小时，且符合症状标准已达到或超过3个月。

严重程度标准：日常生活和社会功能受损（如社交、学习或工作能力方面）。

表 11-1　网络正常使用、过度使用与网络成瘾的区别

网络使用情况	上网原因	上网时间及频率	网络与现实生活的关系	社会功能
正常使用	工作需要、好奇、缓解疲劳	合适、有节制	平衡	正常
过度使用	沉迷	上网时间过长	失衡（上网占据大部分业余时间）	降低
网络成瘾	避免戒断反应出现，强烈的上网渴求	反复、长时间上网	严重失衡（上网占据生活中的主导地位）	障碍

三、戒断网络成瘾的方法

戒断网络成瘾的方法有很多，在这里选取几种大家比较公认的。分别为：

1.音乐疗法

美国“弗里斯”网瘾音乐疗法是目前众多网瘾治疗方法中最安全有效、最健康科学和最深层次的治疗方法。它的本质作用在于解除网瘾青少年心理的紧张急促，治愈被伤害的身心，达到镇静催眠、安抚心理、缓解紧张，消除抑郁、振奋精神、稳定情绪等作用。从根本上改善网络成瘾青少年的情绪波动和社会认知度，帮助他们走出网络成瘾，恢复正常的学习生活，树立健康良好的性格心理。

2.体育疗法

经常参加体育运动，可以从时间、空间和生理三个方面来避免青少年的网络成瘾。第一，从时间上，体育运动“占用”了学生的课余时间，也就减少了上网的时间；第二，从空间上，学生在运动场上畅快地释放自己身体和心理的能量，享受运动的快乐，宣泄不良情绪，能够达到消除心理紧张，放松身心，调节心理状态的目的，从而直接给人带来愉快和喜悦，调控人的情绪；第三，从人体运动的生理学角度看，运动作为一种应激刺激，导致人体释放具有免疫调节作用的内啡肽、脑啡肽和其他神经肽，进行适当科学的体育锻炼能有效地提高人的免疫力，预防一些生理疾病和心理疾病的发生，体验到勇敢与顽强、胜利与失败、挫折与勇气、拼搏与成功所带来的兴奋与快乐。

3.认知疗法

通过改变固有的信念，如“游戏真棒”“上网真好玩”“再没有比上网更刺激的事了”，从而进行认知重建；或者通过自我提醒、自我辩论、自我暗示等方法纠正观念，达到克制上网。

4.行为治疗

通过自我奖励、自我惩罚来反映戒除网瘾的进步或者退步，从而达到强化；或者成瘾者与家长共同商定戒网的行为契约，从而规范成瘾者的上网行为，也培养其自我约束能力；默想痴网后造成的种种被辱场面、想象自己长时间上网后萎靡不振的颓废样子等方法让成瘾者厌恶自己的过度上网行为，从而激励自己找回自我，增强自我效能感，但注意不要泛化到厌恶整个自我。

复习巩固

1.简述网络成瘾的临床判断标准。

2.简述网络成瘾的戒断方法。

要点小结

	吸烟成瘾	酗酒	药物依赖	网络成瘾
危害	危害人体呼吸系统、心血管系统、消化系统，有强烈的致癌作用和致炎症作用 危害环境	危害人体的消化系统、神经系统 影响社会功能	危害神经内分泌免疫系统 引起心理依赖和人格改变 社会功能受损	危害心理和身体健康，影响学习 社会功能受损
戒除方法	寻求戒烟环境，获得戒烟的社会支持 临床治疗 改变习惯，分散注意力 树立正确观念	认知疗法 减量法 药物治疗 厌恶疗法 家庭支持 集体疗法	药量递减 减轻戒断症状 加强社会支持和心理治疗	音乐疗法 体育疗法 认知疗法 行为治疗

关键术语

瘾　成瘾行为　物质成瘾　行为成瘾　耐受性　戒断综合征　奖赏理论　神经适应性学说　强化理论　烟瘾　尼古丁依赖症　尼古丁替代疗法　酗酒　厌恶疗法　药物依赖　网络成瘾

复习题

1.成瘾行为的特点不包括(　　)

A 耐受性　B.戒断综合征　C.明知故犯　D.容易戒除

2.吸烟引发上瘾的物质是(　　)

A.醛类　B.胺类　C.尼古丁　D.一氧化碳

3.酒精依赖区别于酒精滥用的条件包括(　　)

A 戒断综合征　B.明知故犯　C.过度饮酒　D.社会功能受损

4.戒酒者协会制定的戒酒步骤有(　　)

A.10 条　B.12 条　C.14 条　D.16 条

5.最早发现人类大脑中含有内啡肽的是(　　)

A.帕特　B.休斯　C.柯斯特　D.弗洛伊德

6.《网络成瘾临床诊断标准》中病程标准是平均每天非工作学习目的连续上网达到或超过(　　),符合症状标准已达到或超过(　　)

A.4 小时,2 个月　B.5 小时,2 个月　C.6 小时,2 个月　D.6 小时,3 个月

7.认知治疗网络成瘾要改变的固有观念包括(　　)

A.游戏真棒　B.游戏耽误时间　C.上网没意思　D.上网有损视力

参考答案

第一章　节后复习巩固题

第一节

1.健康心理学(health psychology)是20世纪80年代发展起来的一门心理学分支学科,它致力于运用心理学的理论与方法,探讨和解决心理因素在促进和维持人们健康、预防和治疗躯体疾病中的作用特点和规律。

2.健康心理学的主要任务是:(1)描述:对心理行为与健康或疾病的关系进行客观地陈述,即只求事实的真实性,而不涉及健康或疾病发生的心理行为原因。(2)解释:研究分析心理现象与健康或者疾病相互作用的因果关系。(3)预测:根据现有的影响健康或疾病发生、发展的心理社会因素的研究资料去估计疾病将发生的可能性。(4)改善:根据研究结果,应该用健康心理学的知识和技术,提高人类的健康水平,预防和治疗心身疾病。

3.健康心理学的研究内容主要包括四个方面:(1)研究心理因素在人类疾病、健康中的作用机制和规律;(2)研究和增进人类健康的理论和方法;(3)研究防治疾病,保持心理健康的措施;(4)提出公共健康政策,建立健康保障体系。

第二节

1.中国古代的健康心理学思想集中体现了朴素唯物论思想和辨证法。具体表现在:(1)形神合一、心身统一;(2)内伤七情、外感六淫;(3)辨证论治、因人而异;(4)精神摄生、修身养性。

2.(1)中西方健康心理学的相同点在于:两文化均强调心理治疗在治疗疾病中的重要作用,均强调治病应该先了解患者。(2)中西方健康心理学的不同点在于:中国古代健康心理学强调心身合一,即心理活动与躯体生理活动紧密相关;而西方古代心理学认为疾病定位于各部分脏器的病理上,心是灵魂,主张心身分离。

3.现代健康心理学产生的背景主要因为七个方面的变化:(1)疾病构成变化;(2)人口结构变化;(3)社会心理因素变化;(4)环境因素变化;(5)健康概念变化;(6)卫生需求变化;(7)对科技进步的依赖性增强。

第三节

1.病例对照研究(case-control study)是比较患某病者与未患某病的对照者暴露于某可能危险因素的百分比差异,分析这些因素是否与该病存在联系。是分析流行病学方法中最基本的、最重要的研究类型之一。其基本原理在于病例对照研究以现在确诊的患有某特定疾病的病人作为病例，以不患有该病但具有可比性的个体作为对照，通过询问，实验室检查或复查病史，搜集既往各种可能的危险因素的暴露史，测量并比较病例组与对照组中各因素的暴露比例，经统计学检验，若两组差别有意义，则可认为因素与疾病之间存在着统计学上的关联。

2.流行病学调查中所使用的随机抽样方法有简单随机抽样、系统抽样、分层抽样、整群抽样和多级抽样。①简单随机抽样(simple random sampling)：即从总体N个对象中，利用随机方法抽取n个对象，构成一个样本。每个对象被抽中的概率都应该为n/N。②系统抽样(systemic sampling)：是指按照一定顺序，每隔若干个单位抽取一个对象的抽样方法。③整群抽样(cluster sampling)：总体由若干同质的组群构成，抽取其中一个或若干个组群作为样本的抽样方法。④分层抽样(stratified sampling)：即先依据某种特征将总体分为若干个层次，每个层次内按照简单随机抽样的方法，最终组成样本。⑤多级抽样(multistage sampling)：在复杂的、大规模的调查中，调查个体不是一次性直接抽取到的，而是采取两阶段或多阶段抽取的方法，即先抽取大的单元，在大单元中再选取小单元，再在小单元中选取更小的单元。

3.生态学研究优点：a.生态学研究常可应用常规资料或现成资料进行研究，因而省时省力，可以很快得到结果；b.生态学研究对原因未明的病因学研究可提供病因线索供深入研究，是最显著的优点；c.对于个体的暴露剂量和程度无法测量的情况下，生态学研究是唯一可供选择的研究方法；d.对于研究因素在一个人群中暴露变异范围小，这种情况下，则更适合采用多组比较的生态学研究。e.生态学研究适合对人群干预措施的评价。

生态研究的局限性：a.生态学研究只是粗线条的描述性研究，不能在特定的个体中将暴露与心理问题联系起来；b.缺乏控制可疑混杂因素的能力；c.相关资料中的暴露水平只是近似值或平均水平，而不是个体的真实暴露情况，因此不能精确地评价暴露与心理健康状况的关系，甚至还可能在两者之间蒙上了更复杂的联系。

第四节

1.不仅是没有疾病或缺陷，还是一种在生物、心理和社会功能上保持完好的状态。

2.个体对自身健康状况的总体评价和期望，主要表现在三个方面：a.对当前健康状态的体验：指个体对当前健康状态和生活状况的总体判断，综合反映个体健康意识、生活态度和人生价值等。b.对未来健康的期望：指个体根据现在情况判断自己未来一段时间内的健康变化，体现对未来生活的期望、信心和选择。c.主观幸福感：指个体对自身全部生活的综合感觉状态，其产生于自发的精神愉悦感和活力感，反映了个体对自身健康水平的总体判断。

3.(1)健康测量工具：主要有健康危险评估(health risk appraisal，HRA)、健康登记评估回顾(health enrollment assessment review，HEAR)、促进健康生活方式简表

(health promoting lifestyle profile,HPLP)、行为危险因素监测系统(behavioral risk factors surveillance system,BRFSS)、医学结果研究 36(medical outcomes study,MOS36)、康宁评估成套测验(wellness evaluation battery,WEB)等。(2)生命质量评估工具:用于观察慢性疾病、手术效果、药物治疗效果,还能帮助病人进行决策。生命质量测验涉及一般健康状况、生理功能、情绪、认知能力等项目。其中,Ware 编制的医学结果研究简表(medical outcomes study short form,SF-36),是目前应用最为广泛的生命质量测验,包括生理功能、社会角色、疼痛、情绪和心理健康五个分维度。Brook 编制的欧洲生命质量量表(EuroQol),评估个体动机、自理、日常活动、痛苦和焦虑、抑郁。

章后选择题

1.ABC　2.ABC　3.ABCD　4.BCD　5.B

6～10 CBBCA　11～15 DDAAC

第二章　节后复习巩固题

第一节

1.巴甫洛夫创立的经典条件反射理论,是指一个中性刺激和另一个带有奖赏或惩罚的无条件刺激多次联结,形成条件刺激,进而引发条件反射。著名的实验是,巴甫洛夫的狗的唾液条件反射。

2.斯金纳的操作性条件反射理论,是指强化生物的自发活动而形成的条件反射,可分为应答性条件反射(反应—刺激过程),和操作性条件反射(刺激—反应过程)。著名实验有"斯金纳箱"。

3.班杜拉的社会学习理论,认为人的大量行为是通过对榜样的学习而获得的,特别强调榜样的示范作用。榜样学习分为四个步骤:(1)注意;(2)记忆;(3)认同;(4)定型。

第二节

1.TTM 提出的依据是:①单一的理论无法解释行为干预的复杂性;②行为改变需跨越一系列阶段,这是一个渐进的过程;③行为变化阶段既是稳定的又是可以改变的;④没有计划的干预,人们会停留在早期的行为阶段;⑤大多数高危险人群处于不准备改变的行为阶段;⑥针对行为变化的特殊阶段应用适合该阶段行为改变的特殊原则和方法。

2.(1)前意向阶段(pre-contemplation):在这一阶段,人们没有改变行为的意向,通常测量时间是未来 6 个月。

(2)意向阶段(contemplation):打算改变行为,但却一直无任何行动和准备行为的迹象,通常测量指在未来 6 个月。这时候他们会意识到改变行为的益处,同时也会意识到改变行为的代价。利益和代价的均衡常使人们处于极度矛盾中,导致他们在很长时间内停留在这一阶段。

(3)准备阶段(preparation):处于这一阶段的人倾向于在近期采取行动(通常测量指在未来30天),并逐渐付诸一些行为步骤。

(4)行动阶段(action):处于这一阶段的人在过去的6个月内已做出行为改变。

(5)维持阶段(maintenance):处于这一阶段的人保持已改变的状态在6个月以上。

3.增强自我效能的健康教育策略:

(1)给予激励。激励就是鼓励人们做出抉择并行动。

(2)运用积极反馈提高患者的自我效能。及时地反馈可使个体产生成就感,促使他们积极地积累个人经验,从而有利于自我效能的发展。

(3)加强社会支持系统。有力的社会支持系统是个体长期的力量源泉。如家庭成员和同事的关怀与及时提醒纠正,是自我怀疑者行为改变过程中不可缺少的因素,可以在长时间内促进自我怀疑者改变行为和思维方式。

(4)行为学方法。行为学方法包括目标设置、行为契约、替代经验、监控和强化、负性情绪处理等。

第三节

1.知—信—行是知识、态度、信念、行为的简称。这一理论认为:知识和信息有利于建立正确的态度与信念,进而改变影响健康的相关行为。而态度与信念的转变是改变行为的关键。

2.促进态度与信念改变的方法:

(1)增加信息的权威性;

(2)提供双向信息、并注意强化希望让他人接受的信息;

(3)注意提供信息的初始效应;

(4)利用凯尔曼提出的"服从、同化、内化"态度改变的阶段理论

3.合理行动理论由Fishbein和Ajzen提出,TRA能较好地对在人们意志控制下的实际行动进行预测。这一理论假设的重要前提是:人们的行为是有理性的,各种行为发生前要进行信息加工、分析和合理的思考,一系列的理由决定了人们实施行为的动机。该理论针对人的认知系统,阐明了行为信念、行为态度和主观规范之间的因果关系。

第四节

1.GAS被分为警觉、抵抗和衰竭三个阶段。

警觉:机体为了应对外部刺激而唤起体内的防御能力,动员全身。

抵抗:机体以对应激源的适应为特征,通过提高体内的结构和机能水平以增强对应激源的抵抗程度。

衰竭:机体的适应能力是有限的,若持续处于严重的有害刺激之下,应激源不能消除,机体抵抗力下降而转入衰竭阶段。应激是机体在受到各种内外环境因素刺激时所出现的非特异性全身性反应。

2.认知评价是指个体对自己所遇到的应激源的性质、程度和可能的危害情况以及自己可动用的应对应激源的资源所进行的评价。对应激源和资源的认知评价直接影响个体的应对活动和心身反应，因而是应激源造成个体应激反应的关键因素。

拉泽鲁斯将个体对生活事件的认知评价过程分为三步：

初级评价：初级评价是个体在某一事件发生时立即通过认知活动判断其是否与自己有利害关系。

次级评价：次级评价是一旦得到有关系的判断，个体立即会对事件是否可以改变(即对个人的能力)做出估计。

认知性再评价：再评价是在初级和次级两步评价的基础上，对现实情境做出再度认知评价，判断这种潜在的应激源的性质及其是否具有现实意义。

3.心理神经免疫学理论认为神经内分泌和免疫系统是相关的双向网络，中枢神经系统、内分泌系统和免疫系统之间存在复杂的相互关系。一般来讲心理因素可以通过影响中枢神经系统的功能，再促使神经—内分泌系统释放神经递质和激素，通过影响免疫细胞上的受体影响免疫机能。此外，在应激和其他一些心理因素影响下，机体还会产生免疫抑制因子对免疫系统产生抑制作用。

章后选择题

1～5 ABCDA　　6～10 BCDAB

第三章　节后复习巩固题

第一节

1.应激的概念：机体察觉各种内外环境因素及社会、心理刺激时所出现的全身性非特异性适应反应。

2.应激源的种类：生理性、心理性、社会性、文化性应激源。

第二节

1.生活事件的定义：个体在社会生活过程中所经历的各种变动，包括正性(积极)和负性(消极)事件两种。

2.生活事件的分类：应激性生活事件和日常生活困扰。

3.LCU 的含义及意义：LCU 即生活变化单位。LCU 得分越高，来年患病的可能性越大。

第三节

1.心理中介的主要方面：认知评价、人格特征、社会支持、应对方式。

2.心理防御机制的分类：逃避机制、自骗机制、攻击机制、代替机制、建设机制。

3.社会支持的两个机制模型：缓冲效应模型和主效应模型。

第四节

1.不合理认知的典型特点：绝对化的要求、过分概括化、糟糕至极、两极性思维、选择性提取、人格化、乱贴标签。

2.健康认知的特点：客观合理，不自欺；积极乐观，不消极悲观；独立，不依赖；灵活，不僵化。

3.放松训练的种类：呼吸放松、肌肉放松、想象放松、冥想放松。

章后选择题

1～5 BCDAB　6～10 DDABC　11～13 DBD

第四章　节后复习巩固题

第一节

1.A 型人格的主要特点：易激起的敌意，时间紧迫性，竞争性。

2.A 型人格者易患的疾病：冠心病、高血压等心血管疾病，被称为冠心病易感人格。

3.A 型人格的优化措施：合理制定目标，培养业余爱好，加强内心修为，建立弹性思维，合理安排时间。

第二节

1.B 型人格的主要特点：安宁松弛，抱负适度，合作顺从。

2.B 型人格与健康的关系：不易生病，被称为应激耐受人格。

第三节

1.C 型人格的主要特点：性格内向，情绪抑郁，过分敏感，害怕困难，屈从权威、害怕竞争。

2.C 型人格者易患的疾病：癌症易感人格。

3.C 型人格的优化措施：改变完美主义，自我肯定，表达愤怒，记录心情，学会转移，正确看待权威，建立社会支持。

第四节

1.D 型人格的主要特点：消极情感(NA)，社交抑制(SI)。

2.D 型人格者易患的疾病：易患偏头痛、抑郁、冠心病、心源性猝死、癌症等。

3.D 型人格的优化措施：学会乐观，勇敢去做，多交朋友，学会宣泄。

章后选择题

1～5 ACBCD　6～10 ACDBB　11～13 DCA

第五章　节后复习巩固题

第一节

1.怎样做出合适的职业选择：根据人格特征、性格、能力、兴趣多方面考虑。

2.职业压力有哪些表现：生理上小到头痛大到过劳死，心理上会出现情绪障碍甚至精神异常，行为上出现成瘾甚至自杀等反常举动。

3.怎样降低职业压力：对自身有正确的认知，主动释放压力，心身放松法，饮食保健法，音乐治疗法。

第二节

1.职业倦怠：是指个体在工作重压下，对工作内容或环境失去兴趣、激情，而产生的身心疲劳与能量耗尽的感觉，这与肉体的劳累而产生的疲倦感是不同的。

2.职业倦怠的表现：身体方面的表现，心理（情绪）方面的表现，人际方面的表现，工作方面的表现。

3.出现职业倦怠怎么办：积极的自我认识，心理暗示策略，适当改变自己以适应环境，挖掘工作中有意义的方面，正视倦怠，加强沟通，及时倾诉，锻炼和放松。

4.工作成瘾综合征：学名叫病理性强迫工作，就是日常所说的“工作狂”，目前已经把它作为一种正式界定的疾病纳入到诊断体系当中。其最核心的特征是患者明确知道自己的行为有害却无法自控以及他的行为已经严重损害自己的社会功能，而不仅仅是时间之类的标准。

5.工作成瘾综合征的表现：自我中心，完美主义，以不停地工作建立自信，过分强调工作而忽略了其他，对于不可控因素过度反应，害怕失败，逃避生活的烦恼，没有营造起真正属于自己的生活。

6.成了工作狂怎么办：强迫自己减少工作量，享受生活的乐趣，忘记最喜欢的习语，每天给自己半个小时。

第三节

1.职业效能感：是个体对自身能否胜任和职业有关的任务所持有的信念。

2.职业效能感的作用：决定个体对活动的选择以及对活动的坚持程度，影响着人们在困难面前的态度，影响着新行为的习得和已习得行为的表现，影响着活动时的情绪。

3.怎样提高职业效能感：增加正面的职业效能信息，改善影响职业效能的内外部因素。

章后选择题

1～5：ABCDA　　6～10 BCDAB　　11～13 CDA

第六章　节后复习巩固题

第一节

1.恋爱对健康的意义:良好的恋爱关系能够给人带来良好的心境,有助于身心健康。

2.失恋的调适:首先做到失恋不失志、不失德、不失态。在此基础上进行心理调节:合理认知,积极转移,释放能量,合理宣泄,换位思考,学会包容,寻找榜样,有效升华。

第二节

1.幸福婚姻与健康的关系:幸福婚姻不仅意味着男女双方生活甜蜜,还能促进彼此双方的健康。

2.婚姻问题的调适:积极思维、表达你的爱、宽容对方的错误、学着做朋友、多实际少幻想、控制紧张情绪、永远互相尊重、学会让步、共同成长、学会道歉、公正、讲实话、忘记过去、永远不要带着问题入睡。

第三节

1.家庭和谐与健康的关系:努力营造和谐、轻松的家庭氛围,必将增进身心健康,延年益寿。

2.家庭矛盾的调适:尽量避免争论,不要直接批评、责怪和抱怨家人,勇于承认自己的错误,换位思考。

章后选择题

1.ABC　　2.AB　　3.ABCD　　4.C　　5.A

第七章　节后复习巩固题

第一节

1.导致肥胖的因素有:遗传易感性、社会环境因素、心理因素、躯体活动少。

2.厌食症患者人格特质:低自尊、过分关注自己的体重和体型、有完美主义倾向、缺少控制感。

3.防治进食障碍方法:医疗与认知行为治疗的结合。

第二节

1.健康休闲方式特征:健康、人文关怀。

2.不良休闲方式:不良饮食习惯、不良睡眠习惯、缺乏运动、不良性生活、吸烟、酗酒、吸毒等。

3.改正不良休闲方式的原则:全社会参与的原则、外因与内因结合的原则、重视健康人的原则、充分利用行为技术的原则。

第三节

1.各睡眠阶段的特点：NREM 睡眠包含 4 个阶段：第一阶段，即最浅、最早的睡眠阶段，θ 波，开始对四周的声音没有反应，尽管很容易被任何大的声响吵醒；在第二阶段，呼吸和心跳的频率变平稳，体温下降，"睡眠纺锤波"的短脉冲群和大的 K 复合波交替出现；第三阶段和第四阶段，即深睡眠阶段，δ 波。这两个阶段是储蓄能量、强化免疫系统，以及促进身体释放生长激素最重要的阶段。REM 睡眠期间，眼睛快速移动，呼吸和心跳频率加快，在此期间还会做生动的梦，β 波，加强记忆、解决前一天的问题，以及将知识转变为长时记忆。

2.睡眠障碍：(1)原发性失眠症：入睡困难，浅睡，易醒或早醒；(2)原发性过度睡眠症：出现短时间(一般不到 15 分钟)不可抗的睡眠发作，往往伴有摔倒、睡眠瘫痪和入睡前幻觉等症状；(3)夜惊：睡眠时突然发生，猛然惊醒，一声怪异的尖叫，随后不停地哭喊，双手乱打，双腿乱蹬，床上或下地无目的行走。同时伴有面部表情恐怖，眼睛睁大，明显的呼吸急促、心跳加快、瞳孔散大、皮肤潮红出汗。对父母的安抚无反应，拒绝任何接触，有时激烈的活动可以造成外伤。发作中很难唤醒，持续时间大约数分钟，多在发作停止前清醒，对发作过程仅有片段回忆；(4)梦魇：多为长而复杂的梦，内容恐怖，数周或数月发作一次。患儿梦魇时很少讲话、尖叫少有形体动作或下地行走；(5)梦游：睡眠中突然起床，双目凝视，安静的走来走去，有时喃喃自语，不能回答问题，可以完成一些复杂的活动。

3.培养良好睡眠习惯的方法：药物治疗、心理治疗、刺激控制疗法和认知行为疗法。

第四节

1.运动与心理健康的关系：消除焦虑、紧张和抑郁、激发积极心理体验、促进自我效能感

2.运动不足与运动过量的坏处：长期缺乏运动，肌肉慢慢萎缩，体力逐渐下降，随之出现精神不振、肥胖、器官功能减退、抗病能力减弱等；运动过量可使机体免疫功能受到损害，影响健康。

章后选择题

1.A 2.D 3.D 4.ABCD 5.ABCD 6.C 7.B 8.A 9.ABCD 10.A 11.C

第八章 节后复习巩固题

第一节

1.文化对个体的影响：

(1)影响个体的社会化和社会适应；

(2)影响个体的行为；

(3)影响个体的人格特质；

(4)影响的健康与疾病的判断标准；

(5)影响心理疾病的表现和治疗。

2.不良文化心理防护：(1)吸收传统文化的精华；(2)树立远大的理想；(3)增强自制力，自觉抵制不良文化的侵袭。

第二节

1.应激障碍、适应不良、社交障碍、焦虑、物质依赖症。

2.社会支持方面：(1)建立健全的心理卫生保健体系；(2)建立有效的家庭支持系统。

自我调适方面：(1)养成健康的生活方式；(2)提高人际交往能力；(3)培养良好的心理承受力；(4)学会调控自我情绪；(5)保持积极心态，调整不良认知。

第三节

1.人际交流层次、个体心理层次、社会心理层次。

2.信息消化不良、信息干扰、信息恐惧。

3.明确的生活目标、控制过量信息入侵、增强自制力、转移兴趣点。

章后选择题

1～5 DBDCD　　6～7 AC

第九章　节后复习巩固题

第一节

1.患病是指个体对其不健康的主观感受，是个体对生理、心理、社会、发展或精神功能的减退或受损状态的体验。而疾病是指一个人受到生物、心理、社会因素的作用，引起一种复杂且有一定形式的病理过程，包括躯体疾病和心理异常。一个人可能因为疾病而感觉患病了，也可能患有某种疾病但没有“病了”的感觉。患病具有明显的主观性。

2.影响求医行为的因素有：(1)个体对疾病的主观感受和认知；(2)疾病种类和严重程度的影响；(3)社会心理因素的影响。

3.影响遵医行为的因素有：

(1)患者方面的原因：

①对自身疾病的认识不足；

②医嘱与患者社会需要冲突；

③医嘱复杂，患者理解和记忆困难；

④医嘱措施或药物治疗的副反应；

⑤患者被动性就医。

(2)医务人员方面的原因

①医务人员服务态度不良；

②医务人员对医嘱指导不充分；

③医务人员操作不熟练或医疗措施给患者带来痛苦。

(3)社会因素：

①社会经济状况、医疗保障系统；

②社会支持系统因素。

4.患者常见角色问题有：(1)角色行为缺如，(2)角色冲突，(3)角色行为减退，(4)角色行为强化，(5)角色行为异常。

第二节

1.患者常见心理：择优心理，缺陷心理，愧疚感，失去自主感，受威胁感。

2.择优心理常常表现为：慕名求医，寻找求医门道，渴望名医诊治，崇信高档仪器，追求进口药物，择护心理。

第三节

1.患者心理问题：焦虑心理，抑郁心理，恐惧心理，愤怒心理，孤独心理，报复心理。

2.(1)对待焦虑患者，医务人员要以共情的态度和足够的耐心进行有效的引导，给病人以哭泣和倾诉的机会，有助于病人疏泄积累的紧张和焦虑；对疾病的相关知识进行说明解释，避免患者出现对疾病的歪曲认知。(2)对待抑郁患者、医务人员需提高警惕，多引导和鼓励患者正确对待疾病，树立战胜疾病的信心，严防自杀。(3)对恐惧患者，首先要弄清产生恐惧的真正原因，要给予亲切、和蔼的开导，医护人员的医德和技术是病人获得安全感的基础，为了帮助病人缓解心理冲突，减轻精神痛苦，医护人员还应针对每位病人的具体情况做好心理疏导工作。建立治疗同盟，家属、亲友、朋友等同医护人员一起多鼓励支持患者，尽量避免消极暗示，尤其是来自家属，病友方面的消极暗示，使患者能够身心放松，感到安全。(4)面对带愤怒情绪的患者，应进行适当的引导，使其认识自己愤怒的深层原因，鼓励其用健康的、有建设性的方式合理宣泄。对少数因不合理要求未得到满足而愤怒攻击的患者，应冷静处理。(5)对孤独的患者，多关心、陪伴，陪他说说话，还应鼓励其亲属朋友和同事进行探望、照顾，使病人与亲友、同事间保持亲近的关系。(6)对报复心强的患者，医务人员在医疗过程中应加强有效的医患沟通，在用药、检查、改变治疗方案等可能发生的情况，都要根据不同的对象进行有选择地告之，这样既尊重了患者，又融洽了关系，也可避免可能发生的矛盾。

3.抗焦虑药物有：①苯二氮卓类药物：劳拉西泮、阿普唑仑等；②抗焦虑抑郁药物：帕罗西汀、艾司西酞普兰、丁螺环酮、文拉法辛、舍曲林、度洛西汀等；③其他：如普萘洛尔，临时服用，能够改善症状。

章后选择题

1～5 ADCCA　6.ABCD　7.ABC　8.ABD　9.ABCD　10.ABCD
11.BCD　12.ABCD　13.ABCD　14.AB　15.ABC

第十章　节后复习巩固题

第一节

1.艾滋病的传播途径包括性传播、经血液传播(包括经注射吸毒传播)、母婴传播。

2.预防艾滋病:(1)洁身自好,避免婚外性行为;(2)安全性行为——使用安全套;(3)不吸毒,尤其不与其他人共用针具吸毒;(4)对 HIV 阳性的孕妇进行治疗,减少母婴传播。

第二节

1.癌症止痛给药原则:①按阶梯给药;②首选无创途径给药;③按时用药;④个体化给药;⑤针对止痛药的不良反应用药。

2.癌症病人止痛药的用量需要不断加大,主要是因为躯体对药物的耐受性增加、敏感性下降引起的躯体依赖,与吸毒者的心理或精神依赖(成瘾)不同。临床资料表明"成瘾性"几乎不发生在疼痛患者中,包括癌症患者。

第三节

1.慢性病心理干预要点:(1)树立对于疾病的正确信念;(2)坚持健康生活方式;(3)采取积极的应对策略;(4)良好的应激管理;(5)对消极情绪进行干预;(6)争取家庭及社会的支持。

2.健康生活方式包括:合理饮食,坚持运动,保持健康的体重,戒烟,控制饮酒,心理平衡。

第四节

1.疼痛感受和疼痛反应均与心理因素有关,受到感觉—分辨、情感—动机以及认知—评估的综合影响。其中疼痛的感觉成分分辨疼痛的性质、位置、强度以及持续时间等,疼痛的情感成分感受疼痛的痛苦程度并做出合适的行为反应,而疼痛的认知—评估成分通过对疼痛感的高级认知加工从而对疼痛的感觉成分和情感成分施加影响。比如,消极情绪可以加重疼痛的痛苦程度,注意、期望和认知评价可以影响疼痛体验。

2.疼痛控制的心理行为技术包括:(1)放松技术;(2)分散注意力;(3)认知行为技术:改变患者对于疼痛的灾难化认知,纠正适应不良的认知,学会一些疼痛控制技术,采取积极的应对策略;(4)视觉想象技术。

第五节

1.抑郁症的表现主要有:情感低落,思维迟缓,意志活动减退,多种躯体不适症状。

2.焦虑症的表现:(1)与处境不相符合的痛苦情绪体验,即没有确定的客观对象的提心吊胆和恐惧;(2)精神运动性不安;(3)伴有身体不适感的植物神经功能障碍。

3.三栏目技术的步骤包括:(1)训练自己认识到并记录下内心的自责思想;(2)弄

清楚这些思想歪曲的根源;(3)练习对它们进行反击,并发展出一个更加现实的自我评价系统。

第六节

1.临终病人的心理过程阶段:否认期,愤怒期,协议/抗争期,忧郁期,接受期。

2.临终病人咨询要点:(1)帮助患者对生活进行积极评价;(2)帮助患者去解决未完成的事情;(3)帮助患者成长及活在当下。

章后选择题

1~5 DBACB　　6~10 CBDAD　　11~12 DB

第十一章　节后复习巩固题

第一节

1.烟瘾主要造成人体呼吸系统、心血管系统、消化系统的损伤,有强烈的致癌作用和致炎症作用。

2.寻求戒烟环境,获得戒烟的社会支持;临床治疗;改变习惯,分散注意力;树立正确观念。

第二节

1.慢性酒精中毒、酒精性脑病、酒精性肝病、慢性胃肠病、影响生育。

2.认知疗法、减量法、药物治疗、反恶疗法、家庭支持、集体疗法。

第三节

1.符合下列中3条者,即可判定为药物依赖。

(1)为了达到原先用药后的感觉,现在要使用比起初更多的药物。

(2)当减少或停止使用药物的时候,使用者出现很多不适症状,包括发痒、发抖、发烧、乏力、恶心、出汗、心跳加快、睡不着觉、容易发脾气、抑郁等;或使用药物的原因之一是减轻以上描述的症状。

(3)当开始使用药物后,最后的用药量总是多于最开始计划的用量。

(4)有尝试过减少或停止用药,最后失败的经历。

(5)在用药的那些日子里,找药、用药、想药和用药后恢复时间通常有超过两个小时。

(6)因为使用药物,用于工作、兴趣爱好或者和家人朋友一起的时间减少了。

(7)即使知道使用药物会造成身体和精神伤害,仍然继续用。

2.采取依赖药物剂量递减的办法;在戒药治疗同时,要注意改善病人的体质和营养状况,减轻戒断症状;加强社会支持和心理治疗。

第四节

1.症状标准:长期反复使用网络,使用网络的目的不是为了学习和工作或不利于自己的学习和工作,符合如下症状:

(1)对网络的使用有强烈的渴望或冲动感。

(2)减少或停止上网时会出现周身不适、烦躁、易激惹、注意力不集中、睡眠障碍等戒断反应,上述戒断反应可通过使用其他类似的电子媒介(如电视、掌上游戏机等)来缓解。

(3)下述5条内至少符合1条

①为达到满足感而不断增加使用网络的时间和投入的程度;

②使用网络的开始、结束及持续时间难以控制,经多次努力后均未成功;

③固执地使用网络而不顾其明显的危害性后果,即使知道网络使用的危害仍难以停止;

④因使用网络而减少或放弃了其他兴趣、娱乐或社交活动;

⑤将使用网络作为一种逃避问题或缓解不良情绪的途径。

病程标准:平均每天非工作学习目的连续上网达到或超过6小时,且符合症状标准已达到或超过3个月。

严重程度标准:日常生活和社会功能受损(如社交、学习或工作能力方面)。

2.网络成瘾的戒断方法

音乐疗法、体育疗法、认知疗法、行为治疗。

章后选择题

1～4 DCAB　5 BC　6～7 DA

参考文献

[1] 泰勒，朱熊兆，唐秋萍，蚁金瑶.健康心理学.北京：中国人民大学出版社，2012

[2] 冯正直.医学心理学.北京：人民卫生出版社，2011

[3] 谭红专，詹思延，栾荣生等.现代流行病学.北京：人民卫生出版社，2008

[4] 钱明.健康心理学.北京：人民卫生出版社，2008

[5] Rothman K，Greenland S.Modern Epidemiology，2nd ed.Philadelphia：Lippincott-Raven Publishers，1998

[6] Raymond S，Greenberg，et al.Modern Epidemiology，4th ed.New York：The McGraw-Hill Companies，Inc.，2005

[7] Joseph S.Good Health is Good Business.Journal of Occupational and Environmental Medicine，2006，48：533～537

[8] 冯正直.抑郁症认知神经基础.北京：科学出版社，2011

[9] Sheeran，Pascal；Abraham，Charles；Orbell，Sheina.Psychosocial correlates of heterosexual condom use：A meta-analysis. Psychological Bulletin，Vol 125(1)，Jan 1999，90-132

[10]彭聃龄.普通心理学.北京：北京师范大学出版社.2004

[11]姜乾金.医学心理学.北京：人民卫生出版社，2004

[12] 李月.大学生生活事件与焦虑情绪的相关研究.白城师范学院学报，2008，22(2)：104～109

[13] 张敬悬，刘桂花，翁正.生活事件与应激.山东医科大学学报社会科学版，1995(2)：31～34

[14] James O.Lugo，Gerald Her-shey 著，符仁方等译.生活心理学.贵阳：贵州人民气版社，1987，181

[15] 张敬悬等.精神科医护人员心理健康状况及有关因素的调查.中国心理卫生杂志，1994(2)

[16] 翟书涛.自杀问题."首届全国危机干预暨自杀预防研讨会"资料汇编，1992，南京

[17] 陈红敏，赵雷，刘立新.大学生负性生活事件与心理健康关系探讨[J].中国青年研究，2009(7)

[18] 李建明，张小远.军队医科大学学员生活事件对心理健康的影响[J].中国健康心理学杂志，2006(5)

[19] 魏义梅，张剑.大学生生活事件、认知情绪调节与抑郁的关系[J].中国临床心理学杂志，2008(6)

[20] Oi-ling Siu, Ian Donald & Cary L. Cooper. The Use of the Occupational Stress Indicator(OSI) in Factory Workers in China. *International Journal of Stress Management*, Vol.4, No.3 1997

[21] 马伟娜，姚雨佳，桑标.认知重评和表达抑制两种情绪调节策略及其神经基础.华东师范大学学报，2010，28(4)：50～56

[22] 吴学勤，朱霞，罗正学等.A 型行为因子与冠心病患病关系的研究.第四军医大学学报，2007，28(20)：1885～1887

[23] 杨菊贤.A 型行为对冠心病高血压的作用.中国医药导刊，2001，3(2)：151～152

[24] 聂效云，刘梅颜，陈红等.A 型行为与原发性高血压的关系探讨.中国医药导刊，2004，6(1)：34～35

[25] Habra M E, Linden W, Anderson J C, Weinberg J. Type D personality is related to cardiovascular and neuroendocrine reactivity to acute stress. Journal of Psychosomatic Research, 2003, 55：235～245

[26] Denollet J, Conraads V. M, Brutsaert D. L, De-Clerck L. S, Stevens W. J, Vrints C.J. Cytokines and immune activation in systolic heart failure：the role of Type D personality. Brain, Behavior and Immunity, 2003, 17(4)：304～309

[27] Denollet J. Type D personality：a potential risk factor refined. Journal of Psychosomatic Research, 2000, 49(4)：255～266

[28] Betz N.E. Contributions of self-efficacy theory to career counseling：A personal perspective. The Career Development Quarterly, 2004, 52(2)：340～353

[29] 郭思，钟建安.职业倦怠的干预研究述评.心理科学，2004，4(3)：164～166

[30] 狄敏，黄希庭，张志杰.试论职业自我效能感.西南师范大学学报(人文社会科学版)，2003，5(29)：22～26

[31] 温盛男，张琦.职业自我效能感综述.哈尔滨职业技术学院学报，2009，5(3)：125～127

[32] 李静静."大五"人格模型及其应用介绍.洛阳师范学院学报，2006(2)145～146

[33] 宋滔.心理健康与幸福婚姻.养生大世界(B 版)，2007，Z1：35

[34] 章瑞齐.婚姻质量决定健康状况.养生大世界，2007(4)：55

[35] 洪昭光.家庭"健康"工作愉快.上海人大月刊，2008(3)：52～53

[36] 李英.家庭的历史演变与健康.潍坊医学院学报编辑部，2010(5)：306～307

[37] 唐庆蓉.家庭婚姻与健康.四川生理科学杂志，2002(2)：87～88

[38] 黄宏云，谢万忠，张淑梅，柳斌，李艳，谢作荣，付春玲.晚期血吸虫病患者家庭功能与健康状态的关系.中国血吸虫病防治杂志，2007，199(3)：232～233

[39] 崔凤梅，曹淑玲，肖红杰，赵燕，何凤翔，马海英，李俊颖.慢性乙型肝炎患者家庭功能与健康状态的关系研究.中国全科医学，2010，13(11A)：3579～3580

[40] 王斐然，叶红，高艳华.家庭关系对医学生心理健康的影响.医学研究与教育，2012，29(2)：34～38、49

[41] 易法建，冯正直，倪泰一等编著.心理医生.重庆：重庆出版社，2006

[42] 余小燕,阳泽.再婚家庭亲子关系的调适.社会,2002(1):35～37

[43] 冯春.中职生家庭代际关系的维护及代际冲突的调适.职大学报,2010(4):134～136

[44] 马丽娜,汤哲,关绍晨,方向华,吴晓光,刁丽君,刘宏军,孙菲.北京老年人家庭关系对心理健康的影响.实用老年医学,2010,24(2):168～170

[45] 刘新民.变态心理学.北京:人民卫生出版社,2007

[46] 克莱尔·A.埃奥,朱迪斯·S.布里奇斯著,施铁等译.心理学:关于女性.上海:上海人民出版社,2012

[47] Cooley E.J, Toray T.Disordered eating in college freshman women: a prospcctive study.J Am Coll Health 2001,49(5):22～35

[48] Polivy J, Herman C. P. Causes of eating disorders. Annual Review Psychology 2002(53):187～213

[49] 覃征等,网络应用心理学[M].北京:科学出版社,2007

[50] 冯正直等,军事心理学[M].北京:军事医学科学出版社,2009

[51] 张芸芸.社会转型期青年心理问题及其调适.扬州大学学报[J],2008,12(6):60～62

[52] 张向葵,吴晓义.文化震荡及其对个体心理健康的影响.心理与行为研究[J],2004,2(2):438～442

[53] 吴玉军.现代社会与自我认同焦虑[J].天津社会科学,2005(2):66～67

[54] 曾文星,文化与心理治疗[M].北京:北京医科大学出版社,2002

[55] Lazarus R.S. & Folkman.S.Stress, appraisal, and coping[M].New York: Springer publishing company, 1984

[56] 冯丽娟,李变瑢,段艳萍.高血压病患者遵医行为的调查研究.解放军护理杂志.2003,20(1):24～25

[57] 沈玉枝,赵张,王晓莉.冠心病患者遵医行为及其影响因素的调查分析.护理实践与研究,2013 ,10(6):149～151

[58] 龚劲松,龚未池.农村糖尿病病人遵医行为差的原因和对策.全科护理,2013,11(288):1367～1368

[59] 嘉蓉梅.失地农民医疗保障:缺失原因及变革路径.甘肃农业,2006,(8):75

[60] 钱明主编.健康心理学.北京:人民卫生出版社,2007:213～229

[61] 岳文浩,张红静,潘芳主编.医学心理学.北京:科学出版社,2001:274～285

[62] 张俐,管鹏,刘玉馥主编.现代护理心理学.北京:科学技术文献出版社,2002:150～166

[63] 简·奥格登著,严建雯等译.健康心理学(第3版).北京:人民邮电出版社,2007.51～61

[64] 高剑波,杨学华,滕录霞.艾滋病人心理问题的探讨及其应对策略.医学与哲学(人文社会医学版),2008,29(8):41～42

[65] 姜晓梅,米登海,王宏权.心理干预治疗癌症患者抑郁症的系统评价.中国循证医学杂志,2010,10(3):352～355

[66] 万同玉,祝振兵.癌症患者心理干预治疗10年文献分析.中国临床康复,2006,10(42):137～139

[67] 潘琼,游冰,何中初.社区居民高血压患病现状及对危险因素认知能力的调查分析.吉林医学,2012,33(4):780～782

[68] 杨翔宇,高静.认知干预在社区老年高血压患者中的应用.中国老年学杂志,2013(33):756～757

[69] Oftedal B,Bru E,Karlsen B,et al.Motivation for diet and exercise management among adults with type 2 diabetes.Scand J Caring Sci,2011(25):735～744

[70] Coleman S,Katon W,Lin E,et al.Depression and Death in Diabetes:10-Year Follow-Up of All-Cause and Cause-Specific Mortality in a Diabetic Cohort.Psychosomatics 2013(article in press)

[71] Lambert M.CSI Releases Guideline on Chronic Pain Assessment and Management.American Family Physician 2010,82(4):436～439

[72] Montoya-Juarez R,Garcia-Caro M,Campos-Calderon C,et al.Psychological responses of terminally ill patients who are experiencing suffering:A qualitative study.International Journal of Nursing Studies,2013(50):53～62

[73] Angres D.H,Bettinardi-Angres K.The disease of addiction:origins,treatment,and recovery.Disease-a-Month.2008,54(10):696～721

[74] Karen Elliot.The Twelve Steps of Alcoholics Anonymous,HarperCollins Publisher,1987

[75] Vetulani J.Drug addiction(Part II).Neurobiology of addiction.Polish journal of pharmacology 2001,53(4):303～17

[76] 陶然等.网络成瘾临床诊断标准的制定.解放军医学杂志,2008,33(10):1188～1191

相关网站链接:

1.http://www.med66.com/new/462a463aa2009/20091031liuhon173942.shtml
2.http://baike.baidu.com/view/500064.htm
3.http://book.qq.com/s/book/0/14/14557/71.shtml
4.http://bjyouth.ynet.com/article.jsp? oid=55833194
5.http://www.chinayoung.net/
6.http://aa.org/
7.http://www.asam.org/